青木理
梓澤和幸
河﨑健一郎
編著

国家と情報

警視庁公安部「イスラム捜査」流出資料を読む

現代書館

本書刊行にあたって

梓澤和幸（弁護士）

2010年10月28日、何者かが警視庁外事３課保有の「公安テロ」情報ファイルをインターネット上に流出させた。ファイル数114、字数にして約70万字、個人肖像写真は被害者関係で21人分に及ぶ膨大な情報である。

それは、社会を震撼させる情報漏洩であった。影響は多大であり、被害は深刻であった。

本書は、ファイルにもられた情報とその漏洩が何を意味するか、複数の著者によって解明し、明らかにする意図で刊行される。

この事件は、いかなる問題を投げかけたのか。

第１は、警察によるイスラム教徒監視の問題である。イスラム教徒全体を、テロリスト予備軍として監視の対象においてきた。

問題を考えるためにある光景を描写したい。

機会を得て、凍てつく早春の日の午後、イスラム教徒の祈りの場面を見学させていただいた。

イマーム（導師）はメッカの方向にむかい、コーランの１節を、尾を引くような、うたうような声で朗詠し、両の手を差し出しながら床に額をすりつける。

この時間に間に合うように息せき切って男たちが駆けつけてきた。

がっしりとした体躯のアフリカ系、中東系の外国人、それに日本人の信徒たちが同じ姿勢で祈る。心を引きつけられたのは、信徒がそれぞれに、肉親の死に立ち会うときのような、すすり泣くような声で神に向け、自分の内面にむけて祈りのことばをささやいていることであった。

10年前、カナダ、ヴァンクーバーの難民審判所で見た場面が甦った。

中東のある国で、左翼政党に所属したことを理由として父親が武装した公権力に殺害された。妻（60代）、長男（30代半ば）が故国を離れ、カナダに難民として庇護を求めた。しかし、入国管理局で拒否され、不服を申立てた審判所での出来事である。迫害の状況を証言する長男が宣誓を求められた。

荘重な色彩の赤みがかった皮で装丁された「コーラン」が、審査官３人の座る一段高くなった壇の左横にある木造りの譜面台に似た物の上に丁重なしぐさで置かれた。聖典は、広辞苑や大六法全書より一回り大きく、一段と厚いものであった。

これから真実だけを述べるという誓いを、「コーラン」の前で神に誓う。その時である。

長男は、ひざまずいて「コーラン」に接吻した。幼い乳児にするように切ない愛を込めるような、記憶に残るしぐさだった。眉が太く、髪の毛が黒く、がっしりとした上半身の若者だった。

祈ること、信仰することとは内面奥深くの精神的営為である。しかも、この信仰は、1400年の歴史を持ち、15億人の信徒を擁する世界宗教の人々のものである。

国家は、国や地方公共団体に働く公務員は、ここに踏み込んではならない（思想良心の自由　憲法19条、信教の自由　憲法20条）。

なぜか。一人ひとりの個人は、「生まれながらにして平等で、内面において完全に自由な存在」と考えるからである。国は、尊厳を持った個人がある生き方やある宗教を選んだことについて、それを間違っていると言ったり、その考えを変えよと命ずることはできない。いやそもそも、そうした個人の内面に立ち入ることはできないのであり、侵すことのできない尊厳を蹂躙してはならないのである。

しかし、流出された公安情報ファイルによれば、警察は都心および周辺のモスク、中東各国の在外公館をここ数年にわたって監視し続け、出入りする人々の人数を一桁単位まで数え上げ、ある場合には自宅まで尾行し、氏名、住所、家族構成を個人情報ファイルにデータベース化している。内部に密偵を放ち、ある者は入管法違反、ある者は失業保険金詐欺で逮捕して、別件取調べを行って情報をとろうとしたのである。

かかる行為は、国や公務員が何のためにあり、何をしてはならないかという根本の規範（立憲主義、個人の尊厳）に挑戦するものではないのか。これが第１の問題である。

このテーマは、チュニジア、エジプト、リビアで興隆した専制支配への民衆運動を同時代の問題としてどう見るか、という問題にも関連する。これらの民衆運動の深部には、本来のイスラム教の教えを復活し、専制支配に抵抗しようとするイスラム復興運動の何十年にもわたる困難な取り組みがあったとみられるからである。テロリズムとは厳密に区別され、平等、貧困救済を掲げ、広い支持を獲得しているイスラム教徒たちの運動である。本書でも関連原稿が言及するであろう。

第２に、本書は、「個人情報と国家」という問題をとりあげた。

ファイルによれば、警視庁は、信仰と内心の自由という個人の最も神聖な領域に踏み込み、関連する個人のデータを金融、取引先、営業などあらゆる生活領域にまで踏み込んで、収集し尽くした。

本書はこの問題を掘り下げた。

コンピュータ技術が著しい発達を遂げはじめた1970年代前半、ヨーロッパ各国では国や超大企業がコンピュータによって個人情報を累積していくことに、深い危機感が醸成された。

危機感の核心はこうである。コンピュータ技術は、権力を持った者に個人の思想、信仰、病気、生活歴、家族歴、嗜好、買い物、所有財産、収入など、一人ひとりの人間の像を把握させることを可能にする。それは、公権力による個人の完全な支配とコントロールを可能にし、個人の尊厳を危うくする。

とくに注意が向けられたのは、思想、信仰、病歴、家族歴など、センシティブ（繊細）な情報であった。

ヨーロッパ各国における危機感はOECD８原則にまとめられ、日本では不十分ながら行政機関保有個人情報法に反映された。また、表現の自由を危機にさらすものとして「ネット時代の治安維持法」と評される個人情報保護法が制定施行された。

これを迎え撃つ運動の中で最も強調されたのは、国と地方公共団体こそが個人情報収集と管理の監視の対象になるべきだ、という主張であった(臺宏士『個人情報保護法の狙い』緑風出版、2001年)。

警察の行った行為は、ヨーロッパで形成された危機感を裏付け、国家こそ個人情報収集の最も危険な主体であるとの主張を正面から根拠付けるものであった。

加えてである。

警視庁が管理するファイルがインターネット上に流出し、個人のプライバシーが暴露されてしまったのである。しかも警察は、流出した情報が警察由来のものであることをなかなか認めず、ようやく2010年12月24日、流出後2カ月にしてそれを事実上認めた。そのため、打つべき被害拡大防止措置も遅れた。

インターネット時代に、警察をはじめとする行政機関に課せられている個人情報に関する責任は重い。

個人のセンシティブ情報は、原則として収集してはならない。もし保有してしまったときは、個人への漏洩被害を避けるため、万全の措置をとるべきである。

危機管理や情報管理の専門家からみると、今回の漏洩の態様は唖然とするほどの管理水準の低さを物語っている、という。

本書は、ファイルが語る公安警察の情報収集のすさまじさと他方における情報管理の無責任さを明らかにする。

この関連でさらに問われるべきことがあると考える。

警察庁長官、警視総監、警視庁公安部長を中心とするリーダーから中堅幹部に至るまで、組織の責任を担う人々の〝一個の人間としての生き方、責任のとりかた〟である。

巨大にして強力な組織の中にあるほど、その構成員は、組織が犯した過ちについて個人として問題意識をもつこと、加害の結果に心痛めるということを忘れがちである。

今回も、警視総監からは謝罪のことば一つない。また、職を失い、極端な営業困難に陥り、近隣の好奇と警戒の視線にさらされている本人と家族のもとに、警察官のうちの誰一人駆け付けることもなく、今に至っても被害者に向けられた慰謝の一言もない。

表明されたのは、他人ごとのような、誰に向かって言われたのかわからないような警視庁参事官のことばだけであった。

本書では個人情報と国家というテーマをとりあげるが、できるだけ組織を構成する個人の人間としての責任というレベルにまで到達してみたいと考えている。

最後に強調しておきたいことがある。

流出されたデータを読み解くと、警察捜査と情報収集の向けられた先は、イスラム教徒と人々が集まるモスクだけにとどまらない。外国人救援のための市民団体、著名な難民救援団体、中東各国の在外公館、政府系在外援助団体も調査ファイルに記載され、元国連高等弁務官の氏名さえ記述されている。

かつて自衛隊の情報公開をした市民団体について、自衛隊が幅広い市民団体を監視の対象としたことが明らかになり、厳しい批判を浴びたことがある。

公権力にとって少しでも違和感を感ずる、自由闊達に生きる個人は、結局のところ監視と統制の対象となる運命にありはしないか。

そうだとすると、マイノリティであるイスラム教徒に降りかかった不幸を、この共同体を生きる市民の上に加えられた災厄として受け止め、問題を継続的に思考する精神的力量が問われていると考えるのである。

そのような思考に貢献することを願って本書を送り出したい。

国家と情報　目次

週末学校の授業模様

なにが問題なのか——事件の見取り図

河﨑健一郎（弁護士）

1．未曾有の大規模流出の発覚

インターネット上に流出している資料が公安当局のものではないかという報道が最初になされたのは、2010年10月30日のことだった。当時の新聞記事を引用してみる。

> 国際テロ情報流出か　ネット上に警視庁内部資料？
>
> 国際テロ犯罪の情報収集や取り締まりを行う警視庁公安部外事３課の内部資料の疑いがある文書が、インターネット上に掲載されていたことが30日、警視庁への取材でわかった。文書はファイル共有ソフトを通じて流出した可能性がある。警視庁は文書が実際に公安部内で作成されたものかの確認作業を急ぐとともに、掲載された経緯について調査を始めた。
>
> 警視庁によると、ネット上に掲載されていた文書には、「公安部」「外事３課」などの言葉とともに、個人名の記載があった。国際テロ犯罪の捜査資料や課員名簿の可能性がある。（『産経新聞』2010年10月30日付）

流出が起こったのは10月28日ころ、流出した資料の総数は114点。ファイル交換ソフトのWINNYを通じて全世界に拡散し、『東京新聞』（11月28日付）によれば、11月21日の段階で20を超える国と地域の１万台以上のパソコンにダウンロードされたという。

流出した資料の中には、捜査に協力してきた一般人の住所・氏名はもとより、外見的特徴や入出国履歴、顔写真、家族の情報や日常行動など、詳細なプライバシー情報が含まれていた。捜査に協力してきた一般人の多くは国内外のイスラム教徒であり、その国籍も、チュニジア、アルジェリア、モロッコ、ヨルダン、パキスタンといったイスラム諸国をはじめ、ニュージーランドや、日本国籍の者の情報も含まれるなど、多岐にわたっていた。

プライバシー情報、特に顔写真や氏名、電話番号等を含む詳細な個人特定情報、本籍地、信仰、前科の有無や詳細、行動実態などのセンシティブ情報が流出したこと自体も問題だが、更に深刻なのは、テロ捜査への協力を要請するため、捜査官が接触しようとした対象者にすぎない彼ら自身が、「テロリスト」容疑者として記載されており、捜査対象扱いされていることであった。これら資料の流出はプライバシー侵害の問題であると同時に、重大な名誉毀損の問題も引き起こすものであった。

捜査機関からの情報流出、よりにもよって公安当局からの大量の情報流出であるということで、流出直後は、大々的に報道がなされた。

しかし、直後に尖閣諸島沖で発生した中国人船長の逮捕報道にかき消されるように、メディアでの扱いは小さくなっていった。

2．出版による二次被害（第１の問題）

同年11月末、都内の出版社である「第三書館」が流出資料のほぼ全文を、無編集のまま出版物として刊行することが明らかとなった。流出資料に含まれる個人情報部分についても、そのまま掲載することを謳い文句にしていた。書籍での出版がなされれば、一般書店や図書館に、プライバシー情報、名誉毀損情報をそのままに掲載したものが並ぶことになり、深刻な二次被害の発生が懸念された。

この段階に至って被害者のうち数名が弁護士に相談し、11月26日には東京地方裁判所に対して当該出版物の出版等禁止を求める仮処分申立てがなされた。事態を重く見た裁判所は迅速な訴訟指揮を行い、翌27日、当該出版を禁止する仮処分命令を発した。

ところが第三書館側は、裁判所の命令に反して出版物の違法販売を継続したうえ、初版印刷分を売り切るや、裁判所への申し立ての直接当事者となった者の記載部分のみを黒塗りにして、その他の者への人権侵害部分を残したままの第２版の出版を強行した。

これに対して被害者側は強く反発し、別の被害者らを申立人として第二次の仮処分申立てを行った。また、これを支援する弁護団（団長：梓澤和幸弁護士）が結成されるに至った。

裁判所は被害者らの申し立てを再び認め、出版社に第２版の出版禁止を命じた。しかし出版社はこれに再度違反するなどしたため、被害者はさらに３度目の申し立てを行い、さながらいたちごっこの様相を呈するに至った。この間の経緯は「公安テロ情報流出事件のインパクト」（河﨑健一郎・福田健治『出版ニュース』2011年２月上旬号６頁）に詳しい。ご関心のある方はそちらを参照されたい。

なおその後第三書館は、第一次の仮処分決定に対する保全異議を申し立てたが、これは東京地方裁判所に「債務者（出版社側）の主張は、総じて債権者（被害者）らのプライバシーに対する配慮を欠いた独善的な主張というべきであり、いずれも採用することができない」として、完全に退けられ、その後の東京高等裁判所に対する抗議でも、その結論が維持されている。

いうまでもなく表現の自由は民主制の基盤をなす最も重要な権利であり、出版物の差止めは極めて例外的な手段として、厳格な要件のもとに運用されなくてはならない。これは当たり前のことである。

しかしこの出版社の行為は、ちょっとした配慮で容易に避けることができた人権侵害を招来し、むしろ個人情報の流出をセンセーショナルに煽ることで注目を集めようとする低劣なもので、まさに差止め相当となるべき例外的な事案であった。このような無配慮な出版は、むしろ表現の自由の価値を自ら貶め、その危機を招いていると思われ、残念でならない。

なお係争中の事案であり、また当該違法出版をめぐる裁判においては、既に出版社の賠償責任の多寡に焦点が移っているため、出版差止めの問題については本書ではこれ以上扱わない。

３．流出被害を拡大させた警視庁の無責任（第２の問題）

筆者は出版差止めの段階から弁護士として本件に関わり、多くの被害者の方々の悩みを伺ってきた。その中で浮かび上がってきたのは、この事件は、３段階の問題構造をなしているということであった。右の図をご覧いただきたい。

被害者が喫緊の問題として直面したのは、既に述べたように違法出版によるプライバシー情報、名誉毀損情報の拡散であった。これが第1の問題である。
しかしこれは、あくまで二次被害であり、降りかかる火の粉を掃うような話であった。
より大きな問題は、警視庁公安部が管理していたはずの資料が流出したことにあった。そして、資料が流出したのみならず、警察庁・警視庁はその後長期間にわたって事態を放置し続け、被害を拡大させることとなった。

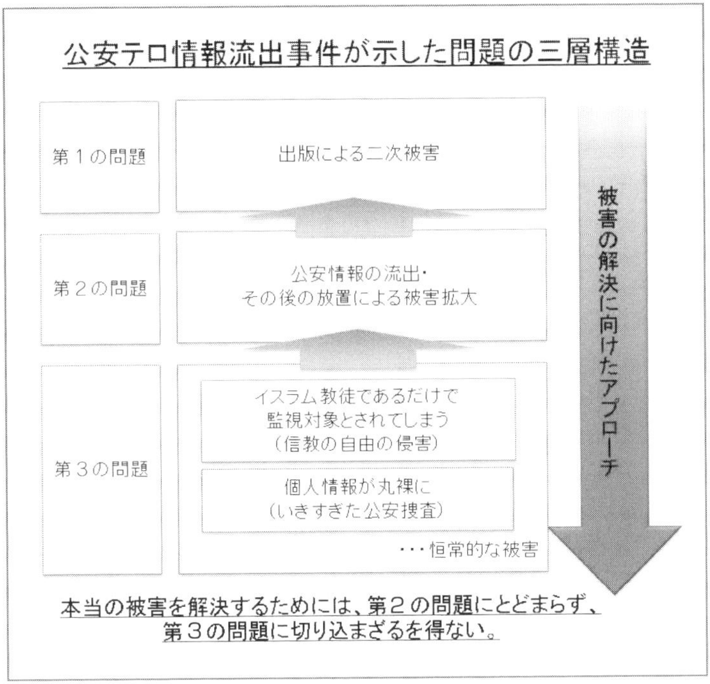
公安テロ情報流出事件が示した問題の三層構造
第１の問題
出版による二次被害
第２の問題
公安情報の流出・
その後の放置による被害拡大
第３の問題
イスラム教徒であるだけで
監視対象とされてしまう
（信教の自由の侵害）
個人情報が丸裸に
（いきすぎた公安捜査）
・・・恒常的な被害
被害の解決に向けたアプローチ
本当の被害を解決するためには、第２の問題にとどまらず、
第３の問題に切り込まざるを得ない。

警察庁・警視庁は、インターネット接続業者に対して資料の削除を求めて拡散を防ぎ、また、個人情報をさらされたことで不測の事態に襲われかねない被害者に対して状況の報告と謝罪を行い、身辺警護やその他適切な措置を取るなど、情報管理を行っていたものとして、流出を受けて当然に行うべき措置を何一つ取らなかった。
その間に流出資料は全世界に拡散し、回収不能な状況となってしまった。
公安当局がそのような対応を取れなかった理由はただ一つである。すなわち、資料の削除を求めること、あるいは、被害者に対して謝罪を含む何らかのアクションを行うことは、資料が公安当局の資料であることを自ら認めることになってしまうからである。

警察の抱えていたこのような矛盾は、初動捜査の遅れも招いた。

12月３日、警視庁は情報流出の問題について、「偽計業務妨害」の被疑事実で捜査を開始し、国内のプロバイダー業者２社から契約者情報や接続記録などを押収した。

しかし「偽計業務妨害」は、「偽計を用いて、人の業務を妨害」した場合に適用される罪である（刑法233条）。情報流出なのだから端的に情報漏示に関する被疑事実をもって速やかに捜査を進めるべきであった。しかし、地方公務員法（守秘義務）違反を理由に捜査を行うと、前提として、流出資料が警視庁の内部資料であることを認めることになってしまう。それはしたくない。

そこで、流出から１カ月以上が経ち、出版差し止めの話題がマス・メディアに報じられる頃になって、世論にせっつかれるように捜査を開始せざるをえなくなったが、「不特定多数に閲覧可能な状態にして、アジア太平洋経済協力会議（APEC）首脳会議の開催直前に、公安部外事３課員に調査させるなど、業務を妨害した」などという苦し紛れのこじつけで、理屈を組み立てざるを得なかったのである。

アメリカ政府がWikileaks（ウィキリークス）による情報流出の責任を即座に認め、速やかに捜査や対応措置を行ったのとは大違いである。

このままでは真相が闇に葬られかねないとみた弁護団は、被害者らの要望を受け、12月９日、東京地検特捜部直告班に対して、114点の情報流出について被疑者不詳のまま、地方公務員法（守秘義務）違反を被疑事実とする刑事告訴を行った。

また同日、当時の岡崎トミ子国家公安委員長に対して、情報流出の責任を認めて謝罪し、必要な措置を取るように、文書による申し入れを行った（本論末申入書参照）。

12月24日、警視庁は重い腰を上げ、流出資料が内部文書であったことを事実上認め、桜沢健一警務部参事官が記者会見で頭を下げた。
同日、岡崎トミ子国家公安委員長、安藤隆春警察庁長官、池田克彦警視総監がそれぞれ記者会見を行い、口頭で遺憾の意を表明した。
遅きに失した謝罪がなされた、かに見えた。

しかしその後、私の知る限り、数十人の被害者の誰一人として、警察から直接謝罪を受けたという者はいない。身辺警護の相談や賠償については、窓口さえ設けられていない。
むしろ、情報流出前は毎月のように「情報提供者」に対してアクセスを続けてきた旧知の警察官が、一切姿を消したという。一方で、警察官風の不審な人物に尾行されている、との報告は何件も受けている。
詳細は本書の「被害者の証言」の項に譲るが、いまなお、情報流出による損害は拡大し続けているのである。
公安当局からの資料の流出とその後の無為無策による被害の拡大。これが第２の問題であった。

４．より根深い本当の問題（第３の問題）――被害者を苦しめる三重の被害

しかしこれらの指摘ではなお、この事件の本質を射抜いているとは言えない。
被害者たちに繰り返し深い怒りと悲しみをもたらすものは何か。
それは、彼らが単にイスラム教徒であるというだけで、テロリスト扱いされ、モスクを監視され、一人ひとり尾行され、その個人情報を丸裸にされていたということの屈辱と恐怖である。また、銀行やホテル、レンタカー会社や大学など、社会生活を行う上で信頼して利用している多くの機関が、彼らの個人情報を、令状もないままに、惜しげもなく公安当局に提供し、また、ときには別件逮捕などの違法な手段を用いて、強制的に彼らの情報が収集、分析、そして利用されてきたという事実の衝撃である。
これが第３の、そして最も本質的な問題であった。
そもそもそのような情報が取得されていなければ、漏洩することなどもなかったのだ。

イスラム教徒であるというだけでテロリスト扱いする公安の捜査は、憲法20条１項が保障する信教の自由の明白な侵害である。

あらゆる個人情報を貪欲に掻き集め、個人の生活を丸裸にする公安捜査の肥大化した現状は、「国家と情報」という極めて古典的な、そして同時に今日的な問題性を、私たちに突きつける。

私たちは、公安警察の活動実態を明らかにし、被害者たちの受けた「三重の被害」の根本に届く議論に資する部分に関しての資料を改めて公表し、解説や多角的な論考をあわせることで、「国家と情報」についての本質的な議論を喚起したいと考えた。

掲載する資料の選別に関しては、慎重な討議を重ね、特定個人のプライバシーを侵害する情報を排することとした。この配慮によって文意が通りにくい部分については、適宜付記して補うこととした。

また、各分野のプロフェッショナルによる資料の分析を併せて提供し、流出資料を読み解く上での視角を得られるように配慮した。

これが本書『国家と情報——警視庁公安部「イスラム捜査」流出資料を読む』が編まれるに至った経緯である。

2010年12月９日

国家公安委員長　岡崎トミ子　殿

公安からの情報流出を認め、一刻も早い対策と名誉回復、損害の填補を！

公安情報流出被害弁護団
弁護士　　　梓澤　和幸
同　　　　　上柳　敏郎
同　　　　　岩井　　信
同　　　　　山本　志都
同　　　　　河﨑健一郎
同　　　　　福田　健治
同　　　　　井桁　大介
同　　　　　小松　圭介

国際テロに関する警視庁資料とみられる文書１１４点（以下、いわゆる「公安テロ情報」とよぶ。）がインターネット上に流出して、既に一ヶ月以上が経過した。

この間、公安当局は事実関係について「調査中」とするのみで、情報の流出に歯止めをかけるどころか、事態を放置してだんまりを決め込み、二次被害、三次被害と被害は拡大する一方である。

誰の目にも明らかな公安情報の流出であるのに、なぜ当局はこれを自らの失態と認めないのか。自らの失態を認めないその姿勢が、更なる被害の拡大に繋がっている現状は看過できない。

情報流出の被害者の多くは、極めてセンシティブな個人情報を晒され、信用を失い、差別に怯え、報復を恐れ、息をひそめて暮らすことを余儀なくされている。

被害者のこうした切実な声に答え、すみやかに適切な対応をとられるよう、我々公安情報流出被害弁護団は、下記の六項目を要望する。

記

一. 公安当局が今回の情報流出の責任を認め、被害者全員に謝罪すること。
二. 被害者の身辺の安全を確保すること。
三. ネット上に流出した情報を、可能な限り削除するよう努めること。
四. 被害者について記載された誤った情報を訂正・削除し、名誉回復を図ること。
五. 被害者に生じた損害を填補すること。
六. 責任ある被害相談窓口を設け、被害者の相談に真摯かつ誠実に応じること。

以　上

本件に関してのお問い合わせ先
東京都千代田区神田神保町2-3-1岩波書店アネックス7階
東京駿河台法律事務所
Tel: 03-3234-9133 / Fax: 03-3234-9134
弁護士　河﨑健一郎
弁護士　福田　健治

コラム　被害者の証言1（Aさん／日本人／男性）

■突然の出来事

昨年10月末に公安テロ情報の流出事件が発覚してから５カ月が経過しましたが、傷の手当てもないまま、時だけが過ぎて行くのが現実です。昨年暮れに警視庁の中途半端な謝罪会見があっただけで、被害者への直接の謝罪は一切ありません。

インターネット上で簡単に流出文書にアクセスできた頃、警視庁の情報セキュリティーの担当部署に電話で削除要請はしましたが、「担当ではありません」とか「ご自分でやって下さい」という不誠実な対応しかしてもらえませんでした。専門部署なのに対処してもらえず憤りを覚えました。

事件直後に新聞や雑誌の記者が、直接自宅まで取材にきました。最初は妻が取材を断っていたのですが、「ここまで個人情報が詳しく出ていますよ」と言われて、初めて流出文書のコピーを見せてもらいました。それで情報流出のことを知り、ぎょっとしました。履歴書形式で詳細な個人情報が流出し、まさか「容疑者扱い」されているとは夢にも思いませんでした。それから１週間近くは取材が続きました。新聞記者の訪問が続き、出かけるところを雑誌記者につけられたりもしました。

当初は、インターネット上の文書へアクセスできる人は限定されているように思えたので。「自分たちから被害を名乗り出て、火に油を注ぐことはない」と、悔しいけれど黙って嵐が吹き去るのを待つ選択をしました。

間もなく、尖閣諸島のビデオ流出問題が起きていったんは事件をかき消す形になりましたが、その後、友人のツイッターで第三書館の本の出版のことを知り、またひどく驚かされました。流出資料がもはや収束不可能なほど拡散してしまったとはいえ、常に人目にさらされるわけではないインターネット上のデジタルファイルと、書店で容易に手にすることができる書籍とでは、やはり性格が大きく違います。二次被害でここまできたらもう黙っていることはできません。こんな酷いことが起こっても、警察が守ってくれるかと言えば、自分たちの非も認めていないわけですから、自分の身は自分で守るしかない。それで知人を通じて弁護士に相談しました。

■10年以上前から続いていた公安調査

ムスリムに対する警察や公安調査庁の視線は以前から感じていました。99年頃から公安職員がきて、話を聞かせてほしいと言ってきました。最初の1、2回は応じましたが、横柄な態度でまったく好感をもてず、時間の無駄だと思いました。

「私が教えられるのは、自分でも勉強できることですから、改めて教えられることはありません。国民の血税を無駄にしないで下さい」と電話口で、厳しい言葉ではっきりと伝えると、私へのアプローチはその後パタリと止まりました。ところが2003年の秋ごろから今度は妻のところに女性の担当官も交えて来るようになりました。その都度担当者は変わったようですが、最初の女性担当者は見るからに人をバカにした横柄な態度をとる人だったそうです。

ご存知のとおり、日本でも2001年の9.11以降、ムスリムが公安機関に監視されることが常態化しています。私の周辺のイスラーム教徒からも、公安職員が自宅やモスクに来たり、警察に聴取されたりしたという話を聞いています。今回の流出文書の中に名前は出てきませんが、2003年か04年に別件逮捕されて、テロリストの濡れ衣を着せられ何カ月も拘束された知人もいました。

公安テロ情報が流出する以前は、無論気持ちのよいものではありませんでしたが、9.11以降の流れで、「多少の公安の調査は仕方がない」という気持ちもありました。

私が東京で会社勤務するようになった時には、私の不在時に公安職員が自宅にきて名刺をおいていったり、モスクの近くに引っ越した時にも日中の不在時に挨拶に来たりしました。そのときの理由は「国際テロ捜査に協力して下さい」とか「何かあったら連絡しますから」といった、常套文句だったようです。「またか」という嫌な気持ちがしました。

そして今回の公安テロ情報流出事件があって、初めて「容疑者扱い」だったということが分かり、今までの一連の動きの理由が分かりました。「やっぱり嘘だった」と思いました。以前は、素直に質問に答えるという形の「捜査協力」に応じてきたので、それほど警察への猜疑心はありませんでしたが、それが全部ウソだったということが分かり、騙されたという思いで、やり切れない気持ちがします。

流出事件の前後で、公安捜査機関に対する印象が変わった点といえば、ムスリムに対する扱いが酷いのは警視庁の公安部のほうなのかな、ということでしょうか。以前は公安捜査という存在そのものに対する漠然とした不信感はありましたが、今回の件でクローズアップされたのは公安警察、法務省の公安調査庁のことは出てこなかった。

個々の違法捜査のこともありますが、「テロ対策捜査」という大義名分で、世界宗教であるイスラームの教えとその信徒たち全体に対する偏見を改めようともせず、本来国と国民を守るべき警察自ら憎しみを買う種を撒くような、愚か極まりない行為に対して、1人のムスリムとしてはもちろんのこと、これからの日本のことを親身に考える1人の市民、1人の日本人として憤りを覚え、情けなく思います。

■イスラームに対する誤解と無関心

報道は、最初からイスラーム教徒＝外国人と決めつけています。

日本のムスリム社会は、絶対数が少ないのに加えて、日本語でイスラームのことをきちんと紹介できる人材が少ないので、結局日本でムスリムというと「外国人」という意識が先にきます。そうすると多くの報道や国際ボランティア活動でもみられるように、イスラームというのが国際政治の状況と必ずセットになっているわけです。イスラームというのが、イスラーム教自体でみられない。そうである以上、在日ムスリム社会に対して必ず誤解がつきまといます。その最大の誤解をしたのが、公安警察だったのかな、と思います。

私からすると、日本社会のイスラームに対する偏見や誤解が、世界的な視野で見ると異様に思えることすらあります。イスラーム教は世界最大の宗教のひとつなのですから、それに対して端からステレオタイプな見方で偏見を増長していては、お互いに不幸にしかならないのではないでしょうか。共生が尊ばれる今日だからこそ、1人の日本人としても、きちんとムスリムやイスラームに向き合っていただきたいと思います。

私もかつては穿った目でイスラームを見ていましたが、実は近づいてよく見てみると、違和感よりもむしろ親近感を覚えるようになったものです。親孝行、家族愛、夫婦愛、男女の役割分担、長幼の序、勤勉奨励、正直さの尊重など、いわゆる「古き良き日本」の道徳をさらに徹底して説いているのがイスラームです。

ですから、日本人にとって、古くて新しいイスラームという世界観をしっかり見てほしいです。今回の事件の元凶は、偏見と不勉強ゆえに捜査対象を見誤ることにあるのですから。

今回も、「被害者として傷を分かってほしい」という憤りではないのです。「日本社会でマイノリティとしてのムスリムの存在を知ってほしい」という思いでもない。「世界からみたら、日本社会の偏見や無関心のほうがマイノリティなのです」ということに早く目覚めてもらいたいのです。ましてやこの国の舵取りをする政府関係者には、もっときちんと考えていただきたい。私は１人のムスリムとして、生まれ育った日本を愛するが故に、心からそう願います。

（聞き取り・文責：西中誠一郎）

ハディース（預言者言行録）色塗りをする子どもたち

週末学校の子どもたち

預言者ムハンマドの言葉色塗りをする生徒

蒲生のバイトルアマーン・マスジド

第 I 章

流出資料をめぐって

公安警察の隠微な歴史と外事3課の新設

青木　理（ジャーナリスト）

公安警察とは、ひどく巨大で、そしてひどく隠微な組織である。日本国内にはさまざまな官公庁や公的機関が存在し、中には万単位の人員を擁する官公庁、公的機関もあるにはあるのだが、公安警察ほど分厚い機密のヴェールに覆い隠された巨大組織は、他に見当たらない。また、その活動内容と実態が外部に漏れ伝わってくることも、ほとんどない。

戦後日本は、さまざまな歴史的経緯から大規模な情報機関を置かず、警察の一部門としての警備・公安警察が事実上、その役割を担ってきた。〝情報機関〟だからこそ機密のヴェールが分厚さを増したともいえるだろうが、そのヴェールの向こう側で公安警察組織は極度に肥大化し、過去には組織的な電話盗聴や信書の開封、資料の盗み出し（窃盗）といった数々の非合法活動に手を染めてきた。戦後間もない時期の話ではあるものの、自作自演の爆破工作というとんでもない違法行為――いわゆる「菅生事件」と呼ばれる謀略工作活動――まで企てたことが露呈している。

そんな公安警察の組織、あるいは活動の枠組みは、基本的に現在も維持・継続されている。警察庁警備局を頂点として中央集権的に束ねられた組織機構は、全国の都道府県警察（東京の場合は警視庁）に巨大な人員を配し、監視対象と狙い定めた団体の内部や周辺に「協力者」と呼ばれるスパイを獲得・運営する作業を大きな柱としながら、今日も各地で盛んな情報収集活動を繰り広げている。

公安警察の組織と実態は確かに分厚いヴェールに覆われているとはいうものの、それでも断片的な内部実態が時おり外部に漏れ出してきたことはあった。

少し前でいえば1986年、東京・町田市にあった日本共産党国際部長宅に対する神奈川県警警備部の組織的盗聴工作が共産党側の調査などによって発覚し、警備・公安警察が営々と内部に築き上げてきた秘密組織――それは公安警察内で〈サクラ〉などという符牒で呼ばれていた――の存在まで明るみに出てしまった。

1995年には、当時の國松孝次・警察庁長官が東京・荒川区の自宅マンション前で何者かに銃撃され、瀕死の重傷を負うという前代未聞の事件が発生。この事件は、さまざまな事情から警視庁公安部が捜査を主導することとなったが、現職の警視庁巡査長が犯行を「自供」するという驚愕の事態に発展した。その上、この衝撃的事実を公安部が隠蔽していたことも発覚し、マスメディアなどによる公安警察批判が俄に高まり、組織の中枢ともいうべき警視庁公安部長が更迭に追い込まれるという醜態を演じてしまった。結局のところ警察庁長官銃撃事件は2010年３月、発生から15年を経ても未解決のまま公訴時効を迎えている。戦後日本の警察史でも最悪の汚点として記録されるべきもの、と評して差し支えないだろう。

そして長官銃撃事件が時効となって幕を下ろした2010年の10月末には、日本の公安警察にとってまたも前代未聞の衝撃事が巻き起こった。警視庁公安部の一部門である外事第３課のものとみられる大量の内部資料が、インターネット上に流出してしまったのである。

流出した内部資料は合計で114点。プリントアウトしたものを頁数で数えれば、実に1000枚近くにも達する。それらの資料を精査していくと、公安警察にとって真に機微なものは慎重に除外されているフシがあり、率直に言って公安警察の隠微極まりない活動のほんの一端を指し示すものに過ぎないのではあるけれど、類似の内部資料がこれほど大量に、これほど広範囲に流出・拡散してしまった事例は、私の知る限りでは過去に１度もない。言葉を換えるならば、分厚い秘密のヴェールに包まれた日本の公安警察の活動実態を窺い知る上で、極めて〝貴重な資料群〟ということができるだろう。

そこで私は、本稿において、

（１）今回の資料流出元とみられる警視庁公安部外事第３課という組織がいつ、どのような経緯でつくられたのか

（２）警視庁公安部と外事第３課なる組織が果たして何を任務とし、実際にどのような活動を繰り広げていたのか

（３）そもそも日本の公安警察の活動実態とはどのようなものであり、その中で外事第３課による「対テロ活動」とはどう位置づけられるものだったのか

——といった点について、大量流出した内部資料を土台としつつ、私がこれまでの取材で知り得た事実や証言等も加味し、できるだけ正確な分析を加えていきたいと考えている。それは恐らく、秘密のヴェールの向こう側で極度に肥大化した日本の公安警察のひどい事大主義とアナクロニズム、さらには官僚組織特有の既得権益保守といった醜き性癖も如実に浮かび上がらせるものとなるはずだ。

ただ、これらの事情をより深く知るためには、日本の公安警察組織が辿ってきた歴史的経過を縦覧しておく必要がある。もちろん本稿の中でも簡単には紹介するが、より詳しく知りたい方は拙著『日本の公安警察』(講談社現代新書、2000年)を併せて参考にしていただければ、より重層的に事象を把握できると思う。

1. 膨張とジリ貧

時計の針を、まずは戦後間もない時期に合わせてみる。

悪名高き特高警察(特別高等警察)を筆頭とする日本国内の治安警察組織は、1945年8月の敗戦とともに、基本的に解体へと追い込まれていった。1947年には、GHQ(連合国軍総司令部)の指令などを受けて新警察法が成立、施行され、戦前・戦中型の極めて中央集権的な治安警察組織は基本的に否定された。同時に、これらを統括した巨大権力機関=内務省も解体を余儀なくされたのである。

しかし、旧内務官僚は治安警察組織の延命に躍起となり、GHQ内でもそれを容認するムードが急速に高まっていった。言うまでもなく、共産主義国=ソ連や中国の誕生と台頭に強い脅威を抱いたGHQ方針の転換——いわゆる「逆コース」などと称される占領政策の急旋回——が背後に横たわっていた。

日本を反共の防波堤にしようと図るようになったGHQの方針転換と歩調を合わせるように、戦後日本の警察機構も、治安・情報部隊としての公安組織を内部に再整備していった。その際の最大のターゲットとされたのは、日本共産党を筆頭とする、いわゆる左翼勢力であった。

日本共産党は、戦後間もない1945年10月、東京・府中刑務所から徳田球一や志賀義雄らが釈放され、はじめて合法政党として再建された。また、占領当初にGHQが労組結成や労働運動を容認・奨励したこともあって全国各地で労働争議が活発化し、たとえば1947年の２月１日を目指しては大規模ゼネストに向けた動きも高揚したが、この2·1ゼネストは連合国軍総司令官マッカーサーが禁止を指令。以後、GHQの対労働運動方針は容認・奨励から牽制・抑圧へと急転換していき、1949年の夏には、労働争議が激化していた国鉄をめぐり、今も謎が数多く残されたままの公安事件が続発している。

まずは初代国鉄総裁・下山定則氏が礫死体となって発見された下山事件。そして東京都三鷹町（現・三鷹市）で列車が暴走して死傷者を出した三鷹事件。さらには東北線で列車が転覆する松川事件が起きている。GHQの一部勢力は、日本における戦前・戦中の治安警察人脈を情報収集や謀略工作活動に密かに利用したとされ、続発した公安事件の背後にはそうした人脈の影もちらつくのだが、1950年６月には朝鮮戦争が勃発し、直後の７月にはGHQの指示によってレッドパージも始まり、いわゆる逆コースの占領政策は一挙に本格化した。

つまりGHQは、勃興する共産主義諸国に対抗する防波堤を日本に構築しようと狙い、これと歩調を合わせる形で戦後日本の公安警察機構も急ピッチで再整備されていった。ここに源流があるためだろう、以後も着実に肥大化していった公安警察組織が常に「主敵」として念頭に置いていたのは、ほぼ一貫して日本共産党であった。詳しくは後述するが、私が通信社の社会部記者として警視庁の警備・公安部門を担当した1995年前後においても、そうしたムードの残滓は色濃く残っていた。ある警視庁公安部幹部が当時、私に対して真顔でこう断言したことがあった。

「時代とともに私たちの仕事も大きく移り変わってきたが、いまも全国の警備・公安警察が最も重視しているのは日共（＝日本共産党）の動向把握だ」

繰り返すが、東西冷戦構造も崩壊して数年を経た1995年ごろの話である。なんともアナクロな幹部の発言に唖然としたのを今も鮮明に記憶しているが、とはいっても、時代の流れとともに公安警察組織が現実のターゲットとして狙い定める団体、組織は、微妙に移り変わっていった。

1960年に前後しては、日米安全保障条約改定をめぐる反対運動が全国で繰り広げられ、それを中軸的に担った大学生や新左翼諸党派――公安警察内部でこれを「極左暴力集団」「過激派」などと呼ぶ――が公安警察の主な監視・取り締まりのターゲットとなった。70年安保の際においてもこれは基本的に同様であったし、その中から派生して日本初のハイジャックや浅間山荘事件などを引き起こした赤軍派、あるいは大手企業に対する連続的な爆弾闘争を繰り広げた東アジア反日武装戦線の活動、さらには成田空港をめぐる三里塚闘争なども、公安警察組織をフル稼働させることとなった。特に1975年５月、東アジア反日武装戦線「狼」「大地の牙」「さそり」の主要メンバーを警視庁公安部が一網打尽的に検挙した事件は、公安警察内で〝神話化〟しており、いまなお〝伝説の大手柄〟と位置づけられている。

それはともかくとしても、こうした公安事件の続発や東西冷戦体制という社会、世界情勢を梃子とし、戦後日本の公安警察組織は長きにわたって膨張に膨張を重ね、極度に肥大化していった。私がここで記すまでもないだろうが、ひとたび肥大化した官僚組織はその勢力と権益の維持、拡大に異常な熱情と執念を燃やす。公安警察といっても一面においては官僚組織に過ぎず、類似の性癖を抜き難く持っている。だから1991年のソ連邦解体や東西冷戦体制の終焉、あるいは日本国内における左翼勢力の退潮といった時代状況を前にしても、公安警察の巨大組織体制に大きな変化は見られず、前記したように1990年代半ばに至っても「最も重視しているのは日共の動向把握」などというアナクロ幹部が

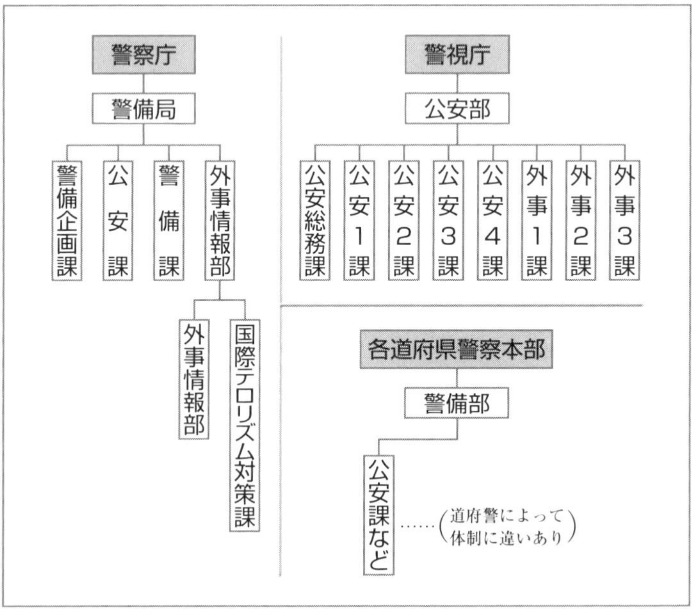

大手を振って罷り通っていた。公安警察を覆い尽くす分厚い機密のヴェールも、組織勢力と権益の温存に一役買っていたのは言うまでもない。

その一例として、私が警視庁の警備・公安を担当する記者だった時代における警視庁公安部公安第1課の陣容を紹介してみたい。

日本の公安警察組織の中枢部隊というべき警視庁公安部には当時、公安部内の総合調整や日本共産党絡みの監視などを主任務とする公安総務課が筆頭課として存在し、以下、公安第1課から4課、外事第1課から2課といったセクションが主に配されていた。このうち公安第1課は警察内でいう「極左暴力集団」、あるいは「過激派」——つまりは中核派（革命的共産主義者同盟全国委員会）や革労協（革命的労働者協会）といった新左翼諸党派を監視し、取り締まるセクションであったが、この公安第1課には1995年当時、実に350人もの捜査員が配置されていた。これでも以前と比すれば減員された結果だったといわれていたから、新左翼諸党派によるゲリラ活動などが活発だった時代には、さらに多数の人員が配されていたはずだ。

ちなみに、殺人や強盗など、いわゆる「凶悪事件」の捜査を担当するのは刑事部の捜査第1課である。警察小説やテレビドラマなどで一般にも馴染みの深いだろう警察組織の花形セクションだが、警視庁刑事部の捜査第1課に所属する捜査員が、1995年当時で約300人であった。つまり、警視庁内で新左翼諸党派の監視・取り締まりにあたる公安部公安第1課は、殺人や強盗などの捜査にあたる警察内の花形セクション＝刑事部捜査第1課を凌駕する人員を擁していたことになる。

周知の通り、1990年代の半ばといえば、東西冷戦構造が終焉を迎えて数年が経ち、日本国内でもゲリラ事件などがほとんど起きなくなっていた時期である。それでも公安第1課がこれだけの陣容を維持していたのだから、長きにわたって膨張に膨張を重ねてきた公安警察組織の肥大ぶりの一端を窺い知ることができるだろう。また、キャリア警察官僚のエリートコース、出世コースが警備・公安警察部門だと目される時代もいまだ根強く続いていた。実際、警察組織のトップである警察庁長官は、このころまで警備・公安警察部門の要職を経験した人物によってほぼ独占されていた。

ちょうどそうした時期、日本の警察機構が対峙することとなったのがオウム真理教事件だった。1995年に全国警察が繰り広げたオウム事件捜査に関しては、公安警察が教団幹部の所在追跡や検挙などに大きな役割を果たしたと喧伝されており、それはあながち間違いではないのだが、オウム事件をめぐる公安警察の捜査の立ち上がりは、実は随分と遅いものだった。私が取材で知り得た範囲でいえば、警視庁公安部を筆頭とする全国の公安警察組織がオウム殲滅戦とでも評すべき大々的なオウム教団捜査に乗り出したのは、1995年３月30日に警察庁長官銃撃事件が発生し、その捜査を警視庁公安部が主導することになってからのことだった。

つまりオウム事件捜査で公安警察は大きく出遅れ、そのきっかけとなった警察庁長官銃撃事件にしても、前記したように無惨な敗北という結末を辿ることとなった。これを大きなきっかけとして公安警察に対する世の批判は高まり、遅ればせながら冷戦体制の崩壊と国内左翼勢力の退潮という大状況も公安警察の有り様に作用を及ぼしはじめ、戦後ほぼ一貫して膨張を重ねて来た公安警察組織は、ジリ貧ともいえる退潮傾向の中に落ち窪んでいったのである。

警視庁公安部関係者によれば、2011年の春現在、警視庁公安部の公安第１課が抱える捜査員は約230人になっているという。これでも随分と多すぎるように思えて仕方ないのだが、それでも1990年代半ばの陣容と比すれば、その退潮ぶりは明確であろう。これは公安第１課に限らず、警視庁公安部の他のセクションにおいても、あるいは全国の道府県警本部の警備・公安部門においても、概ねで人員の減少傾向が見られている。

２. 外事第３課の誕生

そんな日本の公安警察組織にとって、組織のジリ貧傾向に僅かでも歯止めをかけられるかもしれない世界的事件が、2001年に発生した。この年の９月11日、米国の首都ワシントンやニューヨークなど中枢部に襲いかかった、いわゆる米中枢同時テロ事件＝9･11事件である。

この事件を契機とし、当時のブッシュ米政権がアフガニスタン、そしてイラクへの軍事侵攻に突き進んでいったのは周知の通りだが、同時にブッシュ政権の掲げた「テロとの闘い」は世界的な掛け声となり、その波が日本警察にも「国際テロ対策」として波及した。

警視庁公安部に新たな課が発足したのは、9・11事件の発生から約1年後の2002年10月1日のことである。これこそが今回の文書大量流出事件の舞台となった外事第3課であり、その担当任務に関しては、外事第3課の新設直前に新聞各紙がコンパクトに伝えている。

〈警視庁は、国際テロ事件の捜査や事前の情報収集などを強化するため、公安部に外事3課を設置する方針を固めた。国際テロを専門に担当する課は全国で初めて。昨年9月11日の米国同時多発テロ後、イスラム過激派による国際テロを専門に調べる専従班を設置していたが、今後、より危険性が増しそうな国際テロを事前に防ぐため、専門的な捜査にあたる課の新設に踏み切ることにした〉（2002年7月17日付『朝日新聞』朝刊、一部略）

〈昨年9月の米同時テロなど活発化する国際テロ犯罪に対応するため、警視庁は、テロ捜査を担当するセクション「外事3課」新設の方針を固めた。10月1日から正式スタートする。新設する外事3課は、イスラム過激派組織に通じる外国人についての情報収集や、資金ルートの監視などを担当する。国際テロ対策を専門に独立部署を設置するのは、全国の都道府県警察で初めて〉（同日付『読売新聞』朝刊、一部略）

つまりこういうことだ。警視庁公安部に新設された外事第3課とは、9・11事件を受けて国際的に高まった「テロ対策」のための情報収集を表看板に掲げつつ、実態としては主に「イスラム過激派」「イスラム過激派組織に通じる外国人」――要は日本国内に滞在するイスラム教徒らの動向を監視するセクションであった。外事第3課が新設された2002年10月1日という日付については、後で詳しく触れる流出資料との関係で記憶にとどめておいて欲しいのだが、それとは別に、公安部内に新たな課が設置されたことからは、さまざまな意味を読み取ることができる。

まず、日本の公安警察組織の中枢部隊といえる警視庁公安部に新たな課が設置されたのは、1968年に公安総務課が置かれて以来、実に34年ぶりとなる出来事だった。公安総務課は公安部の筆頭課として部内の調整機能を担いつつ、それまで公安第1課が統括していた日本共産党の動向監視などを主な任務として分離・増強されたセクションであり、いわば公安警察組織が膨張過程にある最中で新設されたものだった。

一方の外事第３課は、冷戦体制の終焉とオウム捜査の失敗などによってジリ貧傾向を強いられ続けていた警視庁公安部にとって、それを僅かながらも反転させることになるかもしれぬ課の新設であった。じわじわと追いつめられつつあった公安警察にとっては、いわば“僥倖”ともいえる“慶事”だったに違いない。そのためだろうか、当初は70人体制で発足した外事第３課は間もなく人員の増強が図られ、発足から10年も経たぬうちに約150人もの捜査員を抱える大所帯に拡大されている。

もうひとつ、日本の公安警察組織が戦後一貫して米国の世界戦略の道筋に従って動き続けてきたという点も見逃すわけにいかない。

前記したように、戦後日本の公安警察組織は、共産主義国の台頭に脅威を覚えて急転換したGHQの占領政策と歩調を合わせて再整備が進められ、以後も一貫して「反共」を最大の旗印とし、日本共産党や新左翼諸党派などの監視・取り締まりにあたってきた。また、公安警察の一部門である外事警察は、外国諜報機関によるスパイ活動や戦略物資の不法輸出などを監視し、取り締まるセクションだが、外事第３課の新設以前から警視庁公安部には外事第１課と外事第２課が置かれていた。両課の担当は地域別に色分けされ、外事第１課は旧ソ連邦や東欧諸国、外事第２課は中国や北朝鮮に係る事案を主な監視対象としている。これもまた、「反共の防波堤」としての公安警察の〝面目躍如〟というべき布陣ではあるが、9・11事件の約１年後に新設された外事第３課は「テロとの戦い」という米国の世界戦略に則った〝看板〟を付与された。結局のところ、「治安機関」としても「情報機関」としても、日本の公安警察組織は常に米国の戦略に寄り添って整備・拡充され、その意向の枠内で活動を繰り広げてきたと評してもいいだろう。

今回大量流出した警視庁公安部外事第３課のものとみられる資料群の中にも、米国のCIA（米中央情報局）やFBI（米連邦捜査局）からの依頼・指示を受けて繰り広げられたとみられる情報収集や関係者聴取の結果が数多く含まれている。前記したように、さまざまな歴史的経緯から大規模な情報機関を置かなかった戦後日本では、警察の一部門である公安警察が事実上その役割を担い、各国情報機関のカウンターパートとしても振る舞ってきた。日本の公安警察組織の活動に大きな道筋を付与してきた米国との関係で考えれば、国家警察であるFBIとの連携はもちろん、情報機関であるCIAとの連絡役も、公安警察組織が中心となって担ってきたといえる。

ただ、冷静になって考えてみるならば、9・11事件を受けた米国が声高に「テロとの闘い」を唱え、その流れに沿って警視庁公安部に「国際テロ対策」を主任務とする外事第３課などという組織を立ち上げてみても、「イスラム過激派」や「イスラム過激派に通じる外国人」が日本国内にそれほど入り込んでいるとは思えない。これから説明していく通り、警視庁公安部に新設された外事第３課は、公安警察組織が日本共産党や新左翼諸党派に対して繰り広げてきた従来型監視活動の手法を準用して「イスラム過激派」や「イスラム過激派関係者」のあぶりだしに躍起となったようだが、その多くの活動は、膨大な人員と手間とカネをかけて「過激派」でも何でもない在日イスラム教徒を追い回し、日本や日本政府に対する反感や敵意をいたずらに煽っただけの、「壮大な無駄」だったように思えて仕方がない。警視庁公安部に長く所属したキャリア警察官僚OBの一人ですら最近、私に対して次のような趣旨のことを言って嘆息している。

「いわゆる冷戦体制が消え去って、日本国内の左翼勢力も退潮局面に入っていく中、当然ながら警備・公安警察も組織縮小を余儀なくされてきた。ところが9・11テロが発生して『テロ対策』という掛け声が世界的に高まり、日本警察もそれを大義名分に掲げて警視庁に外事３課を立ち上げた。しかし、よく考えてみれば、日本国内にイスラム系テロリストなんてそんなにいるわけがない。こう言ったら現役の公安部員たちには可哀想だけれど、外事３課のやってることなんて、せいぜいが〝不法就労対策〟みたいなものですよ。いままでの警備・公安警察の従来型情報収集の手法を当てはめて必死で監視しているようだけれど、実に的外れな作業だった」

３. 公安警察の手口

それでは、日本の公安警察組織が営々と繰り広げてきた「従来型の監視活動」とは果たしてどのようなものなのだろうか。そして、2002年10月に新設された警視庁公安部外事第３課とは、その手法を準用して具体的にどのような活動を繰り広げてきたのだろうか。

公安警察が過去、組織的な盗聴や謀略爆弾工作といった信じ難き違法行為にまで手を染めてきたことは先述したが、現在に至るまで公安警察が全国各地で盛んに、そして大々的に繰り広げてきた基礎的な情報収集の手法がいくつかある。たとえば、要警戒対象と見定めた団体や個人の拠点、あるいは立寄先などを、時には24時間態勢で監視する「視察」。これに加え、尾行や聞き込みといった手法なども駆使して展開される対象人物の「追跡作業」や「行動確認（＝行確）」。そして、かつても今も公安警察内で最も重要視されているのが、要警戒対象と見定めた団体や組織などの内部や周辺に「協力者」と呼ばれるスパイを獲得し、これを運営して情報を引き出す作業である。

まずは「視察」だ。少々古い文献だが、かつて公安警察官の教科書的な位置づけを持っていたとされる『警備警察全書』（立花書房、1962年に初版発行）という書籍には、「視察」について次のような解説が加えられている。

〈集会・デモ・その他の行事、団体交渉・その他の争議の状況を視察する場合や、組合本部、団体事務所等を視察して情報収集する場合がある。これは情報収集としてもっとも一般的な方法である〉（傍点は引用者）

この一文からもよくわかる通り、「視察」とはつまり、公安警察が要警戒対象と見定めた団体や個人が集結するデモ、集会、または拠点施設や幹部の自宅、立寄先などを、ありとあらゆる手段を駆使して監視する作業であり、いまもなお公安警察内で「もっとも一般的」な情報収集活動と位置づけられている。

デモや集会のケースでいえば、いわゆる新左翼諸党派などが絡んだものに参加した経験のある方ならお分かりの通り、サングラスやマスク姿という異様な風体の公安警察官が夥しい数でデモや集会の周辺を取り囲み、双眼鏡やカメラ、メモを手に監視活動にあたっている情景を目にしたことがあるだろう。これも「視察」活動の一環であり、公安警察が監視対象と定めた団体、組織の本部や関連施設の周辺にも、出入り口などを見渡せる位置に「視察拠点」が設けられている。日本共産党や各種の新左翼団体、あるいは朝鮮総聯（在日本朝鮮人総聯合会）やオウム真理教など、公安警察が〝最重要〟と目している団体、組織の本部事務所や主要施設であるなら、場合によっては複数の「視察拠点」が設けられ、24時間態勢で人の出入りや施設の動静などが徹底監視されているとみて間違いない。団体や組織のトップや幹部の自宅、立寄先なども同様だ。さらに、こうした施設や場所に出入りした人々は、尾行などによって追跡され、立寄先や人定事項などを徹底的に割り出される。

余談に属するのかもしれないが、かつて私は、警視庁公安部の幹部から次のような話を訊いて、心底から呆れ返ったことがある。ワンマン議長として日本共産党の指導的地位に長らく君臨した宮本顕治氏（2007年7月死去）に対する「視察活動」に関するエピソードだ。

1982年に日本共産党中央委員会議長となって党の実権を握った宮本氏は、1997年の党大会で名誉議長に就任し、国政の一線からは退いていた。その宮本氏に対し、警視庁公安部は長年にわたって徹底した視察活動を続けており、毎朝の散歩の歩数まで数えていたという。冗談のような話だが、「散歩の歩数まで数える必要があるのか」と尋ねる私に、警視庁公安部の幹部はさも当然だろうといった表情でこう断言した。

「ミヤケン（宮顕＝宮本氏のこと）の体調と健康状態は、我々にとっての最大の関心事だ。毎朝の散歩の歩数によって、その状況を相当に推し量ることができる……」

毎日行われるこの「視察」作業に、いったいどれほどの手間と人員が割かれていたのかを考えると溜息をつきたくもなるが、公安警察がひとたび「視察」作業に乗り出せば、これほどの執念で関連情報の収集が行われることの証左ではあるといえるだろう。

では、公安警察組織の基本的な情報収集作業の一つと位置づけられている「視察」に関し、今回流出した警視庁公安部外事第3課のものとみられる内部資料にはどのようなことごとが記されていたか、次節で具体的に見ていこうと思う。

流出資料からみる公安警察の馬鹿げた実態

青木　理（ジャーナリスト）

1.「視察」の実際

北海道の洞爺湖畔を舞台にG8サミット（主要国首脳会議）が開催されたのは、2008年７月７日から９日にかけてのことである。日本でのサミット開催は2000年の沖縄サミット以来で８年ぶりという出来事だったが、この一大イベントを間近に控えた時期、警視庁公安部の外事第３課が「平成20年（＝2008年）６月18日」付で作成したとみられる資料がある。〈６月23日以降のモスク視察体制等について〉（傍点は引用者）と題された簡略な文書がそれだ（【資料14】）。この中で外事第３課は、東京都港区にある「アラブ・イスラーム学院」や東京都渋谷区にある「東京ジャーミイ＆トルコ文化センター」など都内７カ所のモスク（イスラム教礼拝所）を対象とし、計43名を動員して以下の要領で「視察」を実施するよう明記している。

〈サミット本番前までは、基本的に各モスクとも午前８時30分から日没後の礼拝が終了する午後７時30分を目処に拠点員、行確員を配置し、モスク動向の把握、モスクへの新規出入者及び不審者の発見把握に努める〉

これはつまり、各モスクを見渡せる位置にマンションの一室などを借り上げ、そこに捜査員を配置し、朝から晩まで徹底的に「視察」していたことを意味している。計７カ所のモスクに43人の捜査員を動員しているから、一つのモスクに６人以上もの捜査員が張り付いた計算となるが、実際に動いた捜査員の数は、この程度にとどまらない。

もう一つ、【資料８】の〈北海道洞爺湖サミットに伴う国際テロ対策編成表（６/23～７/９）〉なる文書を参照してほしい。一見して分かる通り、サミット本番に向けた外事第３課関連の編成表だが、最上段に記されたモスク視察要員

43人のほか、〈イラン関連施設〉や〈警察庁特命作業〉、あるいは〈要警戒対象〉に関する〈視察行確〉に100人以上の捜査員が駆り出され、東京・桜田門の警視庁本庁のデスクに着席する分析係官などまで含めれば、実に218人もの捜査員を動員していることが明記されている。

前記したように、「視察」とは拠点を監視する作業にとどまらない。拠点などに出入りする人々を尾行して人定事項や立寄先などを確認するとともに、そうした人々の中に要監視対象の人物がいると見定めれば、さらに自宅や立寄先などが新たな「視察」対象となる。こうした一連の作業を「追跡」「行確（＝行動確認）」などと呼び、これらの作業によって公安捜査の監視の眼は「点」から「線」へ、そして網の目状の「面」へと発展させられていく。

それがよくわかるのが「平成19年（－2007年）９月３日」付などで「追及捜査第１班」が作成した「解明作業進捗状況」と題する一連の内部資料である（【資料20～22】）。ちなみにこれらの資料はサミット警備とは無関係な時期に作成されており、在日イスラム教徒やモスクに対する広範な監視活動がサミット前など特別な時期に限定されず、日常化していたことをうかがわせている。

資料群を一瞥していただければ分かる通り、アラブ・イスラーム学院や新大久保（新宿区）、大塚（豊島区）などのモスクを「視察」し、それによって「解明」された結果を詳述した資料は、礼拝に参加したイスラム教徒を「行確（＝行動確認）」と称して徹底追跡し、自宅や立寄先などを次々に突き止めていったことを示している。こうした住所地の一部は「事後捜査」などと記されているから、恐らくは新たな「視察」活動などが実施され、その住所地の位置づけや出入者などが徹底的に調べ上げられたに違いない。

文書下部に記された〈基調〉とは公安警察内で「基礎調査」の略語とされ、これもまた情報収集作業の基本と位置づけられている。すなわち、公安警察が不審者と睨んだ人物の詳細な個人データ――たとえば日本国籍保持者であれば戸籍や住民票、外国人であれば外国人登録証や在留資格、出入国記録、さらには家族関係や交友関係など――について、徹底的に調べ上げる作業のことである。事実、一連の文書の中には、モスクに出入りした人物やその関連人物について、住所、勤務先や家族構成、出入国記録や在留資格、果ては銀行口座のデータに至るまでを「照会」していると記されている。

なお、これらの文書の末尾に記されている「拠点防衛の徹底」とは、「視察」のために設営したマンションなどの拠点が相手側に漏洩しないよう注意せよ、という現場捜査員への警告である。公安警察の例ではないが、過去には東京・代々木の日本共産党中央本部の前に設置されていた公安調査庁の「視察拠点」(それは共産党本部前のマンションの一室にあった)が共産党側によって"摘発"され、一大騒動を巻き起こしてしまったことがあった。警視庁公安部の幹部はかつて、私の取材にこう語っている。

「視察拠点の設営は、徹底的に注意深く行う必要があるから、ここでも事前に入念な基礎調査を行う。マンションの一室などに視察拠点を置く場合、大家が警察に協力的な人物なら理想的だが、そうしたケースばかりとは限らない。共産党シンパや関係者だったりする恐れもあり、ヘタをすると大問題になりかねない。視察拠点は対象となる建物の全体を見渡せる場所につくるのがベストだが、それができない場合には、複数の拠点を組み合わせるといった工夫も必要だし、拠点の室内にも警察の者がいると推測されるような物は一切残さないくらいの注意深さが求められる。都内の主な視察拠点の位置は私も把握しているが、そこにはできるだけ近づかないようにしている。近づくとどうしても、その方角に眼をやってしまい、拠点の所在地が対象団体側に発覚してしまう可能性が出てくるから……」

流出資料には、こうした話を裏付けるようなものもある。2009年1月9日、警察庁で行われた会議(関東地区の警察本部の国際テロ対策担当官が集められた会議)での議事内容を取りまとめたとみられる〈関東地域国テロ担当補佐等会議概要(1/9:警察庁)〉(【資料5】)なる文書である。ここには、次のような記述がある。

〈○拠点設定(阿波谷補佐)

視察拠点については積極的な設定を行う必要があり、長期間に及ぶ追及作業に保秘しながら効率的に行うためには必要なところに必要な拠点を設定する必要がある。

しかしながら、種々の条件をクリアするためには必ずしも直接視認できる場所に拠点を設定できるとは限らず、そういった場合にはその動線上に拠点設定を積極的に行うこと。

また、拠点には、作業の終息が見えないで設定する恒常拠点と、いつからいつまでと機関を定めて設定する臨時拠点とがあるが、安全面等拠点設定必要な構想に差異はない。

状況によっては、我が社の看板を掲出しての拠点設定もあり得る（引用者注・警察であることを貸し主などに明かしての拠点設定を意味すると思われる）が、その目的は相手に我々の施設借り上げを察知されないことであり、この点に留意しなければならない〉（誤字なども含めて原文のママ）

2. 徹底した視察・追跡

こうして展開される施設などへの「視察」のほか、公安警察が「不審者」と見定めた特定の個人に対する「視察」の実態をさらに深く知るには、2008年6月に作成されたとみられる〈要警戒対象視察結果報告〉と題した資料（【資料29】）が興味深い。この「視察」では、レバノン共和国の国籍保有者が監視対象とされているが、その理由について文書は、レバノン人を片っ端から監視することを求めるかの如き警察庁からの〈下命〉によるものだと記し、都内に住むレバノン人男性に対して執拗な「追跡作業」を繰り広げた記録が残されている。このレバノン人男性の特定につながりかねない固有名詞などを略しつつ、文書の一部を引用する。

6／22（日）17：30　㋠帰宅
6／23（月）8：00　視察開始
8：05　㋠居室カーテンが半分開いている（消灯中）。
13：03　㋠の居室点灯を確認。
13：51　㋠　徒歩にて外出（服装：白色半袖シャツ・Gパン）
13：57　病院北口前バス停から駅南口行バスに乗車
14：57　国道沿いの駅入口バス停で下車
14：04　セブンイレブンに入
※店員にセロテープを借り、㋠が所持していた英文書

類に自身の顔写真を添付する。

14：06　セブンイレブンから出

14：07　地下鉄駅入り

15：04　大江戸線六本木駅下車

15：15　ビル２Ｆ入り

15：38　ビル出・六本木駅方向へ徒歩にて進行

15：45　大江戸線　六本木駅から乗車

15：55　大江戸線　新宿駅下車（山手線乗換）

16：03　山手線乗車

〈中略〉

16：26　駅ロータリー直近のマクドナルド入

（成人女性１名及び男児１名と合流）

〈中略〉

6／24　03：05　㊟　徒歩で自宅を出て、ファミリーレストラン方向へ

03：09　㊟はファミレス手前路上において、㊟と反対方向から来た女性(昼間マクドナルドで会った)と接触

03：15　㊟と女性が㊟宅入り。

04：35　㊟と女性が㊟宅を出て、駅方面へ。

05：06　㊟と女性、駅着き、㊟は女性をタクシーに乗せ見送る。

その後、㊟も同所でタクシーに乗車し、自宅方面へ。

※５：15　女性自宅入り

05：14　㊟自宅入り。

08：30　行確班交代。㊟動きなし。

これは「視察」に加えて、いわゆる「尾行」なども組み合わせたものではあるのだが、公安警察の「視察」「追跡」作業は24時間態勢で執拗に、そして徹底的に行われていることが如実に分かる。文書によれば、このレバノン国籍保有者はその後も延々と「視察」「追跡」を受けたたらしく、接触した人物も人定事項などがすべて調べ上げられ、さらに同じような追跡作業を受けたことが窺い知れる。

以上の内部文書群から読み取れることについては明白だろうと思う。つまり、公安警察に「不審者」「要警戒人物」と見定められたら最後、膨大な人員が動員され、時には警察の持つ強権、情報網も駆使され、おおよそあらゆる個人情報が吸い上げられてしまうのだ。また、執拗な「視察」と「行確」「追跡」活動などにより、自宅はおろか立寄先や交友関係などまで徹底的に洗い出されてしまうことになる。

3. 秘密組織と「協力者」工作

これまで文書を見てきた「視察」や「追跡」、または「基調（＝基礎調査）」や「行確（＝行動確認）」といった作業が公安警察のベーシックな情報収集の手法だとするなら、さらに高い秘匿下におかれて盛んに繰り広げられているのが、監視対象団体の内部や周辺に「協力者」と呼ばれるスパイを獲得し、それを運営する作業である。

前記したように、「協力者」の獲得とその運営による情報収集は、今も昔も公安警察内で最重要視される活動として、営々と続けられてきた。それを一元的に統括するのは、警察庁警備局の筆頭課である警備企画課に密かにおかれた組織――かつては〈サクラ〉、その後は〈チヨダ〉などという符牒を冠されていた、いわば公安警察最大の秘密組織である。

日本の公安警察組織を中央集権的に統括する警察庁警備局の警備企画課には、課長の下に2人の「理事官」と呼ばれる役職が配置されている。しかし、表向きの警察庁組織図や名簿などには「理事官」職が1人しか存在しないことになっている。もう一人の「理事官」は、警察内部の組織図や名簿から名前や職位が消され、表向きは「存在しない理事官＝裏理事官」として秘密組織を率いるのだ。

その「裏理事官」職にはこれまで、警備・公安畑を主に歩んできて優秀と目された中堅キャリア警察官僚が配されてきた。もちろん、それまで表舞台にいたキャリア官僚が突然、組織図や名簿から名を消すのだから、警察内部では彼がどのような役目を担っているのか、誰もがおおよその察しはついている。しかし、その任務内容や実態は厳重な秘匿下に置かれ、外部から窺い知ることはほとんどできない。全国の都道府県警が繰り広げている「協力者工作」いう極めて隠微なスパイ獲得・運営作業を一元的に司るからだ。

ところで、戦後日本の警察組織は表向き、自治体警察の建前を掲げてきた。戦前・戦中の中央集権的な警察組織が激しき人権抑圧装置と化したことの反省に立つものであり、各都道府県警察は各都道府県に置かれた公安委員会の管理に服すと定められている。

一方、中央に行政官庁として置かれた警察庁は国家公安委員会の管理に服すると定められ、原則として各都道府県警に直接の指示・命令を下す立場にはないとされてきたのだが、警察庁は次第にその権限を拡大し、人事や予算等を通じて全国の都道府県警を直轄支配する仕組みを強化し続けてきた。中でも警備・公安警察部門にそれは顕著で、極めて早い時期から各都道府県警の警備・公安部門は事実上、警察庁警備局の直接支配下に置かれ、〈サクラ〉、あるいは〈チヨダ〉と称された秘密組織に至っては、各都道府県の公安委員会はおろか、各県警本部の幹部すら飛び越え、警察庁警備局の「裏理事官」から各都道府県警の〈サクラ〉、あるいは〈チヨダ〉部隊に直接の指示・命令が発せられてきた。

また、警備・公安警察が過去に手を染めた数々の非合法活動も、〈サクラ〉、あるいは〈チヨダ〉の指揮・監督下で遂行されてきた。たとえば、前記した共産党国際部長宅盗聴事件（1986年）は、警察庁警備局の「裏理事官」が率いる〈サクラ〉によって承認・指示がなされ、神奈川県警の警備部に配された〈サクラ〉部隊が現場での実行に及んでいたことが分かっている。この盗聴工作は、電話の不審に気づいた共産党側の調査などによって暴露され、東京地検特捜部が捜査に乗り出す騒ぎに発展したものの、警察庁は終始一貫、「警察が盗聴などという行為を行ったことは断じてない」とシラを切り通し続けた。しかし、現実には警察庁の警備局長や「裏理事官」が一斉に更迭されることで検察庁と手打ちがなされ、当時は東京・中野の警察大学校内に置かれていた〈サクラ〉部隊の本部が撤退、移設されるという経緯を辿っている。公安警察としては、歴史に残る大失策であった。

この事件を契機として〈サクラ〉の本部は東京・千代田区の警視庁本部脇にある警察庁舎に移され、公安警察内部の符牒も〈チヨダ〉にあらためられた。このあたりの経緯は拙著『日本の公安警察』で詳述したが、最近は〈チヨダ〉

の符牒にさらなる改変が加えられ、〈ゼロ〉などという呼称が冠されているという話もある。その裏話についてある公安警察OBがこう打ち明けてくれたことがある。

「あんたたちが〈サクラ〉だとか〈チヨダ〉だとかの存在を好き勝手に書きまくるから、2000年ごろに『裏理事官』になったヤツが〈ゼロ〉に変えるって言い出したんだ。現実にはあまり浸透していないみたいだけどなぁ……。〈ゼロ〉の意味？　ああ、『存在しないはずの組織』だから〈ゼロ〉っていうことらしいな（笑）」

こうした内輪話について、公安警察という組織の秘密性が如実に現れていると評すこともできるだろうし、情報機関や治安機関なるものが常に内包する隠微かつアナクロティックな一面を示すものだとみなすこともできるだろう。いずれにしても〈サクラ〉、〈チヨダ〉、あるいは〈ゼロ〉などと内部で呼称される組織が日本の公安警察内で最も秘匿された秘密部隊であり、その最大の任務が全国の都道府県警察によって繰り広げられている「協力者」獲得・運営作業の司令塔であることは疑いない。

ただ、奇妙なことに、今回大量流出した外事第３課のものとみられる内部資料の中には、その協力者獲得作業の具体例に直接言及したものがほとんど見当たらない。文書の流出源が公安警察内部であることは間違いないのだが、その流出源にそれほど機微な文書を取り扱う資格がなかったのか、あるいは最高度に秘匿すべき資料は意図的に外して流出させたのか、その真相は現段階で不明というしかないが、それでも「協力者」獲得作業の痕跡をうかがわせるような資料はある。

たとえば、前記した〈関東地域国テロ担当補佐等会議概要（１／９：警察庁）〉と題した資料の中にある記述だ（【資料５】）。そこには次のようなものがあった。

〈「協力者」という言葉を使う場合には獲得対象者のみに限定し、その他の情報提供者については「協力者」という表現は避け、両者を併せて「情報線」と表現する。換言すれば、協力者たる指導係が管理する情報線と協力者と呼ばないデスクが管理する情報線の２種類が存在する。当然ながら、指導係が管理す

る協力者からの情報も可能な範囲内においてデスクと共有する〉

〈インターネット上での不審情報の収集については、対象者を閉鎖性の強いチャットルームへ投入することについては、積極的に検討しつつも、協力者保護には多角的な方向から検討を加えてほしい。つまり、対象者が自分の生活基盤を破壊してやっても我々は対象者の生活全ての面倒を見ることはできない。基本的には、対象者の協力の意思に基づいてやっていただく、その中で情報の対価として出せるものは出すが、対象者の財政支援ではないことを忘れないでほしい〉

〈協力者からどんな情報を得られるかを常に検証してほしい。協力者を取り巻く環境は日々変化している。協力者の中には、担当者が聞かなかったら必要ないと思い話さなかったという事例が散見されるので、協力者の人脈、能力等を常に検証してその可能性を見極めてもらいたい〉（いずれも原文のママ）

記述中に出てくる〈指導係〉というのが、協力者工作を一元的に管理する〈サクラ〉や〈チヨダ〉、〈ゼロ〉につながるラインだ。〈投入〉とは、古くからある公安警察の手法であり、協力者や、時には公安警察官本人が対象団体や組織の中に入り込んで情報収集する作業を指し、〈情報の対価〉とは言うまでもなく、協力者に対して支払われる「謝礼」としての金銭のことである。

4.「協力者」と「提報者」

また、〈提報者作業の推進要領について〉という資料も、協力者獲得工作との絡みで興味深い（【資料６】）。そこにはこんな記述がある。

〈提報者の位置付け（基準）

提報者は、イスラム・コミュニティー内の不審者動向等の情報を我が方にもたらす「センサー」のようなものとして位置付け、協力者や作業対象者よりも緩い基準で認定する。具体的には、「イスラム・コミュニティーとの関係を有し、我が方に対し協力姿勢のある者」について、

◯不法滞在等の法違反者でないこと

◯会話が通じること

○継続して接触が可能なこと（最低でも３回以上の接触結果を踏まえて判断）等を見極めた上で、提報者として認定する〉（原文ママ）

つまり、公安警察が最重要視する「協力者」にまでは至らなくとも、その前段階としての〈提報者〉を獲得・運営することで、「イスラム・コミュニティー」に関する幅広い情報を収集しようという意図が窺える。その「提報者」の獲得作業について、文書は〈基礎調査〉の必要性を指摘した上で、次のように「作業」を進めるように促している。詳細は別掲した文書そのものを参照してほしいが、重要な部分を以下に抜粋してみよう。

〈接触方法
　ア　初回接触　原則として、自宅訪問による直接接触は行わない（単身居住等の場合を除く）
　イ　話題展開（善意の訪問理由を説明）
　　○不良外国人の検挙を目的に訪問したのではない。
　　○担当者自身が、イスラムに対する知識がない。迷惑でなければ教えていただきたい。
　　○我が国で生活していく上で心配事や困ったことがあれば、喜んで相談に応じる。
　防衛措置
　　○情報先行に走らず、あくまでも善意の接触であることを意識付け、不信感、不安感を抱かせない。
　　○警察官である旨の身分は明確に提示するが、原則として名刺交換は行わない（名刺が仲間内で流通する恐れがある）
　提報者作業推進上特に留意すべき事項
　（１）提報者作業は、協力者獲得作業と同様の作業監理を徹底し、必ず本部指導班へ報告させて個々の作業検討を徹底する〉

こうした記述は、私がかつての取材で知り得た「協力者」獲得工作の手口と、極めて相似形である。もちいられる手口のすべてを詳細に紹介する紙幅はないが、たとえば沖縄県警で公安警察官を長く務めた島袋修氏の手記『封印の公安警察――あなたのそばにスパイがいる』（沖縄教育図書、1998年）から、関連部分の一部を引いてみたいと思う。島袋氏が公安警察官として日本共産党の若きシンパを「協力者」に仕立て上げていった体験に関する記述である（原文ママ、マルカッコ内は引用者注）。

×　×　×

ある日、私は、『赤旗』を小脇に抱えて走り回っている新聞少年に出会った。共産党の若き“エリート活動家”であり、格好の（協力者としての）ターゲットであった。

彼が高校でバスケット部に入っていることや、夜は那覇市内のビルの屋上にあるビアガーデンでアルバイトをしていることも事前に（基礎調査などで）調べ上げた。そこで私は、昼間、彼が『赤旗』を配達している途中、偶然出会ったふりをして声をかけ、夜のビアガーデンでは、「おやっ、君はここで働いていたの？　ちっとも知らなかったなあ」と驚くふりをして、言葉巧みに接触していった。

何度かの接触で彼の心がうちとけた頃、勘定の時には多めに金を渡し、少しずつ私から金を受け取るように仕組んでいった。

当時、Ａ－６はまだ高校生であり、進学や就職のことで悩んでいた。私は親身になって彼の相談に乗ってやり、同時に、金銭面での援助をするようになった。

毎月２～３万円の小遣いをあげて、「僕にも共産党の勉強をさせてくれないか。資料が欲しいな」と言う私に、彼も私が警察関係の人間であることを察知したようだが、すでに遅かった。金銭的魅力に取りつかれ、私から逃げられない間柄になっていたのである。Ａ－６はまさに、張りめぐらされた毒グモの糸にひっかかった蟻であった。

Ａ－６はやがて、積極的に私のスパイ業務に手を貸すようになってきた。

×　×　×

これは若き共産党員をターゲットとして繰り広げた「協力者」獲得工作の一例ではあるが、善意を装って「勉強がしたい」などと接近を試みる点などは、流出文書が言う〈提報者作業〉の手口とまったく相似形である。また、今回流出した資料の中に登場したさまざまなイスラム教徒やイスラム教関係者の一部については、いずれも警視庁公安部外事第３課が「提報者」と位置づけられていたとみられ、彼ら、彼女らから引き出された「情報」を取りまとめて作成された文書はいくつも散見される。

代表的なもののうちの一つが〈対象者との接触結果について〉と題された文書だ（個人が特定できる可能性があるため資料掲載はなし）。「判田警部」と「北川警部補」の２名が中東某国の大使館関係者と東京・銀座の飲食店で「接触」し、約２時間半にわたって話を訊いた結果が延々と記載された文書には、次のような文言がある。

〈対象者は終始温厚な態度で応対し、聴取につき回答を拒むことなく素直に応じた。現在業務が多忙である旨を申し立てるも、今後の継続的接触及び捜査協力にも快諾した〉

こうして公安警察が「獲得」した「提報者」は、「提報者」とされた側の認識がどうだったかは別としても、総数で数百人の単位に上っていたもようだ。それを窺い知ることのできる流出文書もある。

さらに〈コミュニティー対策について〉なる文書を参照して欲しい（【資料16】）。警視庁公安部の外事３課が作成したとみられる文書には、警察の業務等、あらゆる機会を通じて「提報者」を獲得するよう求め、こう記されている。

〈提報者対策の推進による情報線の拡充、強化

当課では、イスラム・コミュニティーの実態解明のため、提報者作業を国際テロ対策上最も重要な柱の一つとして位置付けており、課・係の垣根を越えた積極的な取り組みを行い、接見や交通違反・事故等で来署した際や語学専門学校、大学、就職斡旋企業等あらゆる機会を通じて、イスラム・コミュニティーの内部情報や知識に長けている者から幅広い情報を入手する等、提報者の設定及び情報収集作業を実施している。

既に設定している提報者にあっては、月に１回は面接する等、積極的にイスラム教や提報者の文化・国情等の理解に努め、「話ができる人、話を理解してもらえる人」として提報者の信頼を得て、今後更に広範な情報が入手できるよう協力体制を確立し、さらに新規の提報者獲得作業を実施するため、引き続き候補者の抽出・基調を実施する等、情報線（特に中東、アフリカの対象国やイ

ンドネシア、マレーシア、シンガポール、インド、フィリピンのムスリムを重点対象とした設定）の拡充、強化を図っている。

（平成17年11月現在、当庁提報者設定人数は２７５人）〉

５. 実績づくりとしての「微罪逮捕」

外事第３課が恐らくは「提報者」などと位置づけていたであろうイスラム教徒に対する接触経緯に関する詳細は、本書内のコラムとしていくつか紹介された被害者たちの生の声も参照して欲しいが、資料の中に登場する中東某国出身の在日イスラム教徒の１人は、私のインタビューにこう答えている。

――あなたはいつ来日し、その後はどのように暮らしていたのですか。

「日本に来たのは1990年代の中盤ごろです。それから数年間はオーバーステイ（不法滞在）状態で働いていましたが、1990年代後半に現在の妻（日本人女性）と結婚し、間もなく永住権を取得しました。その後は子どもにも恵まれ、こつこつと働いて貯めたお金で小さな飲食店を経営しています」

――既にご存知の通り、ネットに大量流出した外事第３課の内部資料には、あなたと警察官との間で交わされた話がたくさんでてきます。警視庁外事３課の警察官とは、どのような経緯で、どうして接触するようになったのですか。

「外事３課かどうかはいまも分かりませんが、警察の人が突然やってきて、『イスラム教のことを勉強したい』『いろいろ教えてくれないか』って言うんです。何か変だなとは思ったんですが、別に後ろ暗いところがあるわけじゃないし、会いたいと言われればお茶くらい飲み、雑談を交わす間柄になりました。以前のようにオーバーステイ状態の時だったら、そんなことはとても怖くてできませんが……」

――警察の人が「イスラム教のことを勉強したい」といって、あなたのところに突然やってきたというのは、いつごろのことですか。

「最初にやってきたのは、2002年の末ごろでした」

――それ以前に警察が接触してきたことは。

「まったくありませんでした」

この人物の話からも、「協力者獲得作業」の低位に位置付けられているとはいうものの、それと相似形の「提報者獲得作業」が盛んに行われていた一端を窺い知ることができるが、ここで思い返して欲しいのは、警視庁公安部に外事第３課が新設された日付である。

前記したように、それは2002年の10月１日のことだった。そして、この人物が警視庁公安部外事第３課所属とみられる警官にはじめて接触を受けたのが2002年の末ごろだ。つまり、オーバーステイ状態で不法就労していた時期には見向きもされなかった中東某国出身のイスラム教徒が、外事第３課の新設直後になって「イスラム教を勉強したい」などと善意を装った警察官からの接触を盛んに受けるようになったことになる。もはや多言は要しないだろう。馬鹿げた話だが、これが外事第３課なる組織の実態だった。その上、このイスラム教徒はある日突然、まったくの微罪で逮捕されることとなった。続けて同じ人物の話を紹介する。

――警察からの接触を受けていたあなたが、突如逮捕されたのはいつのことでしたか？

「2008年の６月末です」

――容疑は？

「詐欺をしたといわれました」

――具体的には？

「この店（経営する小さな飲食店）のオープン準備をしていた僅かな期間、私は失業保険を受け取っていたんですが、それが違法だ、詐欺だっていわれたんです……。弁護士さんに相談したら、店の開店準備中でも収入はなかったから問題はないそうなんです。でも、もし問題があるなら、それを返還するとも言ったんですが、まったく聞き入れられず逮捕されて、警察では容疑と関係ない話ばかり延々と聞かれました。それだけじゃない。自宅などを徹底的に捜索されて、パソコンなんかも全部調べられましたよ。でも、結局は（不起訴で）釈放されました」

――いわゆる、微罪逮捕ですね。

「それでも弁護士費用が結構かかったし、あまりにも腹が立ったので、（警察を）訴えようかと思ったんですが、（警察に）睨まれるからやめた方がいいと

（弁護士などに）言われ、泣く泣くあきらめたんです。今思い出しても、本当に腹が立ちます。その上、私たちを勝手にテロリスト扱いした文書をネット上にバラまいてしまうなんて、日本の警察っていうのはバカですか！？」

突如として身に覚えのない罪で逮捕された在日イスラム教徒の男性には誠に気の毒だが、微罪や別件による逮捕、家宅捜索等も、公安警察がしばしば用いる“伝統的”な情報収集の手段である。さらに言えば、このイスラム教徒の男性が逮捕された時期にも、やはり注目する必要がある。

前記したように、2008年の７月初旬には北海道・洞爺湖畔で主要国首脳会議（G8サミット）が開催されている。そして、男性が突如逮捕されたのが「2008年の６月末」。それまで「提報者」などと位置づけて盛んな接触が試みられていた男性に対し、警視庁公安部外事第３課は、サミットを目前にして、起訴すらできないような微罪逮捕へと踏み切った。ここからいくつかの思惑が浮かび上がる。

まず、自宅などへの家宅捜索でさらなる「情報収集」を図ろうとする狙いはあったろう。そして、警察組織が総力を挙げた警備体制を敷くサミットを目前にした時期の逮捕劇は、警視庁公安部外事第３課として何らかの〝成果〟が必要だったという側面も色濃く滲む。つまり、「イスラム過激派」や「イスラム過激派に通じるネットワーク」の監視を最大眼目に掲げる新セクションとして、サミット前に「不審な在日イスラム教徒」を摘発し、関係先を大々的に家宅捜索することで自らの存在をアピールする――そんな思惑があったに違いないのだ。うんざりするほど馬鹿馬鹿しい話だが、恐らくはこれが外事第３課なる組織の実態であり、ここに私は、近年における公安警察という組織のアナクロかつ官僚主義的な実態が垣間見えるように思えて仕方ない。

６. 公安警察の馬鹿馬鹿しき実態

そうした公安警察組織の馬鹿馬鹿しき実態を裏付ける証拠は、大量流出した文書の中に見いだすことができる。〈日本における国産テロリスト（ホーム・グローン・テロリスト）の脅威について〉と題した文書を熟読して欲しい（【資料57】）。

2008年（平成20年）11月20日付の〈メモ〉として作成された文書は、〈イスラム過激派等のテロ組織に属しない普通のムスリムが、インターネット等によりアル・カイーダなどの過激思想に触発され、自ら過激化して、居住している国内でテロを起こす国産テロリスト（ホーム・グローン・テロリスト）〉となることが重大脅威だと位置づけ、北海道・洞爺湖サミット直前における類似案件の〝事件化例＝摘発例〟を紹介している。文書はこれらを〈サミット開催中の脅威を排除した事案〉（傍点は引用者）と明記しているから、簡単にいえば、サミットを前に警視庁公安部外事第３課などが盛んに繰り広げた「取り締まり」例と、それによって得られた「イスラム過激派対策の成果」を誇示するものといってよいだろう。

その中で〈事件化事例〉の筆頭として挙げられているのが、〈チャットルーム「パルトーク」によるジハード（引用者注・「聖戦」のこと）扇動事案〉である。文書を引用する。

〈当課では、提報者からパルトーク内の音声によるチャットルームにニックネームで参加して、昨年後半から本年中ごろにかけて複数回にわたり

○ジハードする人達は私の友達である

○ジハードする人たちは適切なことをやっている

○もうジハードの時期は来ている

等とジハード主義を自認・称揚する言動を行っている者がいるとの情報を入手した。当該人物を特定すべく、提報者から同人に対し巧みにアプローチをかけさせ、携帯電話番号を交換させることに成功し、人物特定に至った。関係者からの聴取の結果、対象者は、

○アメリカが嫌いだ。イラクから早く出て行くべきだ

○パキスタン人は日本社会で差別されている。他国の外国人は仕事に就くことができるのにパキスタン人というだけで、面接に行っても断られることがよくある

○日本人妻と一緒に住みたいと思っているが、仕事もなくお金を稼げないこともあって自宅に帰れない。離婚して欲しいと言われている

等の言動をしており、反米・反社会的な思想的背景を有する上に日本社会や日本での私生活における不満を抱いていることが窺われた〉

そして文書は、こう続けられる。

〈同人については、サミット前の二週間にわたり、24時間体制での監視対象とすることで、サミットに対する脅威とならないよう措置した〉〈現在も容疑解明対象として当課で解明作業を継続している〉〈社会や環境に対して不平・不満を抱いているムスリムがパルトーク等のチャットルーム内で互いに呼応し合い、過激思想に傾斜した場合、急激に過激化が進行し、特に、第２世代のムスリムの若者は、過激思想に感化されやすい状況にいるとも考えられ、ホーム・グローン・テロリストとなってテロを敢行する可能性も否定できない〉（傍点は引用者）

この案件について、ある警視庁公安部の現役捜査官は最近、私の取材にこう明かしてくれた。

「このイスラム教徒については、何としても引きネタ（逮捕容疑）を見つけて引っ張ろうとした（逮捕しようとした）んだが、残念ながら見つからなかった……」

これも多言を要しないだろうと思う。インターネット上のチャットルームで「アメリカが嫌いだ」「イラクから出て行くべきだ」と訴えただけで危険な不審人物＝テロリスト予備軍の扱いをし、日本社会で差別されているという本来は同情すべき点までもそれを加速させる根拠として挙げ、膨大な人員を動員して24時間態勢で監視する――これがサミット警備に奔走した外事第３課が高らかに謳い上げる最大の〝成果〟だというのだから、そのマンガぶりは失笑ものであり、イスラム敵視の発想は妄想の域に達しているとすら評しても過言ではない。

７. 違法な情報収集

一方で、盗聴や謀略爆破工作ほどの活動ではなくとも、法的にグレーな、あるいは限りなく違法に近い情報収集活動を外事第３課が繰り広げていたことを指し示すものも、流出文書の中にいくつか含まれていた。中でも問題視すべきなのは、公安警察が不審と睨んだ団体や個人について、銀行口座の出入金記録などを広範囲に収集・把握していた事実であろう。

たとえば、〈イラン大使館の職員給与等振り込み状況等の判明について〉と題された資料である（【資料48 ～ 50】）。〈調査先〉とされたのは、東京・虎ノ門にある東京三菱銀行（現・三菱東京ＵＦＪ銀行）・虎ノ門支店など。外事第３課は、これら複数の大手都市銀行に口座を持つ在京イラン大使館の関係口座を調べ上げ、大使から一般の大使館員に至るまで、その口座の出入金記録を根こそぎ把握してしまっていることが分かる。

同様に銀行口座洗い出しの対象とされたのは、イラン大使館関係者に限らない。別の資料では、日本人が代表者を務めるイスラム系宗教法人の銀行口座記録（口座は大手都銀のもの）を外事第３課が把握したことを示す記述もあったし、都内のモスクなどに関しても同様の記述が流出資料内にいくつも残されていた。こうした資料群を見る限り、公安警察はどうやら、「監視対象」と見定めた人物や団体の銀行口座記録などを、相当自由に把握してしまっているようなのだ。

言うまでもないことだが、銀行口座の出入金記録とは、究極のプライバシー情報の一つである。本来であれば徹底的に保全されねばならず、それが銀行という企業体が守るべき最大責務の一つであるはずだ。

もちろん、捜査機関側にしてみれば、事件捜査のために口座記録を把握する必要に迫られることはあるだろう。そうした場合、裁判所発付の令状を取って銀行側から口座記録の提出を受けるのが法治国家としての建前だが、そこまでいかなくとも、警察などの捜査機関が口座記録の提出を銀行側に求めることはできる。捜査機関による捜査の手続きを定めた刑事訴訟法第197条２項の次のような条文が根拠とされる。

〈第197条の２　捜査については、公務所又は公私の団体に照会して必要な事項の報告を求めることができる〉

この条項に基づいて警察などの捜査機関は、各種の官公庁や自治体、企業、団体等に対して捜査に必要な事項を照会し、報告を受けることができる。ただし、そのためには「捜査関係事項照会書」という文書を発するのが警察内部でもルールとなっている。これを受けて各種の官公庁や自治体、企業、団体等が照会に応じることとなるが、これはあくまでも任意の手続きであり、強制力はなく、拒否しても罰則もない。繰り返すが、本来であるならば裁判所の令状をもって記録を押収するのが法治国家の大原則だからだ。

とはいえ、警察などから「捜査関係事項照会書」を発せられて拒否の姿勢を貫ける企業や団体は、そう多くないだろう。特に企業等の場合、照会を拒否することは警察に睨まれる事態を招きかねないし、銀行などの大企業になれば、警察幹部の天下りを大量に受け入れている。

だからというわけではないのだろうが、「捜査関係事項照会書」の発出に関し、警察は内規で「具体的な捜査のために必要な事項」と定め、所属長決裁を受けることなどの手続きを取るよう求めている。それはそうだろう、警察が好き放題に「捜査関係事項照会書」を発するなら、およそあらゆる情報を警察が掻き集めることにつながってしまいかねない。

しかし、文書の中に数々登場する銀行口座記録は、いったいどのような「具体的捜査のために必要」だったといえるのだろうか。少なくとも、イラン大使館の全館員の口座記録の把握が、具体的捜査のために必要という大義名分を立てられるとはどうしても思えない。前記した〈イラン大使館職員給与等振り込み状況等の判明について〉と題する文書にも、銀行側に「捜査関係事項照会書」を発して口座記録の提供を受けたことを示唆する記述は一切なく、恐らくは非公式な形で銀行側に記録の提供を求め、これに銀行側も非公式な形で応じてしまったというのが実態だったろう。企業体としての銀行が最も重視すべき顧客の口座情報を警察に提供してしまったのは、銀行の根本的なモラルを疑わせるものだが、警察側の立場から見れば、これはもちろん限りなく違法に近い——あるいは違法そのものの——情報収集活動といえる。

こうした不当な情報活動は、銀行口座情報の収集に限らない。たとえば【資料４】として掲げた〈サミット本番に向けた首都圏情勢と対策〉と題した資料を見て欲しい。外事第３課が〈平成20年６月13日〉付で——つまりは2008年の北海道・洞爺湖サミット直前に——作成したとみられる資料には、次のような記述がある。

〈担当課による粘り強い対策の結果、現在、都内に本社を置くレンタカー業者大手４社（トヨタレンタリース、ニッポンレンタカー、オリックスレンタカー、ニッサンレンタカー）から、照会文書なしで利用者情報の提供が受けら

れる関係が構築されており……〉（誤字も含めて原文のママ）

要するに、「捜査関係事項照会書」を出して情報提供の協力などを要請しなくとも、警察は大手レンタカー会社の顧客利用記録を自由に把握する仕組みができあがっている、ということだ。逆に言えば、誰にしてもレンタカーを使用すれば、その情報は確実に公安警察へと筒抜けになっている、ということを意味する。

類似の資料は他にも散見される。〈北海道洞爺湖サミット警備における国際テロ対策の推進結果を踏まえた総括意見聴取表〉なる長々としたタイトルが冠された資料（【資料10】）は、警視庁公安部がサミット警備の〝成果〟と〝反省点〟を振り返り、「好事例」「反省・教訓」「将来に向けた課題」「警察庁への要望」などを１覧表にして取りまとめたものだ。その中には、次のような記述が登場する。

〈留学生～ムサッラー（礼拝所）を有する大学（東京農工大、電気通信大）の管理者から留学生名簿を入手、イスラム諸国人留学生179名を把握〉

〈大手ホテル、シティーホテル、ビジネスホテル等については署の「ホテル対策」により良好な連絡体制が確立されていたが、一部のゲストハウスでは協力を渋るものもみられた〉

〈留学生～帝京大学に対する管理者対策により、サウジアラビア人留学生16名が在籍、教室を礼拝場所として提供していることが判明〉

〈インターネットカフェ～インターネットカフェ会員名簿を入手する等し、（中略）イスラム諸国人の利用を不審情報として追及調査した〉

このほかにも〈第３期中間報告〉と題した資料（【資料17】）には〈日本学生支援機構等の留学生支援団体と良好な関係を構築し、約2000名以上の留学生データー（イスラム諸国及び新疆ウイグル出身者）を入手した〉との記述もある。

最高度の個人情報というべき口座記録を警察に易々と提供してしまう大手銀行にせよ、顧客情報を横流ししてしまうレンタカー会社やホテル、インターネットカフェといった企業にせよ、企業体として極めて問題の多い態度と指摘せざるを得ないのだが、何よりも学問の府として自治と独立を守るべき大学当局が自らの学生の情報を官憲に渡して恥じぬとは、世も末というほかはない。

8. 国家と情報

さて、こうした資料群から浮かび上がってくる公安警察の活動実態は、極めて重要な示唆を私たちに突きつける。

繰り返しになるが、まずは公安警察組織が「不審人物」、あるいは「要警戒対象」と見定めたが最後、ターゲットとされた個人や団体は、誰もが隠しておきたいプライバシーまでを含めて徹底的に丸裸にされてしまうという現実だ。「視察」という名の執拗な監視活動のほか、「行確」「追跡」という名の尾行や張り込み、さらには「協力者」「提報者」というスパイ工作、そして警察が持つ強権等を駆使して暴かれる情報は、極めて幅広く、恐ろしく深度が深い。

氏名、住所、生年月日、勤務先等の基礎的データはもちろんのこと、戸籍や住民票の記録、外国人登録情報、旅券番号、出入国記録、家族構成や交友関係、男女関係、果ては携帯電話番号や通話記録、銀行口座の記録、レンタカーを使えばその使用記録、ホテルに宿泊すればその滞在記録に至るまでかき集められてしまうのだ。これに警察が別に持つ情報網――たとえば全国各地の高速道路や国道などに網の目のように配されたNシステム（自動車ナンバー自動読み取り装置）の機器等々を加味すれば、誰もが仔細な行動記録を公安警察に根こそぎ把握されてしまうに違いない。

もちろん、公安警察が各所に向ける「不審の眼」と「監視活動」が、真の意味での犯罪捜査やテロ対策に役立っているというのなら、まだ議論の余地は残されているといえるかもしれない。私自身はどうかと尋ねられれば、仮にこれが犯罪捜査やテロ対策に役立つものなのだとしても、これほど広範で強大な情報収集能力を治安・警察組織に付与することを断じて容認すべきではないと考えるが、これを許容するか否かについての判断は、情報機関の要不要論を含め、個々人の政治信条や国家観等によって差異が生じうるだろう。

ただ、現実に行使されている公安警察の巨大な権限は、真の意味での犯罪捜査やテロ対策などに結びついていないケースが多い。本稿で紹介したように、ジリ貧状態に追い込まれていた公安警察組織が「国際テロ対策」という米国発のお題目を掲げて新セクションを設置し、およそテロや犯罪などとは無縁の在日イスラム教徒を執拗に追い回していたことからも浮かび上がる通り、公安警察組織の活動性癖と実態は相当にご都合主義的で、時には公安警察の組織と権益維持のために繰り広げられているとしか思えぬケースも散見される。そして、冒頭に記した通り、〝情報機関〟としての性格を持つ日本の公安警察組織の実態は分厚いヴェールに覆い隠され、外部からのチェック機能はほとんど機能しない。

本書は、共著者らとの話し合いを積み重ねた末、〈国家と情報〉というタイトルが冠されることとなった。国家機能として情報収集能力を強めるか否かという点については議論の余地があるにせよ、現在の公安警察組織のように犯罪やテロと無関係なイスラム教徒を追い回し、頭から犯罪者やテロリスト扱いし、逆に憎悪と反感を煽っている現実は、極めて病的である。また、情報機関や治安機関なるものが強大な権限を握っている国家は、洋の東西や思想の左右を問わず、極めて暗い社会体制と直結していることも、これを機会に私たちは強く思い返すべきだろうと思う。戦後の公安警察史でも初めて大量流出した外事第３課の内部資料は、そうしたことを私たちに示唆してくれるものといえるだろう。

警備情報活動と出入国管理行政との関係について

古屋　哲（大学教員）

1．はじめに――監視と追放の複合装置

本論では、「流出文書」から出入国管理と外事警察（公安警察）との関係を読み取ることにしたい。

出入国管理と外事警察という二つの行政分野は、深い関係をもっている。それは、たんに外国人という同一の集合を対象としているからだけではなく、それぞれの日常業務が一つの図式を共有しているからでもある。この図式を、ここでは「監視と追放の複合装置」と呼んでおこう。

「追放」とは、入管局による収容と送還や、外事警察による別件逮捕を指している。これらはいずれも個人に対して行使されてその人生に強い、しばしば決定的な影響をあたえる強制力行使である。また、いずれも対象者の行為を待たずに先手を打つ「先制・予防的」権力であり、行政が法と権利にとらわれずに裁量によって発動する「例外的」権力であるという特徴をもつ。

「監視」とは、個人情報の登録と分類である。そこでは対象者の全員について、その個体を「生まれと身体」にもとづいて同定し、その行為を時間を追って記録していく（アイデンティフィケーション）。あるいは逆に、一定の範囲における多数の人びとの行為の記録を集め、そこから「特異な、不審な」行為を検出して、それを行った個体を探しだす（マス・サーベイ）。いずれも個体と行為を結びつける作業であり、それによって有害な行為をなす傾向のある「危険な人格」を見つけ出すことが可能だと考えられている。つまりここでいう「監視」とは、一定範囲にある対象者全員の個人情報を入力、記録、分類するデータベースの機能であり、その主な目的は特定の個人を「追放すべき人」のカテゴリに分類することなのである。

本論では最初に、この監視追放複合装置の図式にもとづいて、出入国管理と外事警察の日常業務の概略を描く。つぎに、両者の関係を流出文書から読み取

り、その特徴的な様相を示す。

2．出入国管理の作業プロセス

「受入れ」と「排除」の連続性

入管法（出入国管理及び難民認定法）が定め、法務省入国管理局が実施する手続きは、難民認定をのぞくと三つに大別されている。「入国審査」「在留審査・管理」「収容・退去強制」である。法務省の言うところによれば、これらの手続きをつうじて、「円滑な外国人の受入れ」と「好ましくない外国人の排除」が行われる（「出入国管理基本計画（第２次）」）。

「受入れ」とは、外国人に28の在留資格（ビザ）のうちの一つをあたえ、その資格に指定された特定の活動（特定業種の就労など）を行うように監視することである。その反面、「受け入れられる者」以外のすべての者は、「排除」つまり追放の対象となる。この場合排除の理由としては、たとえば労働力市場の管理や住民の質と慣習的社会秩序の維持といった人口論的な説明がなされる。

これとは別に個人の行為に着目して意味づけられた排除のカテゴリもある。これについては少し詳しく述べておきたい。重要なのは、それらが「将来のおそれ」への対処を理由としていることである。刑事司法による刑罰と比較するとわかりやすいだろう。刑罰がすでになされた犯罪行為に対する事後的な秩序回復手段であるのに対して、空港での上陸拒否や国内在住外国人の退去強制は、将来に犯罪などの有害な行為をなすおそれへの予防的な措置である。そのため、たとえば犯罪を犯して裁判で１年間の懲役刑があたえられた場合、刑期を満了すれば刑事手続きは終わるが、それでも出入国管理行政はこの者を退去強制に処し、その後の入国は認めない。

「テロリスト」は「おそれ」にもとづく「危険な人物」の典型である。2006年の改正入管法は、(1) テロ行為（公衆等脅迫目的の犯罪行為)、(2) その予備行為、そして (3) その「実行を容易にする行為」、という３種の行為を「行うおそれがあると認めるに足りる相当の理由がある者として法務大臣が認定する者」を退去強制にする、としている。

排除されるべき外国人のこれら２種類のカテゴリ――「受け入れられる者以外の者」と「危険な人物」――の違いは、しかし、あいまいにされる傾向がある。移民・外国人政策をめぐる政府の文書は、しばしば二つのカテゴリの連続性を論じ、あえて混同をおかしている。たとえば、「不法滞在者」は「受け入れられる者以外の者」の一部に警察があたえた名称であるが、警察がこれをめぐって語るのは、それが「犯罪の温床」となるおそれや「テロリストによって悪用される」おそれである。

混同の根本は、出入国管理行政そのものにある。どちらのカテゴリの外国人も、同じ機関の同じ手続きによって監視され追放される。つまり、近代的な出入国管理制度は、あたえられた問題が異なっていても、つねに同じ解決策を提示する装置として発達してきたのである。

このような機関にとって「受入れ」と「排除」の手続きは切れ目なく連続している。出入国管理行政が行う「受入れ」とは、絶え間なく、いつまでも続く監視であり、追放の手続きが開始される機会はつねに潜在している。「受入れ」も外国人を監視し、追放する装置の一つの機能なのである。

国外追放と警察力・社会的排除

ただし、この装置は出入国管理行政だけで成り立っているのではない。国境における追放を代表するのは空港・港の入管局が行う入国審査であるが、それとともに出発国の日本領事による査証審査や、旅客運送会社と旅行代理店による査証と旅券の確認もまた、追放する装置の構成要素として考慮しなくてはならない。国内の「不法滞在者」の追放については、警察力と社会的排除が大きな役割を果たしている。2003年末からの５年間に「不法滞在者数を半減する」政策がとられた（不法残留者数は2004年１月１日現在で約22万人、2008年１月１日現在で11万人強）が、この期間に出国した「不法滞在者」のおよそ３分の１が警察に身体拘束されて出国したと推計される。残りのほとんどは自ら出国を選択した人びとであるが、そうした選択をうながすのが、雇用や医療保険といった生活／生命を左右する社会制度からの排除である。

追放にあたって出入国管理行政が行使するおもな直接の強制力（身体拘束）は、空港入管での行動の制限と収容施設の運用である。しかしそれ以上に重要な役割は、追放の枠組みとなるプロセスと規準を提供することだと言えるだろう。出入国管理行政があたえる枠組みがあってはじめて、査証制度、旅客運送会社、警察力、そして社会的排除といった諸々の規制力も効力を発揮するのであり、その枠組みのなかで組み合わされて一つの装置をなすのである。

入管による監視と警察・社会的諸機関

この装置のもう一つの機能が、前項で述べた意味での「監視」である。出入国管理行政の本体は、監視の技術的基盤としての個人情報データベースである。その基本的な機能と特徴を、最近の入管行政の再編と入管法改正に触れながら説明しよう。

あらゆる情報処理がそうであるように、入管のデータベースにとっての第一段階は入力である。空港で行われる最初の登録では、不変ないし変わりにくいとされている個体の身体と生まれに関する情報（写真などの生体情報と、姓名、生年月日、出生地、国籍などの身元情報）が確認され、記録される。これは対象者の全員（全数）の登録であり、携帯カード（旅券）と生体認証（指紋など）が用いられる。これらの個体認証の方法は、19世紀の西欧とその植民地において身体拘束と結びついた技術として開発されたものであるが、近年はIT技術による大量高速の処理が可能になった。それを用いたのが、「新しい出入国審査」と名づけられ2007年11月に運用が開始された、IC旅券認証システムや外国人個人識別情報システム（BICS：デジタル顔写真と指紋による生体認証）である。

個体の登録がなされると、それを基礎にして就労・就学、住所、家族といった生活史的な情報が記録され、その経歴が蓄積されていく。このときの課題の一つは、つねに変化するデータの迅速な更新である。その解決策として考案されたのが、2012年７月から実施される「新たな在留管理制度」である。それによれば、外国人は住所変更や就労・就学、婚姻関係の変更をただちに届け出なければならず、届出の遅れなどの違反に対しては在留資格の取り消し（追放）や罰金など強い制裁が科せられる（とくに住所変更の届出義務が重視されている。これは後に見るように警察の要請である）。さらに、企業や学校などの機関にも、所属する外国人の現況報告が求められる。

つぎに登録されたデータの処理について考えよう。個人情報が収められる入管情報システムは、現在その全面的な改編作業（最適化計画）が進められており、「新たな在留管理制度」の実施に合わせて新システムへ移行することになっている。新システムの目的の一つは情報共有の拡大、つまり入管局内の各種審査において利用できるデータ項目を増やし、同時に判断の規準や傾向を相互に参照することである。さらに情報共有の範囲は入管情報システムを超えて、一方では警察庁や外務省（査証審査）へと、他方では法務省内の他部局から厚生労働省など他省庁にも広げることが検討されている。これは、より広範囲のデータが入管局や警察による追放の判断に提供されることを意味している。

出入国管理行政が行う判断は、対象個人を受入れや排除の諸カテゴリの一つに分類するという形式の判断（類型的判断）である。それは定式化された事務作業であり、入管情報システムはその一部を自動化するいくつかのサブシステムを組み込んでいる。そのなかには入力された個人データをブラックリストと自動的に照合する各種のシステムがあり、空港入管でのIC旅券や生体認証による登録手続きではこうした自動照合システムが作動する。ここにも警察が関与する。警察はブラックリストに手配者リストやテロ容疑者リストを提供する。さらに事前旅客情報システム（APIS：2005年１月導入）では、入力されたデータを警察が自らチェックする。もう一つ指摘しておきたいのは、ブラックリストに「要注意人物（要注意外国人）」のリストがふくまれていることである。要注意人物とは、逮捕や入国拒否などの法執行には該当しないが「ただ日本へ入ること並びに入ったあとの状況について特別注意をしなければならない……好ましからざる人物」（1962年３月15日参院内閣委員会での入国管理局長の発言）を指す。この要注意人物リストにも、警察は独自のリストを提供している。

入管データベースの最後の機能として、そこでなされた判断は出力され、現実世界に返されなければならない。出入国管理行政が生産する「受入れ」や「排除」のカテゴリ（在留資格や「不法滞在」）は、現実の社会に受容され、人びとがそれを前提にして振る舞うようになって意味ある存在となる。すでに述べたように、外国人にあたえられた「排除」のカテゴリが現実に機能するためには、社会的制度からの排除に結びつかなければならない。そのため新たな在留管理制度では、合法的に在留する外国人に「在留カード」をもたせ、あたえられた在留資格を自ら表示させることにしている。

入管カテゴリの社会的受容をうながす媒介者としての行政機関とその制度の役割、とくに警察の役割は大きい。しかも、警察は出入国管理行政の枠組みの内側で、そのプロセスと規準に従っているだけではなく、むしろ出入国管理行政の再編に積極的に働きかけている。「新しい出入国審査」と「新たな在留管理制度」を最初に公式に提案したのは、内閣の犯罪対策閣僚会議であり、とくにBICSや住所届出義務の強化は警察庁が文書で強く主張した措置である。また、入管情報システム最適化計画の実施にあたっては、「テロ・犯罪・不法滞在・偽装滞在防止対策といった我が国の公共の安全にとって緊急性の高いものを優先」するという。警察は独自の利害関心と方針をもって出入国管理行政に働きかけており、監視追放複合装置において主導的な位置を占めている。次節で検討するテロ対策は、警察活動のなかでもとくに出入国管理行政に関係の深い分野である。

3．外事警察の作業プロセス——流出文書から

テロ対策では「テロの未然防止」のために「情報・追及検挙・警戒警備」の三つの作業が行われるとされている（警察庁「テロ対策推進要綱」2004年８月）。このうち「情報・追及検挙」は情報収集活動であり、警備情報活動とも呼ばれる。今回の流出文書に記録されているのはそうした警備情報活動であるが、その一般的な作業プロセスは公表されていない。そこでこの項では、流出文書そのものからそれを読み取ることにした。

流出文書のうち、本論では二つの系列の文書を取り上げる。一つは、ある「テロ容疑者」が来日したさいに関係をもったとみなされた一連の人びとに対する捜査の報告書である。これは米国連邦捜査局（FBI）およびフランス国土監視局（DST）との捜査共助でもあった。この系列の文書にはつぎの項で触れる。

もう一つの系列は、サミット警備に関する文書である。これはおもに、2007年６月から2008年７月までの洞爺湖サミットの警備の期間に作成された指示や記録と、期間中および期間後に書かれた報告書である。これらの計画・指示書（【資料１、２、３、４、６、７、８、９、38、61】）や報告書（【資料10、17、18、19】）を読むと、用語の混乱や不分明な部分は残るが、この期間に行われた警備情報活動をつぎの四つの段階に大別することができるだろう。

第１に、「実態把握」と呼ばれる作業で、これは管区内に居住、就労する対象者の全員を記録する全数調査である。今回の対象者はおもにイスラム諸国会議機構（OIC）加盟国（57カ国）の出身者であり、流出文書によればサミット

直前までに東京都内や愛知県内の対象者数万人のほとんどを「把握」したという。調査方法としては、警視庁・県警の地域部（交番制度）によるアパート、就労先企業、学生寮などへの「巡回連絡」（戸別訪問）を中心に、「交通違反、事件・事故の取扱、不動産捜査、各種取扱などあらゆる警察活動を通じて」行われた。つまり、外事課が他の警察部局に指示、指導（【資料１、２】）して行う間接的な調査であった。実態把握のもう一つの方法は、雇用企業・研修生関係団体や留学生受入大学、国際交流関係団体・施設などの諸機関から名簿提出などの協力を得て行われる情報収集であり、これも全数・間接的調査である。

第２には「実態解明」で、これは対象を絞り込んだ選択的な調査である。また外事課職員が対象を監視して、あるいは情報提供者に接触して行う直接的な調査である。具体的には、「基調（基本調査）」によって当該人物の基礎データを確認した上で、要注意人物の「行確（行動確認＝尾行）」や、モスクや宗教団体、学生団体、大使館など団体や「拠点」の「視察」「面割」が行われる。もう一つの方法は「情報線の確保」、つまり対象となる団体や集まりの内部に情報提供者をつくりだすことである。

３番目は、「容疑解明」である。実態把握・解明やその他の通報など国内情報によって得られた「不審情報」への対応や、国外からの情報を発端に国内情報を検討して指定した「容疑解明対象者」への対応として行われている。行確などで「容疑が解消した」として終わらせる場合も多いが、対象者への事情聴取や「事件化」すなわち別件逮捕による強制捜査を行っているケースも少なくない。

第４は、「国際海空港対策」である。第３段階までは国内在住の対象者の捜査であったが、国際海空港対策は、基本的には海外からテロ行為を目的に入国すると疑われる対象者の捜査である。これについては次項で説明する。

さて、洞爺湖サミットでは、テロ対策とは別に「反グローバリズム運動」に対する警備も行われ、50人余りが入国審査で拘束ないし国外退去となった。これらの多くは日本で開催される集会に招聘されたゲストとして公表されていた人びとや、あるいは本国（とくに韓国）でマークされていた公然活動家であり、日本の治安機関にとっては「みえやすいターゲット」だったという（サミット人権監視弁護士ネットワーク「2008年北海道・洞爺湖サミットにおける入国管理、警備体制について」2008年９月）。

それとは対照的に、上述のテロ対策では、一定範囲の在日外国人の全員に対して、その日常生活の現場に立ち入って調査し、かれらの住所や就労・就学、さらに宗教文化活動を記録している。そうした大規模な全数調査は、巨大組織である警察の全部局を動員し、さらに企業や大学などの社会的諸機関を巻き込んで可能になっている。全数調査である実態把握を基礎にして、選択的な実態解明が強制力をともなう容疑解明を実施すること、そうして在日外国人の生活圏と社会関係に踏み込んでいくことがテロ対策における一つの基本プロセスだと言えるだろう。これについて、警察庁の文書は「イスラム・コミュニティ」に「伏在するテロ関連事案等の剔抉（注・えぐりだすこと）検挙を推進する」と言っている（「テロ対策推進要綱」2004年８月）。

「反グローバリズム運動」への警備がそうであるように、テロ対策の「国際海空港対策」において出入国管理行政の協力が不可欠であることは分かりやすいだろう。だが、実態把握から容疑解明へといたる一連の捜査においても、入管法と出入国管理行政は大きな役割を果たしている。このことを項をあらためてみていこう。

４．「流出文書」が明らかにすること　出入国管理と警備情報活動との関係の具体的様相

流出文書のうち報告書は、上位部局に対して成果を誇示し、承認を求める文書であり、したがって、その内容を事実の記述とみなせば、実施された警察活動を過大評価することになるだろう。あらかじめ、注意しておきたい。そのうえで、外事警察による入管局の情報の利用状況ないし「情報共有」と、強制力行使における両者の協力関係をみていく。はじめに概観しておこう。

情報共有について、流出文書から読み取れるのは、外事警察が入管局の個人情報データベースを広範かつ迅速に入手していること、それが警備情報活動の基礎を提供していることである。本論第２項でみたように、入管局は外国人の全数記録を収めた個人情報データベースとみなすことが可能であり、その個人情報は個人認証データと社会的な現況および生活史的記録をそなえている。このような個人情報は、前項でみた警備情報活動の各段階において有効に利用されている。たとえば、実態把握における全数調査の対象となる母集団とその

要素の確定、実態解明における基礎調査、容疑解明における「事件化」(別件逮捕)などで利用されているのである。入管の個人情報が警察活動にとって有用なのは、入管局の個人情報データベースと警備情報活動が収集する個人情報が、いずれも追放という目的とそのための形式を共有しているからである。また、警察は入管局の情報を入手するさいに「照会・回答」の手続きを踏んでいるはずだが、それにもかかわらず、一定の条件や範囲にあるすべての個人情報といった大量のデータが、きわめて迅速に提供されている。さらに、処理され記録された個人情報だけでなく、入管手続きに本人から提出された資料がそのまま、ときには審査中の段階で外事警察に提供されていることにも驚かされる。

強制力行使については、国境での入国管理では、追放の強制力を行使するのは入管、税関、そして旅客運送会社・空港警備会社であり、警察はそれらの機関から「不審入国者」の身柄を引き受けるかたちをとっている。領域内の在留管理では、外事警察は入管法が定める罰則を「事件化」の手段としてほしいままに解釈し、利用している。

つぎに、入国管理と在留管理の二つの分野にわけて具体的にみていこう。

(1)入国管理の段階に対応する警備情報活動は「海空港対策」であり、これは海外からテロ行為を目的に一時的に入国すると疑われる対象者の捜査である。流出文書をみると、空港入管局がテロ容疑者のおそれありとして「特別審査」を開始すると、警察は通報を受けて「行確・追及体制」をとる。審査の結果、入国拒否されずに入国した「不審入国者」(前項で「要注意人物」と呼んだもの)に対しては、職務質問や行確(行動確認)を行う。審査の中で指名手配者であることなどが判明すれば、身柄を引き渡され逮捕する。中部空港では、事前旅客情報システム(APIS)のテロ関係者リストにヒットした3件と不審者の入国が通報された2件において、こうした作業が実施されたが、結果はいずれもテロとは無関係だとされた(【資料18】)。

情報面からみると、警察は外国情報機関からえた「テロ容疑者」情報を入管局のブラックリストにあたえており、入管はそれをもちいて「要注意人物」を検出し、警察に通報する手順になっている。警察にとって、入管は入国者全員に対するセンサーだといえるだろう。また、空港入管では上陸申請者は事実上、身体拘束の状態にあり、警察がこれを利用して捜査を行っていることも見逃すべきではない。

警察による入国審査への直接の関与は限定的だが、査証申請（おそらく入管局の入国事前審査と外務省領事部の査証審査の両方）の情報をもとにした国内の捜査は積極的に行っている。洞爺湖サミット４カ月前の３月初めには、「容疑性のある一時来日者及び招聘者」を調査するよう、警察庁国際テロ課から都府県警に指示がだされた。警視庁では、すでにその時点で「査証申請者の招聘先等」の「資料化」が行われており（【資料38】）、さらに４月１日以降は査証申請資料をもとにして、「当該来日者の国内の招聘元に関する適格性調査」「滞在予定のホテル等に対する宿泊事実の調査」として、おそらく書類調査を中心に1000件単位で調べている（【資料４】）。愛知県警も同様の調査約1000件を行い、「受入者として適格性を欠くと思料される者」として５件を報告した（【資料18】）。そうしたなかで、警視庁は、「バングラデシュ人を調理師名目で招聘しているアジア料理店について調査したところ、開店の目処が立っておらず虚偽申請の疑いあり、と報告したところ査証発給拒否となった」（【資料10】）という。審査中の申請書類を入手していたことになる。

空港に到着した上陸申請者は全員がEDカード（出入国記録カード）に記入し、上陸審査に提出するが、警察はこれも入手して捜査資料としている。とくに６月23日からサミット終了までの間は、EDカードを閲覧して「国際テロ対策上の注意を要する対象者」の行確（尾行）を行い、宿泊先を把握・確認したという（【資料４、10】）。愛知県警では、２万件以上のEDカードを翌日ないし即日に調べ、10名の該当者を抽出した。そのさいの第一段階の選択規準は、「一来者（一時来日者）／単独／観光（目的）／男性／滞在三日以上／1960-80年代（生まれ）／OIC諸国（国籍）／ムスリム名」であった（【資料19】）。警察の判断が、出入国管理上の規準と通俗的かつ差別的な規準の作用を受けつつ構成されていくことがわかる。

国際的な渡航監視の存在をうかがわせる事例もあった。いずれも、警察庁が愛知県警に指示して行われた捜査である。１件目は、テロ関係者として米国への入国を拒否されたフィリピン人女性がマニラに帰国する途中、航空便の乗り換えで中部国際空港に降り立ったさいに、県警が「入管、税関と事前協議の上、航空会社の全面的な協力を得て、同人に対する事情聴取を実施した」（【資料18】）。これは明らかに米国の情報機関からの依頼による捜査である。もう１

件の情報源は不明。「特異渡航歴」と目された事案で、「インド→タイ→中国→長崎→名古屋と日数、手間のかかるルートにて来日」したことが不審だとされ、県警が「名古屋駅で待ち受け、職務質問を実施」したという（【資料18】）。

（２）在留管理に対応する警備情報活動は、前項でみたように実態把握から容疑解明へといたるプロセスであった。

出入国管理の情報は、まず実態把握における全数調査の母集団とその個々の要素を確定するために利用されている。警視庁の場合、サミット直後の2008年８月時点で、都内に外国人登録のあるイスラム諸国会議機構加盟国出身者、１万5000人弱のうち１万3000人あまり、90%以上を把握したとしている（【資料13】）。全国レベルでは、外国人登録者数９万人以上のうち、サミットまでに約７万2000人で98％を把握した（【資料５】）。「把握」によってなされる情報処理の詳細は不明だが、警察が対象者を入管局の個人情報データベースのうえで確認しているのであれば、その後必要に応じてかなりの範囲の個人情報をそこから入手できるだろう。また警察庁は、以上の実績をふまえて、サミット後は「従来の実態把握に加えてOIC諸国以外のムスリムやムスリム第２世代の把握に力を入れ」る、という（【資料５】）。統計的な状況認識が、捜査の基本方針に影響している点に注意したい。

市町村が保有する外国人登録も利用されている。愛知県警は、現場レベルで「地道な協力者作業」を行った結果、「外国人登録実態」について「法律の枠組みにとらわれない」情報がえられるようになったという。照会・回答の手続きを経ないで情報提供を受けている、との意味だろうか。また、入手先は不明だが、流出文書には外国人登録原票の個人写真が多用されている。

関係諸機関をつうじて行う調査については、警視庁は、おなじく2008年８月時点で、モスクなど15施設、留学生（大学、専門学校、日本語学校、国際交流会館・寮、留学生支援団体）2400人（全体の半数強）の他、イスラム諸団体、関連NGO・NPO、ハラールフード店、中古車・貿易会社などを把握したとしている（【資料13】）。また外国人を招聘している企業や研修生関連団体も全数調査の対象となっており、愛知県警はトヨタ自動車や財団法人中小企業国際人材育成事業団（アイム・ジャパン）の担当者と「良好な関係を構築し」、後者からは「県下企業で稼動する研修生の人定事項」のほか、「稼動先からの逃走、逃走研修生の潜伏先等に関する情報を入手している」という（【資料18】）。これらの諸機関は、全数調査の媒介となっているだけでなく、より詳細な情報をえるための「情報線」としても位置づけられているのである（【資料10、16】）。とくに学校機関や企業、研修生関連団体は、入管行政によって日常的な外国人管理を委託され、行っている機関であり、つねに整理された情報を用意していることにも注意したい。警察は、出入国管理の枠組みのなかで諸機関にあたえられた役割を利用しているのである。

容疑解明の段階では、在留審査（「ビザの切り替え」、資格変更や期間更新など）のために本人が提出した資料も利用されている。「不審者リスト人物」について「出入国歴及び在留資格変更申請等照会」（【資料22】）が行われ、あるいは「在留資格更新の書類に××（「テロリスト」とされた者の名）の架電先を記入」（【資料11】）したことがその人物を「容疑解明者」に指定する理由とされている。入管局から警察への情報提供は、いずれも行政が保有する個人情報の目的外使用の疑いがあるが、これらの例はその逸脱にまったく歯止めがないことを示している。

視点をあらためて、つぎは出入国管理が有する強制力の利用についてみていこう。警察が空港入管における身体拘束を利用して捜査を行っていることはすでに指摘したが、入管局が強制力を直接に行使するもう一つの場である入管収容施設においても、「長期収容者への面会人の把握」が行われている（【資料40】）。

だが警察がその威力を発揮するのは、入管法にさだめられた罰則にもとづく逮捕権を行使するときである。警備情報活動において「事件化」つまり別件逮捕による強制捜査はきわめて重視されており、警察庁国際テロリズム対策課は、容疑解明対象者については基調や行確のみで捜査を終わらせてはならず、「結果的には事件化によって取調べや証拠品の精査、分析等によって確認がなされ、適切なカテゴリーに分類される」としている（【資料５】）。

実際に行われた「事件化」が記録されている流出文書をみてみよう。「テロ容疑者」関係者とみなされた人びとの一連の個人別報告書（本論第３項参照）には９件の事件化が挙げられているが、そのうち５件は入管法違反である（２件は罪名不明）。さらにそのうち４件では、他人の不法残留の「幇助」や「関係者」として自宅や勤務先の強制捜査が行われており、「幇助」の内容は「携帯電話を買い与えた」こと（【資料12】)、「関係者」とは「被疑者が所持していた携帯電話に登録されて」いたこと（【資料12】）だと記されている。

サミット警備期間中の事件化の事例を多数挙げているのは、愛知県のサミット警備報告書（【資料18】）である。それによれば、2007年11月からサミット直前（2008年７月）までにテロ容疑解明に関連する12件の逮捕事件が挙げられているが、そのうち11件が入管法違反容疑であった。また、警視庁も2008年７月サミットの直前に、インターネットのチャットルームで「過激な発言」を繰り返していたパキスタン人を捜査するため、同居人を入管法違反（不法残留）で逮捕して家宅捜査したことを、成果として誇示している（【資料５、10、57】)。

在留資格をもつ在日外国人のなかで、同胞の不法滞在者と関係をもたない者は、ほとんどいないだろう。したがって、ここに見られるような別件逮捕が許されるのであれば、在日外国人は誰でもいつでも「事件化」できることになる。

「事件化」つまり別件逮捕は、形式的には司法手続きにおける法執行だが、事実上は法や権利にとらわれずに行政の裁量で行われる強制力行使であり、その点で出入国管理行政による追放と共通している。しかし、別件逮捕は情報収集を目的になされるものであり、治安維持法の予防拘禁のような無期限の身体拘束ではない（流出文書に記された監視体制はそれとまったく違うとも言えないが）のだから、出入国管理行政がおこなう退去・送還とは異なるようにも思われる。そこで、流出文書が描きだす警備情報活動のその先を考えなければならない。「テロリスト」の関係者として日本の警察に名指されたのちに退去強制に処せられた人びとは、送還先で以前のような日常生活に戻れたのだろうか。帰途や彼の地では、情報機関、収容所、拷問と無関係でいられただろうか。これについて、流出文書はなにも語らない。

「ムスリムの狙い撃ち」——公安警察の違法捜査

岩井　信（弁護士）

はじめに

警察庁警備局や警視庁公安部（以下「公安警察」という。）が取り扱っていた情報が「流出した」だけでも驚くべき事実であるが、その「内容」もまた驚くべきものだった。

公安警察は、何ら犯罪が発生していないにもかかわらず、ムスリム（イスラム教徒）を狙い撃ちして調査していた。ただムスリムという理由だけで大規模にムスリムの個人情報を収集し、モスクを継続的に監視し、イスラム・コミュニティーを監視し、レンタカー会社・ホテル・金融機関・大学等からムスリム個人や関係団体の情報を収集し、さらに情報収集目的で「事件化」までしていた。

流出文書には、公安警察が、ムスリムを狙い撃ちして、組織的に違法捜査を展開していたことが書かれていたのである。

ムスリムの狙い撃ち

流出文書の中に「実態把握強化推進上の要点」（平成19年９月10日付け）（【資料１】）という文書がある。

実態把握の対象は、「イスラム諸国会議機構（OIC）の国籍を有する者及びその他の国籍を有するムスリム」である。ここでいう「ムスリム」とは、「言動、服装等からムスリムと認められる者」と定義され、外見上、ムスリムと思われる者はすべて実態把握の対象となる。まさにムスリムの狙い撃ちである。公安警察は、すべてのムスリムの、国籍、氏名、生年月日、住所等の情報を、網羅的・機械的に収集する作業を、大規模かつ組織的に実施していた。

実態把握にあたっては、警察官が、「安価なアパート」や、「外国人を雇用している企業、会社」「イスラム諸国出身者が経営する店舗」「社員寮」「学生寮」などを巡回して、所定の書式により「公安係」に報告することとしている。「対象の８割以上が集合住宅（寮を含む）に居住している。民族的特性等の理由から、短期間での転居を繰り返す傾向がある」とも書かれている。

さらに次のような「巡回連絡推進上の留意点」まで書いてあった。

「宗教に関する言動は慎む」

「外国人の狙い撃ちと思われないよう、言動や手法には留意する。特に警ら中、外国人だという理由だけで、声かけ、職務質問を行い、人定事項を確認することのないように注意する」

これは、この実態把握活動がムスリムの狙い撃ちにほかならないからこそ、無差別に調査対象としていることを隠蔽するための助言である。別の流出文書では、「『ムスリムの狙い撃ち』と非難されないように各県の実情に応じた工夫した把握をお願いします。」（【資料５】平成21年１月14日付「関東地域国テロ担当補佐等会議概要（１／９：警察庁）」）と端的に表現されている。

こうした実態把握活動については、「イスラム諸国人の実態把握率向上を目的としてポイント制による特別表彰」まで用意されていた。平成20年５月31日現在において、実に「都内のイスラム諸国外国登録数の約89％」にものぼる「約１万2677人」の個人情報が把握され、データ化されていた（【資料４】平成20年６月13日「サミット本番に向けた首都圏情勢と対策」）。

そして、実態把握活動は、その後北海道洞爺湖サミットにおけるテロ予防と名を変え、規模を全国に広げて継続され、最終的に「サミットまでに、ＯＩＣ諸国出身者約７万2000人（把握率98％）を把握」するに至っている。平成21年には、「ムスリムの居住実態、就業や教育等の環境」まで実態把握することが命じられた通達も発出されている（【資料５】）。

テロのインフラとしての決めつけ

実態把握の対象者は、ムスリムか否か――正確には「言動、服装等からムスリムと認められる者」か否かである。犯罪を行ったか否か、犯罪を行う蓋然性があるか否か、犯罪を行う蓋然性のある団体に帰属しているか否か等とは全く関係がなく、ムスリムでさえあれば、機械的に個人情報を収集する調査手法であった。

ムスリムが調査対象となる理由は、「イスラムコミュニティーがテロのインフラとなり得る」と公安警察が認識しているからである（【資料４】)。「実態把握は国際テロ対策の基礎、基盤となる情報を収集し、管内のイスラム・コミュニティ等を把握すること」と説明されている（【資料５】)。

しかし、その実態把握は、居住実態、就業や教育等の環境だけにとどまらない。テロのインフラとしてイスラムコミュニティーを認識しているのであるから、公安警察活動は、必然的に、ムスリムに対する偏見と差別を助長し、ムスリムであれば、本来なら事件化できない事実についても無理に事件化してしまうのである。

ムスリムを無差別に調査対象とすることは、必然的に、イスラム教それ自体を調査対象とすることであり、信教の自由を侵害する調査活動となる。

モスクの継続的な監視

都内モスク等の礼拝参加者数について、人数の１桁まで記載した流出文書がある（【資料15】平成20年10月６日「ラマダーン期間中のモスク等の動向及びイード・アル・フィトルの結果について」)。ラマダーン（イスラム教における断食期間）のモスク礼拝参加者数や、イード・アル・フィトル（断食明けの祭り）への参加者数が、東京都内の各モスク単位で数えあげられていた。昨年比も記載されており、こうしたモスクへの参加者の監視・把握は毎年実施されていたのである。

公安警察は、既に指摘したとおり、モスクについて「在日イスラムが集まるイスラムコミュニティーとしての側面を持つと同時に、モスクに集まる者同士が独自にコミュニティーを形成する等、テロリストのインフラとして、また、リクルートの場として、更にイスラム関連団体のネットワークの拠点として利用される可能性がある」と一方的に位置づけて、監視している（【資料27】「要警戒対象視察結果報告（11月９日分)」)。

そして、公安警察は、その監視の度合いを高めている。平成20年６月23日以降、洞爺湖サミットに伴う国際テロ対策として「モスク出入り者の不審動向」

を発見するという名目で捜査員43名の「モスク班」を構成し、東京都内の各モスクについて「午前８時30分から日没後の礼拝が終了する午後７時30分を目処に、拠点員、行確員（注：「行確」とは行動確認のこと）を配置し、モスク動向の把握、モスクへの新規出入者及び不審者の発見把握」を行った（【資料14】「６月23日以降のモスク視察体制等について」）。他の流出文書でも、洞爺湖サミットにおけるテロ対策名目として、愛知県下の主要モスクを各モスク２人の捜査員が、あるモスクについては10時頃より22時頃まで、他のモスクについては24時間体制で監視し、延べ3639名のモスクへの出入りを把握するとともに、「行動確認を44回実施し」、彼らの同日の到着先である「没先等23件を確認」していた。しかし、これらの活動による「不審者・不審動向の把握には」至っていない（【資料19】「サミット直前期における国テロ対策／実施結果（愛知県）」）。

監視対象として取り上げられるモスクについては、犯罪者の出入りが現認されたことも、犯罪者が出入りする蓋然性が認められたことも、ましてや犯罪者が出入りする具体的な危険性が認められたことすらもなかった。ただイスラム教徒が礼拝する施設であることのみを理由として、機械的・網羅的・横断的に都内の主たるモスク全てや愛知県の主要なモスク２施設が捜査対象とされ、組織的・継続的に、大規模な情報収集活動がなされていたのである。

流出文書には、人定判明者、追跡可能者、追跡未実施者に分類した上で、「面割率」を記載しているものもある（【資料20 ～ 22】「解明作業進捗状況」）。誰が、どのモスクの礼拝に参加しているかを公安警察は調査対象とし、監視し、把握し、記録し、「信仰」を犯罪のプロファイリングとして利用しているのである。信教の自由は、信仰を推知されない自由も含む。しかし、公安警察は、調査や捜査の前提となる犯罪事実もないのに、網羅的・体系的にモスクに出入りするムスリムを調査することで、ムスリムの信教の自由を侵害している。

イスラムコミュニティーの監視及び情報収集

さらに、警視庁は、モスク、イスラム関係団体、イスラム関係NGO・NPO、イスラム関係食料品店、イスラム関係飲食店、イスラム関係会社等の、あらゆるイスラムコミュニティーを監視下に置き、大規模に各団体の情報を収集していた（【資料13】平成20年８月31日「イスラムコミュニティー現勢」）。

とりわけ、大規模に情報がリスト化されたものとして、①モスク、②イスラム関係団体、③ハラールフードと呼ばれるイスラム教の戒律上許された食料のみを扱うイスラム関係食料品店等、④イスラム教徒が代表を務める中古車会社・貿易会社等があげられる。

各コミュニティの情報収集項目としては、以下のとおりである（【資料24】「調査表」）。

モスクについては、都内にある合計16箇所について、種別、所在地、出入状況、出入車両及び車両使用者の人定把握、管理者、常駐者、指導者、有力者、結集人員から、口座状況や物件登記状況まで事細かに情報を収集されている。

また、イスラム関係団体については、よりイスラム教に近接した合計12団体が、所在地、代表者、役員から、会費の額や財政状況（口座、名義人、収支状況）に関する情報を収集され、イスラムの周辺支援組織として合計39団体が、名称、所在地、設立目的、財政事情、さらにはセクト性についての情報を収集されている。医療機関である日本医療救援機構や国境なき医師団、国際機関であるユネスコ・アジア文化センター、さらには準政府機関であるJICA（国際協力機構）まで、イスラムコミュニティーの支援機関として監視対象団体とされている。

イスラム関係食料品等については、都内330以上の食料品店、インド料理店、パキスタン料理店、トルコ料理店、イラン料理店について、その名称、所在地、取扱物品、利用者の概要等の情報が収集され管理されている。中古車会社等については、都内262店の店名、所在地、代表者、輸出先、財政状況等の情報が収集され管理されている。

これらのイスラム関係団体の情報収集について、犯罪事実の存在が契機となっていないことは明らかである。それどころか、犯罪の抽象的可能性や犯罪との親和性すら認められない。捜査機関は、ただ、イスラム教と何らかの関係があれば、機械的・一般的・網羅的な情報を、継続的・組織的に収集している。

レンタカー会社・ホテル・金融機関・大学等からの個人・団体情報の収集

警視庁は、「都内に本社を置くレンタカー業者大手４社（トヨタレンタリース、ニッポンレンタカー、オリックスレンタカー、ニッサンレンタカー）から、照会文書なしで利用者情報の提供」を受ける関係を築き上げていると報告している（【資料４】）。具体的な犯罪事実もなく照会文書なしで利用者情報の提供をすることは、個人情報保護法に反する。事実上、公安警察は違法な情報提供を業者に強制している。

さらに、ホテルに「外国人旅券の写しの保管」を徹底させ、東京三菱銀行からイラン大使館の職員給与振込履歴を網羅的に取得し（【資料49】本書上柳論文参照）、東京農工大学及び電気通信大学の管理者から留学生名簿を入手し、イスラム諸国人留学生の個人情報を把握して、イスラム教徒及びイスラム関係団体の各情報を収集していた。

これらの情報収集も、犯罪の具体的な危険はおろか、抽象的な危険や犯罪との親和性すら認められない状況下において、イスラム教徒と何らかの関係があれば、収集するものである。

「事件化」による情報収集活動

警視庁は、「容疑性が濃い」と認めた場合には、組織的に「積極的に事件化」することとしていた（【資料７】「海空港対策（案）」）。

「事件化」とは、文字どおり、「事件」にするということである。事件が既にあって捜査をするのではなく、事件にした上で捜査として情報収集をするのである。すなわち、軽微な形式的容疑で逮捕状を取得して、逮捕・勾留中に別の情報収集を進めたり（別件逮捕）、身柄拘束自体を目的としてサミット期間中に身柄を拘束したり、情報収集目的で、別人の逮捕に連動した捜索・差押えによりパソコン等を押収するのである（別件捜索差押え）。

例えば、携帯電話を買い与えたとして「不法残留幇助」の被疑事実で捜索・差押を行っている（【資料12】）。しかし、携帯電話を買い与えたことで「不法残留幇助」になるなら、その範囲はとどまるところを知らないだろう。また、2006年11月18日付けで、調査対象者の携帯電話やパソコンのハードディスクを解析し、活動内容を収集する目的のみで、別の無関係の人物の「入管法違反幇助」の被疑事実で逮捕し、捜索・差押を行っている。しかし、その結果として「イスラム関連の宗教的なHPやテロサイトなどは確認できず」とされている。

また、「世界各国のニュースが閲覧できるインターネットTV関連サイト登録が複数有り」「オンライン旅行会社の登録有り」「特異なサイトとして、スカイプ、在日フランス大使館のURL登録有」とも報告されているが、これらの事実で何が解明されるのかは全く不明である。

さらに、「不法残留」被疑事件の被疑者が所持していた携帯電話に登録されていたという理由で、調査対象者の自宅と勤務先が、2005年11月11日付けで捜索を受け、パソコンが押収されている事例も報告されている。流出文書によると、資料の分析結果として、自宅のパソコンは「主に仕事に使用している状況」、勤務先のパソコンについては「米国への永住権、カナダへの移民申請等、移住に関するサイトへのアクセス」等が報告されているだけであり、捜索・差押えの必要性に根本的な疑問が残る。

パソコンHDD解析結果として、「アル・カーイダのウェブサイトの閲覧履歴あり」と記載されたものもあるが、それ以外の詳しい解析結果もなく、「メールに関しては、前妻の使用歴のみ確認され、不審なメールは見当たらず。ヤフーメールの接続履歴が多数確認されたことから、連絡は主にヤフーメールを使用していたものと思われる」と報告されており、形式的に資料を作成しているだけにも読める。そもそも、中東情勢に興味を持つ者であれば、「アル・カーイダ」の関連ウェブサイトの閲覧履歴があってもおかしくはない。

「捜索差押で判明した建物内の状況」として、国内唯一のシーア派の礼拝施設の内部の詳細な状況が記されている文書をみる（【資料39】）。

このような行為が、犯罪捜査とは関係がなく別件に名を借りて専ら情報収集を行う目的での別件捜索・差押であり、身柄拘束自体を目的とする別件逮捕・拘留であり、刑事訴訟法で禁止された違法行為であることは明らかである。

信教の自由を侵害する調査活動

信教の自由は、何人に対してもこれを保障する（日本国憲法第20条第１項)。

国籍にかかわらずあらゆる人間は、個人の私事である宗教信仰に関して、国家から圧迫・干渉を受けない自由を有し、具体的には、信仰の自由、宗教的行為・活動の自由、宗教的結社の自由という三つの側面で保証される。

第１の信仰の自由は、内心にとどまる限り絶対的に保証されなければならない。内心の信仰を推知されない自由や、信仰について圧迫・干渉を受けない自由が含まれる。ムスリムは、イスラム教徒としてイスラム教を信仰することについて行政機関から圧迫・干渉を受けない自由を有する。しかし、公安警察は、ムスリム個人を監視・追跡して、その信仰を推知、特定し、それを犯罪のプロファイリングに利用しているのである。

第２の宗教的行為・活動の自由は、各人が宗教上の祈り、礼拝、儀式等を主体的に行う自由が含まれる。ムスリムは、イスラム教徒として、イスラム教の信仰上の祈り、モスクへの礼拝、儀式への参加について、行政機関から圧迫・干渉を受けない自由を有する。しかし、公安警察は、ムスリムの宗教施設であるモスクを組織的・網羅的に監視し、モスクに通うムスリムを把握しているのである。

第３の宗教的結社の自由は、各人が宗教的な団体・組織を結成し、また所属・脱退する自由が含まれる。ムスリムは、イスラム教徒として、モスクを備える宗教的なコミュニティーに所属することについて、行政機関から圧迫・干渉を受けない自由を有する。しかし、公安警察は、イスラムのコミュニティーをテロのインフラと一方的に位置づけ、監視しているのである。

警視庁の本件情報収集活動は、犯罪の発生も、その蓋然性も、具体的危険も、さらには抽象的危険すらもない中で、イスラム教徒又はイスラム関係団体であることのみを理由として、信仰をはじめ家族構成などセンシティブなプライベート情報を、継続的・組織的に収集するものである。

この収集活動により、イスラム教は、捜査機関から一律に情報を収集される社会的に許容されない宗教であるというラベルを貼られ、犯罪予備軍とされることになる。捜査機関が網羅的に個人情報を収集し、継続的に礼拝施設を監視し、ときには違法な別件逮捕まで用いるとすれば、当該宗教に帰依することは多大な不利益を伴うことになる。こうした公安警察の情報収集活動は、信教の自由に対する不当な圧迫・干渉そのものである。

在日大使館員による違法な警察活動の放置

警察庁および警視庁公安部が、在日大使館員による違法な警察活動を野放しにしている事実も明らかになった。

平成20年２月19日付けの国際テロリズム対策課による「在日イラン人の現状とイラン対策について」【資料40】と題する文書がある。国際テロリズム対策課は、警察庁に実在する部署であり、平成16年４月、それまでの国際テロ対策室を国際テロリズム対策課に改組し、外国治安情報機関等との連携を緊密化するなど､情報収集・分析機能の強化に努めたと説明されている部署である（「警備警察50年」『焦点』（第269号）、警察庁、2004年）。

この流出文書には、公安警察が調査対象とする「イラン機関員のプロファイリング」が記されていた。例えば､「大使館文化広報担当官等、文化センター職員として一般イラン人と接触する立場にある者」「反政府勢力の在日イラン人の情報に明るく、これら勢力の監視・情報収集を行っていると思われる者」「反政府勢力イラン人から機関員との疑いを持たれ、疎まれている者」等の特徴がプロファイリングとしてあげられている。

その上で、このプロファイリングに該当する者として「注目すべき在日イラン人」が12人あげられ、生年月日、住所、職業、特記事項まで記載されている。その中には在日イラン大使館スタッフの８人が特定され、特記事項には、以下のような記載があった。（MEKとは、イランにおける反政府団体ムジャヒディーンハルクの略称）

「在日MEK関係者は情報省機関員と見ている。情報提供者が東京入管に収容されていたフェダイーンハルクのメンバー（帰国後処刑されたとの事）に面会に行ったところ、●●●（注：実名）が近付いてきて『本国で待つ。楽しみにしていろ。』と声を掛けてきた。」（在京イラン大使館ローカルスタッフ〔領事担当〕）

「在日MEK関係者は情報省機関員と見ている。東京入管に出入りし、収容されているイラン人から反体制派のメンバーの聞き出しなどの調査活動を行っている。」（在京イラン大使館一等書記官〔領事担当〕）

「在日MEK関係者は、同人は情報省機関員で、在日イラン人調査担当であると見ている。」（在日イラン大使館　一等書記官〔広報〕）

この流出文書には「指示事項」として、警視庁に対して、「反体制派からの情報収集」「入管収容所作業（長期収容者への面会人の把握）」等を指示している。

日本にもイラン人の難民申請者がいるが、特に反政府活動に従事してきたという者については、ほとんど難民として認められていない。国は、難民不認定処分取消訴訟などにおいて、そうした難民申請者について、反政府活動に従事したことは疑わしいと主張し、また、イラン政府に把握されておらず迫害のおそれがない等と主張してきた。ところが、同じ国の機関である公安警察は、積極的に日本にいるイラン人の反政府活動家と接触し、情報を収集し、イラン大使館スタッフの動向を調査しているのである。

今回の公安警察の流出文書をもって、渡邉彰吾弁護士と私は、2011年４月、法務省の黒岩宇洋法務大臣政務官に対し、申し入れをした。在日イラン大使館スタッフが、日本の領土内において、日本にいるイラン人の政治活動を調査・把握することは事実上の警察活動であって、日本の主権を侵すものだからである。と同時に、入管当局等がイラン大使館をはじめとする在日公館に対し、難民申請の有無、内容等の情報を与えないこと、本人の意思を確認することなく面会等を認めないこと、さらには、イラン大使館の接触を受けたイラン人について適切な保護を申し入れた。

この申し入れ後、2011年４月28日付けで、法務省難民認定室長名義の通知「反政府活動を申し立て事由とする難民認定申請者に係る調査について（通知）」が発出された。これは、「反政府活動を申し立てる難民認定申請者については、迫害のおそれの判断を行う上で、本国政府の対応は重要な要素であることから、従来より、事実調査において事実関係の確認を行っていただいているところですが、反政府活動を申し立てる者で本邦で本国政府（在日公館を含む。）関係者から接触や直接、間接に調査を受けている旨を申し立てる者については、その事実関係、例えば下記事項について聴取を徹底することと願います。」として、在日公館等の接触や調査を受けたか否か等の詳細な事情聴取を求めている。

この通知書は、従前の取り扱いの確認となっている。しかし、従前、国は、およそ在日大使館スタッフによる難民申請者の調査活動については、あたかも存在しないかのように主張してきたのである。

終わりに――警察法に違反する公安警察活動

これまでみてきたとおり、警視庁公安部の違法捜査の実態が、流出文書によって赤裸々になった。

結局、公安警察は、何のために存在しているのか。

警察法第２条第１項は、警察の責務として、「警察は、個人の生命、身体および財産の保護に任じ、犯罪の予防、鎮圧及び捜査、被疑者の逮捕、交通の取締その他公共の安全と秩序の維持に当る」ことをあげている。

ここには、「個人」と書いてあって、「日本国民」とは書いていない。しかし、今までみてきたように、公安警察は、「外国人」の生命、身体及び財産の保護に任じようとはしない。流出文書が明らかにしたのは、外国人、特にすべてのムスリムを、理由なく、テロリストもしくはテロリスト予備軍として調査し、時には情報収集という別目的で「事件化」までして調査している事実である。

しかもその過程で、反体制運動を理由とする難民申請者について、在日イラン大使館スタッフによる調査活動を把握しても、公安警察は何ら動かない。ただ、放置し、その結果、国も、そのような在日大使館スタッフの調査活動が存在しないかのように認識し、難民申請者に対する迫害のおそれはないと判断する。

公安警察により、イスラム教がテロのインフラと決めつけられ、その信者はテロリストもしくはその予備軍として網羅的に個人情報を収集され、モスクも継続的に監視され、ときには違法な別件逮捕まで用いられるとすれば、当該宗教に帰依することは多大な不利益を伴うことになる。これは、信教の自由に対する不当な圧迫・干渉に他ならず、信教の自由を侵害する警察活動である。

警察法第２条には、第２項がある。

「いやしくも日本国憲法の保障する個人の権利及び自由の干渉にわたる等その権限を濫用することがあってはならない。」

今回の流出文書は、警察法に違反する公安警察の違法活動の実態を赤裸々にしている。

金融機関の公安警察に対する個人情報提供

上柳敏郎（弁護士）

1．情報提供の実態――銀行の個人情報は警察に筒抜けか

警視庁公安部から2010年10月に流出したデータのなかに、「イラン大使館の職員給与等振り込み状況等の判明について」（【資料48】）という文書がある。この文書には、イラン大使館職員50名へいついくら給与が振込まれたか、その日付と金額が、職員の名前や階級、取引銀行、預金口座番号等の情報とともにまとめられている。

どのような情報がどんな手順で提供されたのだろうか。銀行は守秘義務を負っているはずなのに、どうしてこのような情報が警察にわたってしまうのだろうか。警察は何のためにこのような情報を収集しているのだろうか。このような情報収集が犯罪防止やテロ防止に役に立つのだろうか。プライバシーや個人情報保護はどうなったのか。法律はこのような情報提供や情報収集を許しているのだろうか。

本稿は、金融機関の公安警察に対する個人情報提供の内容と方法、その目的と実際、守秘義務や個人情報保護と警察の調査との関係についての現在の法律の考え方と問題点を検討しようとするものである。

2．収集された情報の内容、収集手順、収集目的

情報を提供したのは、東京三菱銀行（現三菱東京UFJ銀行）虎ノ門支店である。流出文書には、お客様サービス係の担当者の名前と地位（主任）も記載されている。顧客情報の管理やコンプライアンスの厳守体制を確立しているはずの主要行（都市銀行）が、顧客情報を警察に提供したのである。

調査対象は、在京イラン・イスラム共和国大使館である。文書に調査期間は平成16年12月から翌年５月までの半年間と記載されているが、文書の中には

「前調査時」とか「平成16年下半期調査時」という言葉があり、また、振込データには平成17年下半期のものも含まれていることから、このような調査が継続的に行われていることがわかる。

調査事項として文書には、大使館の八つの預金口座（普通預金４口、当座預金２口、定期預金２口）の口座番号と各口座の残高が記載され、これらの口座から大使館職員各人への月別の振込日と金額（振込依頼日、振込指定日、金額、各月合計額）の調査の結果が一覧表にまとめられている。大使、公使以下50名の職員各人について、氏名や階級等と給与振込先口座の銀行名、店名、種別、口座番号もわかる。

これらの事項をまとめるには、大使館名の預金口座を検索して、各口座の取引記録や振込記録を引き出したうえで、職員各人ごとに一覧表にする必要がある。職員各人ごとの一覧表は、エクセルの表のようで、各人の階級の記載もあるので、警察側で作成したものと思われる。銀行から警察には、大使館口座の給与振込以外の出入金記載もある出入金の一覧記録や振込記録が提供されたと推測される。

警察はどんな目的で給与振込に関する情報を収集したのだろうか。文書の分析結果という項目をみると、大使館職員がいつ着任し離任したのかを他の情報源の情報とあわせて確かめようとしたようである。

すなわち、文書には「６分析結果」という見出しのもとに、（１）離任との相関関係、（２）着任との相関関係、（３）その他の記載がある。離任との相関関係としては、番号40の職員について、「５月分の給与が支給されていない。本名については、４月18日付で退職した旨の情報があり、また視察においても４月25日を最後に以後その姿を確認していない。当該調査結果と併せて考えると退職したものと思料される」と書かれている。つまり、何か他の手段で収集した情報や視察の結果と、給与振込の有無とを照合して、大使館職員の退職を確認しているのである。

着任との相関関係として、５名について給与の支給が開始されたことに着目して、他の手段で収集した情報や、査証データや視察結果（初回確認日が記載されている）と照らして、着任の事実が確認されている。このうち２人はイラン人学校教師であるが、「給料は各月ではなく、３カ月に１回まとめて支給されている節がある。（故に給料面からでは着任日を推定できない）」と記載されている。

分析結果のその他として、「既存資料に登載されていない」人の指摘と、「特筆すべきは、前調査時と同様に、陸軍武官の給料振り込みの形跡が無い。」ことが指摘されている。

この「分析結果」をみると、守秘義務やプライバシーの問題のある給与振込記録を手間をかけて入手する必要はないと思える。銀行預金口座の出入金記録は、単に勤務の状況だけでなく、そのほかの沢山のプライバシーにかかわる情報を含む。本当に警察が離着任の確認をしたいだけであれば、百歩譲（ゆず）って銀行に給与振込状況を問い合せるとしても、振込の開始と停止の有無だけを聞けば足りる。もっとも、その他の情報（想定される入手先は大使館関係者）や査証データ（想定される入手先は外務省か法務省入国管理局）の収集や視察の適法性や必要性も検討されるべきではある。

なお、マネーロンダリング・犯罪収益移転や、イランの核活動防止等のためには、別の法律がある（犯罪収益移転防止法「イランに対する国連安保理決議を受けた外国為替及び外国貿易法に基づく措置について」（平成22年８月３日）等）。これらの法律上の措置の必要性や相当性についても、慎重な検討が必要である。

米国中央情報庁（CIA）長官補と国家情報会議副議長を務めた著者による『インテリジェンス』という本がある（マーク・M・ローエンタール著、茂田宏訳、慶應義塾大学出版会、2011年）。同書は、インテリジェンスの世界では、収集される情報量と処理され活用される情報量の間には非常に大きな不均衡が存在すると指摘する。「処理・活用能力を改善するよりも新しい収集システムを選好し続けたインテリジェンス・コミュニティや議会による長年の予算選定の結果でもある」ともいう（90頁）。同書は、国家による情報収集を広く肯定する情報機関関係者向けの教科書で本書とは立場を異にするが、処理・活用される情報より過大な情報収集がなされがちで、それは財政配分の点でも問題であり、また、真に必要な情報を見つけるための手間がかかるという問題点を指摘しているのである。

「分析結果」を見ると、この流出文書に掲載された情報の収集は、テロ対策には役にたたず、収集作業が自己目的化しているもののように思われる。

3．銀行の守秘義務や個人情報保護義務とその例外

銀行には、守秘義務や個人情報保護法上の義務がある。しかし、この守秘義務には例外がある。どのような場合が例外なのだろうか。この問題をめぐる法律論からみて、流出文書に掲載された情報の提供は許されるのだろうか。従来の法理論にこのような情報提供を招く弱点はなかったのだろうか。

銀行の守秘義務については、明文で定めた法律は存在しないものの、裁判所や法曹界では、商慣習や信義則、契約等を根拠として、「顧客との間になした取引およびこれに関連して知りえた情報を正当な理由なくして第三者に開示してはならない義務」が認められている。

最高裁判所も平成19年12月11日の決定（最高裁判所民事判例集61巻９号3364号・最高裁ホームページにも掲載）で、「金融機関は，顧客との取引内容に関する情報や顧客との取引に関して得た顧客の信用にかかわる情報などの顧客情報につき，商慣習上又は契約上，当該顧客との関係において守秘義務を負い，その顧客情報をみだりに外部に漏らすことは許されない」と判示した。

この最高裁判決で田原睦夫裁判官は、守秘義務の根拠と例外について次のように補足意見を述べている。すなわち、「金融機関は，顧客との間で顧客情報について個別の守秘義務契約を締結していない場合であっても，契約上（黙示のものを含む。）又は商慣習あるいは信義則上，顧客情報につき一般的に守秘義務を負」う。そして、「この顧客情報についての一般的な守秘義務は，上記のとおりみだりに外部に漏らすことを許さないとするものであるから，金融機関が法律上開示義務を負う場合のほか，その顧客情報を第三者に開示することが許容される正当な理由がある場合に，金融機関が第三者に顧客情報を開示することができる…その正当な理由としては，原則として，金融庁，その他の監督官庁の調査，税務調査，裁判所の命令等のほか，一定の法令上の根拠に基づいて開示が求められる場合を含む」という。

この最高裁判決は前述の流出文書の情報提供（平成17年）より後のものであるが、判決以前も学説（河本一郎「銀行の秘密保持義務」『銀行取引法講座上巻』27頁、金融財政事情研究会、1976年。岩原紳作「銀行取引における顧客の保護」鈴木録弥・竹内昭夫編『銀行取引法大系（１）』163頁、有斐閣、1983年等）により銀行の義務と考えられてきた。

銀行の守秘義務は、法人情報を含む点などで次に述べる個人情報保護法と異なるが、例外の範囲はほぼ同じと考えてよいと思われる。

個人情報保護法（正式名称は「個人情報の保護に関する法律（平成15年法律第57号）」）の23条（第三者提供の制限）は、「個人情報取扱事業者は、次に掲げる場合を除くほか、あらかじめ本人の同意を得ないで、個人データを第三者に提供してはならない」と規定している。同条が定める例外には、「法令に基づく場合」（１号）や、「国の機関若しくは地方公共団体又はその委託を受けた者が法令の定める事務を遂行することに対して協力する必要がある場合であって、本人の同意を得ることにより当該事務の遂行に支障を及ぼすおそれがあるとき」（４号）がある。そして、同法20条（安全管理措置）は、「個人情報取扱事業者は、その取り扱う個人データの漏えい、滅失又はき損の防止その他の個人データの安全管理のために必要かつ適切な措置を講じなければならない」と規定している。

この個人情報保護法を受けて金融庁は、「金融分野における個人情報保護に関するガイドライン（平成21年11月20日金融庁告示第63号）」を定めている。同第13条（第三者提供の制限）は、例外として個人情報保護法23条と同じ場合を掲げ、１号の例として、「刑事訴訟法第197条に基づく捜査関係事項照会に応じる場合」等、４号の例として「警察の任意調査に応じる場合」等を指摘したのである。

このガイドラインに従うと、警察が「刑事訴訟法第197条に基づく捜査関係事項照会」をしたり、「任意調査」をしたりする場合は、銀行はそれに応じても守秘義務違反にはならないようにも見える。

しかし、このガイドラインは、これらの場合も無制限に情報提供が許されるわけではなく、必要性と合理性が認められる範囲内に限定していることに注意が必要である。すなわち、１号について、「なお、当該法令に、第三者が個人情報の提供を求めることができる旨の規定はあるが、正当な事由に基づきそれに応じないことができる場合には、金融分野における個人情報取扱事業者は、当該法令の趣旨に照らして目的外利用の必要性と合理性が認められる範囲内で対応するよう留意する」とし、４号について、「なお、金融分野における個人情報取扱事業者は、任意の求めの趣旨に照らして目的外利用の必要性と合理性が認められる範囲内で対応するよう留意する」とするのである。

4．捜査関係事項照会・任意調査と守秘義務

刑事訴訟法197条２項に、「捜査については、公務所又は公私の団体に照会して必要な事項の報告を求めることができる」との規定がある。令状なく捜査関係事項照会ができるとの規定である。この規定違反について罰則は存在しない。

この令状なしの捜査照会に対する報告と報告者の守秘義務との関係について、検察関係者を中心に、照会を受けた団体には報告義務があり、公務員等の報告者の守秘義務は後退するという見解が唱えられてきた。これらの見解が前述の金融庁のガイドラインなどに影響を及ぼし、多くの銀行がこれに従って安易に情報提供をする結果を招いてしまったと思われる。

例えば、『条解刑事訴訟法［第４版］』(374頁、弘文堂、2009年〔初版1984年〕)は、「報告を求められた公務所・団体は、原則として報告すべき義務を負う（直接的に強制する方法はない)。本項によって報告がなされた場合には、法的義務に基づくものであるので、国家公務員法、地方公務員法などの規定による守秘義務には違反しないものと解されている」と論ずる。

『新版注釈刑事訴訟法［第３巻]』(東條伸一郎検事（当時）執筆、立花書房、1996年、84頁）も、「公務員が職務上知り得た秘密に属する事項について照会されたり、団体が刑法134条に定める業務上の秘密に属する事項につき報告を求められたときこれに応ずることは、正当な理由に基づくものとして犯罪を構成しないと解する」という（割注引用略)。

これに対し、『大コンメンタール刑事訴訟法第３巻』(馬場義宣検事（当時）執筆、青林書院、1996年、158頁）は、報告義務と守秘義務の優劣は比較衡量により場合により、守秘義務が優先する場合があると解説し、さらに守秘義務が優先する郵便法の解釈を紹介している。すなわち、「当該事項を報告することが国の重大な利益を害するときは、公務所に関する限り、144条但書の趣旨からみて、報告を拒絶することができると解すべきであろう」「国家公務員法、地方公務員法などの規定により守秘義務を有する場合は、本項による報告の義務はない」等守秘義務が優先するとする説と、「本項の照会に応じた場合、原則としてゆえなくもらしたことにはならないと解すべきであろう」等報告義務が優先するとする説があるが、報告を求めた事項の捜査上の必要性と守秘義

務の内容との比較衡量により判断すべきものと解される」とし、「なお、昭和28年１月30日法制局第一部長発郵政大臣官房文書課長宛回答『通信の秘密と刑事訴訟法第197条第２項の関係について』は、本項の規定による照会に応じて、郵政省の取扱中に係る郵便物につきその差出人又は受取人の居所、氏名及び差出個数等通信文の意味内容以外の事項であってもこれを報告することは、通信の当事者の承諾がない以上、郵便法９条の規定に違反する、とする（法制局意見年報１巻83頁。令状に基づく差押手続によるべきとの趣旨である。）」というのである（割注引用略）。

このように、刑事訴訟法197条２項の捜査関係事項照会について、検察関係者を中心に、報告義務を肯定したうえで報告義務が守秘義務に優先する旨の説が唱えられてきたが、それでも報告義務の存在は原則としてであるとか、守秘義務が優先する場合もありうるとの留保が付いている。

ところが、警察関係者から最近次のような見解が唱えられている（田村正博『今日における警察行政法の基本的考え方』立花書房、2007年、75頁）。

すなわち、「警察が個人情報を収集するのは、何らかの特定された目的のためです。警察が本人以外の者から収集することは、その保有者からみれば、第三者への提供に当たります。この場合、個人情報保護法上は、『法令の定める事務に協力する場合であって、本人の同意を得ることにより当該事務の遂行に支障を及ぼすおそれがあるとき』に当たるものとして警察への提供が認められることになります。なお、刑事訴訟法上の捜査関係事項照会の場合には、回答する義務を負うのですから、個別の判断をすることなく、『法令に基づく場合』として警察に個人情報を提供すべきものとなります。法施行からまもなくの間は、法令の誤解により、個人情報保護法を理由に、警察への個人情報提供を拒否する業界も一部ありましたが、法令の正しい理解を前提に協力が得られるようになってきています」というのである。さらに、同書注には、「例えば、厚生労働省の『医療・介護関係事業者における個人情報保護の適切な取扱いのためのガイドライン』は、当初、警察の捜査関係事項照会に回答するには個別事例ごとに判断が必要で場合によっては本人から損害賠償請求等を求められるおそれがあるという趣旨の記載がありましたが、平成一八年四月に改正され、捜査関係事項照会に回答することや任意捜査に協力することは『法令に基づく場合』に該当する（捜査関係事項照会は相手方に報告すべき義務を課すものと解されている）ものであって、利用目的による制限や第三者提供の制限の例外となることが明らかにされています」（128頁注40）との記載がある。

前述した金融庁のガイドラインが、警察の任意調査を４号に該当するとしているのに対し、この厚労省のガイドラインは、任意捜査も個人情報保護法23条１号（法令に基づく場合）に該当するとしている。もっとも、同厚労省のガイドラインも、「利用目的の制限の例外に該当する『法令に基づく場合』等であっても、利用目的以外の目的で個人情報を取り扱う場合は、当該法令等の趣旨をふまえ、その取り扱う範囲を真に必要な範囲に限定することが求められる」と留意を求めている。つまり、従来の法理やガイドラインといっても、一枚岩ではないのであり、また、歯止めをかける要素も含んでいるのである。

５．金融機関の注意義務と警察情報収集の統制

以上見てきたように、守秘義務や個人情報保護の例外の範囲や捜査関係事項照会と守秘義務の関係をめぐる従来の法理には、金融機関から公安警察に対する安易な情報提供を許す危険性がある。

したがって、今回の情報流出で明らかになった公安警察の情報収集と情報管理の実態を踏まえて、法令やその解釈を見直す必要がある。

銀行など金融機関は、少なくとも、捜査関係事項照会があった場合は、金融庁のガイドラインのいう「必要性と合理性」があるかどうか注意する義務があると解釈するべきである。本部法務部門やコンプライアンス部門で、慎重に検討して、応諾を決めなければならない。警察から捜査関係事項照会書が来たというだけでは、守秘義務や個人情報保護法上の義務を免れる言い訳にはならない。

とはいっても、金融機関に、「必要性と合理性」を全て判断せよというのも酷な面もある。金融機関としては、営業店や従業員、顧客の安全確保等のために、地域警察との良好な協力関係を維持したいとの意向もある。

したがって、刑事訴訟法197条２項について、捜査機関への報告が金融機関の守秘義務や個人情報保護法上の義務と抵触し、個人のプライバシー等の人権を侵害する場合は、報告義務は後退すると解釈すべきである。このような場合になお捜査上の必要性や相当性がある場合は、裁判所の令状を求めるべきであ

る。

さらに、公安警察による情報収集について、司法や公安委員会によるチェックを強化する必要がある。

本稿では主に刑事訴訟法197条２項の捜査関係事項照会の問題を検討したが、金融機関が他機関に顧客情報を提供する可能性をもつ法律は他にもある。

遺失物法や生活保護法関係の警察からの照会、家庭裁判所からの照会、外為法関係の届出、犯罪収益剥奪法（マネー・ロンダリング対策法）９条１項の疑わしい取引の届出等である。また、特殊なものとして、前述のイラン制裁関係の措置もある。また、金融庁からの照会や検査等（銀行法24条１項、25条１項）、預金保険機構からの照会（預金保険法37条１項）、証券取引等監視委員会からの照会や検査、捜索等（金融商品取引法56条の２第１項、210条、211条１項）、公正取引委員会からの照会等（独禁法47条１項、101条、102条）もある。この金融庁検査等では、顧客情報等を網羅的全面的にさらすことになる。したがって、金融庁等の権限濫用防止や情報管理は極めて重要な課題であり、万一にもこれらの情報が公安警察にわたることのないようにしなければならない。

６．歴史と憲法

2001年９月11日当時米国の運輸長官だったノーマン・ミネタ氏は、ムスリムを特に監視すべきであるとの圧倒的な世論に抗し、人種プロファイリングを否定した。テロリストはムスリムだったからムスリムを監視すべきであるとの意見に対し、ムスリムだからといってテロリストではなく、ムスリムだからといって特別扱いするということは許されないと断言したのである。9.11直後のCBSテレビの番組「60ミニッツ」で、ミネタ氏は、次のように答えた。

質問者　空港の安全検査で、70歳の白人女性と若いイスラム教徒に対し同一の検査をすべきだとあなたは考えるのですか？

ミネタ　基本的にはそうです。

質問者　我々は9.11テロの犯人についてよく知りません。しかし、若いアラブ系の男だとは分かっているんです。

ミネタ　全ての若いアラブ系の男性が疑わしいのではありません。

質問者　それしか分からないんですよ。
ミネタ　それがテロリストの条件ではありません。
質問者　安全性の観点から人種プロファイリングを肯定できませんか。
ミネタ　完全に〝ノー〟です。

やはり9.11直後の2001年9月28日ロサンゼルスで、日系人たちが、ムスリム差別反対の集会を開いた。「怒りの矛先がアラブ系イスラム系に向けられているのは悲しいことです。こうしたことは日系人がよく目にした光景です。我々は未来のために集まりました。過去に日系人に起きたことが他の人種に起きてはならないのです」と述べたという。日系人たちは、自分たちにふりかかった過去の苦しみを思いおこし、ムスリムのために声をあげたのである。

ミネタ元運輸長官も、日系人であり（日本名峯田良雄）、第二次世界大戦時にハートマウンテン収容所に強制収容された経験を持っている。ミネタ氏は、「アラブ系イスラム系アメリカ人は全ての国民と同じだけの尊厳と敬意をもって接せられます。外見や肌の色で判断されることについて私は実体験として知っています」「互いを知ることが重要です。恐怖感は未知から生まれるのです。何かについて誰かについて知れば知るほど恐怖感は消えていきます」と語り、9.11直後に興奮した世論に抗して冷静に人種プロファイリングを「完全に“ノー”」だと言い切れた理由を聞かれ、「これは正しいこと（the right thing）なのです。憲法にのっとっているの（Constitutional）です。」と答えた（「渡辺謙アメリカを行く・“9.11テロ”に立ち向かった日系人」NHK総合テレビ2011年８月15日放映）。

金融機関の情報提供のあり方を検討する際にも、痛みをもった人々の声を聞き、その痛みを自らのものとし、そして憲法を拠り所にする必要がある。

コラム　被害者の証言2（Zさん／北アフリカ出身／男性）

■悪魔のポリシー

2003年か04年ぐらいから、警察らしい人たちが自宅に来るようになりました。ある日、地元の警察がアポイントもなく突然家にやってきました。「イスラームのこと教えて下さい」だけ。名刺も出さなかった。突然でしたが家の中に入れました。悪いことはしていないので、あまり気にはなりませんでした。

そのうち何回も自宅に来るようになりました。最初は１人か２人でしたが、５、６人で来たこともありました。その時は近くで何人か待っていました。１人が家のベルを押して入ってきて、玄関先で手をポケットに入れたまま、名刺も何も見せませんでした。結局、警察ということを言わずに帰っていった。

その後も車で何回も自宅前に来ました。私が近所に買い物に行く時にも車でついてきました。気持ちが悪くなったので、車のナンバーを控えて車種まで調べて、警察の車だと分かりました。妻もびっくりしていました。

2001年の9.11事件の前から、モスクなどに警察が来ることはありましたが、2004年頃から自宅にも来る回数が増えました。しかし当時は仕事が忙しかったので、その頃イスラーム教徒の友人や知人が逮捕されたり家宅捜索を受けたことは、後になってから知りました。

警察は「友達になりたい」とかくだらないことばかり言って、何を聞きたいのか、詳しいことは何も話しませんでした。私は、一生懸命働いて、家族と一緒に平和に暮らし、おいしいもの食べて、普通の生活を送っていただけです。私はイスラームの専門家じゃないし、警察に何も教えられない。最初は、アメリカで9.11事件が起こったから、そのことでムスリムのことを調べにきたのかなと考えていました。しかし、あまりにしつこく自宅に来るので、だんだん腹が立ってきました。

ある日玄関でブザーを鳴らして入ってきて、いきなり「イスラームのこと教えて下さい」。私は怒りました。「あなたは、私がイスラーム教徒だから差別しているのではないですか？　もし、9.11事件のことを調べているのだったら、アメリカ人やイギリス人、ユダヤ人の家には行かないのですか？　9.11事件は、アメリカとイスラーム諸国の問題。日本とは関係ない」。
警察は何も分かっていないし礼儀も知りません。日本人にも同じことをするでしょうか。普通、アポイントをとって事情を説明してからやってきて、名刺を出して挨拶するでしょう。
「平等にやってくれたら協力しますから」と説明したけれど、ロボットみたいに「上に言われていますから」とだけ答えて帰っていきました。いつも同じです。訊くならもっとはっきりと訊いてほしいけれど、何を言いたいのかもまったく分かりませんでした。これが警察のマニュアルでしょうか？「私はテロリストでもスパイでも何でもない」と、こちらから言いました。私はムスリムでアラブ民族であることにプライドをもっています。
彼らは何回もモスクの礼拝に来ました。見学だけだったり、私たちの写真を撮ったりしていました。私たちムスリムは、モスクに行くのは普通のことです。ハラルフードを食べるのも普通。子どもにイスラームのことを教えるのも普通。メッカにも旅行に行きます。でも警察にとってはテロリストなのです。これは明らかな差別です。そのことも何回も話しました。それでも何をしたいのか、まったく分かりませんでした。彼らに合わせていると、こちらがおかしくなってしまう。そして、しばらく経つとまた自宅までやって来る。
イスラーム教徒にプレッシャーかけて嫌な気持ちにさせる。これがこの人たちのゲームです。私たちにプレッシャーをかけて病気にさせて、「日本は嫌だ」と思わせて出て行くようにさせる。これは悪魔のポリシーです。テロリストと同じです。
「この人たち汚い。警察じゃない。マフィアだ」と思いました。人にプレッシャーかけるのが一番ひどいやり方です。眠れないし、仕事にも行けない。何で調べに来るのか分からない。同じことの繰り返しで、パラノイアになってしまいます。絶えず周りの人を気にして、「あの人は警察じゃないのか？」と考えるようになる。これでは自分も家族も病気になってしまいます。妻と喧嘩になったこともありました。同じ様なことをされて、家族がバラバラになり、仕事を辞めてしまった人もいました。
でも私は絶対に負けません。日本の警察のやり方がよく分かりました。正義のために仕事をしていません。日本の警察は何も考えずに、アメリカのプレッシャーで動いているだけです。アラブ世界のこともイスラームのことも何も知りません。ただ少しだけアラビア語やイスラーム教のことを勉強して、それだけで偉いと思っています。何も分かっていない。

神奈川県警や警視庁は、私の友達のフランス人やアメリカ人のところにまで行って、私のことを調べたそうです。友達からすぐに報告の電話があったから分かりました。その時は名刺をもって来たそうです。スーツを着てネクタイして、英語で話したそうです。私の時は日本語です。私の友人に勝手に電話をかけて、アポイントをとってから会いにいったそうです。

警察は私の子どもの学校にも行き、ハラルフードを食べているかどうか、先生に訊いて調べたらしい。子どもの将来が心配です。子どもは今11歳です。警察がいろいろ調べていることもちゃんと分かっています。私はただ普通に育てたいだけなのです。一生懸命勉強して、将来のために頑張ってほしい。子どもは勉強したり遊んだりしていればそれで十分です。なんで日本の警察のことなんか知らないといけないの？　私たちがアラブ民族やイスラーム教徒であることは悪いことですか？　イスラーム教徒は、今世界でどんどん増えています。私は自分の生き方や家族を守りたいだけなのに、何でテロリスト扱いなのですか？　自分の宗教を守りたいだけですよ。宗教は人間の基本的なルールのひとつ。どこの国にも宗教はあるし、イスラーム教徒もいます。

■家族や職場を守る

昨年（2010年）の秋、仕事が終わった頃に友達から電話がありました。「警察の捜査情報がインターネットでリークされているという大きなニュースがあった。テロ対策のこととか、イスラーム教徒の個人情報とか、たくさん流れているらしい」。

私は頭が真っ白になりました。妻に電話して、インターネットで調べてほしいと頼みましたが、ファイルは見つかりませんでした。その後すぐに、たくさんのジャーナリストから連絡がありました。第三書館が本を出版したら、さらに電話がかかってきました。しかし多くの電話が非通知番号でした。「まるで警察みたい」と思いました。誰とも話したくなかった。弁護士にだけ相談しました。自宅にも電話があり、マスコミがたくさん来ました。昼だけでなく夜の11時にも家にやって来ました。妻は夜遅くまでインターネットを調べましたが、日本語の書き込みがたくさんあったので、とても心配していました。多くのブログに、このニュースのことがいろいろ書いてありました。

私は仕事が夜だからなおさら心配でした。ドアをロックして、戸締まりをしっかりするように家族に言いました。妻は子どもを連れて、２、３回地元の警察署に抗議に行きました。「何か変わったことがあったら、警察に相談して」と私は妻に言いましたが、その警察が信用できないし、何もしてくれないのです。警察が誰かを使って私たちをフォローしているかもしれない。「イスラーム教のことを知りたい」と言うだけで、何を調べているのかも分からない。ストレスがどんどん溜まっていきました。

子どももストレスを感じていました。この事件は何回もニュースになりました。私が出た記者会見を子どもがテレビで観て、「あっ、パパのネクタイだ」とすぐに分かったそうです。子どもが学校から戻ってきて、「あの事件どうなったの？」と質問されました。妻がPTAに行き先生に話を聞くと、子どもが学校で怒りっぽくなったそうです。他の親が妻に「パパの国、大丈夫ですか？」とか聞いたらしいです。皆優しいからいろいろ心配してくれます。でもそれがかえって妻の負担になっています。妻とも相談して、子どもの前ではこの事件のことは話さないようにしました。一緒にパンを作ったり、故郷（くに）のおじいちゃんやおばあちゃんに電話させたり、ゲームさせたり、できるだけ普通の生活をさせたいと思います。

でも子どもはいろいろ質問してきます。「これから私たちどうなる？」「えっ、私の名前も出たの？」「世界中の人が知ってるの？」「パパの国に行けるの？」とか。子どもは、よく分かっているんですよ。「大丈夫だよ、また、近いうちにおじいちゃんやおばあちゃんに会いに行くよ。親戚の子どもにも会えるよ」と答えるしかありません。妻は子どもと一緒にテレビを見ながら、「パパは悪いことしてないから大丈夫」と言ってくれます。

私の両親には話すかどうか迷いましたが、世界中に情報が広がり、何かのルートで話を聞いて心配すると困るから、ゆっくり説明しました。父は法律家だから落ち着いて聞いてくれました。「あなたのこと信じています。家族のことを大事にして。この問題は平和に終わらせて下さい」と言ってくれました。

警察は、私の宗教やアイデンティティ、家族にこんなにも泥を塗りました。

今までの捜査の理由や、情報流出についてきちんと真実を説明してほしいと思います。しかし、警視庁は形だけの謝罪はしましたが、外国人やイスラーム教徒を下に見てます。まったく正義が見えてきません。いつも偉そうにしています。

つい先日も夜11時頃に、いきなり家のブザーを鳴らして、「警察です」と言って、車で４人でやって来ました。やはり名刺も何も出しませんでした。警察手帳も最初は見せませんでした。「アポイントとってそれから来なさい。名前を言って、名刺を出すのが当たり前の礼儀でしょ？」と私は怒りました。「不審者とは話せない。帰りなさい」。そうしたら警察手帳をちらっと見せました。しかし頭に来たから帰らせました。そういうことを、昨年12月24日の警視庁の「謝罪会見」以降、すでに３回も繰り返しています。日本の警察のやり方はとても汚い。怒れば怒るほど、ストレスが溜まります。

警察は自宅の近くをずっと監視していると思いますよ。子どもが学校に行き、妻が下の子どもを連れて買い物や公園に行っているタイミングでも来ました。その時は４人でした。たぶん私の仕事の時間のことも知っているのでしょう。「あなたたちがテロリストです。帰って下さい！」と怒って、会うのを断りました。その４人の写真を撮って弁護士に渡しました。弁護士が警察署に抗議に行きましたが、最初は「２人で行った」と誤魔化しました。しかし写真を撮っていたので、やっと４人だったと認めました。

警察はいつ、どこに来るのか分からないからストレスが溜まります。一昨日も、私の職場のレストランの側に車を停めて、中から私の顔をじっと見ている男がいました。車台番号を調べようと思いましたが、面倒だからあきらめました。日本人の店の支配人やオーナーにも事情を話しました。理解はしてくれましたが、これ以上迷惑はかけられません。

モスクでもお互いに疑心暗疑になり、「あの人の個人情報が流出した。警察が盗聴しているかもしれないから電話しない」という人もいますが、私は楽観的だから、むしろ今まで話さなかった人とも話すようにしています。この問題は個人個人の問題ではありません。日本の警察のあり方を考えるパブリックな問題だと思います。

■信頼関係を壊すな

2001年以降いろいろなことがありましたが、まず警察は、このような違法捜査や情報流出を引き起こしたということを、100%認めてほしいです。警察はイメージや信用が大事だと思います。警察は大きな権力です。イスラーム教徒は日本では確かにマイノリティですが、世界宗教です。「日本の警察は危ない」という、世界中に広がったイメージをまずなくさないといけない。警察は「日本の安心と治安を守る」と言いながら、実際には何もしていないイスラーム教徒のコミュニティをターゲットにするのはあまりにも酷いと思います。我々が受けたダメージはとても大きいです。まず警察は真実を説明して、被害者に対してきちんと謝らなければなりません。警察は国家権力そのもの、プロフェッショナルですよ。人間は誰でも間違いは起こします。イスラーム諸国の警察も誤りは起こします。しかし警察が悪いのは、間違っても謝らないことです。まず被害者が失った権利と生活を返して下さい。国家権力はなかなか謝りません。しかしそれでは、社会全体が警察を信用しなくなります。まず謝罪が大事です。私は国で法律の勉強をしました。法律や権力は間違いを起こすことがあるのです。

マイノリティに起こっていることはマジョリティにも必ず起こります。えん罪事件や検察の取り調べの可視化問題と同じです。取り返しがつかないことなのです。警察や政府が市民のことを守ると言うのなら、まず信頼関係が大切です。間違いがあったら、真相を明らかにして、きちんと謝ってほしい。そうしないと犯罪集団と同じです。

この10年間「テロリストが日本にもいますよ」というパブリックオピニオンを作るために、警察が自分で事件を起こしたとしか考えられません。小泉政権時代の自衛隊のイラク派遣もそうでした。イスラーム社会からは日本もアメリカと同じと思われています。結局全部ウソだった。「テロリストは怖い」「デモクラシーのため」と言って国民を騙してきました。間違ったことはちゃんとオープンにして謝らないと、社会からの信用を失います。「今まで『テロの恐怖』を利用してきました。しかし、その政策は間違いでした」と謝ってほしい。日本人も騙されているんですよ。謝ることから、今回の事件を終わらせないといけません。

このままだと、私たちはヴィザが出たとしても外国にも行けない。どこかで逮捕されて日本に帰国できないかもしれない。「オープン・プリズン」ですよ。

これだけ情報化の世の中になって、秘密にしていてもいつか必ずバレます。もっとオープンにして、本当のことを説明して、日本政府と警察はきちんと謝罪したほうが良い。チュニジアもエジプトも、秘密警察を使って市民の自由を奪ってきました。でもそのやり方はこれからの時代には通用しません。アメリカの戦争と民主主義のおしつけではなく、自分の国の中から変わっていかないといけないと思います。それは、イスラーム社会も日本社会も同じことです。市民同士の連携や信頼関係を警察は壊してはいけないと思います。

（聞き取り・文責：西中誠一郎）

マディーナの預言者マスジド

在日ムスリムを襲った無知と偏見

田原　牧（新聞記者）

あまりの滑稽さに笑ってしまった瞬間、それが冗談ではなく、現実だと気づいて背筋がぞくぞくしてくる――。これが2010年10月、インターネット上に流出した公安警察の外事機密文書（内部資料）を読んだ直後の感想だった。ほぼ同じ時期に、尖閣諸島沖での中国漁船衝突ビデオの流出事件が起きた。メディアは二つの「流出」を並行して報じ、世間の関心はどちらかといえば漁船ビデオに傾いた。

しかし、公安警察の流出事件が本質的に抱える問題はより重い。なぜか。一つには日本のテロ対策の内実が事実上、「イスラーム敵視政策」に等しいことが暴露され、今後、日本の対イスラーム圏外交にも影を落としかねないからである。さらに国際テロ対策を担う警察中枢のイスラームに対する無知と偏見が如実に示されたことも衝撃的だった。世界有数の経済大国のテロ対策が、これほどまでに稚拙な国際理解を基に立案、行使されていたのかという驚きである。政府が事件後、その点について見直しどころか、関心すら払っていない現実は、国際社会でのこの国の転落を暗示している。

問題の文書は、10月29日前後にファイル共有ソフトを通じてネット上に流出した。文書の総数は114点。すべて「イスラームテロ」対策関連の文書だった。留意すべきは、その中身が国際テロ情報そのものではなく、日本側のテロ捜査の実態と協力者についての情報という点である。

文書の内訳は監視対象の個人ファイルが最も多く、ほかに捜査報告、捜査対象や手法の指示、国際テロリズム緊急展開班の名簿と班員ファイル、在日イラン大使館の口座照会、米連邦捜査局（FBI）や在日米軍の講習報告、FBIなど海外情報機関からの捜査要請資料などが混在していた。

流出判明直後、メディアは誰が、どのような意図で漏らしたか、に焦点を当てがちだった。警視庁と警察庁から漏れ聞こえるのは、ともに相手側に責があるとなじり合う声だった。流出の意図についても人事上の争いなど、あれこれ風評が飛び交ったが、いまだに推測の域を出ない。ファイルの数である114。これはイスラームの聖典クルアーンの章の数と同じである。この数字に何らかのメッセージが隠されているのか、それともただの偶然なのか。それも分かっていない。

メディアや有識者らのもう一つの関心事は、他国の情報機関からの信頼失墜が避けがたいという点だった。捜査情報をやりとりしていたFBIやフランスのDST（旧国土監視局。現在は中央対内情報局）はもとより、米空軍のOSI（特別捜査局）は水面下で配置していた日本国内の拠点、要員数を漏らされ、EOD（爆発物処理班）に至っては運搬機材の弱点まで暴露された。今回の流出で各国が日本の各情報機関へ今後、機密情報を出し渋り、それがひいては日本の安全保障上の痛手になるという指摘が相次いだ。

しかしながら、より深い問題は看過されがちだった。それは従来、イスラーム圏からは友好的とみられがちだった日本の対外イメージにかかわる問題である。今回、暴露された文書によって、日本は友好国を装いながらも、実際はイスラーム圏を敵視していた、ムスリムへの差別と偏見に満ちた国だったという評価の凋落は避けがたい。以下、この文書から「イスラーム敵視」政策がどう読み取れるのかを分析してみたい。

文書にはイスラーム関連視察への張り込みと、その報告が数多く記されている。全体を通じて強調されているのは、国籍や過激派か否かの区別なく、イスラーム寺院（モスク）や礼拝所に通うムスリム全員を対象にした「面識率」の向上である。いわゆる人物特定だ。この面識率の目標値は100％、すなわち全員である。張り込んだ捜査員が、車両ナンバーや尾行によって礼拝に訪れた人々を特定する。何らかの事件とかかわりがあるのでは、と目をつけられた人物の知人、友人に対しては、名ばかりの「任意」聴取の形で、夜半まで事実上の取り調べが繰り返されている。「（尾行によって）心理的圧迫を加える」という記述は嫌がらせ目的の尾行の存在をうかがわせる。

「事件化」という用語も頻繁に出てくる。いわゆる別件逮捕である。逆に「イスラム対象国人に対し、安易な65条入管渡しをしない」という指示もある。これはオーバーステイの外国人を見つけた際、他に罪がなければ、送検前に入国警備官に引き渡せるという入管難民法65条（刑事訴訟法上の特例）に触れたもので、ムスリムに限っては情報収集のために、あえてそれをするなという意味である。すなわち、あわよくば脅して、警察の「協力者（スパイ）」に育て上げたいのだ。

出稼ぎ目的で来日した立場の弱い外国人ムスリムにとり、警察の要求に抗うことは現実的には難しい。文書には繰り返される呼び出しと聴取に「もし通報者（警察への情報提供者）と思われたら、子どもも殺される」「最近、喉を切られて死ぬ夢ばかり見る」（北アフリカ出身の会社員）という悲痛な声が記録されている。「秘められていた」はずの協力が数々の実名入りで漏れたことで、事件後、日本のムスリムコミュニティー内部では友人間の疑心暗鬼、雇用不安、一部の外国人には帰国へのためらいなどが広がった。

それにしても、「面識率」の向上とはどういう意味なのか。身もふたもない話だが、それはムスリムであれば、それだけで警察の監視と捜査の対象になるということである。つまり、公安警察の論理には、暗黙の「ムスリム罪」があるということに等しい。憲法上の「信教の自由」など、どこ吹く風だ。当然、そうした警察の姿勢はムスリムの側からはあからさまな「イスラーム敵視」政策としか映らない。

では、なぜ公安警察はそうした単純思考にはまってしまったのか。文書から総合的に判断すると、2001年の米国同時多発テロ（9.11事件）後、欧米各国から協力を要請され、独自に「イスラーム過激派」についての研究、日本の外交政策に照らしてテロ対策はどうあるべきかといった本質的な課題を議論する間もなく、公安警察は走り始めたようだ。そして、その後も現在進行形の事象を追うことに精一杯で、欧米とは異なる日本とイスラーム圏との歴史的関係などについての考察をまったく欠いたまま、今日に至っている。

協力要請の例として、フランス国内で現在服役中のフランス人の改宗ムスリム、リオネル・デュモン服役囚の件がある。彼は1996年のフランスでのＧ７サミット襲撃事件などに関与し、ボスニアへも義勇兵として渡り、十数カ国をまたにかけた海外逃亡の間、日本にも一時滞在していた。

アルジェリア人でやはりボスニア義勇兵だったシュラ・ゾヘイル容疑者は、現在も潜伏中とされているが、ボスニア政府は危険人物リストに彼の名を加えている。彼も一時期、日本に滞在し、日本人女性と結婚（イスラーム婚で戸籍上は記されていない）している。

公安警察はこうした人物が国内に滞在していたという事実にあわて、ひたすらその足跡と関係者を探し続けた。そのドタバタぶりは、冤罪も生む。デュモン服役囚と面識があったため、「アルカーイダ支援者」として2004年に日本で別件逮捕されたバングラディシュ人男性はその後、アルカーイダとは無関係と判明。報道被害の損害賠償請求訴訟でも勝訴している。

ともあれ、海外からの要請に応えようとすることから始まった日本の公安警察のテロ対策はすぐさま、暴走モードに入る。そこに貫かれているのは「イスラーム過激派はムスリムのネットワークにインフラを構築しようとするのだから、そのすべてに網をかける」という論理だ。

それは現在まで変わっていないようだ。例えば、2009年１月に警察庁で開かれた「関東地域国テロ（国際テロ）担当補佐等会議概要」（【資料５】）の記録文書には、「ムスリムか否かに着目し、国籍にとらわれ過ぎない実態解明」が大事だと前置きしたうえで、「ムスリムであることの判断は一般には困難でありますが、モスクへの礼拝、名前（英国籍でもムスリム特有のもの～ムハンマドなど）等から把握してください」と指導している。

具体的には、モスクの監視とともに、そこに来る人々の勤め先の割り出し（主な手段は尾行）や、ハラールフード（イスラームの食餌規定を守った食品）の定期的購入者リストの入手などが指示されている。ムスリムの生活圏全体を把握しようというわけだ。

実際に他の文書には、東京・八王子モスクでの「全車両ナンバーの確認」や宅配のピザ屋まで含めた「出入り監視」の記録があり（【資料27、28】）、各地のハラール食料品、中東料理の飲食店の一覧、潜入メモもある（【資料35】）。アジアからの滞日ムスリムが経営するケースの多い中古車商を例にとっても、リストには滞日ムスリムの262業者が列挙されている（【資料37】）。

飲食店や食料品店関連のリストはそれ以上に業者数が多く、そのいくつかは筆者も知る店なのだが、文書に記載された報告はかなりいいかげんなものが多かった。例えば、都内のイラン料理店について「客の殆どがイラン人である」という視察報告があるが、その店の客の大半は日本人で、むしろその店は滞日イラン人にはあまり人気がない。

さらに早くから、ムスリムの把握方法として駆使しているのがイスラーム諸国会議機構（OIC）による括りである。「（管内の）OIC諸国人の総数」という表記が頻繁に登場し、東京港、羽田空港での監視では「イスラム諸国人については行確（行動確認）によりED（入国）カード記載の宿泊先への入りを確認（尾行）」するよう命じている。

ちなみにOICはサウジアラビアのジェッダに事務局を置き、全世界57カ国、オブザーバー５カ国、８組織からなる巨大な国際組織である。これだけの国々を「準敵国扱い」（文書内容を聞いたアラブ人留学生）するという発想はもはや尋常とは思えない。

表面的な波風こそ起きないかもしれないが、これらの国々の人々が今回の事件から、自分たちは日本では「テロ要警戒者扱い」されるのだという事実を知って、快く感じるとは思えない。実を言えば、そうした懸念はもはや仮定の話でもない。今回の事件はカタールの衛星テレビ「アルジャジーラ」の番組でも人権侵害の角度から取り上げられており、すでにアラビア語圏では周知の事実となりつつあるからである。

もちろん、警察当局も「信教の自由」への侵害や「イスラーム敵視」政策が国際的な摩擦を招きかねないことに気づいている。だから、指示の中には「ムスリムと敵対しているとの誤解を受けることのないよう」工夫せよ、と指示している。その延長線上で「過激派」と「穏健派」の区別なる戦略が持ち込まれる。ところが、これがイスラームに対する無知や認識不足ゆえにデタラメなのだ。デタラメだから結局、ムスリム全体の監視になる。卵が先か、ニワトリが先か、という問答に近い状態といってもかまわないだろう。

例えば、警視庁作成の「コミュニティー対策について」（【資料16】）と題された文書には、対象者（過激派）を見つける着眼点として「礼拝を欠かさず、宗教的行事にまめに参加する者」「飲酒はせず、ハラールフードしか口にしない者」「米国をはじめとする欧米諸国やイスラエル、あるいは欧米文化に対して過激な批判的主張をする者」といった条件が列挙されている。

たしかに礼拝をしないムスリムもいるし、飲酒をするムスリムもいる。しかし、カイロの街角でこれらの条件を満たすムスリムは「ごく普通のまじめな市民」にすぎない。一般的に欧米やイスラエルを批判しない者など、よほど探さなければ見つからないだろう。「派手な行動は慎み、人前では大声で話さない者」という条件にいたっては、該当者がどれだけいるのか想像がつかない。

愛知県警の文書（【資料18】）を読むと、対象者を「サラフィー（初期イスラームの精神の回復を目指す人々）」「敬虔な信者」「過激思想」などと区分していた。敬虔な信者はアラビア語なら「モウミン」、過激派は「ムタタッリフ」と訳すのだろうが、この三つを区分する術などあるのだろうか。知人のイスラーム法学者にこの区分を聞くと、唖然とした後に苦笑し、あきれたような表情で沈黙した。

ほかにも「サウジアラビアのアフレハディース派」という表現もある。政治集団としてのアフレハディースは20世紀初頭にインドで生まれ、南アジアには存在しているが、サウジで活動しているということは寡聞にして聞かない。どこかで「アフレハディース」という単語を耳にしたのだろうが、知ったかぶりが徒（あだ）になったケースである。

さらに「タブリーグ傾斜インドネシア人の検挙」「来日ダブリーグ関連情報」など、修養団体であるタブリーグの活動追跡にも熱心である。しかし、これも理解しがたい。タブリーグは1920年代に当時のインド人イスラーム法学者が提唱して始まった運動で、パキスタンを中心に広範なイスラーム圏で活動しているが、団体として事実上「ジハード（聖戦）」の概念を否定している。つまり、イスラーム圏では「反テロ宣教団体」として知られ、伝統的あるいは急進的な人々から忌み嫌われている団体である。

たしかに欧州などでは、タブリーグに勧誘され、その修養に飽き足りない若者がジハード主義の団体に乗り移るという指摘がある。しかし、日本の場合、そうしたジハード主義の団体がなく、乗り移りようがない。それなら、むしろタブリーグの活動を放置していた方が、よほど反テロ対策には有効だろう。

その一方、過激派に傾倒しそうなムスリムを見つけた場合を想定し、「イスラム・コミュニティの中で一定の権威をもって、『正しいイスラム』について発言できる人物との間で関係を醸成し（中略）、過激思想に対する抵抗力をつけさせる取組み」（【資料５】2009年の担当補佐等会議概要）を推進しようともしている。しかし、そうした過激派に対する「マインドコントロール」解除もどきの施策は、1990年代からイスラーム圏で採用されてきたが、戒律の厳しいサウジアラビアですら、ことごとく失敗してきたという経緯がある。そうしたイスラーム圏内部での常識すらどうも把握されていないようだ。

こうした生半可な解釈に基づいているので、ある留学生についての報告（警視庁）では、「『預言者ムハンマドの言葉しか信じない。アメリカのイスラム政策は間違っている』などイスラム原理主義及びオサマビンラディンに傾倒した言動がある」と結論づけている。留学生の言葉の後ろ半分はイスラーム圏では常識であって、前半分の『ムハンマドの言葉しか信じない』はむしろ、いわゆる西欧かぶれの反ジハード系ムスリム（エジプトの「クルアニイーン」と呼ばれる知識人集団など）に顕著な傾向だ。つまり「原理主義」なるものとはほど遠い。これらの例からいえることは「無知が脅威を作り上げている」ということに尽きる。

別の外国人はネットにパレスチナのハマースの精神的指導者で、イスラエルに爆殺された故アハマド・ヤシーン師を賛美する書き込みをしたため、アルカーイダ支援者と疑われた。これなども、国際情勢への理解がテロ対策を扱うレベルに達していない好例である。というのも、アルカーイダとヤシーン師はお互いに非難し合う仲だったし、同師は生前、湾岸諸国では国賓扱いされていた人物であり、過激派扱いはあまりに乱暴だ。この乱暴なレッテル張りこそが脅威である。

所有するパソコンに有名なイスラーム系サイト（「イスラムメモ」「タジュディード」「オグリッシュ」など）を閲覧していた痕跡があるとして、過激派扱いされた人もいた。これらのサイトは筆者も以前はしばしば覗いており、珍しくも何ともない。

警察当局が2008年の洞爺湖サミットの際の「戦果」として自画自賛しているのが、レバノンのシーア派抵抗勢力ヒズブッラー（神の党）のレバノン人支持者を失業保険不正受給（詐欺）容疑で「事件化」（起訴猶予処分）したという案件である。この人は部屋に同組織の指導者ハッサン・ナスラッラー師の写真を飾り、ネット上で在日アラブ人４人にヒズボラの広報ビデオや戦争シーンを録画したビデオなどをみせ、オルグしていたのだという。とはいうものの、自室にわざわざ公安当局から危険とみなされかねない人物の写真を飾っている「テロリスト」などいるのだろうか。

アラブ世界では、2006年のレバノン戦争（市民1000人以上が死亡）でイスラエルの無敗神話を破ったヒズブッラーの人気は高い。ただ、ヒズブッラーはアラブ世界では類まれなほど厳格な規律と組織性を持った集団である。イスラエルと諜報戦も含めて戦闘している以上、当然と言えば当然だが、こんな脇の甘そうな人物と関係を持つことは「百害あって一利なし」と考えるに違いない。つまりは、この「事件化」された人物はあまたの無害な「ヒズブッラー・ファン」の１人と考えた方が自然だろう（ちなみにヒズブッラーの広報的なビデオなどは「ユーチューブ」に多数アップされている）。ここには極東の常識を無邪気に中東に当てはめようとする怠慢が如実に表れている。

まだある。警視庁外事３課の警部補のマレーシア出張計画（おそらく稟議書の類）(【資料65】）にも苦笑した。「ジェマア・イスラミア（JT)」対策なのだそうだが、「出張の目的」に首都クアラルンプール市内のさまざまなモスクを視察し、その建築様式からトルコ、ペルシャ、アラブ系などを区別し、その周辺のコミュニティーを分析するとあった。だが、それは税金による観光旅行の言い訳としか読めない。というのも、マレーシアではもはや、モスクの様式と通う人々の宗派や傾向はまったく無関係だからだ。どの様式のモスクにも、さまざまな宗派、傾向の人々が訪れる。つまりは現地を知らぬ者の浅薄さが浮き彫りになっている。

さらに野党の全マレーシアイスラーム党（PAS）について、マレーシア国家警察と意見交換するとある。イスラーム国であるマレーシアでは、PASの位置は政治的に微妙であり、警察も貴重な情報は政治カードとして温存し、外国の捜査機関などに提供するとは到底思えない。「PASのメンバーが日本にいるのか」とマレーシア当局に尋ねるとも書かれているが、当のPASの幹部は外務省の招きで来日している。こうしたすれ違いは、縦割り行政の弊害なのだろうか。

いろいろマニアックな注釈を付けてみたが、公安当局のレベルの低さばかりが目につく。どれ一つとっても「日本国内でのテロ」の兆候などとは無縁である。それどころか、この「レベルの低さ」を見透かされ、引っかけられた例すらある。ヒズブッラーの兵器専門家という情報提供を元に捜査してみたら、インド人の仏教徒だったという笑えない話などがそれだ。

こうした無理解は的外れな方針を拡大させる。前出の「担当補佐等会議」(【資料５】）では「(国内ムスリム）第２世代のうち、15歳以上のムスリムについては就職適齢年齢であり、ホームグローンテロリストの脅威になりうる存在でありますので早期に把握していただきたい」といった指示が出されているが、これなどがいい例だ。おそらく、この方針は2005年７月のロンドン同時爆弾テロ（56人死亡）を念頭に置いての着想なのだろう。

この事件では、英国へのパキスタン移民の２世、３世らが実行犯だったとされ、英国内での移民差別が背景にあると指摘された。警察当局は、日本でも国内で成育したムスリム２世（ホームグローン）が就職活動の難航などによる不満から、テロ行為に走りかねないと懸念している。そのため、予防的に動向を把握しろと命じたのだろう。

貧困や差別がテロリストを生むという解釈は一昔前、欧米で根強かった。しかし、富裕層の子弟が少なくなかった9.11事件の実行犯を代表例として、いわゆる「イスラム過激派」の誕生とムスリム青年たちの貧困といった環境が直結しないことはいまや世界的には常識である。むしろ、こうした警察の動きこそ、ムスリムに対する偏見を助長し、新たな差別を作り出し、無用な憤りをはぐくみかねない。

その一方、警察当局は米国やイスラエルの対テロ観は忠実に従っている。ユダヤ教の祝祭であるプーリム（謝肉祭）やペサッハ（過ぎ越しの祭）に合わせ、ヒズブッラー対策会議が警察庁で開催されている（2008年３月）。ヒズブッラー対策といっても、実際はヒズブッラーの本家であるイラン対策で、イラン大使館など関連施設の徹底的な監視と出入り者への尾行に加え、日本人シーア派法学者らの車両もＮシステムに登録され、追跡されていた。イラン大使館については銀行口座の照会も流出しており、日本人スタッフも含めた給与額もさらされた。大使館の文化活動も革命思想の教宣活動とみなしている。

今回の暴露文書は外事関係文書のほんの一部であって、そこで分かる公安警察の行いもまたごく一部だろう。それでも、それらを読んで気づくのは、イスラーム過激派を対象にしたテロ防止策を考える際の基本的な知識がどこにも記されていないことだ。

「過激派」といえども、「テロリスト」の活動はイスラームの教義に依拠している。教義に従えば、世界はイスラーム圏（ウンマ）である「イスラームの家」と異教徒世界の「戦争の家」に大別されるが、ウンマを統括するカリフが不在である今日、許されているジハードは「イスラームの家」の防衛目的のみである。ちなみに「防衛ジハード」への参加は信徒の義務とされている。

では、異教徒世界の米国がどうしてアルカーイダに攻撃されたのか。イスラーム世界内部でも、米国同時多発テロの際、防衛ジハードの観点から多くの批判があった。しかし、アルカーイダはこの攻撃も防衛ジハードだと言い切った。なぜか。それは米国がパレスチナをはじめとするイスラーム世界に対する侵略行為に直接間接に加担しているからだ。9.11事件の前、ビンラーディンは「小鳥ですら巣箱に手を突っ込まれれば、反撃する」と、米国やイスラエルの拠点への攻撃が「防衛」の論理に依拠していると言明していた。

つまり、日本がターゲットにされる可能性があるとすれば、あるいはテロ防止の際に念頭に置かねばならないこととは、日本のイスラーム圏に対する安保外交政策なのだ。実際には、イスラーム圏を敵視する「日米同盟」の内実こそが危険を生み出しているのだが、この問題については別の節で詳しく展開したい。

それでも不安がある、あるいは警察は現行の外交政策に従うのが前提などというのなら、情報収集の基本をまずは整えなくてはならない。必要なのは友好的な関係と相互理解を図る努力である。ところが、そうした基本の必須条件がまったく整っていない。語学力などは情報収集の大前提なのだが、文書には「現時点では手も足も出ないのが実情のインターネット上の情報収集であります。当然、語学ができることが前提であり…」(【資料５】)などといった泣き言が散見する。

泣きたいのは払った税金を誤って遣われることで危険にさらされる市民の側である。最低の条件を整える努力を怠り、やみくもにムスリムを尾行し、その尊厳を踏みにじり、脅して情報を取ろうとする。こうした無茶な敵視政策の全面展開が反感を買うことはあっても、安全の獲得と無縁であることは自明であろう。

結局、公安警察の所業は反テロ対策ではなく、単なる「反テロごっこ」にすぎない。日本社会にありがち戦略性を欠いた無茶な頑張り。それが単なる無害なお遊び(それとて膨大な税金の無駄遣いではある)であるのなら、苦虫をかみつぶしていれば済むが、実際には日本がイスラームに敵対しているとわざわざ公言し、この国へテロを招こうとする自爆性をはらんだ危険な火遊びになっている。

そうした危険が暴露されただけでも、今回の流出には意義があったと言えなくもない。「火遊びの即刻中止」。これが日本のテロ対策に課せられた最大の急務だろう。

日本政府のムスリム敵視政策・歴史と変遷

田原　牧（新聞記者）

前節では公安警察の「イスラーム敵視」政策がその人権無視の所業もさることながら、著しく国益に反する行為であり、日本の独立と世界との友好に逆行する愚行だと指摘した。

ただ、その原因をひとり公安警察の無知と暴走のみに求めることには無理があるだろう。日本政府の独立性に欠けた安保外交政策、より具体的にいえば、小泉純一郎政権からの極端な対米追随外交が、公安警察の暴走を加速させたという背景を理解しておかなくてはならない。

民間も含めた日本の対イスラーム圏外交はかねて良好だった。この親善外交の果実こそが、イスラーム過激派の攻撃から日本社会を守る最大の防波堤だった。今回、露わになった公安警察の活動をみて、先人たちが戦前から築き上げてきたイスラーム圏と日本との親善外交の果実が、いよいよ食いつぶされかねないという現実に危機感を募らせざるを得ない。

いったい、どうしてここまで急激に堕落したのか。その要因はあまりに多岐に渡り、筆者の手には余る。しかし、少なくとも日本とイスラーム圏の交流の変遷をたどる中で、その外交の劣化ともいうべき変質がいかに急激で、かつ無謀なものであったのか、という点だけは明確にしておきたい。

個人的な経験を振り返れば、アラブ・イスラーム圏に足を運び始めて四半世紀になる。1980年代半ばからだが、当時はこの地域を歩くのに、日本人であることは欧米人に比べて極めて有利だった。日本人がシオニズム（ユダヤ人国家建設運動）と縁がなく、欧米諸国に比べれば、相対的に３大啓示宗教（ユダヤ、キリスト両教とイスラーム）との歴史的な確執も薄かったためだ。総じてアラブ人たち、とりわけムスリムたちは、どこか「同じアジア」の一員として、日本人に親しみを抱いていた。

その傾向が変わり始めたと感じたのは、1990年代の初頭である。91年の第一次湾岸戦争（米国が主導する多国籍軍とイラクとの戦争）で、日本は自衛隊こそ送らなかったものの、多国籍軍側に130億ドルの金銭的な援助をした。このニュースが流れた直後、取材中の日本人メディア関係者がイラクの隣国ヨルダンで、現地の住民らに集団暴行を受けた。これは前代未聞の事件だった。住民たちには「日本に裏切られた」という思いがあったのだろう。

2003年のイラク（第二次湾岸）戦争では、この日本に対する厳しい感覚がより如実になった。この戦争ではイラク現地で日本人旅行者、取材者たちが数回にわたり誘拐されたり、殺害されたりしている。日本は米軍の友軍として自衛隊を派兵しており、日本政府が国内世論向けに「人道支援」という看板をどれだけ強調しようが、イスラーム圏では「日本軍による侵略戦争への参戦」としか受け止められなかったからだ。

こうして「日本人であること」という一種の特権は崩れていった。ただ、こうしたイスラーム圏における対日感情の悪化もさることながら、見落としてはならないのはこの時期、日本社会の対イスラーム感情も大きく変質していったことだろう。端的に言えば、2001年９月の米国同時多発テロ後に全面展開されたイスラームを敵視する米国流の「反テロ教」ともいうべき風潮が、日本社会にも急速に浸透していったという現実がある。

例えば、こんな日常風景があった。駅頭で制服警官が外国人に「あなたはイスラム教徒か」と慇懃無礼に職務質問していた。世界標準でいえば、第三者が他人の信仰について立ち入った質問することはご法度である。それを平気でやっていた。知人のパキスタン人はムスリム（イスラーム教徒）という理由だけで、不動産屋からアパートの賃貸を断られたと嘆いていた。断れた物件はその後、ヒンズー教徒のインド人が借りていったという。

治安政策の分野でも、そうした流れが強まっていた。今回の流出事件の舞台となった警視庁公安部外事３課は2002年に新設されたが、その後、06年には「改正」入管難民法が成立し、「テロ関係者」に対する法務大臣の強制退去権限が認められた。

問題はその対象範囲だが当時、この問題を取材していて、入管当局の担当者がパレスチナ自治区のガザ地区の自治政府を合法的に担うイスラーム急進主義組織、ハマースの閣僚ですら「テロ関係者」に該当する可能性を否定しなかったことには驚かされた。これらが「日米同盟」を金科玉条とする当時の小泉政権、そして後継の各政権による外交安保政策の産物であることは言うまでもない。

しかし、もう少し長く歴史的な足跡を追えば、イスラーム圏との友好は明治以降の日本で、右翼、左翼といった政治傾向を問わず、一貫して採られてきた外交原則だった。それだけに、この日本側の変化がイスラーム圏の人々の目には、１世紀を超える日本の友好的なスタンスが唐突に瓦解し、一変したように映っていたとしても不思議ではない。

近代以降のイスラーム圏と日本の交流の幕開けは、明治維新直後にさかのぼる。この当時、明治政府の至上命題はいかに欧米諸国による植民地化を避け、近代化を果たしていくかであった。それと同じ命題は、大半が西欧に植民地化されていたイスラーム圏が先行的に背負っていた。日本政府は幕末に結ばされた米、英、仏、ロシア、オランダとの不平等条約（安政の五カ国条約）を覆す法整備をクリアしなくてはならなかった。そのお手本はエジプトにあった。

岩倉具視を代表とする欧米視察団は1871年、同じ状況下でイスラーム法と西欧の法の二重法制を敷いていた同国の法体系を学ぼうと、欧州使節団の一部をエジプトへ寄り道させた。これが友好史の始まりだった。

それから10年後の1881年、エジプトでは英国からの独立を掲げた反乱が起きた。英国は徹底的に弾圧し、首謀者アフマド・オラービー大佐はセイロン島（現スリランカ）に流刑される。このことを聞いた日本の当時の農商大臣谷干城（たてき）は、かつてのエジプト側の厚情に報いようと、オラービーをセイロン島の流刑地まで訪ね、慰撫している。

それから数年後の1887年には、皇族の小松宮彰仁がオスマントルコ帝国にアブドゥルハミト２世を表敬訪問している。当時、形骸化していたとはいえ、まだカリフ制は存続しており、オスマン帝国の長（カリフ）は形式的にではあれイスラーム圏の最高指導者でもあった。この返礼の勲章贈呈のため、トルコは海軍少将オスマン・パシャを日本へ向かわせるが、彼の乗っていた軍艦エルトグロール号は和歌山県串本沖で遭難。そのときの地元住民による懸命の救難活動はトルコ側に伝わり、それが今日まで続く同国の親日感情を呼び起こすきっかけになった。

民間レベルではどうか。今日、パレスチナ連帯運動に代表される日本からの友好活動の多くは人道主義的、もしくは政治的にはリベラル・左派的な傾向が強いが、明治から敗戦直後までの友好のきずなは右翼や民族主義者たちによって築かれた。

1905年の日露戦争での日本の勝利は、イスラーム圏においては「有色人種による白人帝国主義に対する勝利」として絶賛された。言うまでもなく、この戦争の本質は後発帝国主義・日本によるアジア（朝鮮）侵略の一環にほかならなかった。とはいえ、この日本の勝利に感激したトルコ人知識人のアブドゥッラー・ジャウデは当時、「日本がもしイスラーム国家になれば、天皇がカリフになるのがふさわしい」という期待まで口走った。そして、この過大なまでの幻想は日本の右翼にも歓迎された。

この当時のイスラーム圏における反「白人帝国主義」感情と日本の興亜論の重なりによって、右翼政治結社は、こぞって各国のムスリム亡命者たちを日本で歓迎してはかくまった。1909年には、玄洋社の頭山満がこうしたイスラーム圏からの亡命者たちと「亜細亜議会」を結成している。同じころ、軍部の諜報活動の一環だったとはいえ、日本人ムスリムの草分けであるオマル山岡光太郎は日本人としては初めて、メッカ巡礼を果たしている。

イスラーム世界への関心が高まる中、猶存社の北一輝や大川周明たちは、ことのほかイスラームを政治的に重視した。例えば、北は「国家改造案原理大綱」（1919）で「『マホメット（預言者ムハンマド）』ノ形ヲモッテスル日本民族ノ教典ト剣」に支えられた「最強ナル国家」の建設を夢想している。大川もまた、欧州の植民地から復興するアジアの最前線として「回教諸国連盟」を構想していた。

関東軍参謀の石原莞爾を含め、こうした大アジア主義者たちは満州（中国北東部）を根城にイスラーム圏と連なる平等な諸国連合（大東亜共栄圏）を夢見ていた。無論、彼らが天皇制とイスラームの融合を理論的に煮詰めていたわけではない。しかしながら、日本人ムスリム、ヌール田中逸平は1920年代半ば、「イスラームと大亜細亜主義」と題した論文の中で、「日本主義とは侵略と排他を行うことを意味しない」とイスラーム圏との政治的融合への憧憬を吐露している。

1931年には日本初のモスクが名古屋に建てられた。しかし、こうして友好が深まる一方で、次第にこうした大アジア主義的な「理想」は帝国主義者の現実論によって換骨奪胎されていく。37年の日中戦争は決定的な転換点となった。この直後から「イスラム文化協会」「東亜研究所」「外務省調査部回教班」など官製のイスラーム研究団体が乱立するが、設立の狙いには理想よりも実利が幅を利かせていた。代表例は「大日本回教協会」である。初代会長はイスラームと縁もゆかりもない陸相の林銑十郎だった。

これら諸団体の研究目的は、漢族を挟撃するために中国国内のムスリム（回族）を取り込もうという宣撫工作と、ムスリムが多い東南アジア、とりわけインドネシアでの石油やゴム、スズなど天然資源獲得にあった。ただ、こうした侵略政策が「欧米列強との戦い」を装い、その範囲も東および東南アジアにとどまったため、イスラーム圏全体で反日感情が高まることはなかった。

むしろ、ムスリム側から好感を持たれた例がある。日本はインドネシアを侵略後、オランダ統治下で重用されていたヒンドゥー貴族層に代えて、イスラーム勢力をその指導層に据えた。さらにアブドゥルラフマーン市来竜夫らムスリムに改宗した日本兵（工作員）らは敗戦後も現地にとどまり、ムスリム独立勢力支援のため義勇兵として参戦した。市来は1949年に対オランダ戦争で戦死し、ねじれたロマンの欠片を彼の地にとどめた。

戦後も敗戦直後からしばらくの間は、戦前の右翼と密接な満州人脈が依然、対イスラーム外交の分野で影響力を行使していた。例えば、1957年にサウジアラビア、クウェートで日本初の油田開発利権を獲得し、翌年「アラビア石油」を創設した「アラビア太郎」こと山下太郎は戦前、満鉄の社宅建設管理契約をきっかけに中国、朝鮮で事業網を広げた人物である。

このアラビア石油の創業以前、53年の「日章丸」事件も記憶にとどめておく必要がある。イランでは51年、モサッデク民族主義政権が英国とメジャー（国際石油資本）の権益を国有化した。これに対し、英国は禁輸制裁のため、イランの海上を封鎖した。民族主義政権の窮状を前に、イラン原油を日本に運ぶため、出光興産のタンカー日章丸は53年、拿捕覚悟でこの封鎖ラインを突破し、日本へ帰港。反欧米感情に燃える両国民衆の喝采を浴びたという事件があった。

その後も日本とイスラーム圏の交流は、石油資源の確保という経済的命題と、リベラル・左派系の知識人らの連帯運動を柱に続いていく。後者の登場は、イスラーム圏での政治的地殻変動によって呼び起こされた。アラブ世界では1952年のエジプトでの王制打倒を掲げた「自由将校団」による革命（中心人物は後に大統領となるガマール・ナーセル）を起点にアラブ民族主義が台頭し、それがバンドン会議を頂点とする非同盟主義運動を牽引した。反シオニズム、反帝国主義潮流を基調とするアラブ民族主義の台頭は、日本側でも左派・リベラル系の人々がイスラーム圏との紐帯を築く弾みとなった。

こうしたアラブ地域の激動への対応と石油の安定確保が高度経済成長には欠かせないという認識に基づき、日本の外務省も50年代後半、上級職（キャリア）のアラビスト（アラブ専門家）の育成に初めて乗り出した。

たしかに石油確保を第一義とした日本外交は「物乞い外交」という汚名も被った。ただ、動機はどうあれ、第四次中東戦争直後（1973年）には、日本政府は欧米とは一線を画した形で、イスラエルの即時撤退を強く求める園田直官房長官（当時）の談話を発表。親アラブ、イスラーム圏の立場を守っている。この第四次中東戦争はオイルショックを招くが、これに伴って民間企業でもアラビア語修得のための研修生派遣や、企業のお抱えのシンクタンクの創設など、日本側には「アラブブーム」がわき上がった。

その当時、イスラーム圏での日本に対するイメージはどうだったのか。日本国内では黙殺されがちだが、1972年のアラブ赤軍（後の日本赤軍）によるリッダ闘争（テルアビブ空港乱射事件）も、アラブ世界における親日感情を喚起した。事件直後、「なぜ、アラブ人ではなく日本人がやったのか」と悔しがるリビアの最高指導者カダフィ大佐の談話がアラブ紙に掲載されたりもした。

1980年代から90年代にかけては、NHKドラマ「おしん」が各地で放映され、人気を集めた。当時、日本人旅行者で「おしん」「おしん」と声を掛けられた体験を持つ人は少なくない。人気の背景には、イスラーム圏の市民たちが戦争の廃虚から立ち上がり、「奇跡の経済復興」を成し遂げた日本に、自らの希望を重ねたという側面がある。そうした日本人への敬意を後押ししたのは当時、彼らの国々で働いていた日本の民間企業の駐在員たちの姿だった。

例えば、1990年に起きたイラクのクウェート侵攻で、両国にいた日本人駐在員ら200余人が旧フセイン政権の人質とされる一幕があった。暮れまでに全員が解放されたが、当時のイラク大使でアラビストの片倉邦雄さんは、かつて筆者にこう語っている。

「欧米諸国も、フセイン政権の人質作戦の対象になっていた。事件の渦中では各国大使が情報を交換し合うのだが、情報量は日本が抜きん出ていた。日本企業と働いたイラク人の技師たちが危険を顧みず、内緒で教えてくれたためだ」

「人質にされた日本人たちで虐待などに遭った人はいなかった。フランスやロシアもイラクを援助していたが、その多くは軍事援助だった。経済協力では日本が一番だったし、イラン・イラク戦争（1980―88）の最中も、日本人の技師らは逃げず、イラク人と最後までともに働いていた。心の移転というか、人づくりによる親近感、そしてイラク人たちからの信頼は厚かった」

「情報は米国頼み」という現在の日本の対イスラーム圏外交とは対照的な一時代があったのだ。日本が多国籍軍に130億ドルを拠出した根拠となった「日本は血も汗もかかない」という国際的な風当たりについても、片倉さんは「それは何も知らない人たちのせりふだ。日本の民間人は友好のために汗をかき、犠牲を払っていた」ときっぱりと反論した。

対イラン関係でも、1979年のイスラーム革命によって、米国とイランは断交してしまうが、日本はイランとの友好的な関係を維持した。そうした反米を掲げる国との友好関係が、外交戦略上は日本が米国と対等に交渉するために有利なカードを一枚増やすことにつながることは言うまでもない。独立外交の精神、外交官たちの胆力がこの当時までは、様々な制約こそあれ、残っていたのだ。

こうして、石油ビジネスにまつわる「右」人脈、左派・リベラルの国際連帯、企業駐在員たちの献身的で友好的な労働が調和される中で、戦後の日本とイスラーム圏の信頼関係は着実に醸成されていった。イスラームに対する理解不足など、文明論への視座が欠けていたという指摘もあるが、長い冷戦構造の下、そのころは後に急浮上してくる「文明の衝突」的な色合いの対立構造はまだ薄い時代でもあった。

いずれにせよ、こうした構築された日本の中東でのプレゼンスは十数年前までは、現在と比べて格段に重かったといえる。達成された成果についての厳しい評価こそあれ、1990年代のパレスチナ和平外交では日本が国連、米国、ロシア、欧州連合（EU）と並んで五極（現在は日本を除く四極）の一角を担っていた。こうした栄えある国際的地位は、草の根も含めた友好の蓄積の賜物だったといえる。

しかし、そうした１世紀以上にわたる「友好の貯金」は2000年を前後して一気に簒奪されていく。その最大の要因が、自衛隊のイラク派兵に象徴される「国益」「日米同盟」の名による対米追随外交にあったことは言うまでもない。

日本政府はイラク派兵の前夜、サウジアラビアでの自主開発油田の利権延長にも失敗している（2000年）。石油はもはや戦略商品にあらず、という米国のプロパガンダを稚拙な経産、外務官僚たちが真に受けた結果だった。利権延長の終了に当たって、友好国を批判することなど滅多にないサウジアラビアのマスコミが、日本政府に対して厳しい論評を加えたことは、その後の日本の対イスラーム圏外交における迷走への警鐘だったのかもしれない。少なくとも、日本の官僚の視点にはイスラーム圏の盟主サウジアラビアの影響力、つまりはテロ対策も含めた安全保障面での重要性などといった観点はなかったのだろう。

その後、世界は一気にきな臭くなる。米国主導のパレスチナ和平は、2000年のイスラエル右派によるエルサレムでの挑発行為に端を発したパレスチナ人の第二次インティファーダ（民衆蜂起）と、その挑発の張本人であるアリエル・シャロンの首相就任によって事実上崩壊する。さらに米国では、イスラエル右派と一心同体の新保守主義派（ネオコン）と、イスラエルを舞台にした終末戦争を望むキリスト教原理主義勢力に支えられたブッシュ政権が誕生した。

政権誕生から間もなく、アルカーイダによる米国同時多発テロ攻撃があり、その報復としてのアフガニスタン戦争、ネオコンのシナリオに沿ったイラク戦争へと、米国は単独主義の戦争ロードをひた走った。ブッシュは自らを「十字軍」と自任し、一連の戦争は宗教的対立の色合いを濃くしたが、思考を停止させたままの日本政府はこのブッシュ政権との一蓮托生を誓ってしまう。そもそも、一神教的対立とは縁の薄い日本が、わざわざ宗教的対立の地雷原に好き好んで足を踏み入れたのだ。この浅慮は後悔してもしきれない。その延長線上に外事３課も創設された。

正確にいえば、かすかな抵抗は政府自民党の一部でもあった。2000年には外相河野洋平（当時）が「文明の理解」を掲げ、外務省に「イスラム研究会」を発足させている。しかし、この例外的な試みも小泉政権の誕生とともに潰えてしまう。それどころか、在外公館を拠点にした調査研究を委嘱する「専門調査員」制度をみても、アラブ諸国への派遣資格からはいつの間にかアラビア語を理解するという条件が消え、アラブ地域の主要国駐日大使に一人もアラビストがいなくなるというイスラーム圏軽視ともいえる状況が生まれた。

学内で泥酔して日本刀を振り回したイスラムの専門家（自称ムスリム）を名乗る元大学教授が、小泉政権のイラク派兵のお先棒担ぎに奔走した。その一方で、世界でも最高水準といわれる日本の中東研究者たちは、イラク派兵の政策決定からは完全に排除された。優秀な外務省の若いアラビストの一部は職を辞した。何をどう進言しようとも、結論が対米追随で先にありきでは、やる気が失せるのも当然だったに違いない。

派兵後、イラクの地では日本の民間人が相次いで殺された。日本とイスラーム圏との歴史でおそらく初めての悲劇であった。その責は殺害にかかわったイラクの抵抗勢力よりも、米国に無自覚に追随することによって近代以降初めて、イスラーム圏に弓を引いた日本政府にこそ問われるべきであろう。

対イラン関係にしても、政府は2010年秋にイランのアーザーデガーン油田の開発権益を米国の顔色に配慮して手放してしまった。この開発権益は2000年のハータミー大統領（当時）来日時に優先交渉権を得て、数千億円もの血税を投入してきた産物である。さらに権益を手放すやいなや、警戒をかねがね強調していた中国にそっくり奪われた。こうしたお粗末さは公安警察の活動にもどこか通じていよう。

イスラーム圏の街角では今日、星条旗が焼かれる光景は珍しくない。イラク戦争で米国が被ったものは、巨額の財政赤字と4000人を超える戦死者（傭兵も加えれば、5000人超）だけだった。アフガニスタンにおいても、一度は打倒した前政権勢力のターリバーンが完全に復興し、攻勢に打って出ている。米国の傀儡だったカルザイ政権はすでに延命のために米国と距離を置いている。

ブッシュ政権の政策はイスラーム圏で米国に対する嫌悪感を一段と増幅させ、一部の穏健派ムスリムを過激派に誘い、いまや米国内では自国ムスリムによる「聖戦」すら呼び起こしている。ブッシュの反テロ政策が産み出した結果は、皮肉にも「テロの招致」でしかなかった。

こうしたブッシュ前政権の失政のツケを背負ったオバマ政権は、就任直後から懸命に「イスラームとの融和」を掲げ、信頼回復のために悪戦苦闘している。とはいえ、一度落ちた泥沼からの脱出は決して容易ではない。

それにしても、驚くべきことは日本の公安警察が現在もなお、イスラーム過激派を探す条件の一つに「米国への批判」を設定していることだ。英国をはじめ、同盟国ですらイラク戦争参戦の無謀さについて、検証作業を進めている最中にである。つまりは依然として、日本警察のみがブッシュ前政権の教条から逃れられないままなのだ。この国際情勢に対する鈍感さは救いがたい。たしかに政権交代しても、日本では現在もイラク戦争への派兵を検証する兆しすらない。この異様ともいえる対米追随主義と主権国家としての自覚の欠如が、公安警察の暴走の根幹には横たわっている。

イスラーム圏自体に目を向ければ、アルカーイダ系集団の凋落は如実であり、イスラーム政党が政権基盤を固めているトルコをはじめとして民衆の間で地道な活動を積み上げてきたイスラーム運動が2000年代後半以来、確実に影響力を増している。それだけに、ムスリムを一括りにして監視するような敵視政策が日本の外交に与える悪影響は今後、一層深刻になるだろう。

ただ、一昔前に比べ、日本に対する信頼が崩落したとはいえ、いまもイスラーム圏の民衆が日本人に向ける眼差しは、欧米人へのそれと比較すれば総じて柔らかい。テロ対策は警察力の問題ではない。情報力である。その情報は友好があってこそ保障される。この柔らかい眼差しをいかに守れるか。そうした視点が国際テロ対策の基本に据えられるべきだろう。

そうだとすれば、イスラーム圏からの不要な不信を掻き立てる公安警察の暴走は、それにまったく逆行する愚行である。と同時に、その愚行を諫めるにはその根幹となっている日本の安保外交政策それ自体の根底的な見直し作業が不可欠であることは言をまたない。

「デュモン事件」と「公安テロ情報流出事件」

西中誠一郎（ジャーナリスト）

1. 悪夢、再び

「警察のテロ対策情報がインターネットに流れて、イスラム教徒の個人データがたくさんある、というニュースを昨日見たけど、詳しいこと分かりますか？」

昨年11月初めに、在日アルジェリア人のＤさんから電話がかかってきた。

その前日、警視庁外事３課の国際テロ捜査情報がネット上に流出したとのニュースを知り、真っ先に思い浮かんだのは、2004年に警察に家宅捜索、別件逮捕された10数人のイスラム教徒の在日外国人のことだった。Ｄさんもこの事件で深刻な被害を受けたひとりだった。パソコンに向かい問題の流出ファイルを探した。報道の通り、計114点の文書が見つかった。すぐに目に飛び込んできたのは、イスラム・コミュニティやイラン大使館に関する報告書や、外国人や日本人の実名でタイトルが付された、数多くの個人情報の文書だった。その中には国際テロ対策に従事する警視庁職員の個人情報台帳なども含まれていたが、最も多かったのは、マグレブ諸国や中東諸国出身の在日イスラム教徒に関する、詳細な個人情報の文書だった。

特に「容疑解明対象者個人台帳」や「人定事項」と題されたファイルには、在日ムスリム20数人分の詳細な個人情報――家族構成や居住先、電話番号、旅券番号、出入国記録など――の記録が顔写真付きで掲載されていた。この中にはＤさん始め、私の知人の「個人台帳」は入っていなかった。しかし改めて中身を読むと、「個人台帳」の中に「容疑」という欄があり、そこに「Ｄの交友者」とか「Ｄ及びデュモンの中古車販売業を手伝っていた」などと書き込まれた文書がいくつも出てきた。「人定事項」にも、Ｄさんや「デュモン」との人間関係がこと細かに書き込まれていた。いずれもモスクや商売上での交友関係が中心で、重要な「容疑」情報とも思えなかったが、個人情報収集の主な狙いのひとつが、Dさんや「デュモン」との交友関係にあることは、はっきりと伝わってきた。

2004年5月に「デュモン事件」に巻き込まれて、フランスから日本に帰国できない状態が2年以上続いていたDさんと電話で初めて話をしたのは、2006年の夏だった。以来、国際電話でのやり取りが2年半以上続き、紆余曲折の末、彼が家族の待つ日本に帰国できたのが2009月2月。Dさんがリオネル・デュモン容疑者との関係で、突然、群馬県警の家宅捜索と事情聴取を受けてから約4年9カ月の歳月が流れていた。日本に帰国したDさんにやっと会えるようになり、今後の対処についていろいろ話し合ってきた。

流出文書を一読して、これは直ぐにDさんに連絡しなくては、と思った。しかし、せっかく家族水入らずの平穏な日々を取り戻しつつあったDさんに、どのように説明したらよいものか一晩迷った。そこにDさんからの電話。ありのままを報告するしかなかった。

「資料には、リオネル・デュモンやDさんとの交友関係もいろいろ載っています。どういう目的で、誰が、何で今頃、情報流出させたのかは分からないけれど、警察が調べている内容は2004年の時とほとんど変わらない。起こりもしないテロ事件対策で、在日イスラム教徒のことが、Dさんやデュモンとの人間関係を中心にして、いろいろ調べられている。弁護士にも相談して、今後の対策を考えましょう」と言って、数日後に会う約束をして電話を切った。Dさんも私も、忘れかけていた悪夢が再び目の前に現れたような気持ちだった。

2.「デュモン事件」発生

話は2004年に遡る。同年5月19日新聞各紙は、以下のニュースを伝えた。

アルカイダの関係者として国際指名手配されていた「アルジェリア系」フランス人のリオネル・デュモン容疑者（当時）が、2003年12月にドイツ・ミュンヘンで捜査当局に逮捕され、身柄をフランスに引き渡された。その捜査過程で、同容疑者が02年から03年にかけて4回に渡って偽装旅券で来日し、計9カ月間、新潟市内のマンションなどに住んでいたことが判明。公安当局は、この男の在日中の活動を調べ、これまで未解明だったアルカイダの日本国内での実態解明を目指す。デュモン容疑者は、フランス国内のイスラム過激派組織「ルーベ団」のメンバーで、1996年から97年にかけて、フランスとボスニア・ヘルツエゴビナで２人を強盗殺害した事件の容疑で、国際刑事警察機構（ICPO）から国際手配されていた。また2003年６月に国連安保理制裁委員会の資産凍結対象者に指定されていた。といった内容の記事だった。

それから１週間後の04年５月26日、再びテレビや新聞が「アル・カーイダ幹部潜伏　接触外国人４人逮捕」（『読売新聞』）と大きく報じた。デュモン容疑者が日本滞在中に接点のあった、多国籍の「イスラム系外国人」の関係先十数カ所を、警視庁や関東周辺の各県警が一斉に家宅捜索し、うち５人を「会社役員の不実記載」や、「入管法違反」等の容疑で逮捕したという内容だった。

新聞各紙の見出しはセンセーショナルなものだった。

「アルカイダ一斉捜索　テロ支援？　素顔は…」「東南アで過激派と接触か」（『東京新聞』）「職・国籍、幅広い接点　当局、浸透に危機感」（『朝日新聞』）「広がるイスラムネット　国際テロ組織浸食の恐れ」（『読売新聞』）など。このような加熱報道に、さらに実名入りで事実無根の憶測も付け加えられ、テレビや新聞、雑誌の報道合戦がしばらくの間、連日続けられた。

逮捕者の中には、デュモン容疑者と国際電話で数回やり取りした通信記録が残っていたり、デュモン容疑者から商売取引で数万円の銀行振込があったという理由などで、神奈川県警や警視庁に別件で逮捕されたバングラデシュ人青年実業家もいた。計46日間身柄を拘束され、デュモン容疑者やアルカイダとの関係について厳しい取り調べを受けた。結局、検察は立件できず、無罪放免された。しかし実名報道で大々的に「テロリストの支援者」というレッテルを貼られたことにより、本人も家族も精神的な苦痛を被り、社会的信用が大きく損なわれた。そのため誤認報道を続けた報道機関５社を相手に、名誉毀損の損害賠償や謝罪報道を求めて提訴し、一審・控訴審全ての裁判で原告側が勝訴した。

裁判の中では取材記者の証人尋問も行われた。多数の報道陣の目前で繰り広げられた04年５月26日の逮捕劇は、事前に警視庁や公安調査庁から、記者に対して暗に情報リークした結果だった。判決では「マスコミ各社が、捜査当局が一斉捜索前に、暗に提示した情報を取材しただけで、原告や弁護士に対して取材を行わず報道し、必要な裏付け取材を行わず慎重を欠いたもの」と判断し、「名誉を毀損し、経営する会社の社会的信用を損なった」として、各報道機関の不法行為を認定した。明らかにリオネル・デュモンの関連捜査を口実に、公安警察当局が在日イスラム教徒をターゲットにし、マスコミを総動員して同時多発的に行った別件逮捕と家宅捜索だったのだ。しかし、この裁判では公安警察自体の責任は問われず、04年５月26日に家宅捜索や別件逮捕された十数人の在日ムスリムの被害状況やその後の経過については、分からないままになっていた。

この事件の取材過程で、2006年の夏にＤさんに出会った。以下は、フランスやアルジェリアから日本に帰国できない状態が続いていたＤさんと、２年半近く電話でやり取りした内容を中心にまとめたものである。

３. 日本とフランスの捜査機関が共謀した「治安テロ対策」

2004年５月26日早朝、Ｄさん家族は、数日前から張り込んでいた報道陣の目の前で、群馬県警など数十人による家宅捜索を受けた。家族５人全員が起床した直後だった。容疑は「道路運送車両法違反」。Ｄさんは中古車販売をしていたが、車の仮ナンバープレートの処理に問題があるという容疑だった。パソコンや携帯電話、電話帳、預金通帳、中古車輸出の書類、パスポートなどが押収された。それ以降、２週間以上に渡り連日、Ｄさんは任意の事情聴取を受け、デュモン容疑者との関係や、モスクはじめイスラム教団体との関係を群馬県警に執拗に取り調べられた。Ｄさんは新潟に滞在していたデュモン容疑者とモスクで出会い、中古車の取引があっただけだった。警察はデュモン容疑者の偽造パスポートの手配について疑っていたが、Ｄさんはデュモン容疑者の本名さえ知らなかった。

また警察発表を鵜呑みにしたマスコミ報道が、デュモン容疑者のことを「アルジェリア系」フランス人としていたことにもＤさんは疑問をもっていた。デュモン容疑者は祖父の代からフランス在住で、人種的にもアルジェリアとは関係ないとＤさんは確信していた。長年のフランスとアルジェリアの政治的・歴史的関係から、「イスラム過激派のテロリスト」というレッテルを貼るために、「アルジェリア系」が悪用されたと、Ｄさんは感じたという。

体調が優れないにも関わらず、連日長時間の事情聴取が続いた。２週間近くが経ったある日、取り調べ担当の県警幹部から「法改正で現在の国際免許証が使えなくなるから、母国に一時帰国して、３カ月間の運転実績を作って日本に戻って来れば問題ない」と唐突に薦められ、連日の取り調べで疲労困憊だったＤさんは、すぐにアルジェリアに旅立った。

３カ月間母国に滞在し、実妹が住むフランス経由で日本に戻ろうとしたが、パリの空港で成田空港行きの飛行機に搭乗する直前に、フランスの司法警察「国土監視局（ＤＳＴ）」に逮捕され、フランスのテロ対策法に基づき96時間の取り調べを受けた。彼の取り調べを担当したのは、デュモン事件担当の大審院予審判事のジャン=ルイ・ブリュギエール氏。1970年代から国際テロ捜査を専門にする、フランスの「治安テロ対策」の最高責任者のひとりで、日本にも度々来日している。警察大学で講演したり、当時の小泉内閣にも、日本を含む東南アジア諸国で起こる可能性がある新たなテロに対して「治安テロ対策」を強化する必要性や、金融機関や経済拠点を狙ったテロ対策などを進言してきた人物だ。

心臓に持病を持つＤさんは、最初の96時間の取り調べ以外、身柄を拘束されることはなかったが、デュモン容疑者の偽造パスポートを手配した容疑や、デュモンがボスニアやフランスで強盗殺人事件を起こした時期のことについて、事情聴取された。今回の「公安テロ情報流出文書」の個人台帳に掲載されている顔写真も何枚か見せられたという。

Ｄさんは容疑を否認し続けたが、パスポートを取り上げられて、フランスからの出国を認められず、居住先を実妹宅に制限され、毎週のように地元警察への出頭を義務づけられた。しかし、実際にブリュギエール予審判事による尋問があったのは、３年間でわずか４回だけだった。

「日本の警察とブリュギエール判事は、私と家族の人生を無茶苦茶にした。起訴するならはっきり起訴して欲しい。裁判で闘って、１日も早く無罪を証明して日本に帰りたい」

一向に先が見えない状況が延々と続く中で、電話の向こうのＤさんの声は、感情の高ぶりを押さえるのに必死だった。私も弁護士や国際人権NGOなどにいろいろ相談してみたが、何も効果がないままに時間だけが過ぎて行った。

06年８月にも同予審判事は来日した。群馬県警からＤさんの妻に電話で「フランスから担当判事が来ているので、会わないか?」と連絡があったが、彼女は事情を掴めず不審に思い面会を断った。ブリュギエール予審判事が日本からフランスに帰国した直後の尋問では、群馬県警がＤさんに対して行った供述調書を同予審判事が所持していたと、Dさん自身が目撃している。

それから1年が経った07年9月25日、Dさんは再びパリの大審院に呼び出された。ブリュギエール予審判事はフランス大統領選挙後の統一選挙への立候補を機に職を辞任し、新しい予審判事に代わっていた。そしてその場には、群馬県警の幹部を含め7人の日本の警察職員も列席していた。日本で帰りを待っている妻は、何回か群馬県警や地元警察に直接出向き、事情説明を求め、抗議してきた。しかし返ってくるのは「フランスの事情はよく分からない。自分たちの力ではどうにもならない。自分もDさんはすぐに帰ってくるものだと考えていた」という返事だけだった。

この日、新しい予審判事からは「家族との関係もあるので、近く日本への帰国を認める」という説明があったという。

07年4月には、フランスの重罪裁判所でリオネル・デュモン容疑者の禁固25年の刑が確定した。しかし彼が日本滞在中に「イスラム過激派のネットワーク」を構築しようとした形跡はどこにもなかった。

07年11月末、パリ大審院と控訴院が「保護観察の取消命令」を下し、Dさんは日本を離れてから約3年半ぶりにフランスを出国することができた。07年暮れから母国アルジェリアに滞在し、旅券の再発行や、日本への再入国の手続きを行った。しかし3年以上日本を離れていたことから永住資格を喪失し、再度、日本人配偶者の在留資格を申請せざるをえなかった。旅券再発行もスムーズにいかず、諸手続きは1年以上続いた。国際刑事警察機構（ICPO）のブラックリストに載っている恐れもあった。一体いつになったら、妻子が待つ日本に無事に帰国することができるのか、フランスを出国した後もDさんと家族の不安な日々は続いた。

2009年2月4日、Dさんは約4年9カ月ぶりに日本に帰国することができた。やっと家族5人の平穏な暮らしが戻り、大きくなった子どもたちに囲まれたDさんはとても幸せそうだった。その後、昨年の夏には、フランスやアルジェリアへの一時訪問も無事に果たすことができた。しかし帰国して2年が経った現在も、近隣のモスクに毎週のように外事警察が出入りして、Dさんが来ているかどうか確認したり、公安調査庁の職員が月に何回も自宅を訪問していた時期もあった。デュモンのことや交友関係のことは質問せず、最近の中東情勢やお茶のみ話程度しかしていかないという。

「日本ではテロ事件が起きないから、公安や警察も仕事がなくてきっと暇なんだよ」。

日本とフランスの捜査機関が共謀して行ってきた、理不尽な捜査の真相が未だに解明されず、責任の所在もあいまいで、Ｄさんと家族の怒りや疑念は続いているが、徐々に冗談を言う心の余裕も生まれていた。

４. 真相究明と公式謝罪を（Ｄさん夫妻へのインタビュー）

そんな暮らしが続いていた2010年10月末、Ｄさんは「公安テロ情報流出事件」に突然巻き込まれた。冒頭で触れた通り、Ｄさん自身の個人台帳は流出文書の中に入っていないが、「個人台帳」や「人定事項」の、「容疑」や「事情聴取」の欄には、リオネル・デュモンと並んで、Ｄさんの名前も多数掲載されている。また、詳細な個人情報が流出した在日ムスリム20数人のうち、2005年11月から2008年６月にかけて、入管法違反や労災の不正受給などで、７人が別件逮捕され家宅捜索を受けている。警察と思われる不審者に尾行されたケースは枚挙に暇がない。

警察は「リオネル・デュモン事案」を「アル・カーイダ関係者の不法入出国事案」（「忍び寄るテロの脅威」警察庁『焦点』271号、他）と位置づけ、「治安テロ対策」を推進するために最大限に利用してきた。さらに、今回の流出文書でも明らかになったように、「ホーム・グローンテロ対策」と称して、在日ムスリム２世世代にまで監視対象を広げてきた。このような、在日ムスリム・コミュニティ全体に網を投げるような、宗教・人種差別的な捜査のあり方についてどう思うのか？　「デュモン事件」での苦しい経験や、今回の「公安テロ情報流出事件」を踏まえて、Ｄさん夫妻にお話を伺った。

――公安テロ情報の流出ファイルを最初に読んだとき、どんな気持ちでしたか？

Ｄさん　何で情報を流したのかと思った。もしかしたら、日本の警察がイスラム教徒にひどい捜査をしているということを知らせたかったのかもしれない。でも分からない。

ファイルに妻の名前もあった。ひどいと思いました。警察が日本のムスリムのことを何人か調べていたことは分かっていたけれど、こういう形で、これだけ多くの人が調べられて、個人別のデータファイルが作られていたとは気がつかなかった。

フランスで逮捕された時に、ブリュギエール予審判事に何人かの顔写真を見せられて「この人知っていますか？」と聞かれた。ブリュギエールが日本に来たときには、何人かに会って話を聞いたみたいです。フランスでブリュギエールが「デュモン事件」のことで調べていたのは、リオネル・デュモンと私のことだけでした。

どうして日本の警察はこんな捜査をやっていたのか？　イスラム教徒を監視するため？（「ムスリム２世世代の把握について」という文書には）学校に行っている子どものことまで書いてある。豚肉を食べないとか、断食をするとか、そういう調査もしている。子どもが大きくなったらテロリストになるとでも考えているの？　調べること自体おかしい。イスラム教徒をいじめているだけ。とてもテロ捜査とは思えない。

――お子さんは、デュモン事件のことや、今回の情報流出のことは知っていますか？

Ｄさん　フランスから帰って来れなくなった時、あまり説明はしなかったけど、子どもは大体分かっていた。皆、心配していたけれど、娘が一番心配していた。「もしパパが帰国できなくなったらどうするの？」って。長男は高校受験だったし、経済的にも大変でした。モスクの友だちが家族のことをいろいろ助けてくれました。私は、ほとんど毎日、フランスやアルジェリアから日本に電話していた。日本に帰ってきたとき、子どもたちは意外と平気でした。

Ｄさんの妻　むしろ私の親が心配していました。私と子どもは事故だと思ってあまり考えないようにしていました。

Ｄさん　日本に帰って、子どもの作文読んだ時、私のことを書いていた。お父さんがイスラム教徒で警察が調べているとか、以前、モスクや仕事で知り合いだった人のことを、フランスや日本の警察がいろいろ調べているとか。「情報流出」のことは、テレビや新聞でも大きく出たから、子どもたちに、あなたたちのことも警察は調べているよ、と言いました。

夫婦で学校に行き、校長先生に事情を話して、本当に警察が小学校に調べに来たのかどうか聞きました。校長先生は「日本の憲法には信教の自由がある。もし警察が学校に来ても、ちゃんとした説明がなければ話さない。何か警察の動きがあれば連絡します」と言ってくれました。

Dさんの妻　子どもたちが通っている小学校や中学校は、宗教や国籍について大変理解があるんですよ。イスラム教徒の子どもも他に2、3人いるし、外国人の先生や、フィリピンやパキスタン、中国人の子どももいます。夫も学校に呼ばれて話に行きました。給食でも、栄養士さんが献立表に赤線を入れて「肉食の時はお弁当をもってきて下さい」と言ってくれます。中学校はもっと進んでいて、お弁当は月に2回ぐらいで済んでいます。イスラム教の子どもたちのことだけでなく、アレルギーの子どもの除去食のことも考えてくれています。子どもが学校にお弁当をもって行った時に、クラスの子どもたちに先生が説明してくれました。宗教上の理由で、除去食が何人いるのかということは、学校から教育委員会にも報告しないといけないようですが、警察はそんなこともチェックしているんですね。学校はとても理解があるのに、警察にとっては除去食の子どももテロリスト予備軍なんですかね？

――警察や公安の人は、今でもよく来ますか？

Dさん　昨年（2010年）までは、公安調査庁の人が毎週のように家に来ていました。

昨年の夏に、アルジェリアやフランスに行った時は、帰りに公安の人が成田空港に迎えにきていました。警察に電話したら「うちじゃない」と言っていました。

今年1月には、知らない車が家のすぐ側まで来て、夜までずっと路上駐車していたのを、妻と子どもが気がついた。人が乗っていて、こちらの方をじっと観察していたみたい。

3月11日の地震のすぐ後に警察から「大丈夫ですか？」と電話があった。「原発のことは心配しなくても大丈夫」と言っていました。警察からの電話は今までも時々かかってきていました。　数日後、警察が玄関のブザーも鳴らさずにいきなりドアを開けて、「大丈夫ですか？」と言って入って来た。「国に帰らないのですか？」だって。「帰りません」とだけ答えて帰ってもらいました。私の帰国後、自宅に警察が直接来たのは初めてでした。

その次の日の夜、近くのモスクに子どもと一緒に行ったら、地元警察の外事課の人と、前日家に来た警察の人がモスクに来ていました。モスクでは、被災地のために募金を集めたり、お祈りをしました。お祈りが終わったら、警察の人が前に出てきて、「地震のことで何か分からないことがあれば質問して下さい。計画停電でロウソクを使う時は注意して下さい。是非、被災地の人のためにも祈って下さい」だって。モスクでご飯を一緒に食べました。

――Ｄさんがフランスで逮捕され日本に帰国できなくなって、友だちは皆とても心配していたと思います。そして今度は、公安テロ情報の流出で、皆さんの個人情報が出てしまいました。友だちとは、今回の警察の情報流出や、第三書館の本の出版のことで、どんなことを話していますか？

Ｄさん　情報流出や本のことは、友だちともほとんど話しません。（09年２月に）アルジェリアから日本に帰国した時も、私の電話に出ない友だちが結構いた。やっぱり怖いんだよ。もし私としゃべったら捕まってしまうかもしれない。外国で逮捕されて、私のように「日本に帰れなくなってしまうかもしれない」という心配があると思います。警察の流出データや第三書館の本には、詳しい個人情報が写真付きで出ているし、英語のデータもある。もしフランスの治安機関「国土監視局（DST）」が個人情報のデータを持っていたら、その人を逮捕するかもしれません。

私のことは、フランス政府もアルジェリア政府も日本政府も、全てのことを知っているから、今はほとんど心配していない。もし捕まっても事情を話せば大丈夫。しかし他の外国に行ったらどうなるのかまだ分からない。今回個人情報が流出した人の中には、私が知らない人も多いけれど、その人たちはとても心配していると思います。

Ｄさんの妻　第三書館の本の出版のことも許せないです。警察の情報がインターネットに流出した時は、最近同じような事件が続いているので、あまり驚きはしなかった。最初、流出情報の内容は分かりませんでしたが、私たち夫婦のことも出ていると知って、驚きました。でも出てしまった情報は、もうどうにもならないと思った。尖閣ビデオやウィキリークスの時のように、誰が何のためにやった、ということは突止められないだろうと、その時点では諦めたわけですよ。

うちとしては、今まで十分に泥をかぶってきたわけだし、ここで改めてデータが出たぐらいで気持ちが揺らぐようなものではありませんでした。腹が座っている感じだったから。

でも、それをそのまま活字にしたほうがびっくりした。人としてどういう神経をしているんだと思った。だって、本にしたほうが残るじゃないですか？ありえない、許せないですね。細かい個人情報まで出ているのに、そのまま本にして出すという神経が全く分からないですね。許せない。

――これから始まる裁判などで、どんなことをはっきりさせたいですか？

Dさんの妻　原告に入っていない人の中には、お金が払えないとか、これ以上波風を立てたくないという人もいます。第三書館の本の差し止めのこともありますが、2004年に降り掛かってきた出来事のせいで、私や家族に植え付けられた公的機関に対する不信感はもう拭えないですね。私も以前は、呑気に「正義だ」と信じていた警察ですが、完全に裏切られた感じです。せめて、子どもたちが差別されずに安心して暮らしていける社会になればと思います。

Dさん　フランスでやることがいっぱい残っているけど、日本の警察の責任もはっきりさせたい。日本に帰って来た時「何でこんなことになったのですか？」と群馬県警に聞いたら、「日本の警察はフランスのことは全然関係ない。中古車の仮ナンバーのことだけしか調べてない」と言っていた。「じゃあ、何で日本の警察はフランスまで来た？　フランスの捜査と関係があるんじゃないですか？」と聞いたら、笑って答えなかった。

2004年から今まで、何の説明も聞いていない。真実を聞きたい。2004年には、新聞もテレビもあれだけ大騒ぎしていたのに、その後は表では何もない。警察は隠れて捜査して、イスラム教徒を逮捕している。何か変だよ。私だけじゃない、まず皆、警察の説明を聞きたい。真実を話して、日本に住んでいる外国人やイスラム教徒がテロとは関係なかったと、謝罪しないと駄目だよ。

私だけでなく、妻や子ども、妻の親の家族にも、友達にも、皆に迷惑かけたんだよ。アルジェリアの家族もフランスの妹の家族もこの６年以上、ずっと大変だった。フランスから出られなくなった時、アルジェリアに電話するとお母さんいつも泣いていたよ。日本に帰って来ることができて一応安心したけど、「まだどうなるか分からない」って故郷の家族はとても心配している。今回の情報流出の件は故郷の両親にはまだ説明していない。これ以上、心配させたくないから。

今までのデュモンの事件のこと、日本の警察とフランスの捜査との関係、ムスリムをターゲットにした差別的な捜査のこと、真実を皆に説明して、記者会見も開いて、「今までの捜査は間違いでした」と謝れば、私の気持ちも少し楽になると思います。そうしたら、私も故郷の家族に「日本の警察が私の無罪を認めました」と報告できます。

今のままでは、私たちのことを知らない人は「日本にもイスラム教徒のテロリストがいる」と思ってしまう。だから、私たちだけではなく、日本国民に対してちゃんと説明して、謝って欲しい。そうしないと、ひげを伸ばしている人とか、モスク行っている人とか、「もしかしたらテロリスト？」と思われてしまうじゃない？　日本に住んでいる人に、イスラム教のこともちゃんと理解してもらいたい。今の日本のテレビや新聞だけだと、真実が分からない。ヴァーチャルではなく、私たちの本当のことを分かってほしい。

日本のムスリムとその課題

前野直樹（イスラミック・サークル・オブ・ジャパン日本人部代表）

はじめに

未知なるものを恐れる、これは我々人間の習性である。少しでも知ろうと努めるだけで恐怖は消え失せ、むしろ世界観が広がるにもかかわらず、何かしらきっかけがないとなかなかその小さなステップが踏めない。これもまた我々日本人の日常である。本稿では、公安テロ捜査情報流出事件をきっかけとして、「知らないがゆえに」無用な恐れを抱く対象ともなっているイスラーム教徒を紹介したい。あえて外国人ではなく、読者と同じ日本人である筆者がイスラーム教徒としての立場からお伝えする生の声が多少なりとも誤解や偏見を取り除く一助となれば幸いである。

1．イスラーム教徒とは誰か

イスラーム教徒は、恐ろしいテロリストでもなければ理解不能な宇宙人でもない。アラビア語で「服従する人、帰依する人」を意味する「ムスリム」という正式名称が示すとおり、ただただ純朴に自らを神とその教えに委ねる人であり、血も涙も通った人間である。ムスリムが大切にするもの、それは愛と信仰、家族と社会の安寧、相互扶助と社会正義といった単純でわかりやすいものばかりだ。逆にむしろそうでなければ、世界約15億の人たちがついてこられるわけがない。

日本で生活しているかぎりは、かぎりなく「珍しい人」でしかないムスリムも、今や世界では４人に１人がムスリムである。残念ながら必ずしも皆が皆ムスリムとしての自覚を持ち、ムスリムらしい言動をしているわけではないものの、イスラームへの愛着と帰属意識はほとんど皆に見てとれる。欧米発のメディアやそれをそのまま流すことの多い日本のメディアでは物騒なイメージで映されることの多いムスリムだが、実際は強い家族の絆に結ばれ、男は男らしく、女は女らしく、子どもは子どもらしい自然な人間味に溢れる人たちである。

彼らの信じるイスラームという教えは至って簡単だ。「あなたにのみ私たちは崇め仕え、あなたにのみ私たちは助けを求めます」（クルアーン第１章第５節）とひたすら全知全能なる唯一の神のみを頼みとして、ほかの何ものをも恐れず、ほかの何にもとらわれない、クールでアツい真の自由人としての生き方、それを提示する教えがイスラームである。

２．日本とイスラーム

多くの日本人がイスラームに抱くイメージのひとつに「外国人の宗教」といったものがある。耳目から得る印象では、そう思われても致し方ないだろう。しかしながら日本人の中にもれっきとしたムスリムはいるし、日本とイスラームの関係も少なくとも120年以上はある[1]。詳細は専門書にゆずるとして、両者関係の象徴的な出来事を筆者の独断でいくつか挙げるとすれば、それは1890年９月の和歌山県串本町沖で起きたエルトゥールル号遭難事件であり、1952年の日本ムスリム協会設立であり、1991年の埼玉県春日部市一ノ割（いちのわり）マスジド開堂などである。

エルトゥールル号遭難事件は後に日本とトルコの友好関係の出発点として長く評価され、1985年のイラン・イラク戦争時にはトルコ航空が窮地の邦人を助けてくれるという「トルコ人の恩返し」美談の元になっている。

日本ムスリム協会は数ある在日イスラーム団体の中では唯一日本人ムスリムが主流メンバーとなっている宗教法人である。

一ノ割マスジドが特記されるのは、それ以前の神戸モスク（1935年設立）が裕福な貿易商、東京モスク（1938年設立[2]）が当時対イスラーム宣撫政策を国策としていた日本側の寄付によって建設されたのと異なり、一般ムスリム間の地道な募金活動が実って建設された初めての礼拝所だからである。その後日本国内のムスリムたち（主に出稼ぎ労働者や留学生）は自信をつけ、各地で積極的にマスジド建設を展開するようになり、現在その数は60強に上る。

かつてのバブル経済期に来日したムスリムをはじめ、1980年代後半から在日ムスリムの数は増大し、多くは日本人と国際結婚をして長期滞在者または永住者となった。その数およそ10万人とされ、日本人ムスリムはそのうちの１割・

1万人とされる。

無論、表（おもて）（ムスリム同士の交流の場）には出てこない日本人ムスリムも少なくない。パキスタン出身のムスリムと国際結婚した日本人のほとんどが女性であるのに比べ、インドネシア出身のムスリムとの国際結婚は日本の男女双方に相当数見られるが、夫たる日本人男性[3)]の多くはイスラーム信徒としてよりも親族づきあいとしての日本・インドネシア交流に留まっているようである。

ムスリムにとっての地域コミュニティセンターにも相当するマスジドの増加と日本人の伴侶としてのムスリムの増加、国策を受けてのムスリム留学生の増加を得て、日本でのムスリムの存在感は半世紀前とは比べ物にならないほど大きくはなっている。しかしまだ筆者の印象ではそうした存在感は実際の関係者や国際交流など特別な興味関心を持つ一部の日本人の間にしか広がってはいない。誇張気味に言えば、日本での「外国空間」は増えたが、日本社会や一般の日本人とのつながりはまだまだ不十分である。

ところがここにきて、改善の兆しがうっすらと見えてきた。2011年３月11日の東日本大震災と津波の被災者支援活動に、日本各地、世界各地のムスリムが動き始めたからである。持前のボランティア精神を発揮する時を得た今、前線で支援活動に励むのがほとんど外国出身のムスリムである現実は[4)]、日本出身のムスリムである筆者自身にとって恥ずかしいばかりだが、当初は「パキスタ

東京ジャーミイ＆トルコ文化センター

ン」、「バングラデシュ」などの国名ばかりが挙げられていた報道にも、「イスラム教徒」という見出しが散見されるようにもなってきた。「人ひとりの命を救う者は、全人類の命を救ったに等しい」（クルアーン第５章32節）と宗教の別を問わず全人類の救済を目指すイスラームとその信徒たちが、少なくとも被災地で直接触れ合う日本人に見直されているだろうことは想像に難くない。無論、その場限りの支援活動では自己満足に過ぎないのはムスリムも承知している。被災者へのお見舞いと被災地の復興を祈りつつ、大勢のボランティア有志の一員たるムスリムたちの継続的な支援活動を期待したい。きっとそれは、「日本とイスラーム」、「日本人とムスリム」の結び目として両者を幸福にするつながりを広げていくだろう。

３．日本で暮らすムスリムが直面している問題と今後の課題

2010年３月７日（日）、早稲田大学で第2回モスク代表者会議（早稲田大学人間科学学術院アジア社会論研究室主催）が開催された。「日本におけるムスリム・ネットワークと日本人ムスリム」というテーマのもと、筆者も発表者の１人として同席した同会議は北海道、千葉、東京、神奈川、愛知、徳島、愛媛から集まった各地域のマスジドやイスラーム団体の代表者が在日ムスリムの課題について認識を共有し合う機会となり、そこでは主に以下４つの課題が挙げられた。

Ⅰ. 誤解と偏見／Ⅱ. 食べ物／Ⅲ. 墓地／Ⅳ. 教育

以下、それらが何を意味しているのか、個別に考察することとしよう。

Ⅰ. 誤解と偏見

筆者は、18歳のころに仏教からイスラームに改宗した。かつてイスラームを外から見ていたころの印象を思い起こしてみても、改宗後にイスラームの身内として一般の日本人が抱くイスラームのイメージを推し量ってみても、それがネガティブなものであることに変わりはない。とかくイスラームに関しては敵意に満ちた映し方をする欧米のメディアを転送するだけの日本のメディア情報を鵜呑みにすることによる真っ黒なイメージか、イスラームになど関心もないからまったく知らないといった真っ白なイメージの両極端に分かれるようであ

る。加えて未知なるものへの恐れが高じて誤解は増大し、ムスリムとじかに接点を持たないことで偏見は深くなる。

この誤解と偏見は、実にやっかいな代物だ。それさえなければお互い友人となり、親友となって幸せな関係を築くことも容易なはずが、それがあるばかりによく知りもしないうちから仮想敵となり、不幸かつ不毛な関係しかもたらさないからである。後述する「食べ物の課題」、「墓地の課題」に共通した根本的な問題がこの誤解と偏見でもある。

自らの体内に取り入れるものに気を遣う理由が、アレルギーなどの病気なら自然に受け入れられるものの、信仰なら拒絶または嫌悪感を示されるという現実……。

大地の恩恵を受けて生きてきた人間を、死に際して丁重な洗浄の上白布に包んで土に返すことで弔おうとすることが、不衛生で故人をバカにした葬儀とみなされてしまう傾向……。

前者は子どもたちの学校給食問題、後者は墓地建設住民反対に象徴される具体的な課題である。その解決には、地域住民の理解と協力が不可欠であり、それを得るためにも、在日ムスリム自らが積極的な働きかけをしてゆかねばならないだろう。

Ⅱ. 食べ物

「日本に来て困るのは、何にでも豚が混ざっていて、何を食べていいかわからないことだ」……海外から日本を訪れたムスリムの多くが口にする言葉である。日本語がわからなければ、原材料も判別できない。食品用化学薬品などは疑わしいから避けたほうがよい等々、海外出身の在日ムスリムが安心して口にできる食べ物を確保しようとすると一苦労なことから、この課題が挙げられる。特に在日ムスリム家庭の中でも２世が成長するにつれ、学校給食の問題などは、「食」の課題改善を各家庭から地域レベルで模索する必要性を認識させるきっかけとなった。そもそも「禁忌」の観念がほとんどなくなってきている現代の日本人にはわかり辛い「ハラール（許されたもの）」と「ハラーム（禁じられたもの）」の解説など、学校教師らを巻き込んでの理解を促す働きかけが目標となろう。

イスラーム法が説く食物規定の基本は、「すべて許されている」というと、驚かれるだろうか。いや、事実そうなのである。イスラームではあれもこれも禁じられているといったイメージが先行しがちだが、実は禁じられているものはむしろ例外であって数限られたものである。食物のみならずおよそ世の中のものは、禁止の典拠がない以上すべて認可されており、合法なのである。豚肉以外の鶏肉や牛肉、羊肉といった食肉についても、「出所のわからない肉については信徒各人が神の御名を唱えて食べるがよい」との預言者ムハンマドの伝承を典拠とし、特別な処理をしたハラールミートでなくともよいとされる。しかしながらそこはより安全なものを好むのが人情であり、20世紀も後半になって編み出されたハラール・ビジネスはそうした人情によるニーズを捉えた新しいビジネスモデルといえよう。

マレーシアが国策として推進するハラール・ビジネスは、近年日本にもその裾野が開拓され始めているようであるが、筆者はむしろその類のビジネスがイスラーム的にはビドア（逸脱行為）として非難されるべきものであると注意を促したい。事実イスラーム史上、20世紀後半になるまではどのムスリム諸国においてもハラール認証などというものがビジネスとして取引されることはなかった。流通や化学精製技術が発達し、何が原材料となっているか判別しにくくなったものが行き来するようになった昨今、ムスリムに食の安全と安心を提供するためだけの便宜としてハラール認証マークを利用することは大いに結構である。しかしそうであるならば、格安の手数料のみに留められる慈善事業とされるべきであろう。ハラール認証をビジネスとして利益を貪り、市場独占や権威化を図ることが許されたこととは到底思えない。神の与えたガイドラインのほかに、何がハラール（許されているもの）で、何がハラーム（禁じられているもの）かを断じることは人間として完全な越権行為であり、唯一の神とその使徒のほか権威を認めないイスラームでは、手放しに歓迎してよいものでは決してないからである。

したがって在日ムスリムの今後の食の課題を考えるとき、イスラームの食の概念を啓蒙することに加え、ムスリム自身がそれを誤解しないこと、日本人が国際ビジネスを展開する上で詭弁を弄したイスラーム金融と同じようにイスラーム的な名前だけ冠したまがい物に便乗しないことが肝要であろう。誤解が誤解を生み、嘘の上塗りが横行しないためにも、である。

Ⅲ. 墓地

近現代の日本では葬儀といえば「火葬」が一般的だが、昭和の初期までは日本でもむしろ「土葬」が主流であった。それだけに現在見聞きする土葬への嫌悪感には驚かざるを得ない。いくら衛生面で火葬が奨励されようとも、歴史的にも、世界的にも人間の葬儀は土葬が一般的であり、つい先ほどまで息をしていた、愛する家族を燃やしてしまうほうがかえって惨いと筆者には感じられる[5)]のだが、被災地などで火葬ができず悔し涙を流しながら仕方がなく土葬する遺族も少なくないという。日本古来の死への穢れの念が根強く生きているからだろうか。しかしながら日本古来の神道も葬儀は土葬で行うとのこと。いずれにしても「30年で社会の価値観は変わる」と言われるように、現代日本人の葬儀観はかくも極端に火葬至上主義に変わってしまったようである。

一方イスラームでは、儒教やユダヤ教、キリスト教ら世界の諸宗教と同じように土葬でもって死者を手厚く葬ることを礼儀とする。いやもっと言えば、土葬以外は故人への冒瀆であり、ましてや火葬は地獄の業火という懲罰を神ならぬ人が与え、遺族の手によって責め苦を与えるなどは言語道断と厳しくこれを禁じている。

こうした価値観と認識の違いに加えてイスラーム教徒イコール見知らぬ外国人で髭面のコワい人たちという偏見が重なって、墓地の確保はかねてより在日ムスリムにとって頭痛の種であった。これまでには、山梨県甲州市塩山に宗教法人日本ムスリム協会[6)]が限られた墓地を、北海道余市郡余市町に宗教法人北海道イスラミック・ソサエティが永代使用権を購入し得たのみであったが、最近になって静岡県静岡市伊佐布に宗教法人イスラミックセンター・ジャパンが4万8500平米の広大な墓地区画をムスリム向けに販売する協約を取り付けたようである[7)]。したがって当分の間はムスリムが墓地の確保に困ることはなさそうだが、中・長期的に見た場合のリスク回避はなお課題としてあり続けよう。それもそのはず、これまで在日ムスリムが得てきた墓地はあくまでも永代使用権や限定的な所有権であり、各地の土葬可能墓地全体の所有者かつ管理人になったわけではないからである。新規開発地の伊佐布の場合も顧客の立場でしかない以上、霊園経営が頓挫したときには墓地を守り得る保障すらない。塩山の場合に至っては、墓地全体の管理所有者である住職が、「日本ムスリム協会会員以外のイスラーム教徒で埋葬を希望する人には、その遺族にうちの檀家になってもらわないと困る」と言っていたのには、思わず閉口してしまった。ムスリムの遺族はムスリムである。あり得ない話の展開が平然となされる日本の常識に、ムスリムとの相互理解の道のりの険しさを感じた。

これまでにも、幾つもの在日イスラーム団体が墓地の所有権獲得を目指して苦労を重ねてきたが、土地の購入、地方自治体の土葬許可取得を経てあと一歩のところで周辺区域住民の反対にあって断念せざるを得なかったという。イスラームという教えそのものとその信奉者たるムスリムへの誤解解消、偏見打開がやはり根本的な改善には欠かせないといえよう。

Ⅳ. 教育

在日ムスリムの抱える最大の課題、それは教育問題であるといっても過言ではない。親世代が海外出身であれば事実上の異邦人として、あるいは日本出身であってもイスラームに則って生きる選択をしたことから心情的な異邦人としてある種の寂しさや心細さと闘いながら同化力の強い日本社会で暮らす中、気がついたら自分の子どもたちが異教徒同然になっていたと悲鳴をあげるのも、珍しいことではないからである。家族離散や信仰の上での家庭崩壊を防ぐためにも、かつまた日本での絶対的な少数派として山積みされた課題の解決には長期的な取り組みが不可欠ゆえに日本のムスリム・コミュニティ全体の展望をつないでゆくためにも、教育問題の改善・解決は最重要課題なのだ。

先日筆者は、東日本大震災と津波の被災者支援活動のために来日したイギリス人３名と対面した。うち２人はパキスタン系２世ムスリム、１人はアフリカ系クリスチャンで、２名のムスリムのうち１人がアルハイル基金というイスラーム慈善団体の設立者であった[8)]。３人とも同基金のボランティアとして、イスラミック・サークル・オブ・ジャパン[9)]という在日イスラーム団体の協力を得て日本の被災者の力になりたいと来日したのである。年齢にすると40代後半から50代前半の彼らを見て思ったのは、英国をはじめムスリムがマイノリティの地域でも、欧米諸国ではすでにムスリム移民またはネイティブの２世らがそれぞれの地域社会と深く係わって活躍しているということである。比べて日本では、その年齢に達するムスリムの２世が皆無ではないとはいえ、絶対数が限りなく少なかった。だが今は10代かつそれ以下の２世が何千という数で成長している。問題はその子どもたちが成人したときに、この日本に居場所を、活躍の場を見出し得るか否かだ。それには日本語を母語とする、または母語なみに操る在日ムスリムのロールモデルが１人でも多く必要であることに加え、ムスリム子弟が比較的多い小・中学校ではパイロット校としてイスラーム理解を重視した対応をするなど、地域行政レベルでも積極的な支援が期待されよう。ひいてはそれが、多様化社会を目指す日本の将来に幸福をもたらすことにつながるからである。

週末学校で子どもたちと…（写真提供：佐藤兼永）

結びにかえて

多文化共生、多様性共存が尊ばれるようになった今日、現在では世界の４分の１、2025年ごろには３分の１を占めるようになると言われるムスリムとその宗教イスラームの理解は、我々日本人にとっても必要不可欠の教養である。欧米諸国をロールモデルとして久しい日本の官民が、とりわけ公職にある人が見習うべき文化摩擦予防策、ヘイトクライム予防策を挙げるとすれば、例えば各地域の学校教師や警察官が偏見打開と多文化教養を高めるために各地のイスラーム団体などでの定期的なイスラーム理解講座を履修することなどが考えられよう。聞くと見る、読むと見るでは大きく違う。姑息な協力者作りや不毛な尾行など、国民の血税を無駄遣いすることだけは断じて戒めるべきであろう。時は今、古くて新しいイスラームを学び知ることで、日本と日本人はきっと新しいモノの見方を手に入れることができる。公安テロ捜査情報流出事件の人災に教訓を見出し得るとすれば、それは我々日本人が他国の奴隷状態から脱する価値観変革の基ともなり得るイスラームへの無知・無関心を改めることにあるのである。

【参考文献】

●浜中彰『統計から見た日本のイスラーム』サウジアラビア大使館文化部編集『日本に生きるイスラーム－過去・現在・未来－』収録、2010年

●"*Islam in Japan*" by Ahmad Maeno 2011, Sacred Knowledge HP, http://sacredknowledge.co.uk/miscellaneous/306-shaykh-ahmad-maeno-islam-in-japan

●店田廣文・岡井宏文編『全国モスク代表者会議Ⅱ－第２回会議の記録　2010年３月７日－』早稲田大学人間科学学術院アジア社会論研究室、2010年

1）筆者の知り得た新説では、日本人最初のムスリムは1603年にインドのゴア在住ポルトガル人からポルトガル王に宛てられた書簡に日本人が奴隷売買の末回教徒になっているという記録があることから、それ以前からいた模様というものである。これは1891年アブドルハリーム野田の入信が日本人で初めてのイスラーム入信というこれまでの定説を覆すものといえるが、具体的にどんな人物が当時いて、どのような影響を与えたかまでは定かではない。『日本と湾岸地域　歴史の視点から』著/保坂修司、アラブ首長国連邦協会報『UAE』No.49、2011 Winter収録参照。

2）正式には、東京回教学院。その後老朽化のため1984年に閉鎖。1986年に取り壊された後はトルコ政府に再建が委託され、2000年に東京ジャーミイ・トルコ文化センターとして開会。

3）イスラーム法上、家庭円満と子どもの養育考慮からムスリム女性が結婚してよいのはムスリム男性のみとされるため、少なくとも形の上ではムスリムになっているはずの男性が外国出身のムスリム女性で日本人男性と結婚した人の数だけいる。

4）無論、表に出てくる人たちばかりが支援活動に励んでいるのではない。裏方では、日本出身のムスリム女性がおにぎりを握ったりなどの後方支援をしているのも事実である。被災者支援活動にいち早く動き出した在日イスラーム団体には、大塚マスジド、イスラミック・サークル・オブ・ジャパンなどがある。

5）これは推測ではなく、筆者自身が父方の祖父を亡くした際に参列した葬儀場での実感である。

6）「日本のイスラム教徒永眠の地は　土葬の墓、住民ら反発」2010年10月18日付朝日新聞 http://www.asahi.com/national/update/1017/TKY201010170288_01.html

7）http://islam.co.jp/index2.html　メモリアル伊佐布イスラーム墓地　清水霊園ホームページ

8）http://www.alkhair.org/　アルハイル基金ホームページ

9）http://www.icoj.org/jp/　イスラミック・サークル・オブ・ジャパン・ホームページ

コラム　被害者の証言３（Ｙさん／北アフリカ出身／妻日本人）

はじめに

Ｙさんに初めて会ったのは、警視庁の情報流出が発覚した数日後、共通の知人であるＤさん（第Ⅰ章「デュモン事件」と「公安テロ情報流出問題」内証言者）を介してだった。Ｄさんから「大けがをしているのに別件逮捕されて、今、とても苦しんでいる友だちがいる」と紹介された。当時は、まだ弁護団も結成されておらず、個人情報を流出された「被害者」たちは相談先も見つからず、困り果てていた。数回に渡って、Ｙさんと、Ｙさんの体調を隣で優しく気遣う奥さんにお話を伺った。

■モスクは安らぎの場所

Ｙさん：　1999年に結婚して来日しました。日本のことはまったく知らず、日本語もできませんでした。仕事はすぐに見つかり、レストランで働き始めました。周りは日本人ばかりでした。働きながら一生懸命に日本語を勉強しました。

最初の半年ぐらいは、毎日、家から仕事に通うだけでした。道を覚えるのも大変。見た目全部一緒、いつも迷子になりそうだった。休みの時たまに妻と国内旅行をするのが一番の楽しみでした。

約１年半で職場を代わりレストランなどで働きました。週末も仕事だった。１カ月に１回程度、金曜日に仕事を休んで、東京のモスクに通い始めました。

礼拝が終わって、喫茶店でコーヒーを飲んで、電車に乗ってまっすぐ家に帰るだけでした。人に会っても自己紹介や挨拶をするぐらい。仕事の話もあまりしなかった。それでも１カ月間のストレスを発散することはできました。同じアラビア語でも、エジプトやサウジアラビアのアラビア語と、僕たちのアラビア語は少し違う。それで笑われたりするけど、同じ国の友だちにも会える。モスクに行くと心が落ち着きました。

2004年ぐらいから、知らない日本人が時々モスクに来ていたけど、あまり気にはしませんでした。礼拝が終わって何人かで喫茶店に行った後や、友だちの家に行く時に、モスクに来ていた日本人の男が、電車の中まで付いてきたこともありました。その時は警察かどうか分からなかった。

——仕事に明け暮れる日々を過ごし、日本での生活に慣れてきた2005年のある日、Ｙさんは仕事中に大怪我を負い、左手全体が動かなくなってしまった。労災認定されたが重度の障害が残り、入退院を繰り返す辛い療養生活が始まった。

■不審な車

Ｙさんの妻：　私たち夫婦の生活が、警察によってズタズタにされてしまったのは突然のことでした。

2007年秋、ラマダン中の日曜日のことでした。私たちは友人を自宅に招待し、夕食を共にするのを楽しみにしていました。食材を準備するために夫が近所に買い出しに行こうとした時、不審な自動車が自宅アパートの近くに止まり、中からじっと見ている男がいることに気がつきました。

実はその１カ月前にも、家の周りで怪しい男がうろうろして、追いかけたら逃げ出したことがあったのです。

逃げ出した男を夫と一緒に追いかけて、路上でもみ合いになりました。相手のカバンの中に身分証のようなものが見えたので、見せるように言いましたが、男は殴りかかるように抵抗して出しませんでした。私は110番通報し、警官がやってきました。通行人が「どうしたんですか？」と私たちに声をかけてきました。ところが、私たちが追いかけた男が警官に耳打ちすると警官の態度が急に変わりました。そのうち人や車が集まってきて、次々に男に「どうしたの？　大丈夫？」と耳打ちしたり私たちの周りでひそひそ話が始まりました。その中には、私たちに声をかけてきた「通行人」もいました。

「あなたたちグルですか？」と聞いたけど、無視されました。そのうちパトカーがやってきました。「あなたたち、少し待って。後で警察署に行きましょう」と警官に言われ、パトカーに私たち２人とも乗せられて、地元の警察署に連れていかれました。

私たちは１時間以上待たされて、取り調べ室のような部屋に連れていかれました。そこに入ってきたのは、警察署の刑事とさきほどの「通行人」でした。

「通行人」の男から警視庁の手帳を見せられました。「家の周りをウロウロしていた男は誰ですか？　何で警察手帳も見せないで逃げたのですか？」と私たちは怒りました。すると「実は、近所で事件の捜査中でした。新人の部下だったので、慣れていなくてごめんなさい」と謝られました。「私たちをマークしていたのですか？」と問い詰めると、「いいえ、違います」と警視庁の刑事は答えました。

――「何で地元の県警でなくて警視庁の刑事だったのか？　そんなに大きな事件が近所であったのか？」。そのような不可解な出来事があったので、その１カ月後、不審な車が自宅近くに止まっていたことに、Ｙさんはすぐに気がついた。

■身に覚えのない逮捕

Ｙさんの妻：　自宅近所で夫が不審な車を見かけてから２日後でした。火曜日の朝７時半頃、まだ就寝中にいきなり十数人の警察官や刑事が自宅に踏み込んできました。私たちはまったく身に覚えがありませんでした。

アパートを取り囲むように車が５、６台ぐらい来ていました。家宅捜索の令状を見せられました。何のことか全然分からなかったけれど、夫は「どうぞ、どうぞ」と自宅に上げました。パソコンを持っていかれました。夫がカメラからメモリーを取り出して刑事に中身を見せました。隠すものは何もなかったからです。捜査官は、コーランやイスラム関係の本、モスクでもらったイスラム入門書、家庭の医学なども見ていました。手帳や預金通帳なども押収していきました。衣類棚の中も調べられました。

突然、私は部屋の片隅に呼ばれて、捜査官に「これだから」と言われました。「えっ？　これって何ですか？」「旦那さん、ここで働いていたでしょ？」。

それでも何のことだかさっぱり分かりませんでした。大けがをしている夫に手錠をかけようとしたので「かけないで！」と叫びましたが、無理矢理かけて、私の目の前で夫を連れて行ってしまいました。

突然のことでびっくりしました。でもその頃、同じような目に遭った友人の話を夫がモスクで聞いてきたことがありました。身に覚えがないのに、イスラム教徒の友人が突然警察に連れていかれて事情聴取されたり、家宅捜索に入られていろいろなものを押収されたことがあったらしい。だけど、その人はその日のうちに家に帰ることができたそうです。最初は「そんなことかな？　夫もすぐに帰ってくるだろう」と思いました。

Ｙさん：　警察の車の中でいろいろ調べられました。その都度「これが私のバイクと自転車」などと窓の外を指差しました。「今やっていること、全部悪い冗談」と悪い夢を見ている気持ちでした。

その２カ月ぐらい前（2007年夏頃）から、モスクの周りを私服警官がウロウロしていました。しかしその時は、警察ではなく、派遣会社か労災関係の人が何か調べに来ているのかと思いました。私は悪いことは何もしていない。逮捕されて初めて、モスクに来ていたのが警察だと分かりました。

■公安警察の「事件化」工作

流出した「公安テロ情報」の個人情報台帳の中には「事件化」の項目がある。その中には2005年から2008年にかけて、「不法残留幇助」「資格外活動幇助」などの入管法違反容疑で逮捕し、家宅捜索を行った経緯が書かれている。主な押収品目はパソコンや手帳や携帯電話の番号など。事情聴取の内容は逮捕した容疑事実ではなく、モスクや仕事で知り合ったイスラム教徒同士の交友関係が中心だ。

特に2003年暮れにドイツで逮捕され、「アルカイダのメンバー」とされた、リオネル・デュモン容疑者（当時）が、02年から03年にかけて４回に渡って偽造旅券を使って来日・滞在したとして、日本での滞在時の交友関係が、主に聴取されている（第Ⅰ章「デュモン事件」と「公安テロ情報流出問題」）。つまり、デュモン容疑者を中心にした「日本のアルカイダのネットワーク」を解明するという名目で、別件での逮捕が相次いだのだ。もちろんこの中に、「テロリスト」の容疑で検察に立件されたケースはひとつもない。在日ムスリムの交友関係を悪用して、友人・知人同士を疑心案疑にさせ、相互不信を煽る形で次々に「事件化」していったのだ。

Ｙさんが「事件化」された容疑は「休業補償の不正受給」。つまり、労災の休業補償受給期間中に、一時期アルバイト感覚で働いてしまったことで逮捕されてしまったのだ。

■違法な取り調べ

Ｙさんは、自宅から遠く離れた東京都内の警察署に連行された。取り調べで最初に尋問されたのは、「あなたはシーア派？　スンニ派？」だったという。通訳もつかず、黙秘権の説明もなかった。

Ｙさん：　薬ももらえず、病院にも連れて行ってもらえませんでした。逮捕された火曜日は病院に行く日だったけど、担当刑事に「答えれば病院に連れて行く」と言われました。ストーリーを最初から作っていた。朝起きて、駅まで歩いて、キャッシュカードでお金を下ろしてポケットに入れて、切符買って電車に乗って、そんなことまで細かく聞かれた。大きなファイルや地図を用意していて、指をさして「ここを歩いて銀行に行くの？」とか。その後は、ムスリムの友だちのことや労災の話を交互に聞かれました。

「もし日本で爆弾テロを起こしたら、あなたの家族は大変なことになるよ」ということまで刑事は言いました。これは拷問です。「あなたたち、クレージー」と思った。こんなことを繰り返し聞かれました。

朝から取り調べが始まって昼まで、そのあとも夕方５時まで。１日中、毎日８時間、そんな取り調べが何日間も続いた。病気だったし、体調は悪くなるし、気が狂いそうだった。部屋の窓をあけて飛び降りようかとも考えた。４人が交代で取り調べを続けた。通訳もつかなかったし、刑事の話の30％も分からなかった。そう言ったら、「私が聞きたように答えなさい。私が言ったことにＹＥＳと答えなさい」と言って、好き勝手に調書を書いていました。

――一方、自宅に取り残されたＹさんの妻は、刑事に「奥さんにも聞きたいことがある。来てくれないか？」と任意同行を促され、車で都内の同じ警察署に連れていかれた。

Ｙさんの妻：　私も取り調べ室に連れていかれました。「あなたの旦那さん、労災の不正受給で逮捕された。あなたにも聞きたいことあるから」と告げられ、目の前でノートに書き始めました。私の経歴とか、仕事、時給のことも訊かれ、私の両親のことも質問されました。「彼が仕事をしてしまったのは、あなたにも関係があるの？」などと訊かれました。財布を家に置いてきてしまったので

「どうやって帰るのですか？」と聞くと、「車で送ってあげるから心配しなくていい。早く終わらせるから、ちゃんと答えて」と言われました。

最初は淡々とやり取りしていたけれど、１、２時間経つと、急に人の出入りが多くなって、刑事の態度がだんだん厳しくなってきました。夫の部屋と行き来していたみたいです。

１日目は昼の２時か３時に聴取が終わり、車で自宅の近所まで送ってもらいましたが、車中で「あなた宗教何？　イスラム教徒ですか？」と聞かれました。「そんなの聞く必要あるんですか？」と答えたら、「これは皆に聞いているから、必ず答えなければいけない」と言われました。「そんなことってありますか？答える必要はありません」と言って無言でとおしました。そうしたら向こうも何も聞いてこなくなった。

次の日の朝に弁護士に相談しました。「通常、この程度の労災の不正受給なら行政から指導されて返金する程度なのに、逮捕されるのはおかしい」と指摘されました。「任意同行だから答えなくてもよい」とアドヴァイスされ、２日目も電話で呼び出されて警察に行きましたが、ほとんど質問に答えませんでした。

それから３、４日間、Ｙさんの妻は、仕事が終わってから任意の事情聴取に応じ、連日夜10時近くまで取り調べを受けた。しかしＹさんには接見禁止がついていたので、夫婦は面会することができなかった。

■恫喝する検察と警察

Ｙさんの妻：　「あんたのやっていること分かっているのか！」。検察に呼び出された時、検事はいきなり私を怒鳴りつけました。悔し涙があふれてきました。

検事の質問の多くは夫の交友関係のことでした。調書の内容はあらかじめ作られていたようでした。事情聴取の署名も強要同然でした。

Ｙさん：　僕の検察の取り調べも、在日ムスリムの人間関係が中心でした。

検察ではエジプト人のアラビア語通訳がいました。しかし、エジプト人のアラビア語は苦手だったので、全て英語で答えました。検事から「警察署に戻ったら、また友だちのこと聞かれますよ」と言われた。だから自分のケースで取り調べているのか、友人のことを調べたいのか、まったく分かりませんでした。

結局26日間勾留されました。保釈される４、５日前に取り調べ担当の刑事から「別の警察から取り調べに来る」と言われました。「もう話すことはない。弁護士を呼んで下さい」と頼んだが無駄でした。丸３日間、また厳しく事情聴取されました。仕事のこと、友だちのこと、モスクのことなど、何回も繰り返し聞かれました。答えないと「あなたの人生をめちゃくちゃにしてやる」と脅されました。

身柄解放後も警察の尾行は続いた。病院へ行く時も、家の近所でも。非通知の電話が何回もあった。弁護士は最初から別件逮捕を疑っていたし、調書の取り方もおかしいと裁判で主張したが、結局認められなかった。しばらくはモスクにも行けず、Ｙさんの体調はさらに悪化した。

Ｙさん：　体も心も大きなダメージを受けました。睡眠障害にも苦しんでいます。いつも誰かに見られているんじゃないかという緊張感があります。裁判が終わってからは、モスクにも行くようにしました。以前の生活に戻りたいという気持ちが強かったし、そういう姿を皆にも見せたかったんです。

Ｙさんの妻：　いつも誰かに見られている感じは今も続いています。周りにいる人のことも、側に停まっている車のことも気になってしまいます。私たちは落ち着いて生活できなくなってしまいました。

■私たちの絆は壊れない

――このような苦しい状況に追い打ちをかけたのが、「公安テロ情報流出」事件だった。

Ｙさんの妻：　事件のことは、マスコミが自宅に直接取材に来て知りました。そのとき自宅には夫しかいませんでした。詳しい事情がつかめず、私が帰宅後、記者に電話してもう一度来てもらいました。

「警視庁の情報流出事件の件で、取材に来ました」と新聞記者に言われて、「えっ？　また警視庁ですか？」ととても驚きました。最初、「警察が記者を名乗っているのではないか」とさえ思いました。インタビューの後で「流出した資料を見せて下さい」と新聞記者に頼みましたが、結局見せてもらえず、そのまま何回も記事にされてしまいました。具体的にどのような情報が流出しているのか分からない状態で、大変不安でした。

流出文書には、かつての事情聴取の内容も書いてありました。「あっ、夫はやっぱり別件逮捕だったのか」と痛感しました。警察の情報流出により、何年間も身に降り掛かってきた悪夢が世間に広く知られてしまった、という非常に大きな不安と怒りを感じました。

「新たに何か問題が起きてしまうのではないか？」「インターネット上に流れて世界中でダウンロードされてしまい、これで故郷に帰れなくなってしまうのではないか？」「どの国の大使館もヴィザを出さなくなってしまうのではないか？」など、将来に対する強い不安です。

私たちの実家に連絡し「もし取材や問い合わせがあっても、何も答えなくていい」と伝えました。親たちは「日本の警察はひどい」と怒っていました。

マスコミ報道された次の日、職場に行くのがものすごく不安でした。周囲の視線がとても気になりました。事件が報道されて数日後、新聞記者から「情報流出の本が、（第三書館から）近々出版されますよ」と電話連絡があり、さらに恐怖が高まりました。「もう今の会社で、働けなくなるのではないか？」とさえ思いました。

夫は肉体的にも精神的にもダメージが大き過ぎます。何で私たちに、こんなに連続して不幸が襲ってくるのでしょうか？

今も私服警官の尾行は続いています。家の近くや、最寄り駅の改札、モスク周辺、電車や夫が通っている病院の中まで、不審な男性を見かけることがあります。酷い時は１日に何回も。モスク周辺の商店街で、若い私服警官を逆に問い詰めたこともありました。「あなた何でついてくるの！　身分証を見せなさい！」と繰り返すと、渋々財布を取り出しました。その中に「警察共済健康組合」の保険証が見えたので、さらに問い詰めると、「これお父さんのです」と言って逃げていきました。

自宅の最寄り駅で監視されている気配を感じた夫妻から、筆者に電話がかかってきたこともある。私が相手に話かけようとすると、電話口の向こうで電話に出る出ないの押し問答が続き、結局、私服警官は電車に駆け込んだ。

インタビューで、Ｙさん夫妻には再び辛い経験を思い出させてしまった。心からお詫びと感謝をしたい。最後に今後の取り組みに向けた抱負を伺った。

Ｙさん：　僕は身体障害者で、毎週病院にも通っています。警察に逮捕されてから精神的なダメージが大きくて、精神科医の診察も受けています。体も心もボロボロ。僕は生まれた時からイスラム教徒。何でそのことで監視されるの？

困っている友だちや家族を助けるのがイスラム教徒のホスピタリティー。僕はそうしただけ。僕たちは負けないよ。

Ｙさんの妻：　私たちの生活や健康をズタズタにした責任の多くは警察です。未だに苦しめられています。警察もそのことを知っているのに、今も尾行などの嫌がらせをします。とても人間とは思えません。自分たちの正体は明かさず、いろいろなことをでっち上げて、陰湿なプレッシャーをかけてくる。イスラムに対する知識や理解が低すぎて、まともな捜査にもなっていない。

私は日本で生まれた日本人なのに、この国に住んでいていいの？　と追いつめられた時期もありました。毎日警察に理由もなく監視されて絶望しかけたこともありました。

でも、夫は怪我や病気で毎日苦しみながらも、生きるためにこんなに一生懸命頑張っています。彼のためにも負けるわけにはいきません。大切な家族関係や友人関係の絆を壊すような公安警察のやり方は絶対に許せない。まず警察はこの10年間の治安テロ捜査のあり方そのものを反省して、皆にはっきり分かるように公式に謝罪すべきです。

（聞き取り・文責：西中誠一郎）

ダマスカスでの講義模様

ダマスカスのハディース館書斎

ウマイヤド・モスク

第Ⅱ章

シンポジウム「検証・公安テロ情報流出事件」

シンポジウム「検証・公安テロ情報流出事件」

（2011年4月1日開催）

青木　理（ジャーナリスト）
田原　牧（新聞記者）
保坂展人（ジャーナリスト）
吉岡　忍（ノンフィクション作家）
梓澤和幸（弁護士・司会）

梓澤　本日は多彩な論者にご出席いただいておりますので、活発な議論になると思います。はじめにこのシンポジウムの狙いについて簡単にお話し致します。

公安テロ情報と一口で言われておりますが、その量は膨大なものです。プリントした紙を束ねて４センチくらいあります。ファイルの数が114、字数をざっと数えて70万字。しかもこの中に警察調査の対象となった人の写真とその人の個人生活歴、職業、家族構成等が詳しく書かれています。このファイルを読み解く中から、現在大変な問題を抱えるこの国において、このファイルに表現されているものはいったい何を意味するのかということを明らかにすることが、この集会の大きな狙いです。

二つの論点を考えます。第１は、9.11以降国際的なテロリスト捜査をするという名目で、日本にいるイスラム教徒全体をテロリスト予備軍として捜査する、その公安捜査の持つ意味というのは何なのか。ご存じのようにイスラム教は

2011年４月１日開催シンポジウム

1400年の歴史を持っていて世界に15億人の信徒を抱えている世界宗教です。その在日の信者全体を公安捜査の監視の対象にする、モスクにへばりついて今日何人のイスラム教徒が入っていって何人が帰っていき、自宅はどこかということを捜査し情報に織り込んだわけです。１万2677人の人定をしたと書いてありますが、それは首都圏のイスラム教徒の89%の人です。最近イスラム復興運動というのは世界的に話題になっていますが、その同時代にイスラム教徒全体を国家が、公安捜査がその監視の対象においているというのはどういうことを意味するのか。それはイスラム教徒の問題であると同時に私たちにとってどういうことを意味しているのかを明らかにしたいというのが１点目です。

第２点は、国家が個人の情報を自らの下に集約しそれを管理し、そしてまた極めてだらしない管理の下においてそれが漏洩してしまったということがいったい何を意味するのかということです。コンピュータ技術が1970年代に大きな前進を遂げました。人類の歴史の中でこれは極めて大きなことです。しかしながら一方で1970年代ヨーロッパでは個人情報を強大な権力が我がものにし、そのことが個人の尊厳を危うくするのではないかという危機感が語られました。ここにおられる吉岡忍さんは個人情報保護法反対運動でリーダーシップをとられました。その反対運動の中で、民間の個人情報が問題だというけれども最も危険な個人情報の収集者であり管理者は国家ではないかと予見的に語られたわけですが、まさに警視庁公安情報の流出事件はそのことを裏付けたわけです。個人情報保護法反対運動で危惧されたとおり、国が人間をモンスターのようにみたてて情報を収集し、個人を徹底的に支配し尽くすということの危険が眼前に展開されたわけです。このことをこのファイルの中からどう読み解き、これがいかなることを意味するかを明らかにしたいと思います。

はじめにイスラム教徒を監視の下に置いた意味について、田原牧さんから論究をいただきたいと思います。

田原　田原です。世の中が震災モード一色なので、この話題も忘れられがちですが、地震と原発事故が起きて間もなく、エジプトの友人から「日本は危ないからこっちに逃げてこい」とメールをもらいました。こちら日本人の側からすると、革命直後のカイロは何となく落ち着きませんし、危ないような気がするのですが、世界的にみれば、おそらく日本の方がもっと危なく見られているわけです。その解釈のズレの象徴のようなできごとがこの事件だと思います。

このファイルが漏れたと聞いたとき、とりあえず、すぐに集めて見てみました。というのも、知り合いが資料に記されているのでは、と思ったからです。それはなかったのですが、知り合いの知り合いくらいはたくさん入っていて、それくらいは網羅されているものだなという印象でした。とはいえ、流失した資料は一部ですから、おそらくはもっとたくさん、資料の中には私の知人のデータもあるのだろうと思います。

読んでいて最初の感想は公安も劣化したもんだというものでした。バカなことをやっていると。そして、こういうことをやるとテロを招くのでやめてほしと正直思いました。どういうことかというと、いわゆる世間でいうところの「イスラム過激派」対策がこの公安捜査の大義名分なのでしょうが、実際には捜査する側に何が「イスラム過激派」なのか、どういう人物が「危なそう」なのかを判別する知識も能力もないということが、流失した資料からははっきりと読み取れるわけです。

そうなると、「危険人物」に対する的の絞りようもないので、とりあえず、イスラーム教徒、つまりはムスリム全体に網をかけ、人物特定してしまおうとなるわけです。「面割率を100パーセントにしたい」という文句が文書の中には繰り返し出てきます。これは「ムスリム罪」があるのと等しい状態といえます。少なくてもムスリムの側の目には、この国には信教の自由はなく、イスラーム教徒であることが罪になると映ります。

一方、この捜査の元々の目的は日本国内でいわゆるイスラーム過激派によるテロ活動を抑止しようということなのでしょうし、そうなれば、おかしな人物についての情報をとらねばならない。情報をとるということ自体の問題点はともあれ、それをするにはムスリムたちの間にできる限りうまく潜り込んで、仲良くして情報をもらうしかないわけです。ところが、実際に外事３課がやっていることといえば、ムスリムたちに嫌われることばかりやっている。全ムスリムの行動確認みたいな、反感を買うようなことをガンガンやっているわけです。結局は肝心な情報がとれない。それなら何のためにやっているの？　ということになります。

そもそも、基礎的なイスラーム世界についての知識が警察側にはない。資料を読むと、いきがった捜査員が知ったかぶりをして書いているのでしょうが、その内容は少しでもイスラーム世界に理解のある人であれば、荒唐無稽な噴飯モノの話であることは明らかです。例えば、ヒズブッラー（レバノンのシーア派武装抵抗勢力）について書いてあります。ヒズブッラーの関係者を捕まえたという話ですが、そこのくだりを読むと、どうして捕まった人が関係者かというと、彼の部屋にナスラッラーというヒズブッラーの親分の写真が掲げてあったというのです。でも、これから本当にやばいことを内緒でやろうとしている人たちが、わざわざナスラッラーの写真やポスターを部屋に貼っているなんてことはあり得ないわけです。つまり、この人物は単なるヒズブッラー・ファンにすぎない。

私はヒズブッラーという組織とかれこれ15～6年付き合っていますけど、それはとってもしっかりした、保安対策に徹した組織です。そういう組織の関係者が何かしらの作戦をやるのにポスターを貼っている部屋にいるなんてことはあり得ない。警察は一体、何をやってんだと首を傾げるし、こういうことをやっていると、逆に一般の信徒の反感を買って、無用なテロを招きかねないという危機感を抱きました。これが印象の第１点です。

印象の第２点は、しかし、そういう愚かしい公安警察の暴走を公安が勝手に招いたという解釈には無理があるという点です。つまり、日本の外交施策全般の方向性の中で、こういう誤りが出てきたのだろうと思います。端的に言うと、9.11以降とご紹介がありましたけれども、小泉自民党政権の下で、日本の外交はそのカウンターパートである米国のブッシュ政権に徹底的に追随した。そうした対米追随外交がこの問題のバックグラウンドにはあるのだろうと思います。

ブッシュの安保外交政策というのは、細かい説明は時間がかかるのではしょりますが、ブッシュ自身が非常に神懸かった人物で、言ってみれば自分は十字軍だと自負しているような人ですから、その中身はイスラーム圏と宗教戦争をやらかしたいというとんでもない路線だったわけです。わが国は幸いにして、歴史的にそういう一神教の間のもめ事にあまり携わらないでこられたわけですが、小泉はわざわざこの国をその世界史的な対立に放り込んでしまうという愚行をやってしまったわけです。

日本というのは戦前、明治維新前後くらいからイスラーム圏とは大変仲良くやってきました。もちろん、そこにはお互いの勘違いとか同床異夢といった問題もあるのですが、それでも結果として、非イスラーム国であるにもかかわらず、その中では世界でも稀なほどイスラーム世界との友好的な紐帯を紡いできた。その主役は戦前では右翼・民族主義者たちであり、戦後しばらくしてから、とりわけ第三世界の勃興を象徴するバンドン会議以降は左派・リベラルが担ってきた。さらに政府、産業界レベルでの石油外交がこれを補強してきたという経緯があります。結果として非常に友好的な関係が創られてきたのですが、この2000年代初めの約10年でそれを全部捨ててしまった。イスラーム世界との友好の貯金をすべて使い果たして、今日に至っています。

結果としてブッシュがどうなったかというのは皆さんもご存じのとおり、テロとの対決と言いながら自国のムスリムにまで武装闘争をやられて、その後を引き継いでいるオバマは火消しに躍起になって盛んに宗教対話を就任直後にやっていました。アメリカとしてはこれはヤバイ話だということになったのです。ところが日本は依然としてそういう意味ではブッシュ路線を追随しているということが、この文書からは明らかになっているし、その鈍さたるやちょっと救い難い。ただこれはうがった見方かもしれませんが、公安帝国というか公安警察としては自分たちの役所としての権益を守っていくためには好都合な話なのかもしれません。ただこういうことをして行き先は何に辿り着くかということになれば、ブッシュの二の舞ではないですが、わざわざ作らなくていい揉め事の種を作って、日本の社会的な安定というものをわざわざぶち壊そうとするわけですから、やはりそういう必要のないもめ事をテロを招く外事３課はさっさと解散させるべきだ、というのが私の意見です。

梓澤　今二つの点からの問題提起がありましたが、保坂展人さんいかがでしょうか。

保坂　ここのところ大震災以降、被害と原発のダウンという中で「危ないから逃げて来い」とのメールが中東から来たという話がありましたが、考えてみればこれまでも地震や津波に対して無防備な原発を早く止めろというようなシンポジウムや座り込みやデモも監視対象ですよね。原発に反対するのは反体制運動であるという図式で公安の方々はやってこられた。しかし本来であればそういう問いかけを本来の公の安全のためにきちっと受け止め原発は大丈夫かということに真摯に取り組んでおけば、今日の事態も出口の見えるものになっていたかもしれないと思いながら今日は来ました。

イスラムの人たち全体を監視するというのは、この手法は一番予算かけられるのかなと思います。予算をどれだけ確保して使うのかというのがかなり今回の手法の背景にあるのではないかと。田原さんがおっしゃったようにそういった手法をとることによって、イスラムと名がつけばいわばテロリスト容疑の人びとだから監視対象だということを長期にわたってやり、今回の流出によってそのことがはっきり明確になった。日本という社会が本来持っていたはずのイスラム観とはまったく異質な「全部テロリスト扱い」ということをやってしまったということは、大変な修復し難いマイナスがあると思います。さらに問題は今もやっているかどうかですね。ファイルが流失したことによってこういうやり方はまずいとなって止めているのか、それとも一部出たけれども既定方針だからそのとおりやりますという風にやっているのか、それを問う政治の場での議論もあまり充分でないと思います。そこを問うべき。イスラムと名がつけばテロリストという眼で日本社会は見ていることは間違いだし、やってはならないのだということを、まずはっきりさせなければと思います。

保坂展人（ジャーナリスト）

僕が96年に国会議員になった時からずっと取り組んできたのは入管法と難民認定手続きの問題です。当時90年代半ばには軍政に抗して学生運動で起ちあがったことからビルマから逃れてきて独立運動をやっている皆さんは難民認定が難しかった時期があります。10年以上前ですがミャンマー大使館が主催で日本教育会館という一ツ橋のホールで歌や踊りを披露するイベントがありました。そこで最後に１人のビルマ民主化同盟の日本支部の青年が立ちあがって講義のために「ビルマ独立万歳」と言ったそうです。そうしたらその瞬間、後ろからカメラの三脚で殴られて大量に出血して気を失って倒れ救急車で搬送されるということが起こりました。白昼堂々の暴力行為なので通報があり、それに対して警察も来て容疑者を控室で事情聴取したいと言ったら、外交特権だということで事情聴取は受けないと大使館に逃げ込んでしまいました。それは、ミャンマー大使の息子だったようです。そのことを国会の法務委員会で取り上げようと思って質問予告して、その質問の朝、新聞を見るとその大使一家は緊急帰国しちゃったんです。白昼堂々の暴行事件なのに一切捜査もしていない。ウィーン条約で認められた外交特権があるといっても凶器を振り回して公衆の面前で人の頭を殴り気絶させ、そういう暴力行為自体許されないのですが、日本の捜査機関もそのままで外務省も抗議すらしない。そういう扱いを当時ビルマの人たちは受けてきた。その後だんだん難民認定がされるようになります。

もうひとつご紹介したいのが、9.11の事件後すぐに導入されたUS-VISIT（ユーエスビジット）です。入国出国の際、顔写真と指紋採取をするマシンが導入された。２番目に導入した国というのが実は日本です。これはJAPAN-VISIT（ジャパンビジット）といいます。導入の際に入管法改正というのがあって、国会で問題になった共謀罪の手前で議論されていたので、なるべく審議を徹底的にやりたいということで、法案を読みながら色々な問題点を調べ指摘をしていたのですが、与党が当時自公が多数ということで成立してしまった。成立して３日目くらいで、法務省のホームページに2000頁におよぶジャパンビジットの様式が全部載った。これは一種の流出かもしれません。ろくに読まないで載せちゃったという関係にあるのかと思うくらい、すごい内容でした。法律に一切書いていない、指紋をとるというだけでなく静脈情報だとか、その人が国際的な指名手配がされているかどうかとか、警視庁手配中かどうかとか、前科前歴だとか、ばーっと機械にビルトインされているシステムが全部書かれている。法案ができて２～３日で2000頁の様式ができるわけないので、企業から納品されるシステムに合わせて、様式書に合わせて法案を作っていたと分かった。そういう意味で監視社会化というか、網をかけながら何でも見ていくという。一応法律によってコントロールされているというのがまったくの幻想であったことを思い知った。ということを思い出しました。「9.11」以後、イスラムの人々を全て被疑者扱いにするという方向転換は入管システムの面でも呼応していたと言えると思います。

梓澤　ありがとうございました。青木理さんは公安捜査の実態というのを記者として貼り付いていてご覧になっていたという経過があると思います。外事の公安捜査というのがどうなっているのかご意見お願い致します。

青木　青木です。今朝まで東北の被災地にいました。吉岡さんも田原さんも行かれたそうですが、本当に凄まじい状況でした。私はかつて阪神大震災も取材しましたが、災害を比べるのは不謹慎なのを承知で言えば、それと比べてもケタ違いの大災害です。こういう時にシンポをやるかやらないかという議論もあったみたいですが、震災は震災で深刻なビッグニュースですが、これによって消されてはいけないニュースというのも明らかにあるのだろうということで、僕はぜひこれはやるべき、淡々とやりましょうということで今日のこのシンポ開催となりました。

ご紹介いただいたとおり、1994〜97年のおよそ３年間くらい警視庁公安部を、警視庁の記者クラブの中で担当する記者を務めていました。余談ですが公安担当記者というのは当局のスパイのようになっちゃうんです。情報というのは、基本的にギブアンドテイクです。だから当局から頼まれるわけです。お巡りさんたちはなかなか「過激派」と言われている人たちの集会には行かれないですが、記者の君だったら入れるだろうから、入って情報を提供しろと、たとえばそういうことを言われるわけです。はっきり言ってスパイですが、スパイをやらないと公安担当記者として生きていけない。そこで私は、せめてよき〝二重スパイ〟になろうと思ったわけです。当局に頼まれて情報を寄こせと言われれば、ある程度はお知らせしますよと。その代わり、公安のことを僕が知ったら、その内実については広く市民のみなさんに提供しますと。そこで書いたのが、公安警察の内実を紹介する『日本の公安警察』（講談社現代新書）っていう本でした。公安組織の実態についてさらに詳しく知りたい方は、是非ご一読下さい。

さて、外事３課という組織がなぜできたかというと簡単で、ひとことで言うと公安が暇だからです。もう一つ、あえて挙げれば、米国の世界戦略が背後にはありますが、それ以外の何ものでもありません。

簡単に言いますと、日本の公安警察という組織は、非常に中央集権的なのですけれど、戦後の逆コースの中で急速に整備が進められてきました。戦前非常に強権的だった警察、検察、治安警察に対する反省の中で、GHQが解体しろと言って解体させられてくのですが、逆コースの中で公安警察はまた息を吹き返してくるわけです。その後、徐々に巨大化していくのですが、発端は米国の意思であり、旧ソ連、中国など勃興する共産主義諸国に対し、反共の砦としての日本における治安警察は必要だろうということで復活したのが、そもそもの日本の公安警察なんです。ですから当然、国内における最初のターゲットは明らかに日本共産党だったのです。日本共産党こそが公安警察の情報収集の最大対象であり、主なる敵でありという時代が、実を言うと僕が公安担当していた頃でもずっと続いていたのです。

その後は60年安保闘争、あるいは学生運動、70年代に入ると一部左翼組織の爆弾闘争やハイジャック事件などがあって、日本共産党よりはむしろ新左翼諸党派に公安警察のターゲットは移っていったのですが、その頃でも、公安内部では「オレたちが本当にヤバイと思って監視しなくてはならない対象は日本共産党である」という時代がずっと続いたのです。

しかし95年のオウム事件を大きな契機として、そうした状況にようやく地殻変動が起こりました。あのとき警視庁公安部は長官狙撃事件などで大失態を繰り返したのです。当時の警視庁公安部公安1課は何をしていたかというと、いわゆる新左翼、中核派や革労協といわれているような新左翼のセクトをウォッチしていました。私が把握できただけでも当時公安1課には300人以上の捜査員がいたんですね。ちなみに一般的な人たちにとっての警察の一番の〝顔〟である警視庁刑事部捜査1課というのは、殺人事件などを取り扱っているため、よくドラマになるセクションですが、そこにいた捜査員の数は当時300人くらいです。警察の内外で〝花形〟と認識されている殺人事件の捜査をしているところが300人なのに、中核派とか革労協とかいわゆる新左翼セクトを監視するセクションに300人以上もいた。表向き300人以上というだけで、実態はもっといたと思います。つまり、90年代半ばくらいまでに膨れ上がるだけ膨れ上がったんです。

青木　理（ジャーナリスト）

ところが、そんな公安警察はオウム事件に対応できなかった。あるいは長官射撃事件をめぐる致命的な捜査ミスもあり、冷戦構造が終わったということで、さすがの公安警察もどんどん減らされていった。公安１課もそうですし、労働運動をやっている公安２課、公安３課というのは右翼担当ですね。公安３課も減らされました。外事１課というのは主にロシア担当です。ここも徐々に減らされて、唯一減らされなかったのが外事２課。中国や朝鮮半島関連の動向をウォッチしているセクションです。朝鮮半島、特に北朝鮮情勢が動いているということで、外事２課はさほど減らされなかったのですけれども、トータルではどんどん減らされてきたのです。そこで起きたのが、いわゆる9.11だったのです。

9.11テロを契機にして、ご存じのとおり国際的に対テロ作戦、テロをどうやって防止するか、特に「イスラム教徒の原理主義者によるテロ」をどうやって防止するかというふうに世界的な情勢が流れた。ただ、言うまでもありませんが、結局のところこれは米国の意向なのです。すなわち、日本の公安警察というのは徹頭徹尾、米国のしもべとして動いてきた。最初も日本を反共の砦としたい米国と占領軍の逆コースに乗って公安警察というのは復活したわけです。そして9.11が起き、米国の意向は、「これからはテロとの戦いである」と。ということになると、日本でもやらなければいかんのだろうと。それは米国の意向だったのですが、これに加えて恐らく日本の公安警察側が「これだったらメシが食えるんじゃないか」と考えた。これまで減らされ続けてきた公安警察の中で、これは唯一、〝成長産業〟なのではないかと彼らは思ったのでしょう。そこで外事３課は作られたのです。

外事３課が作られたのは2002年の秋です。9.11の次の年の秋にすぐできているのです。そして150人もの人員を配備し、今は外事１課、外事２課よりも多いはずなんです。結局のところ米国の意向を受けた世界戦略の一環というのが発端のひとつですが、実際としては、冷戦構造の崩壊とオウム事件での大失態などを受けてどんどん減らされてきた公安警察の生き残りの場所が恐らく外事３課だったのでしょう。

これは余計な話ですが、僕は警視庁公安部の味方でも何でもないのですが、警視庁の中でイスラム教を勉強してきた連中というのはかつてからいたんです。日本赤軍を担当してきた捜査員たちです。彼らの中には中東なんかに留学してアラビア語が出来る人材というのがいたのです。ところが、そういう人たちは登用されなかった。代わりに登用されたのがどういう人たちだったかというと、いわゆる公安部の公安系の人たち、左翼の監視などにあたってきたけれど暇になってしまった人たちを次々とかき集めて作ったのが外事３課だったようなのです。だから、いわゆる外事警察がやることとは、外国から入ってくるスパイだとか、あるいは外国に対して戦略物質を輸出しているような事件を摘発するのが仕事なんですが、ここでやっているのはいわゆる協力者獲得作業という、対象団体の中にスパイを作って情報を吸い上げるという作業なんです。今回大量流出した資料を見ると、そういう資料が散見されます。だから公安の、日本共産党とか、それから新左翼運動とかを監視し、内部や周辺から何とか情報を取ろうと思っていたような連中が外事３課に移ってきて、同じような手法でイスラム教徒に「ご飯を食べようよ」「イスラム教のことボク勉強したいんだ」などと言って近づきながら情報をとるという、旧来型の左翼対策的な色合いが強いことをやっていたんです。

繰り返しますが、息も絶え絶えになって、どんどん減らされていった公安警察の生き残り策として作られたのが外事３課でした。背後には恐らく、日本の公安警察が一貫して影響下に置かれてきた米国の世界戦略の意向がある。ただしどうもそれよりは、生き残り策で、暇だったから作ったのが外事３課だったんだろうというのが僕の結論です。この暇だから作った外事３課のせいで、こんなにひどい目にあっているムスリムの人たち、日本にいるほとんど善良なイスラム教徒の人たちは本当に気の毒だなというのが、僕の感想です。以上です。

梓澤　吉岡さんは9.11の後も直後にニューヨークに入りまして、今回もまた震災地の福島原発の近くに行ってらっしゃる、現場に立ち、考察するということをやってこられた方です。あの9.11以降そしてイスラム教徒の問題、そして今度の公安捜査をどういうふうに見ていらっしゃるかご意見をお願い致します。

吉岡　今の青木さんのお話しを聞いて、そうだったのかと思い当たることがありました。私は10代の終わりにベトナムの反戦運動、べ平連に参加していて、米軍からの脱走兵を支援する地下活動をやっていました。そのとき外事の１課だったと思うのですが、私は別に逃げ隠れもしていないのに指名手配で逮捕され、しばらく新宿署の留置場にいました。なぜ外事課が来るのかなと思いましたが、やっぱりロシア絡みだったのですね。脱走兵を北海道の漁港から送り出し、北方四島のひとつから当時のソ連を経由して、最終的にはスウェーデンまで逃がしていましたから。その後、戦争が終わってベ平連が解散しても、ずっと数年間、私には尾行がついていました。そして今、何十年も経って、こういった仕組みになっていたということを聞き、なるほどと思いました。

横道に逸れますが、留置場にいたとき、私は裁判を起こしたんです。逮捕状をあらためて見たら、あちこち日付も場所も間違っている。私がいるはずもないときの嫌疑まで書いてある。それを根拠に裁判を起こしたら、勝ってしまいました。公安警察・外事警察が相当いい加減なものだというのを身を持って体験したこともあります。何かを勝ち取るということは家族の中でもめったにないことですが（笑）、私はそういう数少ない経験をしました。

こういった公安情報が、ひとつの国家内でどのような役割を持っているか、個人的な恨みもあって（笑）、いろいろ考えてきたのですが、突拍子もないことを言いますと、権力とか国家というものは、物語なしには成り立たない。その国家と権力支配の正統性を語り、証し立てる物語を持つことによって、そのコミュニティの一体感を作り上げていく。そこに納得するような、依拠するような、同意を迫るような世の中の雰囲気を作っていく。これはどこの国でもそうです。典型的には神話がそういうものですが、時代に応じて、「経済大国・日本」という物語もありますし、アメリカには「自由と民主主義の国」という物語もある。そういう物語を基盤にして一つひとつの社会が作られ、政治というものが行われているということは、皆さんもお感じになっていると思います。

10年前になりますが、9.11同時多発テロが起きたとき、私はすぐにニューヨークに行きました。若い頃、ダウンタウンに住んだことがあり、散歩がてら、テロで崩壊した世界貿易センターの近くをよく通っていたんです。1973年のことですが、あのツインタワーの竣工式が行われた年です。完成したときを見たのだから、終わりも見届けておきたいという気持ちもありました。現場ではまだ黄色い煙や黒煙が立っていて、街じゅうに引きつったような雰囲気が漂っていました。ちょっと郊外に行くと警察のパトカーがひっきりなしに回っていて、アラブ人がたくさん住んでいる居住区、比較的貧しい人たちが住んでいる地区では、警察官が路上にいるひげ面の若い男たちを次々に拘束していく。そういう現場を何度も目の当たりにしました。

当時のブッシュ政権は9.11直後、愛国法という法律を作って、アングロサクソン系の白人アメリカ人に見えないというだけで、イスラム教徒やアラブ系などの市民を拘束することを可能にしました。市民権やグリーンカード（外国人永住権証明書）を持っていようがいまいがお構いなしに連行する。見ていると、パトカーがそういう通行人を見つけるだけでなく、他の住民からの通報、密告に基づいても連行していくようでした。その後、拘束された彼らがどうなったか詳しいことはわかっていません。釈放された人もいるでしょうが、強制送還になった人もいます。いまだに幽閉されている人もきっといると思います。

私はそういう現実を見ていて、一体ここで何が行われているのかと思いました。ブッシュ政権は「報復だ」といきり立って着々とアフガンへの侵攻準備を進めていく。その基盤になったのは「アメリカは自由と民主主義の国だ。その崇高な理念が作り上げたこの豊かな国を守れ」という物語です。国家の物語を守る、そのために戦争を準備し、そのために警察はイスラム教徒たちを拘束していく。あの時期のニューヨークでは、アラブ系のレストランに入るのも命懸けという雰囲気がありました。実際、どこに行ってもがら空きでした。

物語というのはこういうふうに、ときには暴力的に機能するものです。もちろんそうなったことについて、「理由もなくいきなり連行していくというのはおかしいだろう」と言った人もいました。そういう声が、本当に小さな声として新聞に載ることもありました。しかし、テレビでそう発言した人は番組を降ろされ、大方のメディアはそれについても当然であると容認していた、むしろそうすべきだという主張さえありました。

今回の公安情報の流出事件を知ったとき、私が咄嗟に思い出したのは、その9.11の光景と同時にもうひとつ、アメリカがアフガンにつづいてイラクでも戦争を始めていた2004年の初夏、この日本で起きた出来事です。ニューヨークで起きたのと同じことが、日本でも起きました。原因になったのは、おそらく公安情報のリークでした。

バングラディッシュで生まれた30代のイスラム教徒が日本で暮らしていて、奥さんが日本人で子どもが２人いるという男性が、国際テロリストグループの関係者であり、この日本で9.11テロを起こしたアルカイダの資金を作っている、といって逮捕されたことがあります。メディアも「資金源だった」とか「シンパである」と盛んに報道しました。新聞も大々的に書きましたし、テレビの中には隠し撮りまでしてやりたい放題の報道を繰り広げました。

私は彼に直接会いに行きました。もちろんこれは全くのでっち上げだったのです。しかし、彼がいくらそう主張しても、当時のメディアは警察の情報をもとに、ほとんど独自調査もしないまま報じました。これによって本人だけでなく、家族も近隣近所からとげとげしい扱いをされ、さらにこのニュースがバングラデシュにも伝えられて、彼の両親や親族が辛い思いをさせられるところまで波及しました。

結局、何の証拠もない、ということで彼は釈放されたのですが、日本のメディアはおずおずと、小さくしかこの事実を報道しませんでした。これでは不当に失われた名誉は回復されない、と本人は各メディアに対して裁判を起こしました。その彼が「誰だって人は間違える。けれど間違ったときに、それをどう認めるのかという姿勢が、警察にとってもメディアにとっても重要なのではないか。民主主義はそこで回復されるのだ」と語っていたことを、私はこの公安情報流出事件を知ったときに思い出しました。

今回の流出した公安情報は非常にずさんです。先ほど田原さんが、情報の中味が相当にいい加減で、公安警察は組織としてもかなり劣化しているのではないか、とおっしゃったのですが、私も雑駁な材料からこの情報全部ができている、と感じました。さっき「物語る力」から権力が生まれる、あるいは国家が生まれるということを言いましたが、じつは国家の物語というもの自体がこういう相当に雑駁な材料によって作られ、それによってわれわれの社会の一体感がかなり擬制的にかき立てられているのではないかと思います。

そして、ここで、いまお話しした在日バングラデシュ人のことを考え合わせてみると、もうひとつ大事な問題が浮かび上がってきます。それは、物語の内側に捕われてしまうと、その外側にいる人々はもちろんのこと、内部に存在する異質な人々の存在も見えなくなってしまう。あるいはさらにひどいことになると、その異質な存在を排除し、抹殺することも平然とするようになる。2004年にこの日本で起きた出来事は、日本のメディアとこの社会がそういう危うさを抱えていることをはっきりと示したと私は思っています。9.11後のアメリカという国の物語もいい加減でしたが、日本のそれも負けず劣らず雑駁だった、そのことを忘れてはならないと思います。

青木　なぜこんなに雑駁だったかと補足すると、さっき申し上げたとおり、衰退する組織の〝成長産業〟として作った組織だからです。造ったのはいいのですが、150人もの人員を置いてしまいました。田原さんは詳しいと思いますが、日本の中に「過激なイスラム教原理主義者」なる人物が果たして何人いるか。おそらく、ほとんどいないんです。でも組織を150人で作ってしまった。公安警察と言っても、要は官僚組織ですから、組織を作った以上は何か仕事を作らなくちゃならない。するとこの資料に出てくるように都内の全モスクに大量の人員を張りつける公安の典型的な手法なんですが、これを「視察」といいます。視察して出入りしている人を尾行する。尾行して入っていった所の関係者をまた調べるということを繰り返すのです。つまり、生き残り策として作った組織なので仕事を作らなくちゃならないからこんなに雑駁になってしまったんです。

梓澤　最初に申し上げた問題点の１から２の方へ入りかけているところなので、まとめるというより法律家としての立場から今出てきた話を深めるよう発言します。

雑駁でありお粗末なんだけれども、しかしそれがある原理に挑戦する公権力の行動であるということを押えておく必要があると思います。あるイスラム教徒の礼拝の光景に機会を得て参加させていただいたのですが、午後の祈りの時間に駆けつけてきたアフリカ系、中東系、そして日本のイスラム教徒の礼拝のあとに、すすり泣くような内面の吐露をこの耳で聞いたのです。それは、今ここに一人ひとりが生きている生存の証のような祈りなのです。私はキリスト教徒のそのような祈りを聞いたことがありますし、私はイスラム教徒として見たのではなく観察者としてそこにいたのですが、まさにそれは侵すことのできない人間の表明なのです。人間の存在の表明。ならば、もし人間が本当に平等にして自由な尊厳を持った個人ということを認め合う社会であるとするならば、それがこの社会の原理であることをお互いに認め合うことで国家が成り立っているのだとすれば、すなわち立憲主義です。この公安警察のずさんな、やることがないからといってずっと見張っているといった行為は、私たちの基本的な社会の原理

梓澤和幸（弁護士・司会）

に対する挑戦ではないのか。そういうことをその体験の中から感じました。よってそれは単なるイスラム教徒の人たちの不幸の問題ではなくて、この社会を構成する私たちにとっての不幸、災厄であるということを言うことが必要ではないかと、その時の体験から思いました。そこで、これからそういう所に挑戦し踏み込んで集めた情報は、国家が警察がそういうふうにして個人に踏み込んでやることが許されるのか、許していいのか、そしてもしそういう非常に繊細な人間の機微に触れる情報を集めてしまった場合、国家というのはそれに対しどういう管理をすべきなのかということについて、第２のテーマ「個人情報と国家」というテーマに進んでいきたいと思います。今言った問題につきまして、警察は個人情報を集め、個人の跡をつけて何をやっているのか。それが私たちにとって何を意味するのかということについて、青木さんから整理をつけていただきたいと思います。

青木　ここに流出した情報をコピーした紙があります。こんなぶ厚い量ですけれど、すべてに目を通しました。誤解を恐れずに結論から言うと、大した資料ではありません。僕はあまり物ごとを推測でいうのが好きではないのですが、どうやら本当にヤバい資料は外している節がある。あるいは、資料の流出元が本当に機微な資料に触れることのできない人物だったのかもしれません。それが流出の犯人像と結び付くかどうかは別の議論ですけれども。

日本の戦後警察というのは、ご存じのとおり基本的には自治体警察として出発しました。都道府県警は都道府県の公安委員会の管理に服すると。ところが警備公安部門に関しては戦後着々とそれを骨抜きにし、警察庁警備局を頂点とする、ほぼ全国の警察を直轄下におく完全なピラミッドの組織を作り上げました。ここにある資料が大したことないと申し上げたのは、公安警察は、その巨大組織を使ってもっとすさまじい情報収集をしているからです。一例を挙げると、かつては盗聴もしました。信書の開封もしました。1986年には、神奈川県警の公安のお巡りたちが共産党の緒方靖夫国際部長の家の電話を盗聴していた事件が発覚しています。捜査に乗り出した検察との手打ちで最終的にはうやむやで終わってしまったのですが、その時期に、僕の知る限り全国の都道府県警の公安部門には盗聴を専門にする部隊が必ず置かれていました。古くは、戦後間もない時期に菅生事件という謀略爆弾工作のようなこともしていたんです。

盗聴は、当時もやっていないし今もやっていないと警察は言い張っていますが、かつては全国の都道府県警に盗聴部隊があったんです。盗聴はその後やめたそうです。あまりにもリスクが多すぎるからです。僕が知っている限りではやっていない。

今も昔も、公安警察内部で何が一番メインの作業かというと協力者工作です。この資料にも、それを示唆するものが少しだけ出てきます。「提報者作業の推進要領について」(【資料6】)。これは、公安警察が危ないと踏んでいる団体の内部や周辺に協力者という名のスパイを作る作業で、これをほぼメインの仕事としてやっています。この資料に出てくるのは、さっきも申しあげたように「イスラム教のことを勉強したいんだ」あるいは「君と友だちになりたいんだ」と近づいてきていますが、これは相当レベルの低い近付き方です。

協力者作業をするときの最初にやる作業というのは「基礎調査」です。これは何をするかというと、この資料にも出てきますが、出入国記録から住所から本籍から、およそすべての公的な情報は、警察が警察であるがゆえに持つ力を駆使して、国家権力であるがゆえに、ものすごい量の情報を集めることが出来るのです。これら基礎情報を集めたうえで彼らが何をするかというと、たとえば視察をします。その人の立ち寄り先を24時間体制で監視する。これは資料にも出てきます。そして24時間体制で尾行する。そうすると、立ち寄り先などほぼ分かってきます。交友関係も摑める。その中には男女関係というのもありうるかもしれない。あるいはちょっと下衆な話ですが、風俗店に立ち寄っているかもしれない。あるいはちょっと人には言えないような性癖を持っているかもしれない。そういう情報を徹底的にかき集めるわけです。更に言えば、今回この資料流出事件で明らかになったのは、銀行の出入金記録も、レンタカーの使用記録も、どうやら警察は自由自在に手に入れているらしい。警察が危ないと睨んだ瞬間にほぼプライバシーが丸裸にされてしまう。その上で、協力者に仕立てあげるための工作が行われるのです。

協力者工作に関しては、これを統括しているのは警察庁警備局警備企画課という部署に置かれた「チヨダ」、かつては「サクラ」などといわれた組織です。いわば、公安警察内で最大の秘密部隊です。ここは警察庁のキャリア官僚で公安部門を主に歩いてきた中堅のエリートの警察官僚がトップに立つ組織なのですが、かつてサクラという符号で呼ばれ、それが緒方さん盗聴事件で存在がばれてしまったものですから、サクラは中野の警察学校に本拠があったのですが、それも移して、それを今度千代田区の警視庁の隣の関東管区警察局の建物の中に移したんです。組織実態は全く変わらなかったのですが、サクラという名前もやばくなったのでチヨダという名前に変えました。これはあまり浸透していないそうなのですが、僕や複数のジャーナリストが90年代半ばから後半にかけてサクラやチヨダっていうものがあるんだと書きまくったせいで、また名前を変えたと言うのですが、今度は「ゼロ」と言われているらしいです。ある公安部に聞いた話ですが、なぜゼロなのですかと質問をしたら、「存在しない組織だからゼロなんだ」と。そんなバカげたことをずっとやってきているのですが、そのゼロあるいはチヨダ、サクラという秘密組織が協力者工作の完全な司令塔です。全国の都道府県警が運用しているいわゆる協力者、スパイというのを登録して一括して管理しています。あるいは協力者獲得作業や運用の指示を出しています。

ただ、流出した資料を見る限り、恐らくチヨダやゼロが管理している登録者に関するものはないと思います。そんなに機微な情報を扱っているような資料は見あたらない。私がさきほど、たいした資料ではないと申し上げたのは、そういう意味です。ただし考えなくてはいけないのは、先程梓澤さんがおっしゃったとおり、この資料から読み取れるものというのは、ほんの一端で僅かなのですが、公権力としての警察が把握できる公的情報に加え、視察や尾行、それから銀行やレンタカーの使用記録まで、その気になれば全部公安警察は対象者をほぼ丸裸にできる。ひとたび公安警察がこの人間は危ないな、この人間を調べようと思えばほぼプライバシーまで含めて完全に丸裸に出来るということです。

話は飛びますが、日本には情報機関がないという話をしばしば聞きます。僕は情報機関などない方がマシだと個人的には思いますが、かつて後藤田正晴さんが言ったという言葉を思い出します。言うまでもなく、官房長官をされて自民党の副総裁などを歴任した人物です。彼は警備局長という日本の公安警察のトップを務めた後に警察庁長官を務め、その後中曽根内閣の官房長官になったのですが、この人は在職中はタカ派と言われながら後になってハトっぽく見られた人なのですが、後藤田さんがこんな趣旨のことを言ったそうです。「情報機関が必要だと思いますか？」という質問を受け、「私は、戦後日本は武力を持たないということで国が成り立つ以上、長い耳が必要である、情報機関的なものが個人的には必要だと思う。ただし、今の政治やメディアの状況で、そんなものを作ったら制御ができなくなる可能性があるから、ない方がまだいい」と。

日本の場合、情報機関がないから公安警察が情報機関の代用機関としてほぼその役割を担ってきたのですが、その警察すなわち国家が情報を集めるということに関して、今のメディアも政治もほぼ制御ができていません。だからこんなめちゃくちゃなことができているのです。完全に制御ができなくとももう少しチェックをしていれば、暴走する可能性は相当軽減されるのでしょうけれど、今の状況で、すなわち警察が危ないと思った瞬間にありとあらゆる情報が丸裸にされてしまう、それは決して特殊な「過激派」といわれている人たちだけではないんです。例えば今回はたまたまイスラム教徒ですけれど、彼らのほとんどは善良なるイスラム教徒でしょう。でも彼らは公安警察の「生き残り策」のために徹底的に追い回され、ほぼ完全にプライバシーを丸裸にされているのです。この刃が誰に向いてくるか、全く分からないのです。国家が徹底的に個人の情報を丸裸にしてしまう恐怖というのを先程吉岡さんもおっしゃっていましたが、それを私たちは徹底的に痛感しなくてはいけないし、そのほんの一端が今回の流出資料から読み取れるというのは、私たちにとってとても教訓になるというふうに思っています。

梓澤　保坂さんにご意見をいただきたいと思います。

保坂　先程吉岡さんが触れられたイスラム教徒で逮捕された方、僕もその人に会っていますが、誤認逮捕だったと明らかになったということですけれども、それが判明してからも金融機関などでブラックリストにいったん載るとなかなか外れないという話とか、御自分の事業の商用で海外に出たいけれど理由も分からずビザが下りないと困っていました。それは国際的なブラックリスト・ネットワークに登録されてしまったということだと思います。今回この流出情報の中に登場してくる人たちは、今後、どういう扱いを受けるのだろうか。また、仮にこうした形で情報が出なくとも監視下に置かれているという意味で日常の中にかなりの不利益があったのではないかと思います。吉岡さんが中心になって行われていた個人情報保護法反対の議論のときに、情報を集める側を客観的に監視したりコントロールする機関がないままに「お任せいただきたい、ちゃんとやります。余計なものはマッチングしません」という話で一辺倒だったのです。

先程ちょっと唐突だったかもしれませんがジャパンビジットの話をしました。つまり顔と指紋を外国人から採るということにしても、法務省が導入した際、法案が成立した時には2000ページにも及ぶ新入管システムの仕様書・マニュアルを国会議員も誰も読んでいない、法務省の担当の役人も知らない、けれどホームページにはなぜか2000ページの全てが載っている。よく見ると法律に全く出てこない、IDナンバー、通しナンバーのようなものがあるのです。個人に付けられる番号が存在しているのかと思ってしまうのですが、そこにあらゆる情報が串刺しに集められるようになっています。これは恐らく、例えば年金の社会保障番号のようなことで総背番号制でいいではないかという話がつい最近までありましたが、共通番号導入へ、という議論の先取りです。外国人ならひとつのキーナンバーで串刺ししてあらゆる情報が取れる方が便利であると。2004～5年当時からさらに今は、「便利」という人が多いのです。しかしその串刺しした個人情報を誰がどのように転用していくのか、それがいきなり流出してしまうのかということに対する安全策はないし、議論もあまりないと思います。

個人情報保護法が成立すると、個人の情報を守っているはずが、逆作用というか、ありとあらゆるところでたくさんの人の個人情報が捜査機関に、あるいは高速道路を走ればカメラで撮影されETCで時間が分かり、ということで捜査事項照会でいとも簡単に出ていくということがあり、現実は法をひとまたぎに超えて個人情報は地曳き網的に収集されている。私が9.11以降の入管法に付帯するマシン導入をとおして気が付いたのは、いわゆる危機管理産業という、9.11以後の超不安が渦巻く世界的な状況の中で、それをビジネスの材料として組織化していく流れが加速していった。電子政府化という流れがあったと思います。電子政府化とはまさに「便利である、利便性が高い」ということで進められてきたけれども、実はジャパンビジットというものを開発・導入したアクセンチュアという会社を調べていくと、アメリカで運用されているUSビジットを開発した会社です。検察庁が作るあらゆる文書もそこがシステム化して管理するコンピュータシステムも法務省に納入しているということも分かりました。あるいは財務省が運用している課税状況探索システムというのもこの会社がやっています。また、公正取引委員会の不正な取引の監視のための情報もやっています。極めつけは、私がそのことを指摘した衆議院の会議録も同社に委託されていたということも分かりました。捜査情報から何から何までひとつの会社がそれぞれ守秘義務がかかっていてちゃんとしていますと言うけれども、幅広く手がけている。法務省幹部ですら実態を把握していない。実は従来迄の相当公安的な手法の今回流出したものとは別に、もっと新たなシステムとして地曳き網式の総監視ができる。あらゆる情報を一度に取り出して串刺しにできるというシステムが新しく完成しつつある。これを補足しておきたいと思います。

梓澤　田原さんは東京新聞の特報部と言うところでお仕事していらっしゃいます。この流出事件で私たちが奇異に感じたのは、警察の反応が遅いし、最後に参事官が謝った時も、警視総監は出てこないし謝り方に迫力がなかったんですが、メディアもそれに対してそんなに「おかしいぞ」と追及することはなかったと思います。そのあたりについて、メディアの中にいらっしゃってこの流出事件の流れをどのようにご覧になっていたか、ご意見をお願い致します。

田原　メディアが警察批判を避けようとするのは今に始まった話ではありません。まったくやらないわけではないのですが、程度の差こそあれ、警察担当の現場の記者たちには警察批判によって事件のネタがとれなくなることは非常に困るという素朴な感情があります。今回の問題の舞台である警視庁の記者クラブにいる記者たちがあまり警察批判をしていないことを問題視するのは分かります。しかし、彼らのできが悪いとか、根性が悪い連中なのだという見方は間違っています。むしろ彼らは私なんかより何倍も苦労しているし、献身的に働いているマジメな人たちです。

ただ、そうしたマジメさは時と場合によっては仇（あだ）になる。彼らとて、今回、流出した資料をみて人権的な問題であるし、おかしいということを半分くらいは理解していると思います。しかし、もう半分は警察の論理が刷り込まれてしまっていて麻痺している部分がある。これは私自身にも経験があります。警察回りをしている記者はまじめな記者ほど、だんだんお巡りさん化してくる。警察官化するほどネタが取りやすくなるということがあります。夜討ち朝駆け、徹底した聞き込み、ネタ元のネットワークづくり、そうした作業は捜査と酷似していて、記者の日常自体が警察官の生活パターンにも似ていく。それによってイデオロギー的なことというより、捜査員たちとの一種の戦友感覚みたいなものが育まれていく。それが秘密主義の捜査員の心を開いて特ダネにもつながる。もちろん、それは非常にヤバイ側面をはらんでいるのだけれど、結果として特ダネが取れれば会社からも褒められる。これが警察担当のパターンです。

彼らだってある種のメディア批判の論理というのは当然、分かっている。しかし、一方でこうした一線の記者から見れば、ありきたりの論理で警察を批判してネタが取れなくなるのはかえって困るというブレーキが掛かるのだろうと思います。麻痺してしまうことによって逆に食い込める。これは構造的な魔力というか、陥穽としか言いようがない。

うちの部（特別報道部）に限って言えば、うちは記者クラブには入っていないですから、警察批判も取り上げるし、こういう流出の話もばんばんやります。しかし、こういうどこか手控えるという心理はおそらくうちの社の警察担当記者に限った話ではない。それどころか、新聞記者に限らず、一般に政治家も含めて警察批判を避ける傾向はあると思います。政治家にしても、選出区の捜査２課にあれこれ腹を探られるのは怖いはずです。だってありとあらゆることをやられちゃいますから。批判をすれば、仇（かたき）をとられる。だから、警察は行政の中でも一番聖域として残るのだろうと思います。

田原　牧（新聞記者）

私が愛知県警を担当していたころ、外事課にも結構お世話になりました。随分、特ダネを取らせてもらった。ただ、取材をしていて公安はやはり怖いなと思ったことがあります。というのも、公安は私という人物を当然調べていて対応しているわけです。そこには記録があって、こいつは高校生のころからデモなんかに行きやがって、なんて腹の底では思っていたはずです。しかし、決して彼らはそれを夜回りの先でも口にしなかった。私がカイロ支局に勤務していたころ、レバノンで日本赤軍が集団で捕まる事件があった。公安担当の記者が警視庁で取材すると、「オマエのところの田原に聞けよ」と言われたという話を風のうわさで聞きました。おそらく、公安には私のファイルがあって、それは真っ黒なんだろうと思います。ただ、私が真っ黒であっても、それを当人の前ではおくびにも出さない。これが公安の凄みです。彼らはメディアにも政治家にも見えないところで、法律なんか関係なしで活動している。政治警察たる公安はそういう種族です。

今回の流出事件では彼らの脇の甘さがあからさまになった。イスラーム過激派対策なるモノについてのレベルの低さも酷いものだった。佐藤優さん的なインテリジェンス活動がどうのというレベルにはまったく、ひっかからないくらいに低い。しかし、メディアがそうした彼らの活動を監視し、変えていけるかどうかという問いを与えられれば、これはかなり絶望的です。この問いには決意や希望で語っても仕方がない。正直にいえば、私は公安警察が市民社会の隅々まで監視することはあっても、市民社会が公安警察の活動を制御できるという風には思っていません。おそらく無理でしょう。

梓澤　吉岡さんは個人情報保護法反対運動の中で注目すべき発言をされてこられましたが、今回のこの問題についてどう解釈されますか。お願い致します。

吉岡　先程申し上げたことにひとつ付け加えさせていただきます。ひとつの共同体・ひとつの国家は物語を中心に作られていくと申し上げました。私は一昨日まで被災地福島に、前々週は宮城県にいました。被災地にいるといろんな噂を聞きます。石巻や気仙沼では「中国人のグループが被災地に入って、壊れた家や瓦礫の下から金品を盗んでいる」と言われ、福島では「避難指示が出た空き家に外国人が忍び込み、荒らしまわっている」という噂を聞きました。２回や３回ではありません。10回以上聞いています。ただ、調べてみると、そういう事実は全くないのです。

そうやって噂が広まることで何が作られていくかというと、もちろん排外的な空気も作られていきますが、それと裏表の関係で、「健気に頑張っている日本人」という物語が作られていく。もともと自尊的にあった日本人の物語が再生産され、強化されていく。物語はこのようにたえず再生産され、われわれ自身の中に浸透していくということを知っておく必要があります。

その上で個人情報との絡みなのですが、個人情報保護法と住基ネットはセットになって2000年以降の日本の住民管理をやってきました。住基ネットが収集している個人情報は○○町や××市という自治体が、当該地域の住民情報にかぎってアクセスできる仕組みになっています。法律でそう決まっています。

ところが今回の大津波によってたくさんの役所がこの住基ネットの端末ごと流出しました。あるいは停電や故障によって、操作できないところもたくさんありました。こういう被災という大混乱の中で市民・住民のデータが全くない。この人は亡くなったのか、無事に生き延びたのか、そもそもこの人は住民基本台帳に載っているのかどうかも確認できなくなった。

結局、今回は非常措置ということで、大臣通達だと思いますが、別の市に居候せざるを得なくなった役所は、そこから自分の町の住民の基本台帳にアクセスできるような仕組みを作っています。これをどう見るか。被災した大変なところにいますと、この町の住民は安全なのか、ちゃんと生き延びているのか、亡くなったのか行方不明なのかを調べるために緊急の手段として「アリかな」とは思うのですが、しかし、これは一段落した段階で、そういう住基ネットの運用実態を検証し、国会なりできちんと議論する必要があると思います。このままなし崩し的に広域で運用してもよいということになるのは、行政と住民、権力と市民との関係を不健全にする、と私は考えています。

ついでに言いますと、災害からしばらく経って発見される遺体は身元確認が非常に難しい状態です。性別や着ている物の色さえわからないという遺体もある。こういうときの身元確認は歯医者に残っているレントゲン写真と歯形を照合するというのが一般的なのですが、今度の場合、町場で開業していたその歯医者さんも流されていて、カルテもレントゲン写真もありません。そうなると遺伝子による身元確認しかありませんが、これもなかなか進まない状況です。

もうひとつ、ついでですが、東日本大震災は三陸地方という日本の水産業の心臓部を襲ったのですが、水産加工業者や漁師さんの犠牲は案外少ない。昼間の操業中でしたから一斉に逃げています。ではどういう人が、２万人を超す死者・行方不明者になったかというと、その漁港の後ろに開けた町の住民です。いま言った歯医者さんや酒屋さんやパン屋さんとか、あるいは高齢者や病人で

吉岡　忍（ノンフィクション作家）

す。組織的に動けるところは逃げられたんです。そうでないところで働き、暮らしていた人たちが犠牲になった。

私はこの話をして何が言いたいのかというと個人情報保護法との絡みなのです。20世紀の終わりから今世紀の初めにかけて個人情報保護法制をどうするかとたくさん議論されました。そこで問題になったのは、ひとつは国家が一元的に一人ひとりの個人情報を管理することの是非です。かつてのような地域社会がなくなった後で国家がダイレクトに管理・支配することの問題点です。収集される情報によっては、その人の思想信条まで把握することができてしまう。

もうひとつは産業界が個人情報を何かの資源のように考え始め、ビジネスに活用していることの問題です。ある人物の収入や家族関係から消費性向や交友関係まで、現在のインターネット技術やデータ・マッチング技術を駆使すれば相当程度まで把握できます。それを使って、例えば携帯電話にいきなりＣＭが送信されてくるのは、今日では当たり前になりました。いったいこの状態を放置し、技術の発展に任せておくだけでいいのだろうか。

そのとき私たちが主張したことは、個人情報を扱う者が適正に扱っているかどうかについて、とりわけ行政がやることについて、きちんとした第三者機関を作るべきだということでした。官僚たちには見向きもされませんでしたが、しかし、今こうなって公安情報の流出問題を見てみますと、やりたい放題のことを、恣意的にやっていることがよくわかります。そして、この勢いは田原さんがおっしゃったように、いまの市民社会には止められないでしょう。それは、チェックする体制が全然ないからです。第三者機関というものをこの社会はきちんと持っていません。

第三者機関のように見える組織がないわけではありません。でも、大震災と原発事故でわれわれは経産省内の保安院という組織のことをうんざりするほど知りましたが、あれって何ですか？　そもそも原発の安全性をきちんとチェックする第三者機関として作られたはずですよね。でも、ほとんど東電の代弁のようなことをやっている。そんな第三者機関しか持ち得ない日本の社会の不甲斐なさも、今回の震災で露呈しましたし、実はこの公安情報流出問題でも露呈しているんだと思います。こうした公安警察の活動をチェックする第三者機関がひとつもない。これは市民社会として極めて未成熟なものだと思います。

梓澤　裁判所についてはどう思いますか？

吉岡　司法が第三者機関の役割を果たしているかということですか？　司法は三権分立のひとつとして、行政と立法に対する第三者、非常に重要なチェック・アンド・バランスの上に立たなければならない機関・組織としてあるはずです。しかし、原発の問題、戦後補償の問題、環境問題等を司法がどう判断してきたかを見れば明らかですが、行政の追認しかやってこなかったですね。まるで床屋談義のレベルです。非常に流されやすい、国家の物語に吸収されやすい組織になっている。裁判官も人ですから、流されやすいのはわかりますが、近代社会の原理をわきまえるのであれば、もっと独立した見解を持つべきです。でも、その蓄積がないですから、第三者として機能することについて、私はほとんど絶望しています。

青木　行政の個人情報収集や利用についての第三者機関がないというのはまさにそのとおりなんですが、警察に関して言うと、実はあるんです。公安委員会です。これは本来、すごく大切な組織なんです。先程申し上げたとおり、各都道府県警はそれぞれの都道府県の公安委員会の管理に服する。警察庁は国家公安委員会の管理に服するわけです。これは、逆コースを辿る以前のGHQの指示によって警察の民主的統制のために作られた、有益に使おうと思えば非常に有益な第三者機関なのです。ところがこれを、政治も悪いですしメディアなども悪かったのですが、警察官僚の手によって完全なる骨抜きにされてしまいました。警察不祥事が起きた時もなんのチェックもしていない。ほとんど警察庁あるいは都道府県警の幹部が地元の名士か何かを連れてきて「よろしくお願いしますね」と言ってほとんど何のチェックもさせないというものを作ってしまったのです。だから実を言えば、これは古くから言われてきたのですが、公安委員会制度をもう少し活用すれば、あるいは生きたものにすれば、警察の行き過ぎというのは相当チェックできるはずなんです。現状の骨抜きにされた公安委員会ではほとんど絶望的ですけれど。

保坂　吉岡さんが原発の話をされたので思い起こしているのですが、柏崎刈羽原発が燃えた事故がありましたね。2007年７月の中越沖地震です。あの時にやはり何が起こっているのかとなって、あの時安倍総理はヘリコプターで行ったのです。相当離れた所から説明を聞いて大丈夫だって言ってわかったと言って帰ったのですが、それが2007年です。その直後２回、３日目と７日目に原発の敷地に入って地震のすさまじい影響と地割れと破損したクレーンとか、あるいは使用済み燃料棒のプールから水が漏れていたとか、世に出ていない事実を記録した写真を撮ったり記者会見をしたりやったんです。たくさんの記者に生の写真を記者に配布しているのですが新聞は載せないです。そしてその後に起きてきたのは何だったかというと「原子力発電所は安全です」という大量のコマーシャル、あるいはコマーシャルと変わらないけれどもっと強烈な、東京電力を賞賛するようにテレビなどでは「東京電力はよくやったんだ」「日本の原発は優秀だ」という言説が流されるというのが2007年でした。

これは実は今も続いているわけです。重要なのはあれだけの地震が直撃し変電施設から火が出て燃えたということは大きな警告でした。地震に対する脆弱性や津波の影響なども度々原発訴訟で提起されていますが、それを全く理解せずというか吟味もしないで却下して、いわば電力会社側を勝たせてきたのは裁判所ですよね。今回これだけ重大な原子力事故の事態に至ったブレーキにならなかったのは司法ですよ。例えば最高裁というのは国民審査がありますが、その司法のいわば誤った判断に対して誤った裁判官クビにしようというふうになるにはずいぶん距離が、今のこの日本社会の状況を見るとあるように思います。

ただもうひとつは政治です。あの柏崎刈羽事故の後、普通なら原発がああいう形で地震の直撃を受けたら、他の原発は大丈夫なのかといって国会で特別委員会が作られて、集中的に色んな技術者やあるいは御用学者もあわせて対論させて、きちんと判断を下すというのが普通の政治の形だと思いますが、そういう主張は、国会では「奇抜なアイデア」として扱われ、「やろう」とは何とも言いにくい、笑いというか「まあ、ええじゃないか」という感じが支配するんです。要するに当時与党だった自民党は電力会社の強力な支援を受けているし、民主党の相当の部分で特に原発が議論される経済産業委員会だとか文部科学委員会だとかそういう所にいる人たちは、やはり原発を推進してきた電力会社や労働組合との関係が強いという構図の中で全く議論がされないわけです。つまり特別委員会どころかほとんどしっかりした議論がなかった。という構図は実は今もあるわけです。今も同じ構造なんです。そこが第三者機関ができにくいのっぺらぼうの、とにかく原子力産業というのもタブーのひとつです。あまりにも巨大で動いているお金が大きくて、メディアはそういう意味ではジャブジャブの広告費を使っていますし、そういった原子力担当の記者たちも非常に関係が深いから、今日のような報道になってしまう。

これらと同じように、個人情報をこのように、捜査というかめちゃくちゃな情報収集をしてそれがこうしてネット上に出るということについても、その根源に迫る議論がメディアや政治から聞こえてこない。そもそもこういう捜査そのものを今もやっているのかということを問うていく議論が、政治の場からも聞こえてこないことは非常におかしいし、それをやらせるように外側から声を出していくしかないのかなと思います。

梓澤　原発の方にいってテーマから離れたかと思えばさにあらず。先程保坂さんが、串刺しにされるシステムの問題はイスラム教徒に限らず大きく出ているだろうと言われたし、青木さんが、違和感を持たれれば誰でもやられるぞということをおっしゃったし、それから田原さんは、いやメディアも全然足止めにはならんでしょうねえと言いながらかなり絶望的なことを言われた。そして吉岡さんは第三者がそれを止めるというシステムを早く色んな意味で作らなければ、このイスラム教徒の個人情報の問題に限らずこの社会が破滅する方向に進んでいくのではないかとおっしゃった。すなわちこのイスラム教徒の人たちに対する捜査の問題は、非常に大きな不幸と災厄を被害者の方にもたらしましたが、実は人間的な考察や人間力をもって問題に対処するというそれぞれの社会の仕組みをこれから作っていくことに向けての、これをきっかけにしながらこの社会の仕組みを考えていくことに向けての警告を含んでいたのではないか。そういう意味で決して問題が飛んだのではなく、ひとつの問題に収斂していっています。

梓澤　これからこのシンポジウムをまとめる発言をそれぞれからいただき、それから会場からご意見を聞きたいと思います。田原さんからお願い致します。

田原　とにかく、こういう外事３課の活動のような愚かしいことは、いまもやめていないのでしょうけど、個人的にはさっさとやめていただきたいということに尽きます。感想めいた話になりますが、そもそも最大のテロの抑止力というのは友好だと思うのですが、それが壊れてしまっている。これだけイスラーム世界と日本の間に溝があいてしまった。そこには警察、政府に加えてメディアの責任もあるでしょうが、もうひとつ市民の責任もあると思います。私は個人的にムスリムの知り合いが多いのですが、いまはムスリムであるということだけでアパートが借りられないというような事態がしばしば起きています。具体的にはパキスタン人の人たちから、そうした話を聞いています。しかし、今回、こうした大震災があって、日本社会で冷遇されているそうしたパキスタン人のムスリムの人たちが、被災地にすでに７往復とか８往復とかという回数で救援物資を運んでいるのです。もし、私が彼らの立場なら、私は品性が卑しいので「日本人の異教徒め、ざまあみろ」と密かに思ったかもしれません。しかし、彼らは違う。人類愛とか、イスラームが本来もっている善の本質を彼らは行動によって示している。その様子を目の当たりにさせられて、日本人として彼らに何をしてきたのかを考えたときに本当に恥ずかしく感じています。

青木　警察に関してですが、先程僕は、ずさんであってデタラメであって、生き残りのために公安警察がこんなことをやっていると申し上げました。そのとおりなのですが、ただし超巨大組織ですから、それもほとんど実態の分かっていない、全国津々浦々に人員を配備している巨大組織ですから、本気になったら、そのパワーはもの凄いんです。

僕はオウム真理教事件の時につくづく痛感しました。この事件については色々なことを言う方がいて「実は公安は前からオウムにスパイを潜り込ませておいて、相当把握していたのに、あえて事件をやらしたんではないか」なんていう議論もあるのですが、僕の知っている限りオウム真理教に関して日本の公安警察組織は、警察庁長官狙撃事件が起きた1995年３月30日まではほとんど何もしていませんでした。ところが長官狙撃事件を捜査しろと言われ、組織を挙げて動き出した途端にもの凄いパワーを発揮するんです。それこそ各所で批判されましたけど、ナイフを持っているのは銃刀法違反、ホテルで偽名で泊まれば私文書偽造、およそあらゆる法令を駆使し、オウム殲滅戦とも評すべき怒濤の捜査を繰り広げ、末端信者まで片っ端からパクっていった。そしてあっという間にオウム真理教の組織を、彼らふうに言えば「徹底解明」するんです。それくらいのパワーを持っています。ひとたび動き出したらもの凄いパワーを持っている。

これは最近僕が知ってあるところに書いたのですが、警察が市民の個人情報を串刺しで持つことの恐怖ということも勿論なんですけれども、ほぼ90年代の末くらいに公安警察がどんどん斜陽になっていってしまうという中で、生き残りをかけて捻り出したもののうちのひとつが国際テロ対策の外事３課ですが、実はもうひとつ生み出したものがありました。それは「幅広情報」の収集作業というものを始めたのです。

公安警察というのはこれまで建前としては、いわゆる過激派および日本共産党あるいは右翼団体、朝鮮総連というものを監視し情報を収集し、協力者というスパイを育成する作業を続けていたのですが、それでは組織が斜陽になっていってしまう、斜陽になってダブついた人員を利用するということで、公安警察のネットワークを使ってありとあらゆる情報を集められるじゃないか、もっと言えば今やっている諜報活動の中で本当は集めようと思えば集められるのにこぼれ落ちちゃっている情報があるのではないか、それを集めて活用しようじゃないかということを始めたんです。僕の知る限り90年代の終わりから始めたようです。これを「幅広情報」と言っているのです。

何が重視されているかというと、ふたつあって、ひとつは政治情報です。一般政治情報。別に与野党を問いません。もうひとつはメディア工作です。彼らがどんなことを知ろうとしているかというと、どうやら中央政界・地方政界を含めた情報を掻き集めているのです。ちょっと前に聞いたのですが、警察庁警備局に取りまとめている部署があってFAXロール１巻が１日でなくなるくらいの幅広情報を集めていて、それを警察庁の警備局長を通じて警察庁長官に上がっているというのです。

この幅広情報を集めるチームを公安警察内部で「Ｉ・Ｓ（アイ・エス）」といいます。これはインテリジェンスサポートとかインテリグレーテッドサポートとか色んな説があるらしいのですが、Ｉ・Ｓチームという符丁がつけられています。そのメンバーと接触して話を聞いてみると、最近どんな指示が下りてきたのと言えば、中井洽氏の国家公安委員長就任が決まったら彼の周辺情報を集めろという指示がきたそうです。僕は中井さんがあまり好きじゃないから「あんなの調べた方がいい、とんでもない奴だ」と言ったのですが、実は恐ろしい話なんです。これはこんなことやらせたら警察が政治を動かしかねない。自民党が一党独裁政権時代には自民党と公安警察の距離というのが極めて近く、政治の意向によって公安警察は動いていたところが相当あったのです。共産党だったり過激派だったりを監視し、そして集めた情報を自民党の有力議員とかにあげていて、それはそれでヒドい話なんですが、まだマシなんです。政治の意向で警察が動いているのであったら、ある意味では政治を通じて市民の意思が警察に反映されているからいいんですが、警察が幅広情報と称してありとあらゆる政治関連情報を集め始めて、たとえば中井洽公安委員長の情報を集めろと言って、下手したら集めた情報を使って警察は国家公安委員長を脅し上げる可能性があるんです。実際に脅しているかどうか知りませんよ。しかし、そういうことに彼らはどうも生きる道を見つけ出しつつある節があるんです。

公安調査庁もそうだったのですが、斜陽になったときに「これから俺たちは公安情報の総合官庁になるんだ」と言ったのです。どういうことかと言うと、今までは共産党や過激派ばかりだったけれど、もっと幅広い情報を集めて色々流用できるのではないかと彼らは考えたのです。公安調査庁なんて無能官庁ですからどうでもいいのですが、警察が本気でこれをやったら本当に怖いんです。個人情報を警察が串刺しにして持つ怖さと、もうひとつ政界情報のようなものを集める、すなわち警察が本来やっていい仕事ではないようなこと、つまり全国に張り巡らされた公安警察網を使って幅広い情報をかき集めて警察庁の警備局および警察庁長官に集めるようなシステムを作ってこれを利用するようなことをさせてはいけないということです。そんなことを許せば本当に政治を警察が支配しかねない。相当怖いことになる可能性があるということを最後に言っておきたいと思います。

吉岡　付け加えることもないのですが、先ほど私は第三者機関を作るべきだということを言いましたが、実は私は放送倫理番組向上機構（BPO）の放送倫理検証委員会の委員をやっています。放送界のいわば第三者機関なのですが、年に２万３万件と寄せられる視聴者意見を見ていて、気になることがあります。それは「この番組はおかしい」という意見の多くに、「政府はもっと放送局を強力に指導すべきだ」という要望がついてくることです。メディアの不祥事でも、一般の事件でも、すぐに「総務省はもっと取り締まれ」「警察はもっと厳しくせよ」と、市民自身が言い始める。権力や行政が民間を管理監督するのが当然だ、という意識がこの市民社会にはかなり濃厚に染み渡っています。

第三者機関はこういう意識に対しても、いや、そういうものではないだろう、市民社会の原則は自治であり、何かもめ事が起きたときは、まず自分たちで解決していくんだ、ということを強調しなければならない。世の中に管理と被管理、支配と被支配という二元的な硬直したシステムしかないこと自体が、社会として未成熟であって、民主主義社会を豊かに面白くしようとするなら、いろんな場に自立した第三者的な機能が必要なんです。それは手間がかかったり、まどろっこしかったりするかもしれませんが、清潔で効率的で、ぎすぎすと息苦しい世の中よりずっといいんです。

ですから今回のこの問題についても、そういう公権力によってコントロールされることがもっとも清潔でもっとも効率的でもっとも安心できる世の中である、というような社会的気分を、一方でどう変えていくのか、そうならないためにどうすればよいのかという観点から見る必要があると私は考えています。

梓澤　今日の議論の進行を振り返って、もう一度強調して原点を押さえておきたいのは、公安調査がイスラム教徒の内面・内心に入り込んでその個人の尊厳を蹂躙し尽くしたということが許しがたいことであると。しかしながらそれを第三者的にチェックする仕組みがこの社会にはまだ備わっていない。そのことに向けてこの事件は大いなる警告を発したんだということがひとつです。

もうひとつは原発問題に関連して議論が発展しましたが、警視庁警務部参事官のあの謝罪会見を思い起こすと、東京電力の記者会見と極めて重なり合います。この加害の場面にいた人の人間としての声が聞こえない。私も東京電力の記者会見に行きましたけれども、人間としての悔恨の声や悔みや被害者の痛みに共感する内面の声が全く聞こえてこない。この仕組みを変えなければこういうことは何回も繰り返されるだろう。このことに向けて私たちは挑んでいかなければならないだろうと思います。
そして最後に、被害者たちと弁護団は今、警視庁の非人間的な行為に対して、そして謝罪の声ひとつ聞かされていないこの仕組みに対して徹底的に抗議をするために国家賠償請求訴訟を準備しております。

青木　国家賠償請求訴訟は、ぜひやってほしいと思います。警視庁警務部参事官がああいうふうに言った以上、地震があったのでどうなるか分かりませんが、警察としてもどこかで区切りをつけなくてはいけないのは間違いないんです。重要な話ですが、2010年の12月24日に警視庁警務部の参事官が記者会見し、流出文書について「警察内部資料の蓋然性が高い」と歯切れの悪い釈明に終始しました。実はあれは大失敗なのです。蓋然性が高いけれどよく分からないならば、捜査部門である公安部の幹部が記者会見して言わなくちゃいけないんです。警務部参事官というのは人事１課長兼務なんです。公安部が会見するのならともかく、人事１課長を兼務する警務部参事官が会見するというのは、いくら歯切れが悪くとも、要するに「我が庁の不祥事です」ということをあの会見は認めたんです。自分たち警察が不祥事ですと認めているんだから、訴訟で勝てる可能性がだいぶ高いです。ぜひ頑張ってください。

第Ⅲ章

資料集「公安テロ情報流出資料」

流出資料編集にあたっての本書の方針

今回の流出資料の中には、日本の捜査当局が行ってきた数々の違法捜査や、イスラム教徒に対する偏見に基づいた情報収集の実態が如実に記載されていたことは、本書で多くの論者が触れたとおりである。

それらの中には大量の個人情報、ことに本人にとって知られることを欲しないセンシティブ情報、更には誤解や偏見に基づく誤った情報、名誉毀損を構成する情報が含まれていた。こうしたセンシティブ情報や名誉毀損を構成する情報が一般に公開され、情報をさらされた個人や団体が被害を受けることは、断固として容認してはならない事態である。

しかし一方で、数々の違法捜査や偏見に基づく情報収集の実態を示す資料の多くは、公安警察の実態に対して適切な批判を加えるための前提資料となるべきものであり、闇に葬り去られてしまってよいものではなかった。

そこで私たちは熟慮に熟慮を重ねた末、流出資料の全体を仔細に検討し、センシティブ情報や名誉毀損を構成する情報については慎重にマスキングを加えたうえで、重要と思われる箇所につきこれを積極的に世に問うこととした。

なお、慎重を期したため、過去の裁判例等によればあえてマスキングする必要のないと思われる箇所についても、マスキングした箇所があること、また、第Ⅰ章、第Ⅱ章の個別の論考における各著者のマスキングの基準と本章における基準とは必ずしも一致するものではないことをお断りしておきたい。

本章における具体的なマスキングにおける方針は以下のとおりである。

1. 個人のプライバシー権を侵害する記載については、全てを黒塗りにした。これには、テロリスト関係者として捜査対象となりその情報が掲載されている全ての個人の情報（氏名、住所、家族関係、海外渡航歴、行動内容、預金口座情報等）が含まれる。
2. 国内外の公務員の個人名等は、必要に応じて黒塗りした。これらの多くは、公表が禁止されるプライバシー情報には当たらないものと考えられるが、私たちは本書で組織としての公安警察の在り方や責任に対して問題提起を行うことに主眼を置いており、その目的に沿うか否かで判断を行った。
3. モスクの名称・場所等については、容易に知りうる情報ではあるものの、本書の内容に鑑み、当該モスクに対する嫌がらせを回避し、静謐な宗教的環境を保障するため、かなりの部分を黒塗りにした。
4. モスク以外の諸団体や企業・店舗等についても、嫌がらせを回避するために、記載上テロリズムとの関連が疑われている場合には、必要に応じて名称・住所等や関係者の個人情報を黒塗りにした部分がある。
5. なお、黒塗りにした部分については、必要に応じて、記載内容が分かるよう説明を加えてある。

【資料１】

[redacted]

取扱注意

平成19年9月10日
平成20年7月9日まで保存

実態把握強化推進上の要点

1　実態把握の対象

イスラム諸国会議機構（OIC）の国籍を有する者及びその他の国籍を有するムスリム。

※　ムスリムとはイスラム教徒をいう。OIC加盟国56か国1地域の国籍を有する者の把握を最重点として、把握した場合は全て公安係に報告すること。その他の国籍を有するムスリムとは、OIC加盟国以外の国籍を有する者で、言動、服装等からムスリムと認められる者。

なお、ムスリムか否かの判別が困難な場合は、活動報告書等により公安係に報告し、判断を任せること。

2　報告要領

(1)　必要事項

①　国籍

※　中国は「新疆ウイグル自治区」、フィリピンは「ミンダナオ島」、タイは「ヤラー県」、「ナラーティワート県」、「パッターニ県」出身者に限定します。

②　氏名

③　生年月日

④　住所（管内の新規対象国人等は、必ず居住確認の有無を記載すること）

⑤　報告者の係、官職、氏名、職番、入手の端緒（巡連、職質、交通取締りなど）

(2)　報告先

上記必要事項を活動報告書又は各署で定められた書式に簡記し、公安係に報告。

なお、活動報告書の件名は「実態把握について」とすること。

3　巡回連絡推進上の具体的着眼点

(1)　安価なアパートに的を絞る

対象の8割以上が、集合住宅（寮を含む。）に居住している。民族的特性等の理由から、短期間での転居を繰り返す傾向があるので、巡回連絡カードが提出されていても必ず人定を確認すること。

(2)　稼働先に対する巡回連絡

ア　外国人を雇用している企業・会社

外国人を雇用または研修生として受け入れる企業等では、外国人が頻繁に入れ替わることが多いので、定期的に訪問すること。また、企業が賃貸物件を外国人の社員寮としている場合もあるので、社員寮の有無に関しても漏れなく聴取する。

イ　イスラム諸国出身者が経営する店舗

イスラム諸国出身者は、中古車業者、貿易会社、絨毯業者、レストラン等を経営し、同国出身の従業員を稼働させていることが多い。また、同国人の一時滞在場所となっている場合もあるので、既把握の店舗であっても、まめに立ち寄り、補充カードの作成（補正）を依頼すること。

なお、カレー店や居酒屋チェーン店などの飲食店においてイスラム諸国出身者の稼働を数多く確認していることから、漏らさず巡回連絡を実施すること。

ウ　社員寮（町工場、土建会社、新聞店等）

必ずしも社長や所長との面接にこだわることなく、実際に社員等の管理を担当している者と面接し、補充カードの作成を依頼すること。また、防犯指導を兼ねて、可能であれば定期的に訪問すること。

(3)　学生寮等に対する巡回連絡

個人情報保護を理由に、学生寮や学生会館等に対する巡回連絡を拒否された場合は公安係に報告し指示を仰ぐこと。また、居住者の入れ替えが頻繁であることから、定期的に実施すること。

4　巡回連絡推進上の留意点

(1)　宗教に関する言動は慎む。

(2)　外国人の狙い撃ちと思われないよう、言動や手法には留意する。特に警ら中、外国人だという理由だけで、声かけ、職務質問を行い、人定事項を確認することのないように注意する。

(3)　昼間帯は不在が多いので、幹部承認の元で、夜間・休日に重点的に実施する。

(4)　名義や表記は日本人配偶者になっているケースもあるのでよく確認する。

【資料２】

秘

秘（外３．２）第１号
平成１６年３月１８日
平成１６年12月31日まで保存

関　係　所　属　長　殿

外　事　第　三　課　長

国際テロ関連実態把握の集中的な推進について

今回「国際テロ関連実態把握の集中的な推進について」（秘（公．外３．２）第４号）により期間を指定し対象国人の実態把握等を強力に推進することとなりますが、諸情勢に鑑み、昨日「国際テロ関連実態把握の実施期間の変更について」（秘（公．外３．２）第５号）により実施期間を「３月２２日から」と変更しましたので、誤りのないようにお願いします。

なお、基本通達及び同別添に補足して、以下実施要領等につき連絡をすることとしましたので要員の指定等の参考にして下さい。

記

1　趣旨

現在、各種通達等により国際テロ対策を推進中でありますが、各署から報告を受け、当課で把握している外国人の居住実態と入管統計を比較しますと

統計上の都内居住対象国人　　　　約４万人
把握している都内居住対象国人　　約４千人

と大きな隔たりがあるのが実態です。各種国際テロ対策を進めていく上で、管内にどれだけの対象国人が居住し、どのようなコミュニティを形成しているかを把握しておくことが極めて重要です。

また、集中的かつ頻度の高い管理者対策の推進により、不審情報を直ちに把握できる体制の構築が急務です。本部としても専従体制をとるほか、方面指導官を指定することとしておりますので、各署にありましては、外事担当以外の専従員の指定、署情に応じたプロジェクトの編成等により、この機会に徹底した実態把握をお願い

するものです。

2　実施期間

本年３月２２日から６月３０日までの間

3　体制

(1)　本部

ア　専従体制

外事第三課長を責任者とする、全課体制

イ　指導体制

[redacted]理事官以下１５名

担　　当	指　導　官	補　　助　　者
総括指導 （連絡先）	[redacted]理事官（外三） ５８５０５	――
１，２方面担当 （連絡先）	[redacted]管理官（外三） ５８５１０	[redacted]係長・[redacted]主任（外三） ５８５８１～２
３，４方面担当 （連絡先）	[redacted]管理官（外一） ５８１１０	[redacted]係長・[redacted]主任（外三） ５８５５１～２
５，10 方面担当 （連絡先）	[redacted]管理官（外二） ５８３３０	[redacted]係長・[redacted]主任（外三） ５８５４１～２
６，７方面担当 （連絡先）	[redacted]管理官（公一） ７８５１－５７１０	[redacted]係長・[redacted]主任（外三） ７８５４－５８５１・５８５４
８，９方面担当 （連絡先）	[redacted]管理官（公総） ５７２２０	[redacted]係長・[redacted]主任（外三） ５８５５１～２

※　上記指導担当が実施期間中に督励・指導する予定です。

(2)　警察署

専従員の指定

各署外事担当以外から少なくとも１名の専従員を指定して下さい。

※　指定については公安経験者等で他の係員でも可能です。

※　署情に応じて可能であればプロジェクト的体制をとって実施して下さい。

※　３月１９日（金）までに専従員の所属、階級、氏名、年齢を「けいしWAN」により、外事第三課二係宛報告（報告書式については別添１のとおり）

4　重点推進項目及び推進要領

(1)　管内に居住あるいは勤務する対象国人の実態把握

巡回連絡、交通違反、事件・事故の取扱、不動産捜査、各種取扱などあらゆる警察活動を通じて対象国人の実態把握に努めていただくことになりますので繰り返し署員に意識付けを行う等積極的に働きかけを行って下さい。

既存資料について再度見直しを行い（当課資料についても別途管轄署毎に発送します）単なる数字の報告にならないように留意願います。

なお、インドネシア、フィリピン、マレーシア及びシンガポールの出身者については従来どおり２０～５０歳の男性に限り報告して下さい。

(2)　管理者対策の強化

管理者対策は、既に把握済みの海空港、ホテル、ソフトターゲット、レンタカー、小型航機機等の管理者等、化学剤等保有業者、病原体取扱大学病院研究室の管理者等、中古車業者等に対し、一方的に実施して終わりにすることなく、集中的、かつ頻度の高い管理者対策（２週間に１回を目途）を推進し不審情報を入手した場合の速報体制を構築して下さい。

なお、情報提供依頼に際しては、対策に応じて、不審点の具体的事例（着眼点）を示して不審情報の入手に努めて下さい。

(3)　モスク等の集中的実態解明

当面、４月２日から期間中の毎週金曜日

○ [redacted]　[redacted]
（[redacted]・[redacted]署管内）

○ [redacted]　[redacted]（[redacted]署管内）

○ [redacted]　[redacted]（[redacted]署管内）

の３施設の金曜礼拝参加者に的を絞り、指定署と外事第三課の合同による集中的実態解明（行確）を実施するので要員を派遣していただくことになります。

指定区分については

１・２・６方面の各署　[redacted]

３・４・５・１０方面の各署　[redacted]

７方面の各署　[redacted]

※　８・９方面については別途指示とし、島部及び他の礼拝施設を管轄する署は除きます。

※　礼拝施設を管轄する署にあっては、今後視察報告を行う際、概ねの礼拝時間についても報告願います。

※　第１回目（４月２日）については、指定各署の１名を当日午前９時３０分までに外事第三課浅草分室（第六方面本部１階）に集合をお願いします。指示の後、各対象毎に金曜礼拝参加者の人定確認作業に従事していただきます。（服装随意、７方面の各署については９時００分までに集合）

※　取扱等署情により欠席する場合には、事前に担当デスク（[redacted]）まで連絡願います。

※　第２回目以降については

[redacted]は麻布署講堂

[redacted]は本部１４階公安指揮所

[redacted]は[redacted]署（部屋については別途連絡）

に午前１０時３０分集合とします。

※　礼拝参加者の人定確認については、確実な書類等で確認をお願いします。

解明作業について調査不可能な場合又は他所属管内の勤務先に追い込み解明作業に調整を要する場合（管理者対策を所轄署に委ねた方が実効が上がる場合等）には、その都度、担当班で検討・調整を行います。

※　作業の合理化を図り、また重複を避けるため作業の進捗状況（追い込み先、基調関係で判明した事項等）をその都度担当デスクに報告して下さい。

※　行確実施後（週明けの早い時期に）当課で作成する、当日の礼拝参加者の資料を確認していただき、いわゆるタマ違いや事後の重複を避けたいと思います。

※　行確・解明結果については、別添２報告用紙の形式で「けいしＷＡＮ」で報告願います。

5　報告要領

(1)　実態把握結果

新規に対象国人を把握した場合には、その都度「けいしＷＡＮ」（所定エクセル形式）により下記係宛報告

(2)　管理者対策実施結果

実施結果について月２回（１５日及び月末迄）「けいしＷＡＮ」にて報告すること。なお不審情報の入手については速報

(3)　礼拝参加者の解明結果

解明終了時、「けいしＷＡＮ」（別添行確・解明結果報告書）により下記係宛報告

6　対策推進上の留意事項

作業については秘匿を原則とし、人権に十分配意をお願いします。（地域係員等に対しても同様の指示・教養の徹底をお願いします）

7　評価及び表彰関係

本期間中に限り、推進項目に関する各種報告に対し、通常の評価点数から割増加点することとし、表彰基準にあってもモスク出入者の解明作業につき課長賞の上申対象（新規解明１件につき課長賞３級）とします。

なお、各種推進結果については、監察項目とする予定です。

《報告及び本件に関する問い合わせ先》

外事第三課

○管理官：警電[redacted]

○係　長：警電[redacted]

○第二係：警電[redacted]

○ＦＡＸ：警電[redacted]

○けいしWAN：外事第三課第二係（[redacted]）

平成19年12月18日

１９．１２．１８　署公安・外事担当課長等会議指示（案）

１　はじめに

北海道洞爺湖サミットまで、いよいよ半年、さらに、最も早い閣僚級会合である開発相会合までは3か月余りとなった。サミット対策も本格的に取り組んでいただくことになるが、今一度課長、代理の皆さんに確認していただきたいのは、国際テロ対策業務が担当者任せになっていないか、ということ。

言うまでもなく、今回のサミットの新たな、かつ、おそらく最大の脅威は国際テロである。しかし、皆さんの中には、まだまだ「自分は極左担当（又は総務担当、右翼担当）で飯を食ってきたし、外事は担当に任せておけばいい」「国際テロ対策業務はカタカナが多くて苦手だ」「国際テロなんて日本で（又は自分の管内で）起こるはずがない」というように、意識改革ができていない方もおられるのではないかということを懸念している。幹部がそうした姿勢を見せてしまうと、部下は敏感にそれを感じ取り、幹部が顔を向けている方向を伺いながら仕事をするようになってしまう。毎回の重目会議で申し上げているとおり、必ずしも管内の重目施設の有無に関係なく、代理等担当幹部の取組み姿勢がよい署は実績を上げている。

過去、日本は、アル・カーイダ幹部から、英国、スペイン、豪国、イタリアなどとともにテロの標的として名指しされ、このうち、英国、スペインでは実際にテロが発生し、豪国、イタリアではイスラム過激派によるテロ計画が摘発されている。さらに、我が国でも、米国により拘束されたアル・カーイダ幹部が、実際、東京で在京米大に対するテロを計画していたことが明らかになっている。こうした中で今回のサミットを迎えるのであり、限られた捜査力をどのように配分するか、幹部として改めて検討していただきたい。

２　対策

次に運営重点に沿って、かつ、ポイントを絞って対策について説明。

（1）イスラム・コミュニティの実態把握

ア　他部門との連携による対象国人等の居住実態の把握

仮に海外からテロリストが我が国に入国してテロの実行を企図するならば、ほぼ間違いなく我が国に存在するイスラム・コミュニティの支援を必要とするはずであり、また、最近のテロ事件をみると、移民やその二世等、既にその国に定着した者がテロを敢行していることにかんがみても、平素から、管内に所在するイスラム・コミュニティを把握しておく必要がある。

こうしたことから、現在、各署においては、鋭意居住実態の把握を推進していただいているが、今後は各署への作業依頼が増加し、専務係の業務負担が増大することが予想されることから、特に地域係の巡回連絡を始めとする、他部門の執行務を通じての実態把握の推進をお願いしたい。その意味でも、現在実施しているポイント制による特別表彰をテコに、サミットまで挙署一体となった取り組みを恒常的に推進していただきたい。

なお、居住実態の把握は対象国人を優先的に行うこととなるが、最近の外国における「国産テロリスト」によるテロ事件を見てみると、必ずしも対象国出身の者によるものに限らず、対象国以外の国出身のムスリムによる例もみられることから、実態把握活動に当たっては、非対象国出身外国人であってもムスリムかどうかの見極めも確実に行うようお願いしたい。

イ　蝟集場所の発見

各種会議で繰り返し述べているとおり、平成17年のロンドン同時多発テロ事件以降、最近のテロやテロ未遂事件において、首謀者らが、テロ実行に先立ち、謀議や実行犯のリクルート等に閉鎖性のある蝟集場所を利用しており、こうした閉鎖性のある蝟集場所が、過激思想の温床となっていることが判明していることから、引き続き、蝟集場所の発見をお願いしたい。

とりわけサミット直前期までには、出入り者や内部の動向の解明等、容疑解明に全力で取り組んでいただきたい。

（2）不審外国人・グループの情報収集・容疑解明

ア　提報者作業や実態把握活動を通じた不審情報の収集

これまで推進してきた提報者作業は、対象と仲良しになることが目的ではなく、あくまでもイスラム・コミュニティ内のセンサーとして、国際テロ容疑情報を収集することが目的。そこで、これからサミットまでの半年間は、特に不審情報の収集に重点指向した作業の推進をお願いしたい。この際、必ずしも協力度の高くない提報者については、思い切って打ち切ることも視野に、量よりも質に重点指向した作業をお願いしたい。当課としても、不審情報を従来以上に重点的に評価する。

また、現在推進している実態把握を通じて、これまでに把握していなかった対象者を数多く把握するに至っているが、こうした者の中から新たに提報者を設定することもあると思うが、その際は、これまでテロ対策上重要であるにもかかわらず、本数の少ないアラブ諸国（特にマグレブ諸国）出身者に重点指向していただきたい。

一方、新規に把握した者の中で、稼働実態、居住形態、警察に対する態度、服装等から判断して不審性を有する者を抽出し、不審情報として報告していただきたい。

なお、不審情報に基づき、本部が入って解明した署に対しては、これまでも部長賞を授与しているところ。

イ　積極的な捜索の実施

対象国人を検挙した際の捜索は、イスラム過激派やテロのインフラの発見、テロ容疑性の抽出にとって極めて有効な武器であることから、地域や交通で対象国人を取り扱った場合はもとより、刑事・生安・組対等の各部門において対象国人を扱った場合も、必ず係へ通報が来る体制を築き、また、合摘を実施した際にも、対象国人については安易に６２条通報で済ますことなく、警察において捜索を実施するよう心掛けていただきたい。

また、捜索時の留意点は改めて今月の「情勢」に述べているので、帰庁後確認していただきたい。

（３）　管理者対策の強化

ア　化学剤取扱業者に対する管理者対策

本年６月に検挙した爆発物取締罰則違反事件を通じて得た反省教訓事項について。すなわち、

①　本件では、被疑者は、様々な業者から原材料となる化学剤を購入しており、その際、それらの業者は、特段不審に感じることなく、容易に化学剤を販売しているなど、化学剤取扱業者の危機意識が依然として希薄。

②　本件被疑者は、店舗だけでなく、インターネット販売を通じて原材料となる化学剤を購入していたことから、店舗に対する管理者対策だけでは十分ではなく、無店舗型のインターネット販売業者の発見、及びこれらに対する適切な管理者対策も併せて行っていく必要。

③　爆発物を製造しようとする者は、事前に在庫や取扱いの有無を確認した上で購入するのではなく、とりあえず薬局、薬店に問い合わせをする可能性もあることから、７品目の化学剤を取り扱う業者に絞った管理者対策では十分ではなく、オキシドールや尿素などを販売している全ての店舗に対して、網羅的かつ恒常的に管理者対策を実施する必要。

各署にあっては、現在、化学剤取扱業者に対する積極的な管理者対策を行っていただいており、店舗数的には相当な量に上っているが、巡回指導で当課から指導したとおり、今後も繰り返し訪問し、不審動向を積極的に通報してもらえるよう、人間関係作り及び教養を徹底すること。

イ　外国人が宿泊すると思われるホテル等に対する管理者対策

ホテル等の旅館業者に対する管理者対策では、皆さんの努力により、対象国人の宿泊情報については取れるところが多くなってきたと承知。一方、課題は、外国人の宿泊者のパスポートのコピーの保存。当庁管内ではまだ７割弱しか実施されていない。（未だ厚生労働省からの指導が周知されていない

のか、周知されていて実施していないのか事情は様々であろうが、今回の旅館業法施行規則改正がテロ対策のためであることを理解していない都や各特別区の衛生部局からの指導が期待できない中、）今後は、特に外国人の利用率の高い宿泊施設などのうち、厚生労働省通知の内容を実施していない旅館業者に対して、管理者対策を一層強化し、来日した外国人宿泊者のパスポートは全てコピー保存させるとともに、すべての旅館業者について、不審な外国人の来訪を直ちに通報してもらえる体制を構築かつ維持していただきたい。

ウ　その他の管理者対策

これ以外の管理者対策（レンタカー業者、インターネットカフェ等）についても、実態把握、管理者対策がむらなく恒常的に行われているか、担当者任せにすることなく、常に幹部自ら確認を行うこと。

3　おわりに

以上述べてきたが、冒頭述べたように、４月の開発相会合を皮切りに、５月、６月になるとほぼ毎週のように閣僚会合が開催される状態になる。今後どのようなスケジュールで業務を推進していくのか、よく業務管理をすること。

また、先ほども述べたように、これからは徐々に各署への作業依頼が増加することが予想されるが、その際には、速やかな対応を是非お願いしたい。

【資料4】

平成20年6月13日
外事第三課

サミット本番に向けた首都圏情勢と対策

1　情勢

米国は、本年4月30日、「2007年テロ年次報告書」を公表し、国際テロの情勢について、「アル・カーイダが、米国及びその同盟国にとって最大の脅威であるとの認識に変化はない」と述べるなど、依然、G8各国に対するイスラム過激派によるテロの脅威は深刻です。

わが国でも、サミットを直前に控え、本年4月、国際テロ組織アル・カーイダのナンバー2とされるアイマン・ザワヒリが、日本が攻撃対象として、「日本は、イスラムの土地に対する十字軍(遠征)の共犯者である」として、テロの可能性に言及したほか、5月には日本のアニメの表現が、「イスラムを冒涜している」として、イスラム教徒の反発を招いた事案も発生しいます。こうしたことから、これらの情勢に触発されて、過激化した個人などがサミットの機会にテロを敢行する可能性も懸念される情勢にあります。

警視庁公安部は、特に注目すべき最近の国際テロの傾向として、①ホームグローン・テロリストの出現、②手製爆弾の使用、③ソフト・ターゲットが狙われている、という3点を掲げ、その対策に取り組んでまいりました。3年前の「グレンイーグルズ・サミット」開催期に発生した「英国・ロンドンにおける同時多発爆弾テロ事件」では、非イスラム圏で生まれ育ちながら、何らかの影響で過激化した「ホームグローン・テロリスト」が、手製爆弾を用いて、首都の公共交通機関を狙ってテロを敢行しました。今次サミットも、サミットは北海道洞爺湖で開催されますが、あくまでも「首都東京が主戦場」との認識の下、各種対策に取り組んでおります。

2　対策(今後の予定に係る内容はすべて12日現在のもの)

現在、国際テロ対策としては、外事第三課長以下216名体制で、以下の各種対策を強化推進しております。

(1)　対象国人(イスラム諸国人)等の実態把握

イスラム・コミュニティーがテロのインフラとなり得ることから、イスラム諸国人の実態把握率向上を目的としてポイント制による特別表彰を実施してます。これまでに約12,677人(H20.5.31現在)(都内のイスラム諸国外国登録数14,254の約89%)を把握しデータ化しています。

(2)　各種管理者対策

化学剤取扱業者、ホテル、レンタカー、インターネットカフェ、ハラール・レストラン、中古車業者等テロのインフラとして利用されるおそれのある業態ごとに、時期を指定して強化期間を設定の上、各警察署において当該業態の管理者と面接させ、不審情報の収集及び即報体制を強化しています。化学剤取扱業者に対する対策の成果としては、薬局からの通報により、手製爆弾(TATP)を自宅で製造していた日本人男性の発見・逮捕に至った好事例も報告されております。また、担当課による粘り強い対策の結果、現在、都内に本社を置くレンタカー業者大手4社(トヨタレンタリース、ニッポンレンタカー、オリックスルレンタカー、ニッサンレンタカー)から、照会文書なしで利用者情報の提供が受けられる関係が構築されており、特にイスラム諸国人等が利用する車両に係る情報については、現場での検問に資すると思われることから、当該情報の警備部との共有について、現在、細部を調整中である。

(3) ホテル対策

ホテル対策については、①不審情報認知時における警察への通報、②外国人旅券の写しの保管の徹底、について、管理者対策を推進しています。5月末現在、外国人が利用する 686 施設のうち、旅券の写しを保管していないのは 177 施設(旅券写し保管率 74%)であるため、引き続き、粘り強く協力を働きかけています。

(4) 不審者情報の収集活動の強化

担当課では、提報者、管理者、一般人等による情報提供を通じて入手した国際テロに関する容疑が払拭できない不審な情報を「不審情報」と定義して、各警察署に挙署一体となった情報収集体制の確立と容疑解明の徹底を指示しています。本年1月 24 日から6月 11 日までの報告件数は 209 件(入手経路:管理者 120 件、提報者 25 件、巡回連絡 23 件、その他 41 件)に達し、継続案件については 21 件となっています。

(5) 要警戒対象者警戒の強化

サミットに向けて、テロ等の不法行為を行うおそれのある者を要警戒対象に指定し、6月 23 日からサミット終了までの間、常時厳重な視察・行動確認を実施して容疑解明を強化推進する予定です。現在、鋭意警戒対象を選定中ですが、ネット上のチャットルームで過激な言動を繰り返すイスラム諸国出身者や、テロ組織のメンバーを自認するイスラム諸国出身者らが候補に挙がっております。また、併せて都内のモスク・礼拝所に対する視察体制を強化して出入り者の実態把握を強化します。

(6) 来日者対策

4月1日から来日外国人の査証申請に係る情報に基づき、①当該来日者の国内の招聘元に関す適格性調査、②滞在予定のホテル等に対する宿泊事実の調査を行っており、5月末までに、招聘元への調査については 675 件、宿泊事実については 2,887 件を実施しています。

さらに、来日者対策をより万全なものとするために、6月 23 日からサミット終了までの間、来日者が記載した ED カード(出入国記録カード)を閲覧した上で、国際テロ対策上の注意を要する対象者に関し、都内の滞在先を把握・確認する作業を実施する予定です。

平成 21 年 1 月 14 日
国際テロリズム対策課

関東地域国テロ担当補佐等会議概要（1/9：警察庁）

1　国際テロリズム対策課長訓示

昨年末に新たな通達を発出したところであるが、今春の人事異動も踏まえて確実に後任者に伝達できるようにしておいてもらいたい。大きな組織になればなるほど担当が細分化され、伝達に齟齬が生じることとなるので配意をお願いしたい。

私からは通達に関する概括的に話をしたい。

まず、第１点目は、爆発物原材料業者に対する管理者対策である。これは単にホテルに宿泊されたとは次元の違う問題であり、これが失敗するのと成功するのとでは大きな違いがある。

これに関して各県の知事部局には肥料取締法に基づく取扱業者のリストがある。７品目とはいっても硝酸アンモニウムと尿素のみではあるが、そこからリストをもらっていると承知している。それを通じてサミット対策で実施した管理者対策では把握していなかった新たな業者も浮上し増えているはずなのに、一方、全国規模で調査を行うと把握業者が変わっていないとか減っているというありえない状況も起こっている。別にこれまでの管理者対策が不十分だったと責めるつもりはないので、新たな業者を把握したのであればそれらに対する管理者対策を行っていただきたい。

また、インターネットで取扱っている業者も判明しているので、そこはもう一度インターネットでの取扱いがあるか否かを確認してほしい。さらに、店頭購入の場合は一見して不審な客は分かるが、インターネットでの場合はそれが分からないので、何をもって不審とするかについては、実際に管理者対策を行う警察署の専務員に対して指導教養をしてほしい。

皇居に向けた爆弾事件でもそうだが、犯人は自分の身分を偽らずに原料を購入している事実があり、これが身分を偽って購入していたらもっと分からなくなるという悲壮感もある。したがって、業者に対しては平素から正確な在庫管理と仮に盗難被害にあった場合には“何をどのくらい盗まれた”ということを速報できるようにしておくことを指導しておく必要がある。そのようなことから、管理者対策の中でも爆発物原材料業者対策は特に力を入れてお願いしたい。

第２点目は、ＢＩＣＳについての関係です。

ＢＩＣＳは、２００７年１１月１日の導入から１年間で８４６名の入国を阻止をしたと入管側は成果を誇示しているが、無論、８４６名の入国を阻止をしたことは良いことだと思うが、大半は東南アジアからの風俗関係従事者である。そんな中、報道で既にご承知と思うが、韓国人の５１歳の女性が２００８年４月３０日に青森県から入国した。この女は２００７年７月３１日に退去強制処分となっていたにもかかわらず、８ヶ月後にＢＩＣＳをかいくぐって入国できたわけである。この女は、２００８年８月５日に長野県で東京入管によって検挙されたが、ブローカーが田舎で入国させて全国的に動かしている実態だと思う。この女の供述によると、韓国出発当日にブローカーが直接貼ってくれたということである。ご存じのとおり、入管システムでは少なくとも指に指紋様のものがなければエラーとなり入国できないようになっており、入管側は指紋を採ったことは間違いないが、そのときの指紋と女の指紋は全然違っていると説明している。では、指紋様のものが指についていたとしか思えないが、その後はトイレに捨てられて分からないというのが実態である。いずれにせよ、入国されたことは事実であり、風俗関係者ではなくこれがテロリストだったならもっと巧妙な方法になるだろうと危惧している。これに関して良い方法は入管側にきちんとした通達を出して基準を厳しくしてもらうことなのだろうが、当面可能な方法としては海港や空港を持つところに人は入管側と協議をして「指を確認してから指紋を採取すること」等の内容を韓国語や中国語等で記載した紙を入国予定者の見える場所に掲出して、不法入国者にやりにくくするという対策を取ってもらいたい。本当はプログラムを見直すことが良いのだろうが、時間も費用もかかることを考えれば、紙ひとつ貼りだすことは皆さん方の指導ひとつだと思う。

第３点目は、実態把握である。従来からＯＩＣ５６ヶ国１地域を重点に言い続けてきたが、フィリピン、インド、タイ等非ＯＩＣ諸国でムスリムが多い国、すなわちムスリムか否かに着目し、国籍にとらわれない過ぎない実態解明をすすめてもらいたい。また、２世問題をどう把握するかという命題についても、現時点では警察庁においてもこれはという方策はない。他方、組織犯罪対策部においては「集住対策」なるものの検討を始めている。これは主としてブラジル人を対象にしたものであり、あまり集住する傾向のないムスリムには関係ないかもしれないが、集住対策を行う前には外国人一般に対する実態把握が前提となるものであり、集住ではない外国人がどうなのかという点については関心をもってもらいたい。

第４点目は、現時点では手も足もでないのが実情のインターネット上の情報収集についてであります。当然、語学ができることが前提であり、語学ができても入っていけないサイトがあるのも事実であります。警察庁においても名案があるわけではないので、皆さん方から知恵を拝借したと考えています。

2　新通達概要説明（[redacted]補佐）

今般、発出した通達の中で追加した項目や変更点につき、項目を追って説明。

「警察各部門間の連携」という言葉が随所に表れているが、各種施策はサミット対策を通じて警備部門だけではもはや対応しきれなくなっていることは皆さんが感じられたとおりと思う。したがって、警察組織が一体となって各種対策を実施することを明確にする示す必要からこの言葉を盛り込んだ。

次に、「協力者」という言葉を使う場合には獲得対象者のみに限定し、その他の情報提供者については「協力者」という表現は避け、両者を併せて「情報線」と表現する。換言すれば、協力者たる指導係が管理する情報線と協力者とは呼ばないデスクが管理する情報線の２種類が存在する。当然ながら、指導係が管理する協力者からの情報も可能な範囲においてはデスクと共有する。

続いて、「インターネット上の不審情報の収集」では、インターネットが過激化対策上、必要不可欠なツールとなっている現状に鑑み、限定的なチャットルームに対する情報収集をお願いする。

第４点目は、「容疑解明案件の警察庁に対する報告」についてであります。

サミット期間中においては多数の容疑解明を実施していただいたけれども、対象者が過激化のいかなる段階にいるのかという見極めを必ずしも行わずに事件に着手した、あるいは入管法違反等によって逮捕捜索を行うことで容疑解明は終了してしまったものも散見され、その後、当該対象者を容疑解明対象者から外すこともあった。一旦、目をつけた者を視察線外に置いたところ、テロを敢行したという事例が海外で見られることから、容疑解明作業というものを長期的視野で行うこととし、新通達では容疑解明対象者を登録する制度を導入したものである。

第５点目は、「ネットワークの全容解明」についてであります。

近年の情報分析では対象者のネットワークを把握することが肝要であり、そのためのツールとしてアナリストノートブックを配布しているわけであり、最大限これを活用していただきたい。

第６点目は、「コミュニティ対策」についてであります。

旧通達ではなかった項目であるが、「過激事項に感化され易い層を作り出さない」あるいは「感化されつつある者をいればそれをいち早くキャッチする」ためにコミュニティとの関係を作っておくことが非常に重要になっている。こうした活動を「コミュニティ対策」として通達に明記したわけである。先の集住対策、とりわけ日本人が入り込む余地のない外国だけで生活できる日本の中の外国のような地域が犯罪の温床になったり、テロリストの隠匿場所になったりするおそれが大きいため、共生による取組みで地域にとけ込ませるようにすることでその動きを把握しようとするものである。

第７点目は、「爆発物原材料取扱業者に対する管理者対策」についてであります。

旧通達では、ホテル対策とレンタカー対策のみに絞っていたが、皇居に向けた爆発物発射事案を捉えて、爆発物原材料取扱業者に対する管理者対策を明記することとした。

３　実態把握、不審情報の収集、コミュニティ対策関連指示（[redacted]補佐、[redacted]補佐）

○　実態把握（[redacted]補佐）

はじめに20年通達（以下「新通達」という。）の実態把握についてお願いします。

皆さんご承知の通りでありますが、「実態把握は国際テロ対策の基礎・基盤となる情報を収集し、管内のイスラム・コミュニティ等を把握」することです。その目的は不審情報の収集及び事後捜査での活用であります。

わが国には９万人を超えるＯＩＣ諸国人が居住するとみられていますが、昨年のサミットまでに、ＯＩＣ諸国出身者約72,000人（把握率９８％）を把握できました。

これに比べて、インド、フィリピン等の非ＯＩＣ諸国出身者については、数万人規模の在留数があると推定されていますが、全国でも把握数が少なく（平成19年６月現在、2,549人）、そのコミュニティの状況もよく分かっていませんので、特に、今後は従来の実態把握に加えてＯＩＣ諸国以外のムスリムやムスリム第２

世代の把握に力を入れていただきたい。

そこで新通達では、特にＯＩＣ諸国と記載せず、「ムスリムの居住実態、就業や教育等の環境」として掲げました。さらに、１月６日付の事務連絡「実態把握の現状に関する報告について」を発出したところであります。

ご承知の通り、ムスリムはＯＩＣ諸国以外の国にも当然存在（インドには約１億人、仏教国タイも数百万人）しており、これらムスリムの把握が今後は大変重要になってまいります。

ムスリムであることの判断は一般には困難でありますが、モスクへの礼拝、名前（英国籍でもムスリム特有のもの～ムハマンドなど）等から把握してください。

他にもＯＩＣ諸国以外のムスリムの把握方策として、外国人を雇用している企業等では、出身地や宗教を把握している場合もあることから、管理者からの提報により把握したり、通信販売によるハラルフードの定期的購入者リストの入手による把握といった方法もあり、常に斬新な把握方策に努めていただきたい。

警察庁としましても各県の好事例について随時、紹介するなど各県の実態把握の向上を支援してまいりたい。

次に、ムスリム第２世代の把握についてですが、

ムスリムの過激化動向をいち早く察知するためにも、ムスリム第２世代の把握に特に力を入れていただきたい。第２世代ムスリムは、帰化している可能性もあるほか、日本人を親に持つムスリムの子供は日本国籍を有し、外国人登録をしていない場合が多く、入管統計に表れないと思われます。また、就学状況の統計資料はなく、ムスリムの中には自らの子弟に出身国やイスラム諸国で就学させる者もいるため、現時点で日本に在住しているとは限らないなど、在留統計には表れない部分の把握が一層重要となってきます。欧米諸国においてテロを実行あるいは企図した、いわゆるホームグローンテロリスト対策に向けても、ムスリム第２世代の把握は不可欠であります。

特に第２世代の内、15歳以上のムスリムについては就職適齢年齢であり、ホームグローンテロリストの脅威になりうる存在でありますので、早期に把握していただきたい。

ＯＩＣ諸国外国人登録者数のうち、未成年者の数は毎年500人のペースで増加しており、単純計算で、2011年には、未成年の在日ムスリム世代が１万人に達します。

しかし、先ほど申し上げましたように在留統計には表れない部分もあり、正確な数の把握は困難です。巡回連絡等を通じたムスリム世帯の把握など、地道な警察活動による把握をお願いします。ただし、「ムスリムの狙い撃ち」と非難されないように各県の実情に応じた工夫した把握をお願いします。　正確な就学状況は地道な巡連等で得た情報を積み上げる以外にはありませんので、よろしくお願いします。

ムスリム第２世代の把握方策として、

・子供のためのコーラン教室参加者から把握
・自転車の防犯登録のデータベースにより把握
・スクールサポーター等を通じた把握（イスラム教を起因とする学校における相談事案等の取扱い）

などを参考としていただきたい。

さらに、新通達では「ムスリムの子弟で海外に居住するものの実態」を掲げておりますが、日本にいないムスリムの子弟の把握方策については、各県の方策を集積して、好事例として紹介したいので、斬新なアイデアを出し合って進めていくためにも、よろしくお願いします。

ここで関西のある県による「県内におけるムスリム第２世代の実態」を分析した好事例を紹介いたします。調査対象は県で把握しているムスリムの第２世代で、現に日本に定住している者及び将来、定住すると思われる者としています。分類では親の国籍・０歳から９歳等の年代・居住地域別として統計化して、

・現段階でホームグローンテロリストとなり得る者の数
・第２世代対策の対象となる国の抽出

を行っています。また、第２世代の生活実態を分析、特に学校生活について詳細に調査しています。例えば、第２世代特有の行動として、「学校での礼拝や礼拝を理由とした遅刻状況・ラマダン期間中の給食拒否状況・給食制の学校における弁当持参状況・ラマダン中の体力減退に伴う体育の見学状況・女子学生のスカーフ着用」等を挙げています。

ただムスリムの中には、「イスラムを重視するよりも日本への同化を望んでいるので、給食に注文をつけたり、学校では断食も礼拝もさせていない」という人も当然おります。

さらに学校側の対応についても調査していますが、現在までのところ、ムスリム特有の行動を規制・禁止している学校は把握されておりません。

この県では20歳未満の第２世代が85%おり、ムスリムとしてのアイデンティティを確立していない世代であることから、親だけでなく、イマームやインターネットなどの影響を受けやすく、モスクやネット利用も把握が欠かせません。

第２世代が抱える問題の分析では、各県も共通するところがあると思いますが、

1　ムスリム特有の行動や外見上の違い等に起因するいじめや差別
2　イスラムの教えを実践させようとする親の意向とそれを望まない本人との対立

を挙げています。

これらの問題は将来、日本社会に対する不満へと発展し、その不満が第２世代の過激化の要因となる可能性もありますので、今後、各県の皆さんもぜひ「県内におけるムスリム第２世代の実態」について分析して下さい。

○　不審情報の収集（茂木補佐）

大きな項目の２つ目は「不審情報の収集」についてであります。

不審情報の収集の手段には「幅広い警察活動・情報線の布石・管理者対策等による一般協力者・インターネット」等がありますが、新通達では、特に「インターネット上の不審情報の収集」を掲げております。ご承知のとおり、国際テロリストはインターネット上において宣伝（プロパガンダ）、相互連絡、勧誘、資金及び物資の調達、テロに役立つ情報収集等の様々な目的で利用しているといわれており、実際、近年のテロ事案（例えばマドリードにおける列車同時爆破テロ事件、オランダ・ホフスタッド・グループによる映画監督殺害事件等）では、ほぼ例外なくインターネットが何らかの形で利用されています。

我が国において、現時点では、テロリストの相互連絡、勧誘及びテロリストによる情報収集の実例は把握されていないものの、留学生等がイスラム過激派のウェブサイトで過激なメッセージに触れる例や、チャットルームにおける過激発言の例がみられるところであります。また、インターネットを通じて爆発物製造に必要な情報及び原料を調達することも可能であり、イスラム過激派の背景はないものの、実際に爆発物を製造、使用する事案もみられました。

最近の在京情報機関からの情報を端緒に、ある県に容疑解明をお願いしていますが、通常の動向を見る限りでは特段の状況は把握されておりません。視察活動から対象の不審動向を把握することが極めて困難であることは、皆さんご承知のところでありますが、では、海外の過激派グループとその対象は全く連絡を取り合わないのでしょうか、当然考えられることはインターネットなどを活用した情報交換を自室等の密室で行っていると思われます。

各県においては、過激発言の行われるチャットルーム等について、日本語で運営されているもの又は在日者が参加しているものの把握及びその性質に応じて監視又は捜査を行っていただきたい。中でも、在日者がアラビア語、インドネシア語、ウルドゥ語等の外国語で運営するものについては、使用されている言語を母国語とする協力者を積極的に活用していただきたい。

また、爆発物原材料販売サイトを始めとするテロリストに悪用され得るサイトについては、各県においてこれを発見し、管理者対策を実施していただきたい。

このように今後は、インターネット上の諸活動に係る情報収集が極めて重要となっておりますので、皆さんもぜひ、インターネット上のテロに関する諸活動に対して積極的に発見・捜査を実施してください。

ここで、最近のインターネット上の過激発言を把握した事例を紹介いたします。

※パルトーク事案の紹介

この事案は情報線からの通報により、インターネットの「パルトーク」を通じて、ジハードを煽動する在日パキスタン人を把握し、事件化を通じてサミット期間中のテロの脅威を一時的に排除するとともに、実態解明を試みたものであります。

対象は40歳のパキスタン人男性で永住資格を持つ本邦滞在期間20年の者です。

対象者特定の経緯は情報線を当該チャットルームに参加させ、半年以上の期間をかけて対象者と信頼関係を構築の上、対象者の自宅や携帯電話番号等を把握し、特定しました。対象者の居住地確認の結果、同所がパキスタン人の集団居住場所と判明、継続捜査の結果、不法残留者の居住を確認し、「犯人蔵匿」容疑で強制捜査に着手、通信記録、パソコン等を押収しました。

パルトーク捜査の問題点として、第一は「パルトークに参加するための障壁」であります。チャットルームで過激な発言をする者を把握するためには、参加することが必要であり、ウルドゥ語やアラビア語に精通している(あるいは母国語としている)ほか、イスラムに関する高度な知識も要求されます。チャットに参加しながら発言をしなかったり、不適切な発言しかできなければ管理人から不審・不適格とみなされ排除されてしまうため、容易に情報収集が図れるものではないということです。

第二は「閉鎖性」です。パルトークには、参加者同士の「プライベートメッセージ」機能や限定された参加者しか入れないチャットルーム等も存在します。現在「ジハード煽動事案」の対象者は、自身のサイトについて「警察に監視されている」と他の参加者に呼び掛け、この限定的なチャットルームを使用しているため、実態がつかめなくなっており、パルトークの閉鎖性が障害となっていますが、容疑解明はやはり具体的なテロ動向がない限り、事件化を急ぐべきではないとお願いしていることの証であります。

第三は「実態把握の困難性」です。パルトークには、過去の発言履歴は残らず、不審・不穏な言動の事後検証ができないため、対象者がいつチャットに参加するか事前に把握ができなければ言動の記録等、実態把握に困難が伴います。

最後にパルトーク捜査の留意事項ですが、チャットルーム等への情報線投入等の運営に当たっては、各県のみで判断することなく、当課担当係と緊密に連携を行い、特に情報線が参加(登録)することにより、又は、チャット内で書き込み、発言する内容等により、「情報線が特定されることはないか」、「情報線が犯罪に関与し、あるいは巻き込まれるなど身に危険を及ぼす恐れはないか」など、情報線保護の観点、防衛上の問題点について検証し、実施していただきたい。

以上、不審情報の収集に当たって、特にインターネット上のテロに関する諸活動の発見・捜査について、お話させていただきましたが、今やインターネットにおいても情報線の布石が大変重要なものとなっていることを認識していただき、あらゆるコミュニティへの情報線の布石を目指し、質・量ともに十分な不審情報の収集に努めていただきたい。

○　不審情報の収集([redacted]補佐)

面接作業については、サミット対策に伴う幅広情報を収集するために行ったものである。情報線を広げることによってサミット対策に資する参考情報が得られたことは間違いない事実である。他方、サミット終了後に行われたブロック会議でいろいろな県から聞くところ、面接作業を継続することにより様々な問題点が出てきていることも否めない事実である。それを踏まえて11月18日付けの電話指示により面接作業の必要性・適格性を判断してその上で継続する必要があるのか否か、そして、その中で幅広に管理登録をして捜査費が執行できる県段作業あるいは本庁登録作業として取組むべきものは取り組んでもらいたい。あと、打切るべきについては打切る。しかし、デスク等とも協議したところ、県段作業には至らないものの何らかの情報が取れるため情報線として残したいといった場合には、準県段作業扱いとして指導係が作業終息まで面倒を見るものとして残すことにした。

ただ、面接作業において見直しをかけたかについては、面接作業とコミュニティ対策とが混同している状況が窺えたことにある。コミュニティ対策的な感覚をもって表の顔で近づき"イスラムの勉強をさせて下さい"と言いながら実際には"モスク出入り者の話を聞いている"。さらにそれを聞くに当たって、まだ、はじめの段階で突然警察ですと言って相手にそういう話をする。我々の感覚で言うと初期の防衛指導ができていない段階で、そういう話をすることは"抜ける"と見ていいわけである。

昭和63年8月17日付けの"トンプク"という通達を皆さん方承知していると思うが、我々が行う情報収集活動、第三者に行わせる情報活動、ともに秘匿が原則である。それが初期の防衛指導を行わない段階から、そういう話すればブログ等によってムスリムの間で"警察が来た、うちにも来た、うちにはまだ来ない"といって広まってしまった。我々はそれを是正しているが、今現在も公安調査庁は似たようなことをまだやっている。

ではなぜ、そのようなことが可能だったのかというと、それは相手が善良な人間だからだ。警察が行けば話を聞かせてくれるし、話してくれるからまた聞くの繰返しであり、ほかでみんなに話してしまうことになった。そこで中長期的視野に立って見直しをかけて、新規の登録はやめるけど残せる者は残してほしいということにした。残すときに注意してほしいのは、本人の適格性についてである。某県では過去に刑法犯で捕まっていた前歴を有する者が対象者として上がっていたことがあった。見直しに当たっては是非、今一度本人の適格性について検討してもらいたい。また、昨今の金融不況によりムスリムの生活は非常に苦しくなっており、何らかの犯罪に手を染める者も出てくるかもしれないので、そこの見極めだけは誤らないでほしい。

インターネット上での不審情報の収集については、対象者を閉鎖性の強いチャットルームへ投入することについては、積極的に検討しつつも、協力者保護には多角的な方向から検討を加えてほしい。つまり、対象者が自分の生活基盤を破壊してやっても我々は対象者の生活全ての面倒を見ることはできない。基本的には、対象者の協力の意思に基づいてやっていただく、その中で情報の対価としては出せるものは出すが、対象者の財政支援ではないことを忘れないでほしい。

最後に協力者からどんな情報が得られるかを常に検証してほしい。協力者を取り巻く環境は日々変化している。協力者の中には、担当者が聞かなかったら必要ないと思い話さなかったという事例が散見されるので、協力者の人脈、能力等を常に検証してその可能性を見極めてもらいたい。

○ コミュニティ対策（[redacted]補佐）

大きな項目の3つ目は「コミュニティ対策」についてであります。

これまでも、都道府県警察においては、巡回連絡、防犯教室、交通安全教室等の様々な警察活動を通じて、他のコミュニティと同様にイスラム・コミュニティとも信頼関係を構築し、ムスリムが疎外されず、また、不審動向についての情報提供が円滑になされる環境作りに努めてきました。今後、第２世代ムスリムを中心に過激化の懸念が高まり得ることにかんがみれば、イスラム・コミュニティを地域社会に融和させるとともに、穏健派ムスリムの声を用いて、イスラム過激派が提唱するジハード思想を否定する取組みが必要となってくるところであります。

新通達の「コミュニティ対策」の項目の内、「(1)イスラム・コミュニティとの関係構築」については、従来から実施していただいておりますが、面接作業等の作業と異なる点は、コミュニティ対策は警察側から情報を求めるのではなく、各コミュニティから不審情報等が提供されるような関係構築に努めるということであります。

サミット対策を見据えて実施した面接作業については、この後、阿波谷補佐から説明がありますので、ここでは、新通達の「コミュニティ対策」の項目の内、「(2)イスラム・コミュニティの孤立化防止に向けた取組み」について説明いたします。都道府県警察においては、他部門や他機関とも連携しつつ、共同でボランティア活動を行うなどにより、イスラム・コミュニティを地域社会に融和させる方策を講ずるとともに、イスラム・コミュニティの中で一定の権威をもって、「正しいイスラム」について発言できる人物との間で関係を醸成し、我が国のイスラム・コミュニティに過激思想に対する抵抗力をつけさせる取組みを行っていただきたい。また、実際にムスリムと接する警察官に対しては、警察がイスラムと敵対しているとの誤解を受けることのないよう、用語法やマナー等についての教養を行っていただきたい。

過激化の一般的な要因の一つとして、地域社会からの疎外感や孤立化が挙げられます。

これらを防ぐために、自治体やＮＰＯ等の非政府機関や町内会等の自治会をはじめとする地域社会をも巻き込み、イスラム関係団体との良好な関係を相互に構築していただきたい。これにより、イスラム・コミュニティが地域社会に溶け込み、地域と共生していることを実感させることが過激化防止の有効な方策の一つであります。

また、国際捜査部門等が構築した「共生のための枠組み」についてですが、平成１８年３月に総務省が策定した「地域における多文化共生推進プラン」に基づき、警察庁においては、組織犯罪対策部が中心となり、外国人による犯罪対策・外国人の犯罪被害の防止という観点から、従来の犯罪対策に行政的な手法を組み合わせて「日系外国人等総合対策」として取組んでいます。

本施策はあくまで、知事部局や市町村等の地方自治体が中心となって推進していくべき対策を明らかにしたものでありますが、これまでも本対策の枠組みを利用してイスラム・コミュニティ対策を推進している県もあり、国際テロ対策上、有効な枠組みや対策が含まれているため、各県の状況を確認し、必要に応じて本枠組みを利用していただきたい。また、今後、数年間のうちに就職適齢期を迎えることになるであろう第２世代ムスリムを中心として、過激化の懸念が高まると予想されます。この点、外国人犯罪対策の観点からは、日系ブラジル人を中心とした若年層外国人のアウトロー化の要因の一つとして、日本語能力の欠如による学校からのドロップアウトが指摘されているところ、国際テロ対策においても、第２世代ムスリムの実態把握と過激化防止等に資するため、学校やＮＰＯ等の他機関や民間団体と連携し、家族参加型の防犯教室や交通安全教室の開催、共同ボランティアの実施等、幅広い層に対するアプローチを積極的に検討していただきたい。

それでは、コミュニティ対策における好事例を紹介いたします。

北陸のある県における「外国人中古車業者問題に対する取組み～他文化共生推進プランと連携したコミュニティ対策」であります。

同県では、1980年代後半、ロシア向けの中古車輸出が開始、1991年にはパキスタン人が中古車業を開業し、その後、200件以上のパキスタン人を中心とする外国人中古車業者が同県某市の国道沿いに集中し、彼らによるごみの不法投棄、廃車の放置、ガソリンやオイルの垂れ流しや違法駐車等が社会問題化し、地域住民に不安を与えることとなりました。地域住民は県に対して、「ヤード内に設置されたコンテナハウスの違法性」に関し、異議申し立てを行っていますが、現在まで解決には至っていません。

他方、某市は外国人中古車販売業者等が多数居住する現状を受け、自治体や関係機関、外国人住民などで組織する「多文化共生推進会議」を設置し、「外国人との共生・融和」を目指した取り組みを開始しました。

主な取組みは、

1　住民で組織する「パトロール隊」の官民合同パトロールに外国人中古車業者が参加

2　外国人中古車業者も参加した「治安の現状と問題点」に関する懇談会を開催

3　「他文化子どもサポートセンター」を設置し、外国籍の子供に日本語や習慣を教えるほか各種レクリエーションを通じて遊びの場を提供

4　ローカルラジオ局において、外国人向け生活情報等を発信

5　外国人業者とともに県道沿いの清掃活動を実施

などであります。

こうした自治体、警察、地域住民及び中古車業者による共生を目指した取り組みにより、それまでお互いに接点のなかった地域住民と外国人中古車業者の意識も変化しつつあり、両者の歩み寄る姿勢が明らかとなってきています。

以上のように、コミュニティ対策の要諦は

ア　テロリストが接近しにくい、入り込めないコミュニティ作り

イ　コミュニティが不審情報を察知したときに、こちらからあえて聞かなくても、教えてもらえるような関係作り

ウ　過激化させない環境作り

であり、各県のコミュニティの状況に応じ、創意工夫しながら有効な対策を講じていただきたいと思います。

3　容疑解明関連指示（[redacted]補佐、[redacted]係長）

○　拠点設定（[redacted]補佐）

視察拠点については積極的な設定を行う必要があり、長期間に及ぶ追及作業に保秘しながら効率的に行うためには必要なところに必要な拠点を設定する必要がある。

しかしながら、種々の条件をクリアするためには必ずしも直接視認できる場所に拠点を設定できるとは限らず、そういった場合にはその動線上に拠点設定を積極的に行うこと。

また、拠点には、作業の終息が見えないで設定する恒常拠点と、いつからいつまでと機関を定めて設定する臨時拠点とがあるが、安全面等拠点設定必要な構想に差異はない。

状況によっては、我が社の看板を掲出しての拠点設定もあり得るが、その目的は相手に我々の施設借り上げを察知されないことであり、この点に留意しなければならない。

○　不審情報の取扱い（[redacted]係長）

不審情報については、入手県に解明の第一優先権がある。しかし、A 県が入手した不審情報が B 県に係わる場合、A 県と当課担当で協議の上、B 県に参考情報として通報する場合も有り得る。この場合、不審情報の内容にもよるが、解明についての主導は B 県に移動する。A 県に情報線がある場合、A 県は B 県に参考通報後も、不審点解明について、情報線活用による、情報提供を継続することとなる。

○　指定後の継続解明における留意事項（[redacted]係長）

A 県が解明後、指定された対象の継続解明について、対象が A 県居住の場合、引き続き A 県が担当することは問題ないが、A 県が解明した対象が B 県に居住する者であった場合、又は、A 県から B 県に転居した場合、A 県,B 県,当課で協議の上、通常であれば、B 県が担当することになる。B 県にしてみれば、全く知らない容疑解明対象が突然、担当することとなってしまうことから、転居の場合は仕方ないものがあるが、着手時に、元々 B 県居住者であった場合、A 県のみで、解明に当たるのではなく、当課の調整が必要であろうが、B 県にも共同で解明作業に当たっていただき、指定されれば、B 県が継続解明できるよう配意しようと思っている。

4　各種管理者対策、国際海空港対策、重要施設等の防護関連指示（[redacted]補佐）

○　各種管理者対策

サミット期間中においては、爆発物原材料取扱業者約 8 万 4,000 社に対してのべ

11 万回以上の管理者対策を実施し、結果として不審情報もあり一定の成果があったものと評価している。しかし、9 月 18 日には皇居に向けた爆発物発射事件の発生があり、しかもサミット対策期間中にインターネットで爆発物原材料を購入していた事実も発覚した。これにより硝酸アンモニウムやヨウ素といった硫黄系の原材料を取扱っている業者については、少なからず未把握の業者も存在するのではないか、硫黄系の原材料に限らず７品目のインターネットによる販売業者についても未把握の業者が存在するのではないかが考えられたところである。そこで警察庁としては、「爆発物原材料取扱業者の網羅的な把握」と「インターネットによる販売に対する働きかけの強化」の２点を重点課題として昨年１０月２０日付けで各課連名の通達を出したところである。特に尿素や硝酸アンモニウムといった肥料系の原材料については、従来の薬局やホームセンター等に限らず未把握の業者をもう一度洗い直す必要があるので、知事部局の保有する業者リストを入手のうえ、それに基づく管理者対策を実施するよう指示したところである。１年前の警備企画課が実施した７品目の取扱業者の調査では 49,478 件であったものが、今次調査では 55,189 件と増加し、インターネットでの販売業者数も 327 件が把握できた。しかし、全体での把握は増加したのにもかかわらず、５県では減少している状況が窺えた。減少した理由は廃業や取扱いがなかったにもかかわらず誤って計上してしまったというのが主なものではあったが、本当は取扱いがあったのにそれを計上しておらず調査の詰めが甘いとの叱責をおそれるあまり計上していないのであったならば本末転倒である。大切なことは、ありのままの実態を正確に把握し、不足している場合には然るべく対応を取る点にある。また、通達に示してある「警察各部門間の連携」とは、決して相手に任せきりにするということではなく、検証をしながら一緒にやっていくことなので間違いのないように。

ホテル対策の分野においては、旅館業者の執りうるべき措置の達成率は約 95 %にのぼっている一方、約 1.4 %の業者は指導説得や捜査関係事項照会書での照会にも応じないものがあり、その理由を見極めて対策を講じる必要があると考えている。

「テロリストが利用するおそれのある事業者」では、追加事業者のひとつとしてキャンプ場をあげているが、これはホテルに変わる宿泊施設であるとともにテロ訓練を行う可能性もあるので注意を要する。

○　国際海空港対策

サミット期間中には船員に対するＢＩＣＳの実施等法令にないことの働きかけをお願いしたところであるが、これらは新行動計画に関連項目を落とし、法務省や財務省等と協議を行いながら、引き続き各種の働きかけをお願いすべく新通達に盛り込んだ次第である

次にＢＩＣＳのすり抜け事案についてであるが、韓国人女性の供述によると「見た目はザラザラした薄い白いテープを貼っていた」ようだが、これ以外にもゼラチン状のものを指に巻いた事案（韓国人）、指にマニュキアを付着していた事案（台湾人）、故意に指を傷つけた事案（スリランカ人）等がある。入管では現場の入国審査官に外国人の指先を確かめるように指示をしているが、今回の本件事案の発生を受けて品質値が２０以下の場合は、概ね７０歳以上の者を除いて指先に細工がな

いかを確認する指示を出している。ちなみに、青森空港から入国した韓国人女性の品質値は１４であり、品質値２０がいかなるものか詳細は不明だが常に待ち時間短縮というプレッシャーとの中で指紋を採っている入管では念入りに確認していないのが実情であろう。

不審入国者に対する追及では、必要に応じて関係機関と合同によるシュミレーションを実施する等連携の強化を図ること。

国際海空港における職務質問及び声かけについて実態把握上有益であり今後も体制を確保して継続してほしい。ただし、無用な紛議を起こさないためにも、職務質問と声かけの違いについてはしっかりと現場警察官に教養をすること。本日の朝刊に、２００６年８月にアラビア語で書かれたＴシャツを着たイラク系米国人がＮＹから国内線に乗ろうとしたところ、当局から「アラビア語で書かれたＴシャツを着て空港に来ることは、『私は強盗です』と書かれたＴシャツを着て銀行に来たようなものだ」と言われた上に航空会社からは別のＴシャツを着せられた当初の座席とは別の座席に座らされたとして、航空会社から和解金２４万ドルを受け取った記事が出ていた。

受入者に関する情報収集では、従来どおりの方法でお願いするとともに、蓄積されたデータは、アナリストノートブックでの分析を検討してもらいたい。

重要施設の防護については、警備課長は連名していないけれど指示文書発出に先立っては警備課と協議を済ませているので安心して実施してほしい。

敵対的偵察対策については、以前は兆対策と呼んでいたもので、テロ対象側から見た不審情報の対策である。昨年のインド・ムンバイテロでは犯人が街の小路に迷うことなく入り込んでおり、間違いなく入念な下見が実施されていたことが窺われる。これに見られるように、対象施設周辺でビデオ撮影等の不審行動が見られたら警備員必ず通報するよう指導助言するとともに、車両ナンバーを控える等事後追跡ができるような記録化に努めさせるようにすること。

５　質疑・補足

問　共生対策においては、地区によって対象団体の構成員、例えば朝鮮総聯の関係者がメンバーとなっている場合があるが、その場合の対応は如何にすべきか。

答　あくまで共生対策とは自治体等の行政が主体で実施すべきものと認識しているので、警察はそれらの後方に位置して支援するというスタンスであれば良いと思う。

問　共生対策において、警察での主導的役割をするのは警備部門ではないという理解でよろしいか。

答　そのとおり。

問　容疑解明対象者について基調、行確、海外からの情報提供等のすべてにおいて容疑性を肯定しうる要素が確認できない場合には、容疑解明対象者としていかなるカテゴリーに分類するのか。

答　基調、行確等のみによっていかなるカテゴリーに分類することなどあり得ない。結果的には事件化によって取調べや証拠品の精査、分析等によって確認がなされ、

適切なカテゴリーに分類されるのではないかと思う

問　不審情報と容疑情報の隙間にある情報はどう吸い上げるのか。

答　警視庁では、提報者制度でカバーしている。

以　上

【資料6】

提報者作業の推進要領について

1　目的

イスラム・コミュニティーが我が国に着実に根を下ろしつつある中、我が国に潜伏していた[redacted]のような人物の発見につながる不審情報を、各イスラム・コミュニティーの内部情報やイスラムの知識を有する者を通じて、断片的にでも幅広く入手することができる情報体制を確立することを目的とする。

2　提報者の位置付け（基準）

提報者は、イスラム・コミュニティー内の不審動向等の情報を我が方にもたらす「センサー」のようなものとして位置付け、協力者や作業対象者よりも緩い基準で認定する。

具体的には、「イスラム・コミュニティーとの関係を有し、我が方に対し協力姿勢のある者」について

○　不法滞在等の法違反者でないこと
○　会話が通じること
○　継続して接触が可能なこと（最低でも3回以上の接触結果を踏まえて判断）

等を見極めた上で、提報者として認定する。

3　具体的な認定基準

(1)　作業担当者

警察署公安係員

＊　外事担当者に限らない。

(2)　対象選定

モスク、イスラム団体、ハラールフード店、中古車業者などを中心とするイスラム・コミュニティーの中に足場を持っているムスリム

(3)　基礎調査

○　選定した対象者の人定事項、入国年月日、在留資格等について基調し、適格性（法違反者でない等）の有無を判断する。
○　実査等により、対象者の居住、稼働事実を確認する。

(4)　本部指導班への報告

○　選定した対象者について人定事項等が判明した時点で速やかに本部指導班に対し、別添「候補者カード」により報告する。
○　本部指導班は、候補者カードに基づき必要性、適格性等についてチェックするとともに、他署との重複の有無についてチェックした上で候補者として認定し、作業着手を指示する。
○　担当署は、初回接触の実施日時、実施方法、話題展開について組織検討した上で本部指導班に報告し、更に指導を受ける。

(5)　接触方法

ア　初回接触

原則として、自宅訪問による直接接触は行わない（単身居住等の場合を除く）。ハラールフード店、中古車業者、就学先等候補者の稼働先及びその周辺へ訪問し

た上での接触を実施する。この場合、防衛措置として同国人等の居ない安全な時間帯、場所等を確認した上で訪問する。

イ　話題展開（善意の訪問理由を説明）

○　不良外国人の検挙を目的に訪問したのではない。

○　日本人には、イスラム教徒や外国人についての理解や認識が不足しており、あなた方が生活や稼働する上でトラブルや不利益を被ることがないか、地域住民の生活を守る立場にある者として心配している。

○　担当者自身が、イスラムに対する知識がない。迷惑でなければ教えていただきたい。

○　国の治安を維持するため、日本国内でのテロ行為は許されない。関連の情報に接した場合には、教えてほしい。

○　我が国で生活していく上で心配事や困ったことがあれば、喜んで相談に応じる。

(5)　防衛措置

○　情報先行に走らず、あくまでも善意の接触であることを意識付け、不信感、不安感を抱かせない。

○　警察官である旨の身分は明確に提示するが、原則として名刺交換は行わない（名刺が仲間内で流通するおそれがある。）。

○　万一、対象者が接触を拒む場合は、無理に理解を求めることなく、速やかに面接を打ち切り、候補者から削除する。

(6)　提報者としての認定

○　初回接触結果については、本部指導班に報告する。この場合、対象者と直接会話が可能なのか、次回接触に応じる可能性があるのか等を検証する。

○　以後、提報候補者として接触を継続する中で、関係継続の意図、所属コミュニティー等について検証し、①協力姿勢がある　②継続接触が可能である　③会話ができる　④防衛上の問題がない－等を見極め、提報者と認定する。

(7)　提報者作業の推進

提報者として認定した後は、

○　人間関係作りの更なる推進による協力関係の構築

○　喫茶店等外部誘引による防衛面に配意した接触の定着

○　防衛心の植え付け

等の進展状況を見極めながら、人間関係の醸成に努め、テロリスト・イスラム過激派潜伏情報等不審情報の引き出しへと進展させる。

4　今後の作業方針

(1)　提報者作業の維持・管理を継続し、協力関係を一層深めて情報線を強化する。

(2)　既設定の提報者作業の中から、資質・人脈の点で有望な提報者を発掘し、より核心を衝く情報入手のための協力者作業へと移行していく。

(3)　テロ組織の活動が活発とされている東南アジア、中東、北アフリカ地域出身者のコミュニティーの中への提報者設定にも一層努める。

5　提報者作業推進上特に留意すべき事項

(1)　提報者作業は、協力者獲得作業と同様の作業管理を徹底し、必ず本部指導班へ報告させて個々の作業検討を徹底する。

(2)　情報先行による独断作業を排除し、人間関係作りを優先させる。

(3)　特異事案発生時の即時報告を徹底させる（これまで事故事例なし）。

会議資料	海空港対策（案）	平成19年5月8日 対　策　班

危機管理体制の強化

○平成15年12月12日空港・港湾における水際対策幹事会は、幹事会決定を決定した。

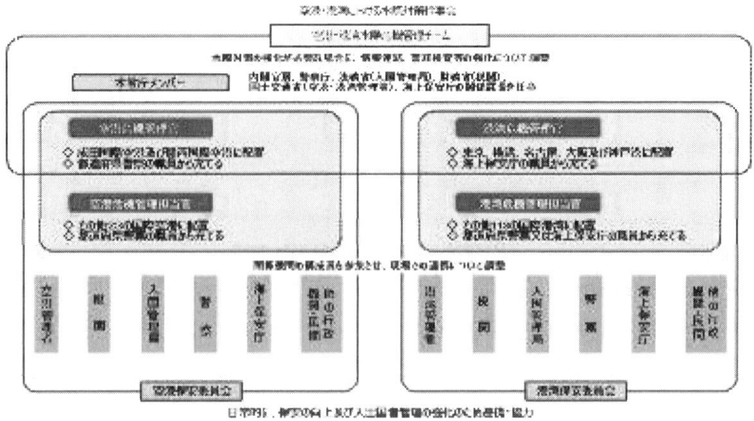

空港保安委員会～
東京空港警察署(担当官)

港湾保安委員会～
東京水上警察署（副担当）

テロ関連情報の具体的追及要領

○テロ関連情報に基づく容疑者等の具体的追及要領（H13.9.21付け）

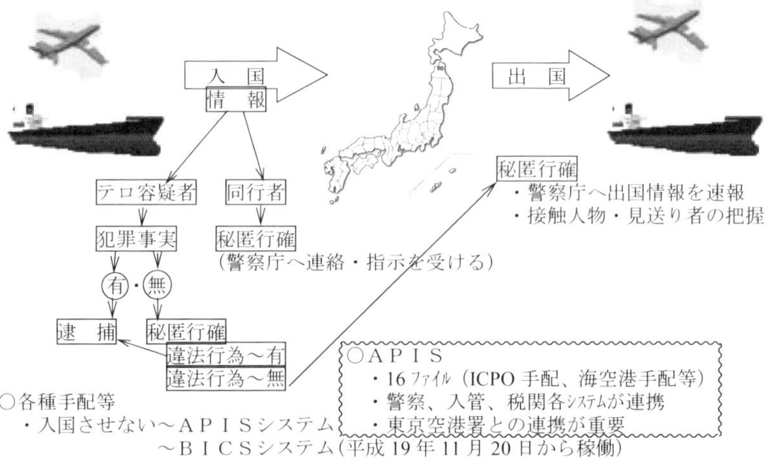

○ＡＰＩＳ
・16ﾌｧｲﾙ（ICPO手配、海空港手配等）
・警察、入管、税関各ｼｽﾃﾑが連携
・東京空港署との連携が重要

○各種手配等
・入国させない～ＡＰＩＳシステム
～ＢＩＣＳシステム(平成19年11月20日から稼働)
・出国させない～国際海空港手配（令状が必要①出国確認留保②出入国手配③旅券手配）
・所在不明外国人の発見通報依頼～入管に対する便宜供与依頼

グランドプラン

○ 08年ｻﾐｯﾄに向けた国ﾃﾛ対策の具体的推進要領（2006.8付け）

3 期	・海空港対策 ・来日外国人対策の強化	①不審な来日外国人の追及と容疑解明 ②不審入国者監視システムの効果的運用 ○外事3課・東京空港署・東京水上署との協力体制の確立 ①について、容疑者の抽出、基調、関係機関へ照会等 ②について、空港署との連携による容疑解明 港湾関係にはＡＰＩＳシステムは未導入 東京港湾には貨物船が入港
直 前	・海空港対策 ・来日外国人対策の徹底	・容疑性が濃い不審人物（会社）については積極的に事件化

【資料8】

北海道洞爺湖サミットに伴う国際テロ対策編成表(6/23～7/9)

指揮官:[redacted]課長
副指揮官:[redacted]理事官、[redacted]理事官
幕僚:[redacted]管理官、[redacted]管理官、[redacted]管理官

任務	担当	実施要領		要員	人員	総員
モスク出入り者の不審動向発見	モスク班	時間	直前時1(6/23～6/30)8:30配完(解除は別命) 直前時2(7/1～7/6)情勢変化なければ直前1体制続行 開催時(7/7～7/9)6:00配完(解除は別命)	[redacted]警部以下(K7865-5871)	43	218
		配置	7カ所のモスクに拠点・行確要員			
		資器材				
		その他	7/1からは42名体制(突発体制に1名)			
イラン関連施設等に対する視察行確	イラン班	時間	解明作業に応じた出勤(解除は別命)	[redacted]警部以下(K59941)	20	
		配置	事件化対象者1名 拠点2カ所に要員(2～6名)			
		資器材	3車両			
		その他	ケバブ視察作業含む、7/1からは突発体制に2名			
警察庁特命作業の視察行確	特命班	時間	解明作業に応じた出勤(解除は別命)	[redacted]警部以下(K59931)	22	
		配置	視察対象者4名に要員(3～6名)			
		資器材	1車両			
		その他	指定地区視察			
要警戒対象の視察行確(事件化)	事件指導班	時間	6/23から24時間視察行確	[redacted]警部以下(K7865-5851)	67	
		配置	視察・行確に応じた配置			
		資器材	最大14車両			
		その他				
不審情報収集	指導班 作業班	時間	8:30出勤(解除は別命)	[redacted]警部以下(58541) [redacted]警部以下(58561)	24	
		配置	情報収集に対応する要員			
		資器材				
		その他	7/1から突発(よう撃)体制要員(毎日3名)			
招聘先及びホテル宿泊者確認作業	対策班	時間	8:30出勤(解除は別命)	[redacted]警部以下(K58581)	10	
		配置	適宜			
		資器材				
		その他	国際海空港対策、ED対策等を兼ねる			
突発(よう撃)対策	企画・分析班 対策班、資料班 指導班、作業班	時間	1期(6/23～6/30)8:30～22:00突発対策 2期(7/1～7/9)24時間体制(早番・遅番・日免)	指導作業班、対策班、企画分析班、資料班、イラン班、モスク班	—	
		配置	1期～警部以下5名(デスク突発体制) 2期～警部以下7名(対象施設3カ所に対するよう撃対策)			
		資器材	3車両、基幹系、UW、突発資器材(カメラ、腕章、防護衣等)			
		その他	2期突発対策、よう撃対策を兼ねる			
総合デスク兼国際海空港対策デスク		時間	1期(6/23～6/30)8:30～22:00 2期(7/1～7/9)当番(24時間)体制	[redacted]警部(K58551) [redacted]警部(K58581) [redacted]警部(K58551) [redacted]警部(58541) [redacted]警部(58561)	—	
		配置	1期、2期とも警部他1名			
		資器材	突発資器材			
		その他	警部は、突発対策指揮官を兼ねる			
資料分析 企画・分析 庶務	資料班 企画・分析班 庶務班	時間	8:30出勤(解除は別命)	[redacted]警部以下12名 警部以下9名 警部以下5名	26	
		配置				
		資器材				
		その他	7/1から突発(よう撃)対策要員(企、対、資で毎日2名)			

【資料9】

北海道洞爺湖サミットに向けた公安諸対策推進計画(タイムテーブル)

課(隊)	推進項目	概要	備考
		19.6 7 8 9 10 11 12 20.1 2 3 4 5 6 20.7	
外事第三課	モスク等の視察	←(恒常的に推進)→	追及班
	礼拝参加者の実態解明	←(恒常的に推進)→ (6/7～7/3) ★(本部からの公捜隊の招集) (9/13頃～10/12頃) (断食月の集中解明) (11月頃～) ★(本部からの公捜隊の招集) (12/20頃～) (犠牲祭参加者の解明) (4月～) ★(本部及び署からの公捜隊の招集)	追及班
	面割率の向上	←(恒常的に推進)→	追及班
	テロ容疑者(不審者)の抽出と容疑解明、事件化	←(恒常的に推進)→ (9月～) 蝟集場所に対する容疑解明・事件化 (直前対策)→ テロ容疑者関連先等の一斉捜索 ★(本部及び署からの公捜隊の招集)	追及班 事件指導班
	情報収集	←(恒常的に推進)→	指導班
	不審情報	←(不審情報に対する容疑解明と事件化)→	企画・分析、事件指導班等
	イラン大使館	←(視察作業の恒常的推進)→ (5月～) ★(本部及び署からの公捜隊の招集)→	追及班 追及班
	実態把握	←(恒常的に推進)→ (10月) 国際テロ関連実態把握の強化推進 (3月) 署独自による実態把握強化推進 (5月) 国際テロ関連実態把握の強化推進(月間) ※6月以降、サミット終了まで強化継続	対策、企画・分析 事件指導
	管理者対策	←(恒常的に推進)→ (10月) 国際テロ関連実態把握の強化推進 (3月) 署独自による実態把握強化推進 (5月) 国際テロ関連実態把握の強化推進(月間) ※6月以降、サミット終了まで強化継続	対策
	海空港対策	←(恒常的に推進)→ (4月～) (国際線出入口への職質部隊の配置)→ (本部からの公捜隊の招集)	企画・分析 企画・分析
	コミュニティー対策	←(恒常的に推進)→	企画・分析
	教養	←(恒常的に推進)→ (9月) 各署、方面本部教養 (11月) 全員教養 (3月～) 各署、方面本部、機動隊等教養	企画・分析

（警視庁）

北海道洞爺湖サミット警備における国際テロ対策の推進結果を踏まえた総括意見聴取表

（　◎～好事例　●～反省・教訓　△～将来に向けた課題　☆～警察庁への要望　）

項　　目	好事例、反省・教訓	将来に向けた課題、警察庁への要望
① 実態把握 ・モスク等出入り者の把握（面識率の向上）方策 ・留学生・研修生の把握方策（管理者対策を含む） ・中古車業者（ヤード、オークション会場）把握方策 ・不法滞在者が多数潜伏する地域に関する対策	◎（対策関連） ・留学生～ムサッラーを有する大学（東京農工大、電気通信大）の管理者から留学生名簿を入手、イスラム諸国人留学生１７９名を把握。 ・研修生～来日者対策として警察庁から入手した招聘者データによりJICAやATOSなどの研修生受入団体に招聘された者や、イラン大使館・同国営企業から招聘された者から把握。 ・中古車業者～２カ所の中古車オークション会場管理者から登録者名簿を入手、イスラム諸国人業者把握の端緒となった。 ◎（モスク関連） ・モスク等出入り者の把握方策～署と本部専従班の連携 　金曜礼拝でモスクを訪れた外国人グループを専従班が行確し、シティホテルに追い込んだ後、所轄署の「ホテル対策」により当該外国人宿泊者の旅券の写しを入手することで、早期の人定割付が可能となった（池袋、代々木、浅草署等々）。 ●（モスク関連） ・大手ホテル、シティーホテル、ビジネスホテル等については署の「ホテル対策」により良好な連絡体制が確立されていたが、一部のゲストハウスでは協力を渋るものもみられた。	△（モスク関連） ・ベテラン捜査員が昇任や定期異動で担当を離れても面識率が低下しないよう、後継者の育成に計画的に取り組む必要がある。 ☆（モスク関連） ・対象団体の行事が複数県に跨る場合、（県の申し出を受け）警察庁が間に入って県警同士の調整を行い、共同作業体制を整えることにより視察作業が円滑かつ効果的に行える。また、現場担当者を集めての検討会や懇親会など、意見交換の場を設けていただければ、さらに円滑な共同作業が期待できる。

- 1 -

② 情報線の布石、コミュニティ対策 ・指導・管理体制 ・モスク・礼拝所やイスラム団体に対するもの ・留学生・研修生に対するもの ・中古車、ハラルフード・レストランに対するもの	◎（作業関連） ・一つのタイトル（情報関心）に対し、複数のソース（角度）から情報を集約した結果、情報の精度が高まると同時に信憑性を検証できた。 ●（作業関連） ・サミットまでに協力者の登録・獲得に伴う業務を推進したが、思うように進捗しない部分もあり、難しい業務ではあった。情報線の布石として、海外情勢や在日公館及びコミュニティ情報等で貢献できたかと思うが、協力者によって情報が偏ってしまうことや国テロ組織・事件化に直結するようなアンダーグラウンドの情報に接することが非常に厳しかった。今後も協力者作業を推進し、目的を達成できるようにしたい。 ◎（対策関連） ・留学生～帝京大学に対する管理者対策により、サウジアラビア人留学生１６名が在籍、教室を礼拝場所として提供していることが判明した。また、各種学校、国際交流会館等において、新入学生に対する防犯活動や交通安全キャンペーンを実施、協力関係の構築を図った。 ◎（指導関連） ・１０方面に別れているので、一方面に１人警部補を提報者、協力者の獲得指導にあてた。イラン人協会を中心にしたシーア派関連情報、特にヒズボラを標榜する者については布石ができた。 ●（指導関連） ・MSAJに対する情報線が弱い。 ◎（企画・分析関連） ・新入学の時機を捉え、某署管内所在の留学生会館に対する防犯教室を開催。結果、OIC諸国からの留学生の人定を把握すると共に、対警察感情が好転した。	△（作業関連） ・情報線に関しては、これまでのイスラム諸国やＡＱ等に代表されるイスラム過激派のみに重点を置くのではなく、世界各地で起きる国家間や宗教の対立問題、宗教を超えた少数民族の独立問題等の動向や国家間の枠組みがどのように変化して行くかを含め大局的に注目し、日本国及び日本国内の外国人コミュニティにどのような影響を与えるかを考えて布石する。また、日本国内に着実に根付きつつある外国人コミュニティの動向として、今後、日本で生まれ育ったムスリムの２世・３世がホームグローン型としてどのような行動をとるかに注目する。 ☆（作業関連） ・当庁及び他府県間の間で、相互に交流できるような出張や会議の機会を多く持ち、係員レベルで気軽に視察や意見交換ができるような雰囲気を仲介・醸成してもらいたい。 △（指導関連） ・アラブコミュニティに対する情報線を強化したい。

- 2 -

③ **各種管理者対策** ・爆発物原材料取扱業者、ホテル、レンタカー業者、インターネットカフェ等 ・テロ攻撃の対象となり得る施設	◎（対策関連） ・爆発物原材料取扱業者～定期的、継続的な管理者対策や「東京都薬剤師会」などの管理者団体への働きかけにより、薬局の管理者側から不審情報の提報が数多く寄せられるようになった。 ・ホテル～司法内務大臣会議が開催されたウェスティンホテルは外国人宿泊者の旅券の写しを保管していなかったが、粘り強い管理者対策により会議本番前には全ての外国人宿泊者の旅券の写しを保管するようになった。 ・レンタカー～ニッポン、トヨタ、オリック、日産の大手四業者から、サミットが終了するまでの間、「協力要請書」により利用者情報の提供を受けた。 ・インターネットカフェ～インターネットカフェ会員名簿を入手する等し、遠隔地において居住・稼働するイスラム諸国人の利用を不審情報として追及調査した。 ・ソフトターゲット～メリルリンチ証券の警備員から同社を撮影する不審な外国人がいたとの提報を受け調査を実施、目撃された車両ナンバーから不審者を割り付け、不審点を解明した。	
④ **不審情報収集** ・警察他部門からの入手方策 ・インターネット内の過激発言者把握方策	◎（企画関連） 広報課を通じて、当庁に提供された国テロに関する不審情報を入手。テロに直結する情報入手には至っていないが、平成２０年中５件、平成１９年中６件の情報提供を受けた。また、警備部と連携し、重要防護対象周辺における機動隊員の職質実施結果の集約体制を確立し、「兆」情報収集を強化した。 ◎（対策関連） ・他部門からの不審情報入手～署長訓授等の機会を通じてテロ対策の教養を実施したところ「ヤフーオークションでアセトンの一斗缶が販売されている」との情報が刑事課からもたらされ、管理者を割り付け多数のアセトン購入者情報を入手した。 　さらに、招聘者・中古車業者・モスク出入者等を組対部に照会し、マネロン、疑わしい取引関連者の把握に努めている。 ◎（指導関連） ・協力者をパルトーク（インターネットのボイスッチャット）に入会させ、過激なチャットルームをモニターさせることにより、国内に居住して過激な発言を繰り返すムスリムを発見し、視察下においてテロ防止対策に努めた。	

⑤ **容疑解明** ・容疑性の判断 ・解明手法（基調、視察、協力者情報、事件化、面接等）とタイミングの検討 ・事件化素材抽出方策 ・解明後の方針 ・アナリスト・ノートブックの活用	◎（事件関連） ・レバノン人のヒズボラ関係者がヒズボラの日本支部設立を企てているとのモニター情報から、人物を特定し、失業保険不正受給（詐欺）の事実を捉え事件化。ヒズボラのナスラッラー氏の熱狂的な崇拝者であり、反米の言動もあり、ヒズボラ日本支部の設立を提唱し、在日アラブ人４名に対してヒズボラ支援賛同の働きかけを行っていた。 ・パルトークで、ジハードを扇動している者がいるとのモニター情報から、通信傍受が許されない我が国において、初めてパルトークと呼ばれるチャット・ルーム(画像、音声付き)という捜査の及び難い領域において事件化。扇動の実行行為者宅を捜索し、押収品の分析、声紋鑑定により実行行為者を特定し、その人的ネットワークをも解明した。 ●（事件関連） ・パルトーク事件では､実行行為者を逮捕する引きネタがなく、逮捕することができなかった。	△（事件関連） ・確度の高い不審人物をいかに把握するかが、重要であり、事件で扱った被疑者で事件以後も在日する場合は、事件情報協力者として運営していく必要性がある。 ・地域係員が検挙したイスラム対象国人に対して全て捜索・差押を実施して容疑解明していく必要性がある。イスラム対象国人に対し安易な 65 条入管渡しをしない。 ☆（事件関連） ・容疑解明において、携帯電話の発信履歴の差押、銀行捜査等により人脈捜査を実施するが、その際不法外国人や関連人物が他府県に及ぶこともあり、その際のハンドリングを検討願いたい。
⑥ **海空港対策** ・入管等関係機関との連携強化 ・職質・声かけの実施 ・合同サーチ等の船舶乗員対策 ・行確・追求体制の整備 ・ＥＤカードの閲覧	◎（対策関連） ・入管等関係機関との連携強化～海上保安庁の「船舶安全情報」を入手し、東京港に入港する船舶の乗員を事前に把握、合同サーチや可搬式 BICS の実施対象選定に役立てた。 ・職質・声掛けの実施と行確追及体制の整備～東京港、羽田空港における職質・声掛け体制を強化、イスラム諸国人については行確により ED カード記載の宿泊先への入りを確認。	☆（対策関連） ・入国する外国人、特に貨物船の船員に対する BICS の完全実施を入管に働きかけてもらいたい。
⑦ **直前期対策** ・要警戒対象の選定基準 ・要警戒対象の視察の在り方 ・来日予定者の受入者調査 ・来日予定者のホテル等宿泊予約・宿泊事実確認 ・「兆」対策及びよう撃捜査	◎（企画・分析関連） ・「兆」対策として、Ｎ車両１台を対象施設直近に配置、２４時間体制で運用、特異動向の把握に努めた。加えて突発対策を兼ねて、よう撃車両を対象施設毎に配置した。 ◎（事件関連） ・ヒズボラ関連容疑人物、パルトークでジハードを扇動している者を抽出し、直前対策として２４時間行確を実施した。完全行確により、期間内の動向を把握した。 ●（事件関連）	☆（対策関連） ・ホテル対策において、「宿泊者名簿の記載の不備は旅券業法違反」であることは確かであるが、管理者との良好な関係の構築を優先する警察署の担当者からはそのような指導はしづらい。また、市区町村の担当者についても、旅館業法の指導に熱心な者とそうでない者の差が歴然としており、「罰則のない規定は守らなくても良い」という誤った認識を持つ者もいる。よって、今後も厚生労働省への働きかけを通じた旅券の写しの保管、宿泊者名簿の記載についての指導をお願いしたい。

	・対象者１名に対し、行確員４名３個班体制で実施し、２対象で捜査専従員２４名を費やした。勤務先等にモニターを布石する等人員を削減する方策、効果的な手法の検討が必要である。 ◎（対策関連） ・来日予定者の受入者調査～バングラデシュ人を調理師名目で招聘しているアジア料理店について調査したところ、開店の目処が立っておらず虚偽申請の疑いあり、と報告したところ査証発給拒否となった。なお、来日外国人の招聘者については、すべて組対部に疑わしき取引関連の対象者の照会をしている。 ・来日者の宿泊事実確認～所在不明となっていた来日者の宿泊予定先に管理者対策を実施したところ、当日は宿泊予約の確認も取れなかったが、後日管理者から同人からの予約が入った旨の提報を受け、宿泊事実を確認、手配解除となった。 ●（対策関連） ・来日者の宿泊事実確認において、宿泊施設から、対象が宿泊しているにも関わらず、「宿泊していない」旨の回答を得て、警察庁に報告後「やはり宿泊していた」と訂正が入る事案や、団体客全員の人定が把握されていない事案が少なからず見受けられた。今後、各署は自署管内に所在する宿泊施設の宿泊者データ管理体制について把握する必要性が認められた。	
⑧ **その他** ・体制確保、外国語習得者確保方策 ・部内の意識高揚方策 ・広報、市民への協力要請	◎（企画関連） ・機動隊員に対する国際テロ対策教養をパワーポイントを使って実施（２、３月）。都民向け広報紙「広報けいしちょう」で国際テロやサミット特集を組むなどして、都民の意識付けを実施。各署で立ち上げたサミット警備地域協力会や会合でパワーポイントによる国際テロ教養を実施。	☆（企画関連） ・サミットのような全国規模の警備ばかりでなく通常も、組織と組織として都道府県が互いにスムーズに情報交換ができるラインを警察庁が中心になって作ってもらいたい。また、広報誌やチラシ等を作成して都民の意識付けを行ってきたが、今後、広報誌等に掲載可能な、例えばテロの現場写真やデータなどを提供していただければありがたい。将来的には、省庁を越えた外国人データを共有していく必要があるのではないか。

分類		No.

国籍(本籍)	[redacted]	出生地	[redacted]	[redacted]
ﾌﾘｶﾞﾅ / 氏名	[redacted]	㊚ 女	生年月日(年齢) [redacted]([redacted])	
現住所	[redacted]			
勤務先(住所)	[redacted]			
使用車両	[redacted]			
容疑	[redacted]			原票写真(H16年8月)
対応状況及び方針	[redacted]			

家族交友関係

関係	フリガナ 氏名	生年月日(年齢)	勤務先	住所(同・別) 別の場合は住所
妻	[redacted]	[redacted]	[redacted]	○同 別
子	[redacted]	[redacted]		○同 別
子	[redacted]	[redacted]		○同 別
子	[redacted]	[redacted]		○同 別
				同 別
				同 別
				同 別

現場写真(H　年　月)

入国在留関係

上陸年月日	[redacted]	旅券番号	[redacted]	旅券発行年月日	[redacted]
在留資格	永住者	本国住所	[redacted]		

在留期間(在留資格)	登録年月日	登録市区町村	登録番号
[redacted]	[redacted]	[redacted]	[redacted]

住所歴 学歴 職歴

期間	住所歴	期間	通学・勤務先歴(住所)
[redacted]	[redacted]	[redacted]	[redacted]

免許関係	免許種別		取得年月日		免許番号		
犯罪情報	検挙年月日		罪名		検挙署	処分結果	
所属団体			地位・役職・役割等				

		身体特徴	
モスクへの出入状況	[redacted]	身長	[redacted]
		体格	[redacted]
立ち寄り徘徊先		髪	[redacted]
		ひげ	[redacted]
行動パターン概要		眼鏡	
		作成	H20年11月7日

取　組　概　要	
[redacted]	[redacted]
[redacted]	[redacted]

<●ページ解説>

- 「容疑」欄にはFBIがマークしている人物等との関係などについての記載があります。
- 「対応状況及び方針」欄には、「自宅および勤務先の捜査実施」「パソコンおよび携帯電話の差押え」「基調・行確を実施」「事件関係者として聴取」「フランスDSTとの合同聴取」との記載があり、海外の捜査機関との協力体制が窺えます。
- 「取組概要」欄には、「フランス捜査共助に基づく聴取開始、その後現在まで合計25回の聴取実施」「視察・行確を開始」「パソコン及び携帯電話を押収」「不法残留事実で現行犯逮捕、H9.6.29仮放免」「詐欺（休業保険不正受給）事実で自宅を捜査後、通常逮捕」「アルジェリア人の不法残留事実で、自宅および稼動者の携帯電話に対する通話記録の差押えを実施し、人脈を解明中である。」等の記載があります。

1　人定事項

（1）国籍：[redacted]
（2）氏名：[redacted]
（3）生年月日：[redacted]
（4）旅券番号：[redacted]
（5）在留資格：[redacted]
（6）職業：[redacted]
所在地：[redacted]
（7）生地：[redacted]
（8）本国住所：[redacted]
本国電話番号：[redacted]
（9）日本国内住所：[redacted]
（10）日本国内携帯電話番号：[redacted]
自宅電話番号：[redacted]
（11）家族：[redacted]
（12）出入国歴：[redacted]
（13）出入りモスク：[redacted]

2　容疑情報
（1）情報[redacted]

（2）事件化内容
被疑事実：「[redacted]」（[redacted]）に対する不法残留幇助
（携帯電話を買い与えた）
搜索差押：自宅及び勤務先

- 1 -

押収物件：①パーソナルコンピュータ２台（自宅・会社各１台）
②アドレス帳１冊（自宅）

資料分析結果

〈パソコン〉

○特異事項

・MSN メッセンジャーを使用し、[redacted]と[redacted]と交信
・ムジャヒディンの戦闘実践トレーニング映像を保存
・横田基地を出発点としたマウンテンバイクコース情報を保有（「www.ibexbikes.com」掲載のものを自宅から会社へ送信）
・イスラム教教義・音声ファイルへの頻繁なアクセス
・イラク等での米軍に対する攻撃映像をファイルとして保存
・妻のハラール食材購入
・会社パソコンからヤフーで「how to make a bomb」（爆弾の製造方法）と検索。

また、自宅パソコンからヤフーで「jihad」（ジハード）、グーグルで「prince sultan base」（プリンス・スルタン基地）、オンラインショッピングサイト「ショップ PBS」で「usama bin ladin」（オサマ・ビン・ラディン）関連商品をそれぞれ検索

・武者馬堂ウェブショップを運営し、バイオノーマライザー（健康食品）を通販

○使用メールアドレス

Hotmail　～　「[redacted]」（パスワード：[redacted]）
「[redacted]」「[redacted]」
「[redacted]」「[redacted]」

Yahoo!メール　～　「[redacted]」

携帯電話　～　「[redacted]」

自宅（[redacted]と共有）　～　「[redacted]」

会社　～　「[redacted]」「[redacted]」
「[redacted]」

○ Hotmail を介し[redacted]と交信

平成 16 年 4 月から 8 月にかけ、電話で 2 回、メールで 20 回程連絡を取り合う

※メール 2 通有

①受信年月日　2005 年 4 月 14 日
タイトル　「[redacted]）」
内　容　復元できず不明（下記閲覧サイト記載の携帯電話メールサービス「Sms.ac」の登録招待のメールと思料）

②受信年月日　2005 年 4 月 16 日
タイトル　「[redacted]」
内　容　復元できず不明（同上）

○閲覧サイト　～　アクセスは会社からがメイン。必要あると判断したものを自宅パソコンに送信

【Sms.ac】（携帯電話メールサービス）

「[redacted]（ID:[redacted]）」（[redacted]の写真付。プロフィール非表示）

他「[redacted]（ID:[redacted]）」「[redacted]（ID:[redacted]）」

登録している友人

①「[redacted]（ID:[redacted]）」（[redacted]。後に削除される）
※他に「[redacted]（ID:[redacted]）」、「[redacted]（ID:[redacted]）」、「[redacted]（ID:[redacted]）」

②「[redacted]（ID:[redacted]）」（[redacted]の供述により[redacted]のオランダ人妻と判明。「[redacted]」「[redacted]」を友人として登録）

③「[redacted]（ID:[redacted]）」（日本、女性、22 歳。自動的に登録される架空人物）

④「[redacted]（ID:[redacted]）」（日本、女性、33 歳）

⑤「[redacted]（ID:[redacted]）」（日本、女性、41 歳）

その他

「[redacted]（ID:[redacted]）」（[redacted]の供述により[redacted]と判明）

【Global Islamic Media】（ヤフーグループ内会員制イスラムサイト。「alneda」に酷似した某 AQ 系サイトへリンク）

【Tajdeed.org.uk】（イスラム過激派系掲示板。ロンドン同時爆破テロの犯行声明が掲載された。お気に入り登録。自宅・会社からアクセス）
【cdlr.net】（上記タジードの前身サイト）
【qal3ah.net】【Al-qal3ah.com】【Qal3ati.biz】（Saad Rashed Mohammad Al-Faqih 関連サイト）
【64.246.51.45/vb/】（AQ 系サイト）
【islammemo.cc】（URL をメールに添付し交友者へ送信。日本ムスリム学生協会（MSAJ）広報が全国会員に推奨しているアルカーイダ系イスラム過激派サイト）
【Sultan.org】（お気に入り登録。会社からアクセス）
【islah100.org】（お気に入り登録。会社からアクセス）
【alhesbah.net】（会員制イスラム過激派サイト。会社からアクセス）
【cihad.net】（ヤフーグループを介した会員制サイトと思料）
【infovlad.net】（世界の過激映像を集めたサイト。会社から自宅へメール送信）
【ogrish.com】（首切り等処刑画像閲覧。イスラム・非イスラムを含む。会社からアクセス）

資料分析結果
〈アドレス帳〉
○判明連絡先
・[redacted]（[redacted]と記載）
架設電話 [redacted]
携帯電話 [redacted]
メールアドレス 「[redacted]」「[redacted]」
・表記無し
メールアドレス 「[redacted]」
・[redacted]
電話番号 [redacted]（[redacted]と記載）
電話番号 [redacted]（[redacted]と記載）

（３）面接状況
平成 18 年 5 月 20 日フランス捜査共助に基づく聴取を開始。以後、25 回の聴取を実施
○ 1 回目（平成 18 年 5 月 20 日実施）
【聴取内容】
～[redacted]について
[redacted]
～[redacted]について
[redacted]
～[redacted]について
[redacted]
～[redacted]について
[redacted]

・[redacted]
～[redacted]について
・[redacted]
・[redacted]
～[redacted]について
・[redacted]
・[redacted]
・[redacted]
・[redacted]
～[redacted]について
・[redacted]
・[redacted]
～[redacted]について
・[redacted]
～[redacted]について
・[redacted]
・[redacted]
～[redacted]について
・[redacted]
・[redacted]
～モスクについて
・[redacted]

○２回目（平成18年5月23日実施）
【聴取内容】
～[redacted]について
・[redacted]
～[redacted]について
・[redacted]
・[redacted]
～[redacted]について
・[redacted]
・[redacted]
・[redacted]

～[redacted]について
・[redacted]
～[redacted]について
・[redacted]
・[redacted]
・[redacted]
・[redacted]
・[redacted]
・[redacted]
～[redacted]について
・[redacted]
・[redacted]

イスラムコ

イスラム諸国人把握状況

国名	外国人登録者数	把握件数	把握率	国名	外国人登録者数	把握件数	把握率
バングラデシュ	3,348	3,123	93.3%	クウェート	12	23	191.7%
インドネシア	2,736	2,265	82.8%	キルギス	43	22	51.2%
マレーシア	2,268	1,763	77.7%	シエラレオネ	24	20	83.3%
イラン	1,336	1,344	100.6%	ベナン	15	20	133.3%
パキスタン	1,468	1,329	90.5%	パレスチナ	0	19	-
ナイジエリア	640	497	77.7%	オマーン	4	18	450%
トルコ	552	451	81.7%	イエメン	10	17	170%
エジプト	231	237	102.6%	アゼルバイジャン	7	14	200%
ウズベキスタン	223	225	100.9%	アラブ首長国連邦	7	13	185.7%
サウジアラビア	172	192	111.6%	ジブチ	3	12	400%
チュニジア	110	124	112.7%	モザンビーク	3	11	366.7%
アフガニスタン	95	109	114.7%	タジキスタン	6	11	183.3%
ギニア	137	108	78.8%	ブルキナファソ	3	10	333.3%
モロッコ	111	105	94.6%	モルジブ	10	10	100%
イラク	45	84	186.7%	ガボン	4	9	225%
セネガル	84	68	81%	バーレーン	2	8	400%
ウガンダ	100	58	58%	トーゴ	7	5	71.4%
アルジェリア	31	57	183.9%	アルバニア	7	4	57.1%
カメルーン	61	55	90.2%	トルクメニスタン	4	4	100%
シリア	50	53	106%	ガンビア	9	3	33.3%
カザフスタン	44	53	120.5%	モーリタニア	1	3	300%
ヨルダン	32	48	150%	ソマリア	1	1	100%
マリ	41	46	112.2%	ニジェール	2	1	50%
スーダン	27	45	166.7%	チャド	1	1	100%
レバノン	51	40	78.4%	コモロ	0	0	-
リビア	7	29	414.3%	ギニアビサオ	3	0	0%
ブルネイ	10	28	280%	ガイアナ	1	0	0%
カタール	18	28	155.6%	スリナム	5	0	0%
コートジボアール	32	25	78.1%	合　計	14,254	12,848	90.1%

留学生

	施設数	留学生数	把握数	把握率
大学	117	1,266	397	31%
専門・日本語学校	156	511	400	78%
国際交流会館・寮	42	259	243	94%
留学生支援団体	6	370	310	84%
合計	321	2,406	1350	56%

NGO・NPO　50団体

日本ウイグル協会～世界ウイグル会議の日本支部として平成20年6月に発足。日本人支援者を中心にウイグル民族運動を展開。

日本・イスラエル・パレスチナ学生会議～毎年夏期にイスラエルとパレスチナから学生を招致し、学生会議を開催。

日本イラン協会～日本とイラン本国との友好親善関係の促進。

ハラールフード

	国籍別	ハラールフード
対象国人	バングラデシュ	14
	パキスタン	4
	トルコ	1
	その他	3
非対象国人	インド	3
	ネパール	3
	日本	1
	その他	5
合計		34

ュニティー現勢

平成20年8月31日現在

イスラム諸団体

イスラミック・センター・ジャパン【ICJ】 ○ 1968年1月1日設立 宗教法人化～1980年12月15日 ○ 東京都[redacted] ○ 動員力　20人 ○ ローヤッテヒラール、グレーブヤード委員会を主催。	在日パキスタン商工会議所【全パキ】 ○ 2006年7月25日認可 ○ 東京都[redacted] ○ 入会金　役員30万円、一般1万円 ○ 月会費　役員1万5千円、一般千円
アフルル・バイトセンター(宗派　シーア派) ○ 1998年12月5日設立 ○ 東京都[redacted] ○ 日本人のイスラム教入信証明、婚姻証明書の発行、離婚問題等の相談にも応じている。	在日インドネシアムスリム協会KELUARGA MASYARAKAT ISLAM INDONESIA(KMII) ○ 平成00年0月開設 ○ 東京都[redacted] ○ 在日インドネシア留学生協会は下部組織
日本ムスリム協会 ○ 1952年に設立 宗教法人登録～1968年6月1日 ○ 東京都[redacted] ○ 会員数　約200名 ○ 組織内に日本ムスリム協会青年部(約60名)があり、活発に活動中	在日本統一マレー人国民組織クラブ【KELAB UMNO JEPUN(KUJ)】略称～日本UMNOクラブ ○ 東京都[redacted] ○ 役員数16名、動員力　約30名
在日パキスタン協会 ○ 1977年3月19日設立 ○ 東京都[redacted] ○ 動員力　約2,000名 ○ 全国に20支部	全日本パキスタン協会 ○ 平成12年12月12日開設 ○ 東京都[redacted] ○ 動員力　約2,000名 ○ 全国に16支部

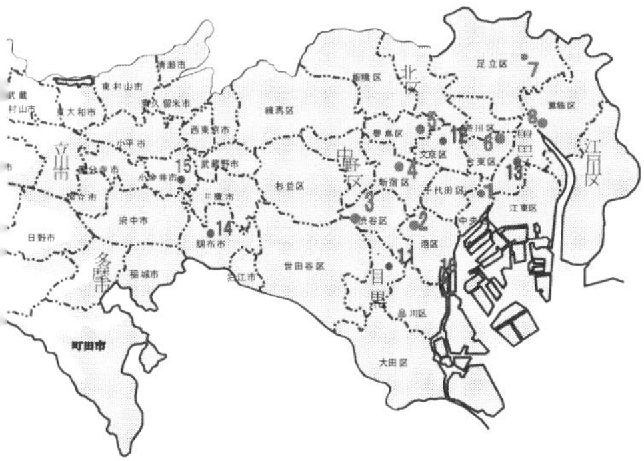

合計
78
56
20
21
47
26
53
28
329

化学剤

	店舗数	七品目取扱店舗数
薬局	6619	2236
ホームセンター	135	108
園芸店	672	343
農協	93	66
塗料店	249	96
サーフショップ	100	69
その他	1797	215
合計	9665	3133

中古車

経営者国籍別	店舗数
パキスタン	151
バングラデシュ	32
イラン	15
その他	16
合計	214

貿易会社

経営者国籍別	会社数
パキスタン	60
イラン	51
バングラデシュ	26
トルコ	10
その他	15
合計	162

ホテル

対象宿泊施設総数		849
外国人の宿泊利用あり		724
内訳	対象国人の利用あり	420
	非対象国人の利用のみ	304
外国人の宿泊利用なし		125

平成20年6月18日
外事第三課・モスク

6月23日以降のモスク視察体制等について

1　要警戒対象
現時点においてモスク班抽出の「要警戒対象」の選定はなし。

2　モスク視察体制
①　モスク班体制
係長以下４３名
②　視察実施モスク（７モスク）
・　[redacted]
・　[redacted]
・　[redacted]
・　[redacted]
・　[redacted]
・　[redacted]
・　[redacted]

都内の7つのモスクの名称が記載されています。

③　視察体制
・　23日からサミット本番前までは、基本的に各モスクとも午前8時30分から日没後の礼拝が終了する午後7時30分を目処に拠点員、行確員を配置し、モスク動向の把握、モスクへの新規出入者及び不審者の発見把握に努める。
・　サミット本番時は、配置時間を前倒しするとともに視察解除はサミット行事関係を考慮して別命としたい。
・　日々の情勢に柔軟に対応することとしたい。

【資料15】

平成20年10月6日
企　画　分　析

～ラマダーン期間中のモスク等の動向及びイード・アル・フィトルの結果について～

【総括】

都内居住のOIC諸国人の総数は、14,254名（平成19年末現在：平成18年末比＋246名）と昨年と比して微増するに留まっているものの、本年のラマダーン期間中の礼拝者は22,750名（前年比＋3,165名）と大幅に増加している。

この点を考慮し、本年の増加傾向を検証すると、根本の要因として考えられるのは、在日ムスリムの心理的な変化であると思われる。つまり

> 一連の北海道・洞爺湖サミット関連警備に伴い、都内の警戒が強化されたことによって出控えていた在日ムスリムが、サミット期間中、イスラムに名を借りたテロリストによるテロの発生が日本国内で発生しなかったことに安堵し、新たに礼拝に参加するようになった

ことではないかと分析する。

サミット直前には、タブリーグの関係者で開催される会議上、“サミットに向けた警戒が厳しい中でタブリーグ活動を自粛するか否か”が議題に上ったり、また、あるイスラム団体関係者は「サミット後には、イスラムの布教活動を活発化したい」旨の発言をしていたことからも、本年のラマダーン月がサミット後になったことは、在日ムスリムたちにとっては、大変都合の良い状況であったと考えられる。また、下記に詳述するバングラデシュ人やインド人らの同国人による独自の動きが把握されたことからも、その心理的な背景が影響して、参加者数が増加した可能性が高いと見られる。

イード・アル・フィトルについては、本年は4,700名（昨年比－1,261名）であり、参加者総数は大幅に減少した。これは、平日開催（昨年は休日）と小雨交じりの天候（昨年は晴天）を考慮すると、想定内の結果といえる。

ただ、一昨年は本年と同様平日開催であったが、この年の参加者数3,933名と本年を比べると766名の増加となることから、本年は、平日開催としては、決して少ない数字とは言えず、むしろ増加しているとも言える。

本年新たに把握した動向は、

- **北区の王子署管内ではバングラデシュ人を中心にした「北マスジド」の設立に向けた動きが本格化**
- **江戸川区の葛西署管内では、インド人ムスリムを中心に、ラマダン臨時礼拝所としてラマダーン期間中、団地内の集会所を借り上げ**
- [redacted]**では、マレーシア人イマームの影響及び在日マレーシア大使館の改修工事に伴い、同国人留学生の礼拝者が都内のみならず関東近県からも来訪**

など、同国人で参集する傾向が顕著になってきたといえる。

【要　旨】

○　ラマダーン中における礼拝参加者

ラマダーン期間中の礼拝参加者総数は、22,750名（昨年比＋3,165名）であった。

礼拝参加者が昨年比で増加した主な要因としては、

- **[redacted]では、[redacted]の閉鎖に伴う参加者の流入に加え、[redacted]を礼拝場所としていた学生の所属する日本語専門学校が新宿に移転したこと**
- **[redacted]では、インドネシア人及びマレーシア人留学生の参加が増加したこと、及び[redacted]の閉鎖に伴う参加者の流入があったこと**
- **[redacted]では、イマームがマレーシア人であることからマレーシア人留学生が増加したこと、及び山谷地区の格安宿泊施設整備により旅行者の参加が増加したこと**

などが考えられる。

○　イード・アル・フィトル開催結果

10月1日(水)、都内11ヶ所のモスク及びムサッラーでイード・アル・フィトルが開催され、4,700 名（昨年比－1,261名）が参加した。（[redacted]では9月30日、10月1日の両日開催された)。

昨年に比して参加者が減少した理由は、

- **昨年は土曜開催であったが、本年は平日（水曜日）であった**
- **昨年は晴天であったが、本年は小雨交じりの天候であった**

ことが主な要因と考えられる。

1　ラマダーン

(1)　期間

○　日本では、[redacted]で開かれた新月観測委員会の決定(本年はマレーシアの決定に従った)により、９月１日（月）からラマダーン入りし、９月30日（火）にラマダーン明けとなり、翌10月１日(水)にイード･アル･フィトル（**※注1**）が開催された。ただし、トルコ系である[redacted]は、トルコ宗教庁の決定に従い、ラマダーン明けを９月29日とし、30日と10月１日にイード・アル・フィトルを開催した。

※注１　ラマダーン月の断食が終了した翌日行うラマダーン明けの祭り。イスラムの二大祭りの一つ

(2)　期間中のイフタール開催動向

○　総理大臣主催のイフタール

９月19日(金)、首相官邸において福田前総理大臣主催のイフタールが開催され、駐日イスラム諸国37カ国１地域（パレスチナ）の大使、代表らが出席した(昨年比＋９か国)。

総理大臣主催のイフタールは2005(平成17)年から開催されたが、昨年は首相交代の直後で準備が間に合わなかったことから、小池百合子元防衛相及び駐日イスラム諸国大使らが主催してＡＮＡインターコンチネンタルホテルで開催された。

○　駐日米国大使主催のイフタール

9月24日（水）、港区所在の駐日米国大使公邸において、米国大使主催によるイフタールが開催され、駐日イスラム諸国大使館等22カ国1地域（パレスチナ）の大使、代表らが出席した（昨年比＋9か国）。また、在日イスラム関係団体からは5団体14名（[redacted]、[redacted]、[redacted]、[redacted]）、[redacted]）の代表らが出席した。

駐日米国大使主催のイフタールは2005（平成17）年から開催されたが、初回参加の36カ国から比較すると、参加国は減少している。

○　[redacted]主催のイフタール

毎土曜日恒例のイフタールが、[redacted]事務所内において9/6、9/13、9/20、9/27の計4回開催され、第1回目に駐日サウジ・アラビア大使夫妻、第3回目に駐日イラク大使夫妻及び[redacted]の[redacted]が出席した。

○　[redacted]のイフタールへの近隣住民招待

9月28日（日）に[redacted]で開催されたイフタールに、近隣住民が招待された。この招待は一昨年から始まったものであるが、本年も招待状を配布して、近隣住民等約50名（昨年比－35名）が参加し、ブッフェ形式でカレー、羊肉、鶏肉、デザート等の料理が振る舞われた。

(3)　ラマダーン期間中における主要モスク等での礼拝参加者数

○ ラマダーン期間中の礼拝参加者総数は、22,750 名（昨年比＋ 3,165 名）であった。このうち、本年から集計を開始した[redacted]礼拝所（43 名）及び[redacted]礼拝所（24 名）の合計 67 名を除いた増加数は 2,969 名となる。

各モスクの増加要因として考えられるものは以下の通りである。

・[redacted]

施設の規模・外観、立地条件の良さ、旅行者等の団体による立ち寄りの増加に加え、他モスクの出入り者として把握されていた者の参加によるものと考えられる。

・[redacted]

交通至便等の立地条件、[redacted]の閉鎖に伴う参加者の流入に加え、[redacted]を礼拝場所としていた学生の所属する日本語専門学校が新宿に移転したこと等が考えられる。

・[redacted]

インドネシア人及びマレーシア人留学生の参加が増加したこと、及び池袋モスクの閉鎖に伴う参加者の流入があったためであると考えられる。

・[redacted]

イマームがマレーシア人であることからマレーシア人留学生が増加したこと、及び山谷地区の格安宿泊施設整備により旅行者の参加が増加したこと等が考えられる。

○　昼夜別の参加者数をみると、ほとんどのモスクで夜間の出入り者が多くなっており、日が昇っている時間帯の礼拝者が延べ 9,035 名（金曜礼拝含む）であったのに対して、日没後の礼拝者は延べ13, 448名であり、約 1.5 倍となっていた。

その要因として、ラマダーン期間中には一日５回の礼拝とは別に、夜の礼拝（イシャー）後に行なわれる特別な自発的礼拝（タラウィーフ）が勧められていることが挙げられる。

（都内モスク等におけるラマダーン中の礼拝参加者数　9/1 ～ 9/30）

	主要モスク・礼拝所	本年（延べ人数）	昨年（延べ人数）	前年比	1日平均参加者数
1	[redacted]	592 名	284 名	＋ 308 名	20 名
2	[redacted]	5,488 名	5,515 名	－ 27 名	183 名
3	[redacted]	3,259 名	1,949 名	＋ 1,310 名	112 名
4	[redacted]	2,733 名	1,021 名	＋ 1,713 名	91 名
5	[redacted]	5,801 名	4,457 名	＋ 1,344 名	193 名
6	[redacted]	閉　鎖	572 名	－	－
7	[redacted]	654 名	413 名	＋ 241 名	22 名
8	[redacted]	2,497 名	2,549 名	－ 52 名	83 名
9	[redacted]	733 名	938 名	－ 205 名	24 名
10	[redacted]	129 名	－	－	（金礼、日曜のみ）32 名
11	[redacted]	524 名	1,520 名	－ 996 名	（金礼、夜中心）17 名
12	[redacted]	273 名	367 名	－ 94 名	9 名
13	[redacted]	43 名	－	－	金礼のみ　11 名
14	[redacted]	24 名	－	－	金礼のみ　6 名
	合　　計	22,750 名	19,585 名	＋ 3,165 名	

※　[redacted]及び[redacted]は本年から計上。

※　[redacted]、[redacted]、[redacted]は金曜礼拝のみの数。

※　[redacted]のみ9/29までのデータ。

※　[redacted]では、昨年のラマダーン期間は10日間のみであった。

（4）　特異動向

当課把握のモスク・一時礼拝所以外の以下の２か所において礼拝動向を確認した。

○　[redacted]

王子署管内でバングラディシュ人い集場所として把握されていた通称「[redacted]」（マンション一階の店舗部分を使用）においては、ラマダーン期間中の金曜礼拝に合計 176 名の参加を確認している。なお、イード・アル・フィトルは、10 月 1 日に北区内の「北とぴあ」にて実施した。

○　[redacted]

葛西署管内の団地に居住するインド人ムスリムが、ラマダン期間中団地内集会所を借り上げて臨時礼拝所として使用していたことを確認した。同インド人は[redacted]の礼拝参加者であるが、同モスクが遠いため、ラマダン期間中限定で礼拝所として使用した模様である。

礼拝は、夜間のみ午後８時から午後９時 30 分までの間行われ、近隣団地等に居住するインド人を中心とするムスリムが参加した。なお、イマームは[redacted]が手配したパキスタン人が務めた。期間中の参加者は、合計 348 名であった。

2　イード・アル・フィトル

(1)　開催結果

都内のモスク及びムサッラーでイード・アル・フィトルが開催され、4,700名（昨年比－1,261名）が参加した。

日本でのラマダーン月明け及びイード・アル・フィトル開催日は、新月観測委員会の決定（本年はマレーシアの決定）により10月１日と決定したが、[redacted]では、トルコ政府により、すでに30日の開催が決定していたため、9月30日と10月１日の両日開催された。

昨年に比して参加者が減少した理由は、

- **昨年は土曜開催であったが、本年は平日（水曜日）であった**
- **昨年は晴天であったが、本年は小雨交じりの天候であった**

ことが主な要因と考えられる。

独自の動きとしては、北区王子署管内に所在する“[redacted]”は、同署管内のタウンホール“北トピア13階飛鳥の間”を借り上げ、バングラデシュ人を中心に232名が参集。9時から10時20分までの間、イード・アル・フィトルを行った。

埼玉県との県境に近いという場所柄、同県下から参加したムスリムも少なくないと思料される。

（都内モスク等におけるイード・アル・フィトルの参加者数）

	モスク・礼拝所	本年(平日)	昨年(休日)	一昨年(平日)	前年比
1	[redacted]	61名	53名	40名	＋8名
2	[redacted]	767名	1,039名	725名	－272名
3	[redacted]	624名	722名	616名	－98名
4	[redacted]	開催なし	開催なし		名
5	[redacted]	882名	694名	574名	＋188名
6	[redacted]	開催なし	36名	20名	－36名
7	[redacted]	60名	58名	70名	＋2名
8	[redacted]	192名	224名	150名	－32名
9	[redacted]	72名	95名	87名	－23名
10	[redacted]	42名	40名	43名	＋2名
11	[redacted]	2,000名	3,000名	1,600名	－1,000名
合　　計		4,700名	5,961名	3,933名	－1,261名

※注３ [redacted]は、9月30日(火)、10月1日(水)の参加者合計

(2)　各モスク・ムッサラーの動向

○ [redacted]

昨年と人数的には大幅な変更はなし。入口に募金箱を設置し、一人1,500円ずつの寄付を集めていた。

○ [redacted]

昨年比－ 272 名と大幅な減少。ただ、一昨年の平日開催時は 725 名であり、本年とほぼ同数。休日開催であった昨年の参集者が非常に多かったといえる。

○ [redacted]

参加者は 882 名（昨年比＋ 188 名）で、イード祭参加者数は[redacted]を抜き都内第 1 位となった。（＊[redacted]を除く）

平日、不順な天候にも関わらず、大幅な増加があったのは、

①[redacted]の閉鎖

②[redacted]ではイードの開催がない

ために、多くのムスリムが[redacted]でのイード祭に参加したことが考えられる。

また、追及班によれば、留学生、研修生風の者が多い印象が強いとのこと。

なお、昨年と同様、モスク関係者が管轄署である巣鴨署に対し、事前に道路使用許可を申請するなど混乱防止の対策を講じたため、近隣住民との間に大きなトラブルはなかった。

○ [redacted]

イード・アル・フィトルを9月30日・10月 1 日の両日に実施。本年も、1 日目を東京ジャーミイ主催、2 日目を[redacted]主催として開催した。そのため、参集者も初日はトルコ系、ウイグル系が主流であったが、2 日目は、パキスタン、マレーシア、バングラデシュ、黒人など多彩な顔ぶれであった。

○ [redacted]

本年も[redacted]主催のイード・アル・フィトルは行われなかったことから、普段の参集者の多くは、[redacted]等の行事に参加したものと思われる。

○ [redacted]

本年も、都内各モスク・ムサッラーの中では最大の 2,000 名を確認した。毎年、在日インドネシア大使館は、在日インドネシア人ムスリムに対してするイード参加の呼びかけを行っており、同国人の祭への参加意識は高いものと思われる。

また、参加者の内半数である 1,000 名程が、10 時から 13 時まで在日インドネシア大使館で行われる昼食会に参加したとのこと。なお、インドネシア大使館には、マスコミ 2 社（日本経済新聞社、インドネシア国営通信“アンタラ”）が取材に来ていた。

3　ラマダーン及びイード・アル・フィトルで把握した新規礼拝参加者数

当課では、ラマダーン期間中は、普段礼拝に来ないものが多く訪れる時期であり、新規把握の好機であると捉え、課内担当班や関係署と連携し、総計 209 名の新規礼拝参加者を把握した。

下記の表を見ると、[redacted]、[redacted]、[redacted]の順で新規把握が多いが、各モスクにおける一来参集者の多さ、新たな留学生・研修生が増加しているという現状等を考慮すると、妥当な順位であるといえる。逆に、把握者数が少ない[redacted]、[redacted]は礼拝参加者が固定化しているといえ、一来で訪れる者が少数であることを示している。

	モ　ス　ク	ラマダーン	イード・アル・フィトル	
1	[redacted]	50名	18名	68名
2	[redacted]	20名	3名	23名
3	[redacted]	2名	イードの開催なし	2名
4	[redacted]	75名	5名	80名
5	[redacted]	3名	6名	9名
6	[redacted]	15名	5名	20名
7	[redacted]	4名	3名	7名
合　　計		169名	40名	209名

227頁から233頁のマスキング箇所には、具体的なモスク名またはイスラム関係団体の名称が記載されています。

【資料16】

コミュニティー対策について

我が国は、米国を支持し、イラクへ自衛隊を派遣しているなどとして、イスラム過激派にテロの標的とされていることに加え、過去、複数のアル・カーイダ関係者の滞在が確認されている事実に照らせば、国際テロの脅威を決して過小評価してはならない。

したがって、テロリストのインフラに悪用される可能性のあるイスラム・コミュニティー等の実態把握に努めると共に、重要施設やソフトターゲット等に対する警戒警備を徹底する必要がある。

当課では、このようなイスラム・コミュニティーの動向を常に把握する必要があることから下記の対策を実施している。

1　イスラム・コミュニティーの実態解明

テロリストのインフラとして悪用される恐れのあるイスラム・コミュニティーの実態解明を図るため、各署と当課方面指導担当者間の連絡を密にして、イスラム・コミュニティー内等における情報収集を幅広く行い、各種不穏動向の把握に努めている。

なお、当課では特に、

・言動や過去の活動から反米的傾向が顕著に窺われ、違法事案等を敢行する恐れがある者
・イスラム過激派が紛れ込む可能性のある目立たない場所に蝟集する者
・最近になって家族等に連絡せず、所在不明となっている者
・最近になってイスラム・コミュニティーに接近してきた者
・礼拝を欠かさず、宗教的行事にまめに参加する者
・飲酒はせず、ハラールフードしか口にしない者
・派手な行動は慎み、人前では大声で話さない者
・米国をはじめとする欧米諸国やイスラエル、あるいは欧米文化に対して過激な批判的主張をする者
・ジハード（聖戦）的言動がある者
・プリペイド式携帯電話やインターネット・カフェを利用す

る者
・定職がなく、収入源が不明である者
・異常に渡航歴が多い者
・熱心なムスリムであるにも関わらず、イスラム諸国以外の国で帰化して、ムスリムであることを隠している者
・カメラ・ビデオを常に持ち歩いている者
・最近になって髭を剃る等の動向が見られる者
・ホテルを利用しながら、レンタカー等を利用する者
・ホテルの宿泊者として、手荷物が極端に少ない者
・偽造旅券を所持している者
・ホテルのチェックインの際、自分の名前を書き間違える者

等を着眼点として不穏動向の把握に努めている。

2　提報者対策の推進による情報線の拡充、強化

当課では、イスラム・コミュニティーの実態解明のため、提報者作業を国際テロ対策上最も重要な柱の一つとして位置付けており、課・係の垣根を越えた積極的な取り組みを行い、接見や交通違反・事故等で来署した際や語学専門学校、大学、就職斡旋企業等あらゆる機会を通じて、イスラム・コミュニティーの内部情報や知識に長けている者から幅広い情報を入手する等、提報者の設定及び情報収集作業を実施している。

既に設定している提報者にあっては、月に１回は面接する等、積極的にイスラム教や提報者の文化・国情等の理解に努め、「話ができる人、話を理解してもらえる人」として提報者の信頼を得て、今後更に広範な情報が入手できるような協力体制を確立し、さらに新規の提報者獲得作業を実施するため、引き続き候補者の抽出・基調を実施する等、情報線（特に中東、アフリカの対象国人やインドネシア、マレーシア、シンガポール、インド、フィリピンのムスリムを重点対象とした設定）の拡充、強化を図っている。

（平成１７年１１月現在、当庁提報者設定人数は２７５人）

様式

H19. 12. 7現在　　東京都

	項目	内容	
実態把握	別表(1)～(7)について、三期中に新規に把握したもの	(1)　1件：[redacted] (2)　件： (3)　12件：NGO (4)　45件：ハラール (5)　件： (6)　件： (7)　15件：中古車	現在までの総数 (1) 16件 (2)　件 (3) 50件 (4) 277件 (5)　件 (6)　件 (7)225件
	イスラム過激派が潜伏するおそれのある場所	第三期中に把握した数 0か所	現在数 3か所 1品川区[redacted] 2　港区[redacted] 3　大田区[redacted]
	アパート・ローラー等を実施した結果入手した関連不審情報の具体例	なし	
	別表(1)の出入り者の実態把握の実施数と面識率 【施設の名称】面識率％（1回の識別可能者数の平均／1回の出入り者数の平均）	実施か所数　13件／別表(1)の総数　16件 【[redacted]】70.0%（7名／10名） 【[redacted]】52.3%（136名／260名） 【[redacted]】49.3%（62名／125名） 【[redacted]】59.1%（44名／74名） 【[redacted]】78.0%（91名／117名） 【[redacted]】49.5%（13名／26名） 【[redacted]】92.4%（21名／23名） 【[redacted]】94.1%（16名／17名） 【[redacted]】82.0%（34名／41名） 【[redacted]】85.1%（31名／36名） 【[redacted]】70.7%（63名／89名）	

モスク名等が
記載されています。

		【[redacted]7.5%(19名／40名) 【[redacted]00%(6名／6名)
	特異渡航歴を有する者等の把握数	0名
	実態把握を徹底するために、三期中に講じた地域部門の取組を向上させる具体的施策	○サミットに向けた国際テロ対策(対象国人などの居住・稼働実態の把握)を強化推進するため、平成19年9月1日からサミット終了までの間、巡回連絡等による対象国人等の実態把握の成果を特別に表彰するポイント制を導入、地域係員を始め全職員の国際テロに対する意識を向上させた。また、各署の個々職員に対して、タイムリーにテロ関連情勢を伝え、また教養を高めるための「外三だより」を第三期中には、各警察署に8回発出している。
情報収集	不審動向に関する情報収集のための、各部門との具体的連携方策	○北海道洞爺湖サミット及び前段の関係級会合に向けたテロ対策の万全を期するため、概ねサミット終了までの期間「各種警察活動を通じた多角的な実態把握活動による不審外国人及び不審情報の収集」に関して、功労のあった所属に対し、「警視庁テロ総合対策本部長(副総監)賞」を授与し、実態把握活動を従来以上に賞揚することとした。
	市町村や関係機関からの協力を得るための具体的施策	○警察署が主体となり立ち上げた、官公庁をメンバーとする「サミット連絡会議」等の会議の席に講師として招聘された当課員が、国際テロの現状につき講演するとともに、サミットに向けた各種対策への協力を依頼した。 ○薬剤師協会に対する管理者対策を実施した結果、協会発行の会報に「化学剤不審購入者」に関する注意喚起文が掲載された。 ○公共交通機関(ソフトターゲット)関係者に対する連絡会議に当課員が講師として出席し、国際テロの現状につき講演するとともに、サミットに向けた各種対策への協力を依頼した。
管理者対策	インターネット・カフェ協議会との具体的連携施策(あれば)	○各3署(万世橋・愛宕・渋谷)がそれぞれ「インターネットカフェ防犯連絡会議」等と称する協議会を結成し、国際テロ情勢を教養実施し、今後不審者来店時には即報をするよう依頼した。
	インターネット・カフェを始めとするコンピュータ通信関連業者からの提報を端緒とする主な取扱い事案(情報)	○なし
情報線	留学生支援団体・個人等との協力関係の具体的構築例	○日本学生支援機構等の留学生支援団体と良好な関係を構築し、約2,000名以上の留学生ﾃﾞｰﾀｰ(ｲｽﾗﾑ諸国及び新疆ｳｨｸﾞﾙ出身者)を入手した。
	来日者を招聘する者や企業・	○ｲﾝﾄﾞﾈｼｱ人を中心とした年間研修生受入総数約2,000名以上の財団法人[redacted]

の確保	団体との協力関係の具体的構築例			[redacted]に対して管理者対策を積極的に実施した結果、不審な研修生が来日した際の速報体制が確立されている。
容疑解明	現在まで継続している容疑解明 計　6件	うち、第三期中に入手した不審情報に係るもの	6件	①東京の警察署、米国大使館を自爆攻撃を企図するミャンマー人（投書） ②１０月１６日、薬局から提報「過酸化水素水の大量購入（２０ｋｇ）」 ③１０月１２日製薬会社から提報「濃塩酸、濃硝酸を購入したいとの個人から注文」 ④１１月７日、薬局から提報「塩酸５００mℓ、塩化第一鉄５００mℓ、エタノール５００mℓの個人客からの注文」 ⑤１１月９日、薬局から提報「過酸化水素水１ℓをエンジンの清掃目的で購入」 ⑥１１月２９日アメリカンスクール管理者から提報「２６日から３日間、登校時のアメリカンスクールバスを執ように追尾するベンツがいる」
		上記以外のもの	0件	
	これまでに入手した不審動向に関する情報で、第三期中に追及解決したもの		5件	①テロに使用される機材を輸出する不審者（提報者情報） ②「イスラム教徒を苛める奴をぶっつぶす」との言動があるインド人（投書） ③「日本におけるテロ情報を持つ」と自称する在日ブラジル人女性（投書） ④アメリカンスクール送迎バスをビデオ撮影していた中東系男3人組（通報） ⑤爆発物取締罰則違反事件（尾久事件）
国際海空港対策	昨年の新規年間入国者数			人数とれず　（参考）羽田空港の総入国者（日本人含む）　844，668名 東京港の入国者　人数とれず
	上記のうち諸国人の概数			人数とれず　（参考）羽田空港　人数とれず 東京港の入港船舶の乗組員（クルーリスト）　2506名
	1週あたりの到着便数			羽田空港　60，7便（年間3156便） 東京港　405，5便（年間21088便）
	不審入国者に対する職務質問の実施状況			実施なし
	行確・追及体制			なし（フリージアヒット時は約5名でその都度編成）

上記様式に 「○」を記した部分は、具体例を求めるものであるが、その内容は簡記すること。

【資料18】

県内概要

（愛知県）

実態把握及び情報線の確保

諸国人把握数／諸国人登録者数（把握率）	11，246／6，166（182．4%）

国籍別特徴：　当県におけるOIC諸国人の外国人登録数は、42ヶ国6,166人（平成19年12月末現在）であり、上位10ヶ国は、インドネシア2,626人（42.6%）、パキスタン857人（13.9%）、バングラデシュ637人（10.3%）、トルコ602人（9.8%）、マレーシア417人（6.8%）、イラン262人（4.2%）、ナイジェリア154人（2.5%）、エジプト人122人（2.0%）ウガンダ119人（2.0%）、アフガニスタン96人（1.6%）、ウズベキスタン74人（1.2%）であり、全体の96.8%を占める。

宗派別特徴：　当県には、モスク9ヶ所、礼拝所5カ所が所在するが、いずれもスンニ派の施設であり、シーア派の施設は確認されていない。

確認されているモスク9ヶ所は、

○　サウジアラビアのアフレハディース派（ワッハーブ）の影響を受ける[redacted]、[redacted]

○　タブリーグ系である[redacted]、[redacted]、[redacted]、[redacted]

○　宗派（礼拝方法）の違い等により揉め事が発生した[redacted]（タブリーグ活動にも利用されている）

○　イスラムで異端派とされ、ロンドンに世界本部を置く[redacted]

に大別することができる。

職業別特徴：　当県で外国人登録を行うイスラム諸国人の約43%はインドネシア人であるが、その多くは各種企業で活動する研修生である。特に当県は、トヨタ自動車関連企業を中心に製造業が盛んであるため、これらに従事する合法な研修生はもちろんのこと、全国から多数の不法就労者が稼動目的に居住しているのが大きな特徴である。

また、自動車産業の流れを受け、中古自動車輸出業も盛んで、中古車販売業を営む者OIC諸国人は多く、現在確認されているOIC諸国人の中古車業者の内、約62%をパキスタン人が占める。

一方、ハラールフーズ店を経営する者はパキスタン、バングラデシュ人が多く、県下17店舗中、パキスタン人が7店舗、バングラデシュ人が5店舗を占めている。

地域別特徴：　日本を代表するトヨタ自動車及びその系列会社が西三河地方を中心に所在することから、西三河地方を中心に労働者として多くのイスラム諸国人が居住している。名古屋市内には、企業研修生、留学生が多く、比較的広大な土地が確保できる名古屋市郊外地域においては、中古車業を営む者が多く居住している。

コミュニティー・団体把握状況（①名称～例：〇〇人留学生協会、②把握構成員数、③提報者数、④第三期中の提報情報数）

1、①[redacted]（[redacted]）、②約50名、③2名、④157件

2、①[redacted]（[redacted]）、②約50名、③1名、④1件

3、①[redacted]（[redacted]）、②約50名、③2名、④13件

4、①[redacted]（[redacted]）中部、②約100名、③5名、④25件

全て愛知県下の主要なモスク、イスラムコミュニティの名称が記載されています。

5、①[redacted]([redacted])名古屋、②約60名、③5名、④25件 6、①[redacted]([redacted])豊橋、②約40名、③5名、④25件 7、①[redacted]([redacted])、②約80名、③3名、④20件 8、①[redacted]([redacted])、②約300名、③1名、④6件			
アパート・ローラー等を実施した結果入手した関連不審情報の具体例 全て愛知県下の主要なモスク、イスラムコミュニティの名称が記載されています。	○　例年4月に地域部が主体となって実施している「実態把握月間」を今年はサミット対策の実効を期すため、1月に前倒しして実施した。この「月間」では、サミット対策に万全を期すため、地域部と警備部とが連携して、 ・　国際テロリストの発見に資する外国人居住実態等の把握 ・　テロやゲリラを引き起こすおそれのある団体・個人及び関連施設の発見につながる情報の収集 ・　サミット等開催に向けた総合的警備対策に有効となる情報の収集 ・　不良来日外国人い集場所、就労場所等の把握 等に努めた。 　実態把握月間中、警察署の地域警察官から警備課へ寄せられた情報・報告件数は7,465件であり、うち、重点推進項目に関する情報・報告件数は4,138件、さらに、国際テロ対策に資する情報・報告件数は、273件であった。 　この結果、直接的な容疑情報や事件端緒は得られなかったものの、 ・　インドネシア人研修生が多数稼働・居住する企業 ・　インドネシア人集団居住地区 等の把握に繋がったものに対しては、警備部長表彰を行った。		
別表(1)～(7)について三期中に新規に把握たもの	(1)　2件：[redacted] (2)　0件： (3)　0件： (4)　2件：[redacted] (5)　0件： (6)　0件： (7)　8件：スリランカ4件 パキスタン2件 バングラデシュ1件 ウガンダ1件	現在までの総数	(1)　13件（別表にて詳細報告） (2)　15件（別表にて詳細報告） (3)　0件（別表にて詳細報告） (4)　17件（別表にて詳細報告） (5)　0件（別表にて詳細報告） (6)　0件（別表にて詳細報告） (7)　266件（別表にて詳細報告）
別表(1)の出入り者の面識率 【施設の名称】面識率% （1回の識別可能者数の平均／1回の出入り者数の平均）	実施箇所数　3件／別表(1)の総数　13件 【[redacted]】　約70%（約80名／約120名） 【[redacted]】　約40%（約95名／約230名） 【[redacted]】　約30%（約15名／約 50名）		

イスラム過激派が潜伏するおそれのある場所	第三期中に把握した数		現在数
	2か所		13か所
別表(1)の施設及びイスラム過激派が潜伏するおそれのある場所に出入りする者に対する実態把握を強化した場所の件数及び右に記載した者の解明概要 ※　サミット直前期間中 (6／23～7／9)	実態把握強化場所		2カ所
	出入りを停止した者	0件	○　県下主要モスク([redacted]、[redacted])に対する拠点視察を実施した結果、期間中、3,639名([redacted]806名、[redacted]2,833名)のムスリムがモスクに出入りしたが、出入停止者及び変貌はなかった。
	新規に立ち寄った者	271件	○　新規来所者271名を把握するとともに、行動確認を44回実施し、没先等23件を確認したが、不審者・不審動向の把握には至らなかった。
	不審動向	0件	○　モスク出入り状況を視察する限りにおいて、不審者・不審動向の把握には至らなかった。
特異渡航歴を有する者等の把握数 個人名と生年月日が記載されています。	2名		○国籍:スーダン 氏名:[redacted] 特異性:【2月18日、本庁から特異渡航者として調査下命】 イスラム過激派容疑にて行動確認と関係調査を実施した結果、トヨタ自動車関係者(同社招へいにより国際会議出席)と確認。 ○国籍:インド 氏名:[redacted] 特異性:【6月23日、本庁から不審入国者として調査下命】 不審なインド人が長崎県から入国し、名古屋に向かったため、名古屋駅で待ち受け、職務質問を実施。インド→タイ→中国→長崎→名古屋と日数、手間のかかるルートにて来日。大都市の空港を意図的に避け、比較的入国審査の緩やかな地方空港から入国した可能性大。
実態把握を徹底するために、三期中に講じた地域部門の取組を向上させる具体的施策	○　警察署警備課長を通じて情報関心を示し、あるいは外事課国際テロ対策室長、同補佐等が特別教養に赴き、実態把握上のポイント等を具体的に指導した。また、実態把握や不審情報の報告で成果を上げた者には署長表彰、外事課長表彰等を行った。 【具体的内容】 当県では、毎月「外事速報」(警察庁の「外事たより」に相当。)を発出し、係ごとの情勢説明、情報関心を一線警察署に示しており、これに基づいて警備課長は通告等の機会を通じて自署の地域課員に情報関心を示している。また、警察署の招集日に国際テロ対策室長、同補佐等が出向いて地		

	域課員を中心とする署員に特別教養を実施し、他部門の者にも関心を持たせるよう配意している。 　結果として、イスラム諸国人の居住世帯、稼動企業等の把握、その他不審情報の入手等で成果を上げた者に対しては、警備課長の推薦により署長表彰、外事課長表彰等を行っている。 ※　特別教養等19回実施 ○　上記、「アパート・ローラー等を実施した結果入手した関連不審情報の具体例」に記載したとおり、平成20年1月、実態把握の向上を目的とした「実態把握月間」を地域部と警備部が連携して実施し、功労者には警備部長表彰を行う等、地域部門の取組みを向上させる施策を実施した。 ※　情報入手件数7,465件、うち国テロ情報273件
不審情報の収集に向けた各部門との連携のための具体的施策	○　各部門との具体的連携状況については以下のとおり。 総警務：　主に遺失・拾得、警察安全相談等でイスラム諸国人関連情報を把握した場合の警備課への通報を依頼している。 刑　事：　当県では各部が把握した外国人情報は刑事部国際捜査課に集約されることとなっているため、イスラム諸国人関連情報については刑事部と情報を共有している。 　ただし、実際の運用に際しては、刑事部のデータベースは噂や風評まで検証を経ずに入力されており、通名や別名も多いため、そのままでは使えず、調査の端緒、参考データとして活用している。 生活安全：　主に古物営業、風俗営業、銃砲刀剣類の届出、許可申請等でイスラム諸国人関連情報を把握した場合の警備課への通報を依頼している。当県には中古車業を営むイスラム諸国人が多いため、生安部の持つデータは有用である。 　また、危険物取扱業者やインターネット業者等についても生安部が主管しているため、管理者対策の基礎データとして活用している。 地　域：　巡回連絡を中心に、地域警察活動を通じてイスラム関連情報を把握した場合には、断片であっても全て「自発報告」（警視庁の「注意報告」に相当。）により警備課へ通報するよう依頼している。 交　通：　主に交通事故、交通取締り、自動車運転免許の取得・更新等でイスラム諸国人関連情報を把握した場合の警備課への通報を依頼している。中古車業者や長期滞在者は我が国の自動車運転免許を取得することが多いため、免許データ

	は特に顔写真を入手する絶好の情報源である。
市町村等の関係機関からの協力を得るための具体的施策	1　市町村との連携 各種管理者対策の実効を期すためには、市町村等の関係機関の協力が不可欠であるが、縦割り行政がゆえ難しい側面がある。 ※　旅館業者による外国人の本人確認に関しては、厚生労働省から県、名古屋市及び指定市(豊田市、豊橋市、岡崎市)に対して指示がなされているが、実際の運用は保健所が所管している。しかし、保健所は、旅館業者に対して法改正の趣旨を通知するのみであり、とどのつまり、警察が個別に旅館業者に協力依頼するしか手立てがないのが現状である。 このため、当県では、「結論的な問題に対しては各論で解決」をモットーに所轄レベル(現場レベル)での地道な協力者作業を実施した結果、法律の枠組みにとらわれない協力者情報(外国人登録実態、研修生動向、大学内動向、国際交流・国際会議動向等)の入手を実現した。 2　国際海空港対策にかかる関係機関との連携 (1) 国際空港対策(中部国際空港) 中部国際空港における入国管理局、税関等、関係機関との連携を強化するため、外事課(国際テロ対策室)、中部空港警察署(警備課外事係)、名古屋入国管理局(中部空港支局)、税関による合同会議の開催、合同訓練及び合同警戒等を定期的に実施してきた結果、APIS・BICSはもちもんのこと、各種容疑情報に基づく事案対応も実践レベルで有効に機能している。 (2) 国際海港対策(名古屋港・衣浦港・三河港) 国際海港である名古屋港、衣浦港、三河港については、現場に入国管理局の事務所がなく、乗員上陸者に対する BICS データの採取も行われていなかったが、港湾危機管理コアメンバー会合、港湾保安委員会を活用し、入管、税関、海保及び船舶代理店等に対する協力依頼をハイレベル及び現場担当者レベルから同時並行的に積極的且つ粘り強く推進した結果、入管、税関、海保との合同サーチのほか、サミット直前期には、北海道向けフェリーに対する海保との合同警戒も実現した。 また、サミット直前期においては、乗員上陸者に対する本人確認並びに船員手帳の携帯について、入管、船舶代理店の全面的な協力が得られるに至った。
留学生支援団体・個人等との協力関係構築のための具体的施策	○　当県では、一部企業が留学生支援を行っているほか、愛知万博開催以降、各自治体がパートナーシップ活動の一環として留学生との交流を独自

		に進めている。このため、これら企業や自治体に対する管理者対策を強化し、間接的に留学生情報の入手を図っている。 特に、ムスリム留学生は、各種組織を立ち上げ、イスラム学習会や交流活動を積極的に行っていることから、これら集会に利用される施設に対する管理者対策をこまめに実施し、施設利用者の情報入手に努めている。 また、直接留学生・研究生から情報を入手する手法を取り、留学生・研究生を対象とする正規の獲得作業、面接作業を推進している。 この結果、特定個人の動向は別として、県下のムスリム留学生・研究生の全体像や具体的動向については、既に大学当局や留学生支援団体よりも県警の方が正確に把握している。		
	来日者を招聘する者や企業・団体との協力関係構築のための具体的施策 財団法人名が記載されています。	○　外国人研修生を受け入れる財団法人の担当者と良好な関係を構築し、県下企業で稼動するインドネシア人研修生の人定事項等について情報を入手しているほか、OIC諸国から多くの関係者を招へいしているトヨタ自動車等の窓口対策を積極的に実施し、その入国動向と入国後の不審動向の把握に努めている。 【実情】 サミット直前期に警察庁から国テロ容疑関係者として通報を受け　た企業人は、いずれもトヨタ自動車が招へいしていたことから、窓口対策を実施し、招へい予定者等に関する事前情報の入手に努めている。 また、当県で外国人登録を行うイスラム諸国人の42%に当たる2,500人はインドネシア人であり、その多くは企業で稼動する研修生である。インドネシア人研修生の受け入れについては[redacted]([redacted])が中心となっていることから、同財団の東海支局担当者と良好な関係を構築し、県下企業で稼動する研修生の人定事項、稼動先からの逃走、逃走研修生の潜伏先等に関する情報を入手している。		
	来日予定者の受入者の調査件数	既に把握している情報との照合件数　988件 未把握の受入者に関する調査件数　5件 受入者として適格性を欠くと思料される者として当課に報告した件数　5件		
管理者対策	爆発物原材料取扱業者に対する管理者対策の実施対象数並びに通報のあった特異事案の件数及び概要	管理者5,646対象 延べ6,559回実施	通報受理件数1件	○　サミットに向けたイスラム過激派対策の一環として爆発物原材料を取り扱う薬品店に対する管理者対策を徹底していたところ、県下所在の薬品店から管轄警察署に対し、爆発物原材料の購入企図者に関する通報がなされた。通報に基づき、同人に対する所要の捜査を推進したところ、同人は、平成17年2月に、自宅において爆発物を合成中、爆発事故

				を起こした人物であることが判明した。 同人を要注意人物として選定し、サミット開催期間中、同人に対する行動確認等を行うも、外国人等との接触や爆発物製造等の動向も確認されなかったことから、同人の担当教授からの情報収集、自宅周辺の医薬品店に対する管理者対策を強化することとした。
	インターネット・カフェ協議会との具体的連携施策（あれば）	○ 生活安全部を通じて協議会等の設立を指導しているが、これまでのところ実現には至っていない。		
	インターネット・カフェを始めとするコンピュータ通信関連業者からの提報を端緒とする取扱い事案の件数及び主な事案の概要	0件		○ これまでのところ、国際テロ関連情報、不正アクセス関連情報等が寄せられた例はなく、事案の取扱いもない。 【実情】 現時点、県下で301業者を把握しているが、当県インターネット・カフェの約半数は会員制を採っており、飛び込みの外国人が目立たずに端末を操作できる環境にはない。残る半数は身分証による身元確認を行っておらず、個室営業の店舗も多いが、外国人の来店者はほとんど確認されていない。
	上記以外のテロリストが利用するおそれのある施設等の管理者に対する管理者対策実施件数（実施対象者数）並びに通報のあった特異事案の件数及び概要	管理者 2,638 対象 延べ 3,284 回実施	通報受理件数 9件	○ サミットに向けたイスラム過激派対策として、テロリストが利用するおそれのある施設等に対する管理者対策を鋭意推進したところ、ソーラスフェンスの破損（釣り人によるこじ開けやローリング族による衝突）、鉄道軌道敷内への侵入（いたずら目的の列車妨害等）、爆破予告（虚報等）の通報を受理したが、国際テロ対策に結びつく事案の発生はなかった。
容疑解明	これまでに入手した不審情報で、第三期中に追及解決したもの ／ うち、第三期中に入手した不審情報に係るもの	28件		1 アル・カーイダを名乗る不審人物に対する容疑解明 「知人から『自らアル・カーイダのメンバーを名乗り、何かをやるといってる者が居る』との話を聞いた」との協力者情報に基づき、内偵捜査を行ったところ、 ○ 対象（アル・カーイダを自称する人物）は実在するパキスタン人であること ○ 同人の叔父（帰国中）も周囲の者に「山岳地帯で銃を所持する大勢の部族民の前で演説している写真」を見せたこと ○ 協力者に情報を伝えた「知人」は入管法違反状態であること 等が判明した。 6月7日、情報源と思われる「知人」を入管法違反（不法在留）で逮捕し、本件について追及したところ、本件情報には具体的根拠がないことが確認された。

（平成19年6月28日付57-3-国テ-337等）

2　ヒズボラメンバーと名指しされた不審人物に対する容疑解明

名古屋入国管理局に対し、「愛知居住のインド人は、ヒズボラのメンバーであり、銃器と爆弾製造の専門家である。同人はインドでテロを起こし、警察から追われていることから、偽造旅券で日本に滞在しており、日本でテロを起こすかもしれない。」との海外郵便が届いた。内偵捜査を実施したところ、名指しされたインド人が実在し、不法残留状態であることが判明した。

6月12日、名指しされたインド人を入管法違反（不法残留）で逮捕し、取り調べ、捜索差押え等を実施したが、同人は、出稼ぎ目的の単純不法滞在者であり、しかも仏教徒でイスラムとは無関係であることが判明した。

3　アル・カーイダ容疑パキスタン人にかかる容疑解明

(1)　平成19年9月21日、中部国際空港テレホンセンターに、在日パキスタン人男性から、アル・カーイダ関係者であるパキスタン人がマレーシア航空で入国する旨の密告があった。入国審査の結果、同人は3年前に退去強制処分を受けていることが判明したことから、入国拒否となったが、特別審査時の調査では、アル・カーイダとの関連を疑わせるような言動、所持品等は一切認められなかった。

(2)　平成19年11月6日、名古屋入国管理局中部空港支局から中部空港警察署に対し、在日パキスタン人男性から、アル・カーイダと関係のあるパキスタン人が、エミレーツ航空で入国する旨の密告があった。入国管理局において、エミレーツ航空で来日する外国人に対する特別審査を行い、警察も連携して追及体制を取ったが、不審人物の発見には至らなかった。

(3)　平成19年12月1日、ドバイ発中部国際空港行きエミレーツ航空に、アル・カーイダ関係者として国際手配（青手配）中のイエメン人に氏名、生年月日が類似した人物が搭乗している事実をもってAPIS「ICPO手配者ファイル」ヒットした。このため、中部空港警察署と外事課が体制を確保した上で、名古屋入国管理局の特別審査と併せて職務質問を実施した結果、国際手配者と人定・容姿が全く異なるイラン人（トヨタ自動車研修生）と判明し、容疑を解消した。

4　テロリスト容疑フィリピン人にかかる容疑解明

平成19年9月25日及び26日、愛知県津島警察署は、同署においムスリム団体名が記載されています。

モスク名が記載されています。

て入管法違反(旅券不携帯)の被疑者として逮捕拘留中のフィリピン人がテロリストである旨を記した英文FAXを受信した。このため、被疑者宅に対する捜索を実施し、容疑者を追及したが、同人がテロリストであることを窺わせる物証、言動等の把握には至らず、容疑を解消した。

5　[redacted]名古屋支部の実態解明

埼玉県警から、バングラデシュ国内の政党「ジャマティ・イスラミ・バングラデシュ(JIB)」と密接な関係を有する「[redacted]」の名古屋支部長は不法入国斡旋組織の手配で来日した者であるとの情報提供を受けた。内偵捜査を実施したところ、当該人物は実在し、不法在留状態であることが判明したことから、11月28日、同人を入管法違反(不法在留)で逮捕し、押収資料を分析するとともに取り調べを行ったが、政治的、宗教的な活動事実は認められなかった。

6　タブリーグ傾倒インドネシア人の検挙

2月7日、名入管とともに国内タブリーグ活動を積極的に行っていたインドネシア人ムスリムを入管法違反(不法残留)で検挙し、取り調べを行った結果、同人は、「来日後、[redacted]からガストで訪れるタブリーグと接するようになり、イスラムの教えの重要性を認識し、タブリーグから学んだ自分の知識を他のムスリムにも教えてたいと思うようになり、タブリーグ活動にのめり込んだ。」等とタブリーグ傾倒を供述したが、テロ容疑に結びつく情報は得られなかった。

7　イスラム過激主義者(スーダン人)に対する追及

2月18日、警察庁から「イスラム過激主義者」容疑として行動確認の指示があったスーダン人に対する行動確認、関連調査を実施したところ、同人は、トヨタ自動車海外販売店副社長であり、同社主催の国際会議に出席するため来日したことが判明し、不審動向、不審物件等は確認されなかった。

8　アル・カーイダ容疑不法入国者にかかる容疑解明

県下警察署において取り組んでいた面接作業対象者から、「パキスタンでアル・カーイダ関係者とされている人物が日本にいる。」等の端緒情報を入手した。内偵捜査を実施したところ、当該人物は

実在し、不法在留状態であることが判明したことから、4月2日、同人を入管法違反(不法在留)で逮捕し、押収資料を分析するとも

に取り調べを実施したが、政治的、宗教的な活動事実は認められなかった。

9　爆発物製造者に対する容疑解明

県下駐在所に対する建造物侵入事件について、被疑者に対する所要の捜査を行ったところ、同人は、平成11年に自宅において爆発物を製造中に爆発事故を起こした当人であり、取り調べにおいて、キリスト教の世紀末思想を考え、自宅において爆発物等を製造した旨供述した。供述に基づき、自宅に対する捜索差し押さえを実施したところ、テトリル、RDX等の爆発物を押収した。

同人に対し、国際テロの観点からも厳しく追及したが、外国人との接点や特定宗教への傾注はなく、国際テロへの興味がないことが判明した。

10　大阪府警からのたれ込みにかかる容疑解明

3月26日、警察庁から、大阪府警にたれ込まれた情報として、「来日予定のムスリム2名は、アル・カーイダ関係者であり、この招へい者は、愛知県居住者である。」との通報を受けた。

本件について調査を実施したが、アル・カーイダに関する情報はなく、招へい者は、揉め事が発生している[redacted]の関係者であることから、同モスクの揉め事に絡む嫌がらせの可能性が高いと判断された。

11　[redacted]招へいスリランカ人の検挙

県下居住のスリランカ人が、在留期間更新許可証の偽造・密売を行っている旨の投書を受け、内偵捜査を実施したところ、同人は、[redacted]が主催する第6回イスラム代表者会議に参加　することを目的として査証取得していた事実が判明した。

4月8日、同人を入管法違反（不法残留）で逮捕し、捜索差押えに加え、[redacted]への事情聴取を実施したが、テロ容疑に関するものは確認されなかった。

12　不正多額送金者の容疑解明

「疑わしき取引」として通報があった県下居住インドネシア人ムスリムについて、国際捜査課と合同捜査を推進し、同人を2月28日入管法（不法残留）、3月27日銀行法違反容疑で逮捕した。この結果、未把握の礼拝所を発見したほか、多数の地下銀行の顧客資料を押収したが、テロ容疑に関するものは確認されなかった。

13　国テロ容疑関係スーダン人にかかる調査（警察庁指示）

4月22日、警察庁から[redacted]について情

－ 10 －

モスク名がそれぞれ記載されています。

個人名が記載されています。

モスク名が記載されています。

報があれば報告されたい旨の指示がなされた。同人について調査した結果、トヨタ自動車において研修中のスーダン人であり、中部国際空港における声かけや[redacted]視察過程で把握済みの人物であることが判明したが、掘り下げ調査を推進中のところ、5月29日中部国際空港から出国した。

14　テロ容疑ミャンマー人にかかる容疑解明(APISヒット)

5月1日、名入管中部空港支署から、テロ容疑のミャンマー人と名前が酷似する人物が中部国際空港に到着する旨APISヒットした。

このため、名入管と事前調整を行い、入管による特別審査及び警察による行動確認を実施したが、テロ容疑者とは、全くの別人の一般転船要員であることが判明し、テロ容疑を解消した。

15　テロ容疑サウジアラビア人にかかる容疑解明(APISヒット)

5月18日、警察庁から慎重審査の対象として手配されたサウジアラビア人が中部国際空港に到着する旨APISヒットした。名入管、税関、警察による事前協議を行い、名入管による特別審査、税関による手荷物開披検査を実施し、テロ容疑を解消した。

16　爆発物原材料購入企図者に対する行動確認

サミットに向けたイスラム過激派対策の一環として爆発物原材料を取り扱う薬品店に対する管理者対策を強化していたところ、県下所在の薬品店から管轄警察署に対し、爆発物原材料の購入企図者に関する通報があった。通報に基づき、同人に対する所要の捜査を推進したところ、同人は、平成17年2月に、自宅において爆発物を合成中、爆発事故を起こした当人であることが判明した。

同人を要注意人物として選定し、サミット開催期間中、同人に対する行動確認等を行うも、外国人等との接触や爆発物製造等の動向も確認されなかったことから、同人の担当教授からの情報収集並びに自宅周辺の医薬品店に対する管理者対策を強化することとした。

17　中部国際空港におけるサウジアラビア人に対する職務質問(110番事案)

5月24日、中部国際空港に来港したツアーバス運転手から、不審な黒人2名から同空港の貨物地区への行き方を尋ねられた旨110番通報があった。直ちに中部国際空港勤務中の警戒員が対応し、黒人2名を貨物地区で発見し、職務質問を実施したところ、同人等は、トヨタ自動車招へい(正規入国)のサウジアラビア人男性で、個人荷物の受領に訪れたことが判明し、容疑を解消した。

18　AQグループに関する投書にかかる容疑解明

名入管国際テロ対策担当官より、アル・カーイダグループと記載された投書がある旨通報を受けた。投書の内容から、テロ容疑性は低いと判断されたが、[redacted]出入り者が関係していたことから、名入管との合同摘発を行い、関係者から事情聴取を行ったが、アル・カーイダグループとは何ら関係がないことが判明し、容疑を解消した。

モスク名がそれぞれ記載されています。

19　英国人成りすましイラン人の検挙

5月23日、県下警察署は、英国人に成りすまして入国したイラン人を入管法違反（不法入国、不法在留）で逮捕した。テロを敢行しようとするイスラム諸国人が欧米人に成りすまして不法入国することは十分に考えられることから、テロ容疑の観点から同人に対する取り調べ、居宅の捜索、携帯電話の解析等を実施したが、宗教的、組織的背景はなく、国テロ容疑も認められなかった。

20　米国入国を拒否されたフィリピン人に対する事情聴取

5月31日、警察庁から、テロ関係者として米国への入国を拒否されたフィリピン人女性が中部国際空港にてトランジットし、マニラに帰国する旨通報を受けた。このため、入管、税関と事前協議の上、航空会社の全面的な協力を得て、同人に対する事情聴取を実施したところ、同人は、UNESCOフィリピン支部代表であり、同人の夫がMNLF議長であることが判明した。

21　パキスタン海軍艦船からの脱走パキスタン軍人の検挙

逮捕当初、被疑者は、脱走兵であることの発覚を恐れ、偽名を使用していたが、取り調べと裏付け捜査により脱走兵であることが判明した。また、逃走期間中、[redacted]に出入りしていたことが明らかとなったが、テロ容疑等は確認されなかった。

22　JR高蔵寺駅に対する爆破予告

6月10日、携帯電話からJR高蔵寺駅に爆弾を仕掛けた旨110番通報がなされた。所轄警察署において捜査を行ったところ、被疑者は日本人男性であり、いたずら行為であることが判明し、テロ容疑を解消した。

23　[redacted]頻繁出入り者に対する容疑解明

現在、県下には8箇所のモスクが存在しているが、うち4箇所のモスクにおいてスリランカ人が代表者を務めている。この現状に鑑み、スリランカ人コミュニティー内の不審動向を把握するため、在日モスク名がそれぞれ記載されています。

歴が長く、[redacted]の金曜礼拝に頻繁に出入りする者に対する事件化を図っが、スリランカ人コミュニティー内における「兆」的な不審動向や不審点は確認されなかった。

24　インド人経営ハラールフーズ店にかかる容疑解明

県下に居住し、[redacted]へ頻繁に出入りするインド人ムスリムは、名古屋市内で最も利用客が多いハラールフーズ店に勤めていた。同店は、過去に複数のテロ容疑者が利用していたハラールフーズ店であることから、サミットに向けた不穏な動きを察知し、不審点の解明を図る目的で、同ムスリムを入管法違反（不法残留）で逮捕し、同店に対する捜索差押えを行ったが、テロ容疑にかかる不審動向や不審点は確認されなかった。

25　長崎県警からの通報を受けたインド人に対する職質

6月23日、警察庁から、長崎県から入国した不審なインド人ムスリムが、新幹線に乗車し、愛知県に向かう旨通報を受けた。

同人をJR名古屋駅で待ち受け、任意同行し事情聴取を行ったが、不審点は認められず、テロ容疑なしと判断した。

26　[redacted]に対する捜索の実施

既存協力者から、開所後間もないタブリーグ系[redacted]に逗留するムスリムは、入管法違反者であり、悪いことを企んでいる旨情報入手した。6月30日、同人等を入管法違反で逮捕するとともに、[redacted]に対する捜索差押えを実施した。テロ容疑は認められなかったものの、タブリーグ活動に関する資料（ノート）を確認した。

なお、同捜索の効果として、[redacted]の利用が一時閉鎖された。

27　爆弾テロ企図情報の解明

6月30日、千葉県警の民間通訳人と名乗るスリランカ人から、県下警察署に対し、アパートに居住しているスリランカ人グループが爆弾テロを企図している旨通報を受けた。情報の内容から、本件は緊急案件と判断し、最大限の体制をもって、7月2日、同グループのリーダーとされる人物を特定し、同人宅に居住する関係者2名を入管法違反（不法残留）容疑で逮捕するとともに、同所に対する捜索差押え（爆発物処理隊を運用）を実施するも、爆発物等の発見には至らなかった。

28　テロ容疑インド人の検挙

7月5日、県下警察署にタリバン関係者と触込みの封書が送付された。真偽は不明であったが、サミット開催日直前であったことか

			ら、インド人関係者2名を入管法違反（不法残留）容疑で逮捕し、居宅に対する捜索差押えを行うも国際テロに関連する物件等の発見には至らず、容疑を解消した。
	上記以外のもの	1件	○ [redacted]関係 (1) [redacted]（[redacted]／来県時は[redacted]と自称）関係 [redacted]来県時（平成11年4月から平成12年2月）の交流者、接触者等の割り出しのため、平成11年から12年当時の[redacted]出入り者（特に北アフリカのフランス語圏出身者）の割り出し調査を実施。現時点、判明した者は既に出国しているか、同モスク責任者[redacted]が経営する[redacted]の社員である。社員に接触すれば責任者に本件のことが知られるのは確実であり、更に追及を行うには[redacted]から事情聴取を行うのが最も確実である。 ただし、[redacted]は、[redacted]関係者の中では、[redacted]と最も深い関係にあったと考えられることから、慎重に判断する必要がある。 (2) [redacted]関係 [redacted]とイスラムの方式により結婚（戸籍上は婚姻事実なし）していたとされる[redacted]（[redacted]）について調査継続中のところ、[redacted] 継続して関連情報の収集に当たっているが、[redacted]
第三期中に解明できず要警戒対象としたもの	24時間体制の警戒	0件	○ 24時間体制により取り組む要警戒対象はなく、要注意人物として選定した6名に対して行動確認を実施した。
	上記に準ずる警戒	6件	1 当県において要注意人物として選定した6名に対して行動確認を実施したが、サミット開催期間中に長期所在不明となった者や期間中に容貌が急変した者はなかった。また、現在は海外に居住し、来日する可能性のあった要注意人物3名については期間中、来日した事実は確認されていない。 2 県下主要モスク（[redacted]、[redacted]）に対する拠点視察を実施した結果、期間中、3,639名（[redacted]806名、[redacted]2,833名）のムスリムがモスクに出入りし、新規来所者271名を把握するとともに、行動確認を44回実施し、没先等23件を確認した

黒塗りになっている部分には、人物名とモスク名が記載されています。冒頭でAという人物についてと記載し、本文においてはAと関係のあるとされる2名の人物の生活実態等が記載されています。

モスク名がそれぞれ記載されています。

				が、モスク出入り状況を視察する限りにおいて、不審者・不審動向の把握には至らなかった（出入停止者及び変貌はなし）。 　また、期間中、タブリーグ県内会議（6月29日）が[redacted]において開催されたほか、県外タブリーグ車両が[redacted]へ立ち寄り・宿泊する状況を確認した。 　なお、視察期間中（6月29日）、タブリーグ関係者が[redacted]出入り車両を使用し、タブリーグの受け入れを頑なに拒否してきた[redacted]を訪れ、[redacted]もほぼ同時刻に[redacted]を訪れる特異動向を確認した。（詳細調査中）
国際海空港対策	職質・声かけの状況 （海港を含む）	8,003名	左記のうち諸国人数 3,417名	体制 延べ1,788名（制服は除く）
	うち人定事項を聴取したもの	3,400名	左記のうち諸国人数 2,714名	実施箇所数　　4港 （空港：中部国際空港） （海港：名古屋港、衣浦港、三河港）
	行確・追及を行った対象数及び結果 ※　すべて中部国際空港における事案	7名	1　平成19年9月21日、中部国際空港会社に対し、テロリストが入国する旨の通報がなされた。通報に基づき、入管おいて特別審査を行っところ、強制退去歴があることが判明したことから、上陸拒否となった。 2　平成19年11月6日、入管中部空港支局に対し、アル・カーイダ関係者が入国する旨の通報がなされた。通報に基づき、所要の体制を確保したが、該当者の入国は認められなかったことから、打ち切りとした。 3　平成19年12月1日、国テロ容疑者としてAPISヒット通報があった。入管による特別審査の結果、通報とは別人であることが確認されたことから、打ち切りとした。 4　平成20年2月19日、警察庁からイスラム過激主義者の入国動向の通報があり、中部国際空港において対象を捕捉し、行動確認を行ったところ、トヨタ自動車関係者であることが判明し、名古屋市内のホテルに宿泊することを確認した。 5　平成20年5月1日、国テロ容疑者としてAPISヒット通報があった。入管における特別審査、警察による行動確認の結果、同人は一般転船要員であることが確認された。 6　平成20年5月18日、国テロ容疑者としてAPISヒット通報があった。入管における特別審査、警察による行動確認の結果、同人の供述どおりの長崎県行きを確認した。 7　平成20年6月2日、米国で入国拒否されたフィリピン女性が、中部	

			国際空港にトランジットする旨の通報があった。同人に対する事情聴取、行動確認を行い容疑を解消した。
	合同サーチの実施件数(うち入管の参加によるもの)	【国際海港対策】 国際海港対策に関しては、期間中、合同サーチ14回(内訳:警・税5回、警・税・海8回、警・税・海・入1回)のほか、公安捜査隊警戒(9日間実施し、職務質問26件)、フェーリー警戒(7月分4便、職務質問3件)を実施したが、特異動向、不審者は認められなかった。 また、名古屋水上警察署が署長直轄隊を組織し、夜間の陸上・海上パトロールを1ヶ月間(6/9～7/9)に亘って実施したが、問題なく終了した。 合同サーチ実施件数　14件 うち入管参加のもの　1件(うち　BICSを使用したもの　1件)	
ホテル対策	入手した宿泊者等に係る不審情報の件数及び概要	10件	○　サミット直前期の対策として、中部国際空港におけるEDカード作業を実施し、期間中、21,337件を調査し、該当者10名(カナダ1名、UAE1名、モルディブ1名、スイス1名、トルコ2名、マレーシア3名、シンガポール1名)を抽出し、警察庁へ通報した。
	来日予定者の宿泊予約確認実施数	宿泊予約確認を実施し、予約を確認した件数　468件 宿泊予約を確認できなかった者として当課に報告した件数　28件	
	宿泊者名簿の閲覧実施件数	宿泊者名簿の閲覧を実施した件数　16件 宿泊事実なしとして当課に報告した件数　12件	
兆対策	入手した「兆」情報の件数及び概要	0件	○　テロの対象となりうる施設等に対する管理者対策を鋭意推進したが、「兆」情報はなかった。
	よう撃捜査活動の実施件数及び概要(場所・体制等)	1件	○　サミット期間中の爆弾テロの発生(テロの対象として在名古屋米国領事館を選定)を想定し、その「ドライ・ラン」をターゲットにサミット開催日一週間前の3日間、N車を活用したよう撃捜査を実施予定であったが、緊急事案発生のため、初日の1日のみの実施となった。この結果、通行車両254台を確認し、内1台が数次通行車両であることを確認したため、掘り下げ調査を行ったところ、該車両は、日本人が所有する商用車で、外国人等に貸し出した事実はなく、配達のため数次通行していたことが判明した。
	レンタカー対策で入手した不審情報の件数及び概要	0件	○　県下に所在するレンタカー業者に対する管理者対策を鋭意推進したが、レンタカー対策で入手した不審情報はなかった。
体制	サミット期間中の本部対策従事者数	総員　33名	視　1名、部　4名、補　9名、長　9名、査　10名
	サミット終了後の体制(本部・専従員)	総員　33名	視　1名、部　4名、補　9名、長　9名、査　10名
	(署・兼務を含む)	46署	視　1名、部　6名、補　62名、長　42名、査　38名

上記様式中　「○」を記した欄には具体例を簡記すること。

サミット直前期（H20.6.23～H20.7.9）における国テロ対策／実施結果（愛知県）

総　括	1　県下主要モスク（[redacted]、[redacted]）に対する拠点視察を実施した結果、期間中3,639名（[redacted]806、[redacted]2,833）のムスリムがモスクに出入し、新規来所者271名を把握するとともに、行動確認を44回実施し、没先等23件を確認したが、モスク出入り状況を視察する限りにおいて、不審者･不審動向の把握には至らなかった（出入停止者及び変貌は無）。また、期間中、タブリーグ県内会議（6/29）が[redacted]において開催されたほか、県外タブリーグ車両が[redacted]へ立寄り・宿泊する状況を確認した。 なお、視察期間中（6/29）、[redacted]出入り車両でタブリーグ関係者７人が、タブリーグの受入れを頑なに拒否してきた[redacted]を訪れ、[redacted]代表の[redacted]もほぼ同時刻に、[redacted]を訪れる特異状況を確認した（情報入手中）。 2　要注意人物６名に対する行動確認を実施したが、サミット開催期間中に長期所在不明となった者や期間中に容貌が急変した者はなかった。また、現在は海外に居住し、来日する可能性のあった要注意人物３人については期間中、来日した事実は確認されていない。 3　国際空港対策に関しては、期間中、ED作業21,337件を調査し、該当者10名（ｶﾅﾀﾞ1､UAE1､ﾓﾙﾃﾞｨﾌﾞ1､ｽｲｽ1､ﾄﾙｺ2､ﾏﾚｰｼｱ3､ｼﾝｶﾞﾎﾟｰﾙ1）を抽出した。なお、APIS・BICS対応はなく、職務質問550件中、イスラム諸国人257人を確認した。 4　国際海港対策に関しては、期間中、合同サーチ14回（内訳、警・税５回、警･税･海８回、警･税･海･入１回）のほか、公機隊警戒（９日間実施し職質26件）、フェリー警戒（７月分４便、職質３件）を実施したが、特異動向、不審者は認められなかった。また、名古屋水上署が署長直轄隊を組織し、夜間の陸上･海上パトロールを１ヶ月間（6/9～7/9）に亘って実施したが、問題なく終了した。 5　当初、サミット期間中の爆弾テロの発生を想定し、その「ドライ・ラン」をターゲットに開催日一週間前の３日間、Ｎ車を活用した「よう撃捜査」を実施予定であったが、緊急事案が発生したため、結局、初日の１回のみ実施した。この結果、通行車両254台を確認し、内１台が数次通行車両であることを確認したため、既存資料との照合、掘り下げ調査を実施した結果、該車両は、日本人が所有する商用車で、Ｎ車配置時間中は配達に従事しており、外国人等に貸し出した事実等はないことが確認され、国テロ容疑は解消された。 6　[redacted]に逗留する不審者２名を入管法違反（不法残留）により現行犯逮捕し、[redacted]に対する捜索差押え（立会人・同モスク代表[redacted]）を実施した。被疑者が「悪いことを企んでいる」との情報であったが、その後の取調べの結果、国テロ容疑に結び付く事実はなく、一般的な稼動目的の不法残留者であることが判明し、容疑は解消された。本件の実施的な効果として、捜索後、同モスク代表は、その管理を任せていた責任者（[redacted]）が無断で不法残留者をモスク内に寝泊りさせていたことを重く受止め、同モスクを一時閉鎖するとともに責任者を即刻解雇した旨同モスク関係者に語った事実が確認されている。 7　対象が稼動していたハラールフーズ店は、当県内において最も利用者が多い店の一つであり、これまでに外事課が事件化して容疑解明を図った人物の多くが同店を利用していた実績がある。したがって、同店がイスラム過激主義者の温床となっている可能性があったため、サミット開催前に捜索を実施したが、多くの新規資料は入手したものの、イスラム過激派との結び付きを裏付ける直接的な資料の入手には至らなかった。しかしながら、本件捜索の後、同ハラールフーズの経営者が、事件処理を行った中警察署警備課を訪問し、今回の事件について謝罪を行うとともに、新たな従業員について自ら申告を行うなど、管理者対策上の効果が既に現れている。 8　各種管理者対策については、サミット終了後、各署から報告を受けて統計化を図る（７月中旬予定）。 9　サミット直前期における本庁通達に基づき、本県独自に「サミット直前期における国テロ対策」を打ち立て、テロの未然防止対策に積極的に取り組んできたが、期間中、警察庁からの下命案件（長崎県警が追求した不審入国者を名古屋駅で待ち受け、鉄道警察隊に任意同行、事情聴取により容疑解明）のほか、県内情報に基づく国テロ容疑事件２件（爆弾テロ企図情報／タリバン関係者情報）に緊急対応した。この結果、被疑者計４名を入管法違反（旅券不携帯・不法残留）で現行犯逮捕し、１名を入管法違反により入管通報（62条）とした。両案件については、捜索差押え（爆弾テロ案件では機動隊爆発物処理隊も出動）も実施し、ほぼその容疑を解消している。このほか、期間中、中部空港内において不審物（オイル缶、乾電池）が放置されているのが発見されたほか、名鉄電車内において、不審物（試験管用のものに入れられた液体～科捜研において鑑定中）が発見される事案も発生した（いずれも拾得処理）。

実施期間	平成20年6月23日（月）～同年7月9日（水）まで																				
実施結果	実　施　事　項	[redacted]										[redacted]									
	(1)主要モスクに対する拠点視察	視察日	視察時間	出入者	男	女	子	新規	停止	変貌	行確	視察日	視察　時間	出入者	男	女	子	新規	停止	変貌	行確
		6/23月	10:50～21:49	18	16	0	2	1	－	0	1	6/23月	24時間	132	132	0	0	7	－	0	1
		6/24火	11:05～21:30	22	18	3	1	4	－	0	1	6/24火	〃	161	161	0	0	2	－	0	1
	【拠点視察】	6/25水	10:30～22:00	20	18	0	2	3	－	0	0	6/25水	〃	132	132	0	0	5	－	0	1
	各モスク2名	6/26木	10:30～21:47	28	27	0	1	5	－	0	1	6/26木	〃	141	141	0	0	1	－	0	0
		6/27金	10:30～22:03	170	152	8	10	8	0	0	5	6/27金	〃	362	362	0	0	4	0	0	3
	【行確体制】	6/28土	10:30～22:19	132	63	32	37	39	－	0	3	6/28土	〃	348	348	0	0	44	－	0	2
	各モスク2個班4名	6/29日	10:30～21:50	33	30	1	2	16	－	0	0	6/29日	〃	222	222	0	0	8	－	0	0
		6/30月	＜緊急事案対応により中止＞									6/30月	＜緊急事案対応により中止＞								
	※ 行確結果は(2)のとおり	7/ 1火										7/ 1火									
		7/ 2水										7/ 2水									
		7/ 3木	10:30～22:10	20	15	2	3	3	－	0	2	7/ 3木	24時間	132	132	0	0	2	－	0	0
		7/ 4金	10:30～21:40	153	137	5	11	29	0	0	5	7/ 4金	〃	364	364	0	0	6	0	0	2
		7/ 5土	10:30～21:45	118	68	25	25	25	－	0	8	7/ 5土	〃	243	243	0	0	19	－	0	3
		7/ 6日	10:50～21:50	29	26	0	3	11	－	0	2	7/ 6日	〃	158	158	0	0	5	－	0	1
		7/ 7月	10:30～22:40	18	15	1	2	2	－	0	1	7/ 7月	〃	143	143	0	0	2	－	0	0
		7/ 8火	10:20～21:24	24	22	1	1	6	－	0	1	7/ 8火	〃	137	137	0	0	5	－	0	0
		7/ 9水	10:45～21:22	21	18	0	3	3	－	0	0	7/ 9水	〃	158	158	0	0	6	0	0	0
		総　計		806	625	78	103	155	0	0	30	総　計		2,833	2,833	0	0	116	0	0	14
		行　事	女性勉強会：土曜日午後 土曜勉強会：土曜日夜									行　事	ﾀﾌﾞﾘｰｸﾞ･ﾏｼｭﾗ：木曜日夜、土曜日夜 ﾀﾌﾞﾘｰｸﾞ県内会議（6/29日）								
		特　異 動　向	6/29日	19:04～19:43 ﾀﾌﾞﾘｰｸﾞ利用者車両にて男性7名（礼拝服）が名古屋ﾓｽｸへ没。同時間帯（19:04～19:48）に同ﾓｽｸ代表ﾜﾊﾌﾞも没。（同ﾓｽｸはﾀﾌﾞﾘｰｸﾞの受入れをこれまで拒否している）								特　異 動　向	7/ 5土	ﾀﾌﾞﾘｰｸﾞ車両2台確認「大阪[redacted]ほ[redacted]ﾃﾞﾐｵ緑」「神戸[redacted]ひ[redacted]ｻﾆｰ白」、[redacted]宿泊（関係府県に連絡済）							
	(2)新規出入者等、不審者に対する行動確認	行確日	行　確　結　果									行確日	行　確　結　果								
		6/23月	①新規出入者： 没先／[redacted]									6/23月	①新規車両「名古屋[redacted]ぬ[redacted]」：失尾								
		6/24火	①新規出入者： 没先／[redacted]									6/24火	①新規出入者「[redacted]に[redacted]」： 没先／[redacted] 没先／[redacted]								
		6/25水	行確なし									6/25水	①タブリーグ車両「三河[redacted]の[redacted]」：伊勢湾岸高速を三重県へ放尾（18:30[redacted]にて確認）								
		6/26木	①新規出入者： 没先／[redacted]									6/26木	行確なし								
		6/27金	①サウジからの一時帰国者（日本人）：放尾（自宅方向）									6/27金	①新規出入者：								

			②③④新規出入者： 没先／名古屋市[redacted] ⑤新規出入者： 没先／三重県桑名市[redacted]		没先／豊田市[redacted] ②新規出入者： 没先／安城市[redacted] ③新規出入者： 没先／安城市[redacted]
		6/28土	①②新規出入者： 没先／名古屋市[redacted] ③新規出入者： 没先／[redacted]大学[redacted]会館	6/28土	①新規出入者：「三河[redacted]ね[redacted]」（[redacted]使用車両）に同乗発、失尾 ②新規把握車両：「三河[redacted]あ[redacted]」（4名乗車）発 没先／ﾊｰﾄﾞｵﾌ、ﾘｻｲｸﾙﾌｶﾂ 没先／[redacted]
		7/ 3木	①新規出入者： 没先／春日井市[redacted] ②新規出入者： 没先／名古屋市[redacted]	7/ 3木	行確体制なし
		7/ 4金	①新規出入者： 没先／名古屋大学 ②新規出入者： 没先／名古屋市[redacted] ③④⑤新規出入者：名古屋駅放尾	7/ 4金	①②新規出入者： 没先／碧南市[redacted]
		7/ 5土	①～⑧不審動向なきため放尾	7/ 5土	①新規出入者： 没先／安城市[redacted] ②新規把握車両： 没先／知立市[redacted] ③新規把握車両： 没先／安城市[redacted]
		7/ 6日	①新規出入者： 失尾／岐阜県穂積駅にてﾐﾙｻﾞﾄﾚｰﾃﾞｨﾝｸﾞ名義の車両にて走去り ②新規出入者： 没先／名古屋市[redacted]	7/ 6日	①新規出入者： 没先／豊田市[redacted]
		7/ 7月	①新規出入者： 放尾／名駅で近鉄980円切符を購入	7/ 7月	行確体制なし
		7/ 8火	①新規出入者： 没先／名古屋大学医学部	7/ 8火	行確体制なし
		7/ 9水	行確体制なし	7/ 9水	行確体制なし

	(3)要注意人物に対する動向確認	実施日	対象	行　動　結　果	特異動向	実施日	対象	行　動　結　果	特異動向
		6/23月	①	9:45自宅発（自転車）、9:48名工大没	なし	6/23月	⑤	自宅・稼動先（ﾄﾖﾀ）使用車両なし、確認できず	—
		〃	②	11:00～16:30確認できず	なし	〃			なし
		〃	③	9:48自宅発（妻運転車）、10:07南山大没	—		⑥	17:05稼動先（近藤工業）発（自転車）、1	
	【尾張班】 ①[redacted]（ｻﾗﾌｨｽﾄ） ②[redacted]（ｻﾗﾌｨｽﾄ） ③[redacted]（過激思想） ④[redacted]（航空技術者）） 【三河班】 ⑤[redacted]（ｻﾗﾌｨｽﾄ） ⑥[redacted]（急激変貌者） 【空港分室】（国外） ⑦[redacted]（国テロ容疑者） ⑧[redacted]（国テロ容疑者） ⑨[redacted]（敬虔な信者）	〃	④	17:32[redacted]周辺で確認(妻子同伴)	なし			7:15自宅没	
		6/24火	① ② ③ ④	10:19自宅発（自転車）、10:21名工大没 18:21自宅没（徒歩） 9:40自宅発（妻運転車）、9:50南山大行きバスに乗車 17:08～29妻子、[redacted]にて礼拝、17:45「ガンダーラ」没（本人なし）	なし なし なし —	6/24火	⑤ ⑥	自宅・稼動先使用車両なし、確認できず 19:11稼動先発（自転車）、買物、モスク入、22:43モスク出、自宅没	なし なし
		6/25水	① ② ③	10:46自宅発（自転車）、10:48名工大没 19:45自宅で確認 13:15自宅発（市ﾊﾞｽ）、13:54名大教養教育院没 9:47自宅発（妻運転車）南山大へ、18:38妻出迎自宅発、南山大へ、18:50対象乗車、19:05自宅没	なし なし なし	6/25水	⑤ ⑥	9:50稼動先で確認 9:20自宅発（自転車）、21:45自宅没	なし なし
		6/26木	① ② ③	10:23名工大没、直ぐに発、10:30自宅没 17:50自宅で確認 18:05自宅没（徒歩） 15:31自宅発（妻運転車）藤が丘方面へ	なし なし なし	6/26木	⑤ ⑥	18:47自宅没（自動車） 20:36自宅没（自転車）	なし なし
		6/27金	① ② ③	10:15自宅発（自転車）、10:23ｲｵﾝ千種に立寄り、10:36名工大没 11:17～18:37確認できず 11:55自宅発（妻運転車）、地下鉄乗換え、12:42[redacted]没、13:25同ﾓｽｸ発、ﾀｰｷｯｼｭﾚｽﾄﾗﾝ立寄り、書店立寄り、14:48放尾	なし — なし	6/27金	⑤ ⑥	自宅・稼動先使用車両なし、確認できず 19:13稼動先発（自転車）、19:25自宅没	なし なし
		6/28土	① ② ③	8:40～19:33自宅で確認 16:19梅森荘ﾊﾞｽ停付近で確認、17:30名古屋ﾓｽｸ没 8:30～17:08確認できず	なし なし —	6/28土	⑤ ⑥	9:30自宅で確認、18:50自宅で確認 17:27[redacted]立寄り（ｱｽﾙ）、19:12同ﾓｽｸ没（ﾏｸﾞﾘﾌﾞ）、5:50同ﾓｽｸ発	なし なし
		6/29日	① ② ③	09:25～13:10確認できず 10:00～12:00確認できず 09:30～12:00確認できず	— — —	6/29日	⑤ ⑥	14:15自宅で確認 9:00妻、子供と出、八千代病院緊急外来へ（子供が急病の模様） 9:20[redacted]没、18:28同モスク出	なし なし
		6/30月	① ③	08:32～11:08確認できず 09:38自宅発（妻運転車）、09:58南山大学没。 ＜緊急事案の発生により中断＞	— なし —	6/30月		＜緊急事案の発生により中断＞	—
		7/ 1火		＜緊急事案の発生により中断＞	—	7/ 1火		＜緊急事案の発生により中断＞	—
		7/ 2水		＜緊急事案の発生により中断＞	—	7/ 2水		＜緊急事案の発生により中断＞	—
		7/ 3木	①	8:50自宅で確認、19:10名工大で確認	なし	7/ 3木	⑤	13:15稼動先で確認	なし

日付	番号	内容	結果	日付	番号	内容	結果
	②	13:00～18:30確認できず	－		⑥	19:12稼動先で確認、19:31自宅没	なし
	③	09:23～16:19確認できず	－				
7/ 4金	①	08:28自宅で確認、16:04名工大で確認	なし	7/ 4金	⑤	17:48自宅で確認	なし
	②	視察未実施	－		⑥	13:40[redacted]にて確認	なし
	③	10:08～15:05確認できず	－				
7/ 5土	①	09:35自宅で確認、13:30名工大で確認	なし	7/ 5土	⑤	9:30自宅で確認、11:23自宅発、11:35～45（フィール[redacted]店で買物）、12:00稼動先没	なし
	②	16:17妊婦妻と梅森荘バス停～平針～八事、17:06八事ジャスコ没、19:15平針で放尾	なし		⑥	12:00～20:00（[redacted]）[redacted]で確認	なし
	③	13:37自宅発（妻運転車）、14:10南山大名古屋校舎へ没	なし				
7/ 6日	①	10:10自宅で確認	なし	7/ 6日	⑤	15:45稼動先で確認	なし
	②	KMI/PPI主催の集会（名城公園）で待受けるも、同集会延期、確認できず	－		⑥	12:00～20:00（[redacted]）[redacted]で確認	なし
	③	10:42～15:00確認できず	－				
7/ 7月	①	08:41自宅で確認	なし	7/ 7月	⑤	確認できず＜緊急事案により中断＞	－
	②	10:07確認できず＜緊急事案により中断＞	－		⑥	確認できず＜緊急事案により中断＞	－
	③	09:35自宅発（妻運転車）、09:51南山大行きバス乗車	なし				
	④	19:05宿泊先（ヒルトン）から「つばめジャンボタクシー」に乗車、発	なし				
7/ 8火	①	08:15自宅で確認	なし	7/ 8火	⑤	確認できず	－
	②	11:30～18:40確認できず	－		⑥	18:55自宅を発（自転車）、19:15[redacted]にて確認	なし
	③	09:35自宅発（妻運転車）、09:48南山大行きバス停着	なし				
	④	19:07宿泊先（ヒルトン）から19:07「つばめジャンボタクシー」に乗車、発	なし				
7/ 9水	①	08:39自宅で確認、15:16名工大で確認	なし	7/ 9水	⑤	09:33稼動先で確認	なし
	②	16:57[redacted]バス停から自宅	なし		⑥	19:12稼動先を発、19:25自宅没	なし
	③	09:37自宅発（妻運転車）、10:00南山大行きバス発	なし				
	④	19:25宿泊先（ヒルトン）から19:07「つばめジャンボタクシー」に乗車、発	なし				
行確結果	①	実施期間：17日間　※自宅　15回確認 実施日数：15日　※名工大　9回確認 対象確認：13日 ＜自転車2台使用＞ ★　風貌の変化、特異動向等なし		行確結果	⑤	実施期間：17日間　※自宅　6回確認 実施日数：13日　※稼動先　5回確認 対象確認：8日 ＜自動車使用＞ ★　風貌の変化、特異動向等なし	
	②	実施期間：17日間　※自宅　3回確認 実施日数：13日　※名大　2回確認 対象確認：6日　※[redacted]　1回確認 ＜徒歩・一般利用＞　※梅森荘バス停　2回確認 ★　風貌の変化、特異動向等なし			⑥	実施期間：17日間　※自宅　12回確認 実施日数：13日　※稼動先　6回確認 対象確認：8日　※[redacted]　7回確認 ＜自転車使用＞ ★　風貌の変化、特異動向等なし	
	③	実施期間：17日間　※自宅　10回確認 実施日数：15日　※南山大方面　7回確認 対象確認：10日　※[redacted]　1回確認 ＜妻運転車両＞ ★　風貌の変化、特異動向等なし					
	④	実施期間：17日間　※宿泊先　3回確認 実施日数：5日　※[redacted]　1回確認 対象確認：4日 ＜徒歩・一般利用＞ ★　風貌の変化、特異動向等なし					

(4)爆発物原材料の購入企図者に対する対応

過去に爆発物（TATP）を合成し誤爆事故を起こした「[redacted]」に対する行動確認（6/16～18）を実施した結果、「ベンズアルデヒド」の購入動向を確認したものの、具体的な不審動向は認められなかった。当初、家庭訪問を実施して、精神的圧力をかける手法も検討したが、対象の担当教授からの報告等、対象の近況に関する新たな情報が得られたことから、不審性がない現状下において、家庭訪問という形で対象をことさら刺激して、自暴自虐に追い込むことは得策でないと判断した。このため、サミット終了までの間、対象の側近者である担当教授等を通じての情報入手と、自宅周辺の薬品販売店に対する管理者対策を強化することに方針転換した。

(5)国際海空港対策

【ED調査】
6/23～7/3分は翌日チェック、7/4～7/8分は即日チェック
一来者/単独/観光/男性/滞在3日以上/1960～1980年代/ＯＩＣ諸国/ムスリム名
【公安捜査隊】
（2台4名）
14:00～翌10:00
【署長直轄隊】
（1台2名、1隻3名）
22:00～8:45
【太平洋フェリー】
（警察4、海保4）
偶数日17:00～20:00

ＥＤ調査結果				合同サーチ結果（○=異常なし、●=異常あり）				公捜隊警戒		署長直轄隊警戒		太平洋フェリー警戒	
入国日	調査数	ヒット数	対象/職質	実施日	対象船舶	機関・体制	結果	実施日	実施結果	実施日	実施結果	実施日	実施結果
6/23月	1,626	1	11/21	6/ 4水	ELENITA	警2、税14、海3	○	7/ 1火	職質 3件	6/9月	★陸上と	7/ 2水	職質 0件
6/24火	1,140	0	4/22	6/17火	CEPHEUS LEADER	警2、税16	○	7/ 2水	1件	～	海上から	7/ 4金	3件
6/25水	1,405	0	9/20	6/18水	TROPICAL STAR	警2、税14	○	7/ 3木	2件	7/9水	赤色灯を	7/ 6日	0件
6/26木	1,500	0	14/35	6/20金	CHEERLEADER	警2、税 8、海3	○	7/ 4金	3件		点灯して	7/ 8火	0件
6/27金	4,451	1	20/27	6/20金	AQUITANIA	警3、税13、海2	○	7/ 5土	8件		夜間警戒	【外国人/乗客数】	
6/28土			11/28	6/24火	AL BIDDA	警2、税13、海3	○	7/ 6日	5件		を実施	7/2　0/122	
6/29日			16/41	6/25水	INCA MEIDEN	警2税7海3入3	○	7/ 7月	1件			7/4　3/ 88	
6/30月	1,389	1	34/53	7/ 2水	LUMINOUS ACE	警2、税14	○	7/ 8火	2件			7/6　0/ 82	
7/ 1火	1,482	1	17/23	7/ 3水	VICTOR	警2、税10、海3	○	7/ 9水	1件			7/8　0/ 94	
7/ 2水	1,111	1	11/25	7/ 4金	ASIAN JEWEL	警1、税 6、海2	○	合計	26件			7/4～報道取材有	
7/ 3木	1,530	0	11/30	7/ 7月	ALTHEA GAS	警2、税 8	○	※名古屋港周辺を				(3社)テレビ放映有	
7/ 4金	898	0	15/32	7/ 8火	RYUJIN	警2、税10、海2	○	赤色灯を点灯して				※船内検索、乗	
7/ 5土	934	2	9/27	〃	JASPETR ARROW	警2、税10、海3	○	警戒し、要注意船				船者待機室の検	
7/ 6日	1,491	0	22/50	7/ 9水	HERMES	警2、税6	○	に対しては、固定				索、乗船者・見	
7/ 7月	1,262	0	31/53	※14隻に対し合同サーチを実施				警戒を実施し、上				送り人に対する	
7/ 8火	1,118	3	12/32	（警・税5回、警・税・海8回、警・税・海・入1回）				陸者に対する職質				職質、乗船時の	
7/ 9水			10/31	★　問題点・異常なし				を実施				本人確認を実施	
合計	21,337	10	257/550	結果	延べ従事員数	警28税149海24入3	○	結果	異常なし	結果	異常なし	結果	異常なし

(6)よう撃捜査

【N車１台】
8:00～10:00

実施日	実施場所	時間内通行車数	数次通行車数	調査結果
6/30月	名古屋国際ｾﾝﾀｰﾋﾞﾙ前（名駅）	254台	1台ﾗｲﾄｴｰｽ白色「N[redacted]は[redacted]」	所有者：名古屋市[redacted]（[redacted]） 既存資料：該当なし 交番台帳：日本人「[redacted]」で記載あるも、「[redacted]」の記載なし。 自宅確認：住宅地図には一戸建で記載あり。自宅に対象車両なし。 付近聞込：[redacted]宅は、乾物屋「[redacted]」を経営と判明。 店舗聞込：目的偽変により、聞込みを実施した結果、同店の従業員「[redacted]」が商品の運搬に専用利用していことが判明。N調査日時に他人への貸出し等なし。 結　果：国テロ容疑なしと判断した。
7/1火 7/2水	緊急事案（爆弾テロ企図容疑）対応により中止			

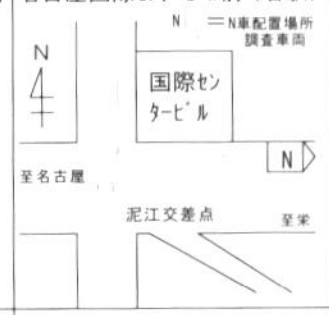

問題点　N車の運用に際しては、登載された機器の設定等を微調整する必要があるため、運用開始前に実際の設置場所において試験実施を行った。この結果、設置角度の関係で、読み取り不能な車両が続出したほか、一部ナンバーの読み抜けも散見された。また、録画されたビデオ映像は、外国人運転者·同乗者を確認する上で重要な資料となるが、事前調査ではナンバー読み取りを重視したため、ビデオ映像で運転者等を確認することはできなかった。

このため、本番当日は、試験結果の反省を踏まえ、機器の設定を詳細に行い実施したが、設置環境の問題からか、試験時と同様に読み抜けが多数確認された（読み抜けを予測し、捜査員による目視による確認も実施した）。

今回、N車を使用してよう撃捜査を実施したが、N車自体が大型車であり機材も固定式であるため、N車の駐車場所、駐車角度が限定された条件下においては、実質的な効果は過度に期待できず、短時間であれば、機動性のある携帯用ビデオカメラを利用したほうが、事後の分析に時間は要するものの、ナンバー・運転者等を漏れなく押さえる点においては実用的であると思料された。

(7)[redacted]に対する捜索差押え

開所（本年2月）間もないタブリーグ系[redacted]に寝泊りしてるムスリム（人定不詳）が「何か悪いことを企んでいる」との情報を入手したことから、同モスクに対する視察を実施した結果、不審者2名が同モスクに寝泊りしている事実を確認するとともに、稼動先を割り出した。このため6月30日、対象２名を入管法違反（不法残留）で現行犯逮捕し、その供述から[redacted]への逗留事実を裏づけたことから、捜索差押許可状の発布を得て、7月3日、[redacted]、被疑者の住居地及び使用車両の3箇所への捜索を実施した。実施結果は、次のとおり。

被疑者	
＜甲＞　国籍：[redacted] 氏名：[redacted] 住居：愛知県[redacted] 逮捕日時：平成[redacted]年6月30日（月）10：20 逮捕種別：現行犯人逮捕 罪名：出入国管理及び難民認定法違反（不法残留）	＜乙＞　国籍：[redacted] 氏名：[redacted] 住居：愛知県[redacted] 逮捕日時：平成[redacted]年6月30日（月）10：15 逮捕種別：現行犯人逮捕 罪名：出入国管理及び難民認定法違反（不法残留）

協力者情報によれば、被疑者は「何か悪いことを企んでいる」との内容であったため、両人を厳しく取調べた結果、国テロ容疑を企てていた事実は認められず、不法滞在者に多くみられる金銭取得が目的の単純な不法残留者であることが判明した。

捜索差押え結果		
捜索日時：[redacted]年7月3日　10:27～10:57 捜索場所：[redacted]（瀬戸市[redacted]） 立会人：[redacted]（[redacted]·[redacted]ﾓｽｸ代表） 差押物件：なし	捜索日時：[redacted]年7月3日　12:53～13:35 捜索場所：豊田市[redacted] 立会人：[redacted]市役所職員 差押物件：①ｿﾌﾄﾊﾞﾝｸ電話料金請求書1枚 ②名刺1枚（稼動先／信業ｸﾗﾌﾄ）	捜索日時：[redacted]年7月3日　10:55～11:05 捜索場所：ﾐﾗ「名古屋[redacted]く[redacted]」 立会人：[redacted]市役所職員 差押物件：なし

ﾓｽｸ代表の反応	モスク代表[redacted]は、モスク内は神聖なため写真撮影をしないよう注意した。同代表は、イスラム（ミフラーブ、ミンバル、タブリーグなど）について、順次説明を行った。なお、捜索を拒否したり、強く抗議する動向はなかった。
ﾓｽｸ内状況	モスク1階は礼拝場所であり、、コーラン、ハディースが置かれていた。改装後間もないため室内は清潔に保たれていた。一方、同2階は、タブリーグ関係者の宿泊場所となっており、食料が置かれ、やや雑然としていた。 なお、1階から2階に上がる階段には扉が設置され、ダイヤル錠が取り付けられていた。
特異物件	モスク2階には、タブリーグ参加者の名前の書かれたノートが置かれていた。
事件後の効果	○　同モスクの所有者兼代表の[redacted]は、警察が捜索を実施したことによって、初めて同モスクが不法滞在者の根城に使われていた事実を承知した。同代表は、モスク内に不法滞在者が寝泊りしていた事実を重くとらえ、事件後、同モスクの責任者[redacted]を直ちに解雇し、しばらくの間、反省の意味も込め、同モスクを閉鎖することを決断し、[redacted]関係者に伝達した。 ○　同代表は、一時モスクを閉鎖し、その間に新しい責任者を探す予定である。

(8)ハラルフード店への捜索差押え

捜索差押え結果によっては、サミット開催期までに関係者の身柄拘束の必要のあるところ、着手予定日を前倒しして捜索を実施した。同店の住み込み店員を入管法違反で通常逮捕し捜索差押えを実施した結果、ミンハジ・ウル・クルアーンのカドリ総裁の説法ビデオは確認されたものの、その他はインド映画、音楽ビデオであり、アル・カーイダを称える内容等の過激なものはなかった。このほか、イスラムグッズ等は多数確認されたものの、ビデオはレンタル品でなく、無償供与品のため名簿等はなかった。捜索の結果、携帯電話のほか、利用客を特定するものとして名刺213枚を差押えた。

捜索差押え結果

○　捜索日時：平成[redacted]年6月16日（月）11:19～12:10
○　捜索場所：ハラールフーズ「[redacted]」（名古屋市[redacted]）
○　立会人：[redacted]（被疑者）
○　差押物件：11点（旅券、外国人登録証明書、携帯電話、名刺213枚、送金書2枚）

携帯電話分析結果

機種：NTTドコモ
番号：[redacted]
登録：10件　　発信：30件　　受信：30件

登録者氏名	電話番号	登録国	登録者
[redacted]	[redacted]	ロシア	[redacted]大学医学部・長男の先輩
	[redacted]	〃	〃
	[redacted]	インド	同上の[redacted]宅
[redacted]	[redacted]	ロシア	長男の携帯電話
[redacted]	[redacted]	日本	[redacted]ﾊﾗｰﾙﾌｰﾄﾞ店への紹介者
[redacted]	[redacted]	インド	次男の携帯電話
	[redacted]	〃	〃

名刺等分析結果

＜名刺枚数：184枚（213枚から同一のものを差し引いた）＞

業種別	個人	中古車	食品業	飲食店	その他	総計	内、新規把握数
外国人	3	39	8	24	51	125	86
日本人	0	0	9	1	49	59	55

地域別	県内	県外	国外	不明	国外詳細（3件）		
外国人	82	35	3	5		ｽﾘﾗﾝｶ	[redacted]
						UAE	[redacted]
日本人	52	7	0	0		UAE	[redacted]

＜送金関係：2件＞

依頼者		送金先			
名称	電話(052)	銀行	支店	受取人	口座
[redacted]	[redacted]	さくら	[redacted]	[redacted]	[redacted]

			[redacted]	〃	次男のﾃﾞﾘｰ自宅	[redacted]
		[redacted]	[redacted]	日　本	埼玉（玄関ﾏｯﾄ工場）のﾊﾟｷｽﾀﾝ人、現在所在不明	※　名刺一覧表は別途報告のとおり ※　店内掲示物仮訳は別途のとおり
		[redacted]	[redacted]	インド	兄、ﾒｶﾞﾈ店経営	取　調　べ　結　果
			[redacted]	〃	兄の携帯電話	○　ｲﾝﾄﾞのｱﾙｶﾞﾘ・ﾑｽﾘﾑ大学及び同大学院を卒業しており、ｲｽﾗﾑへの学習意欲はある。
		[redacted]	[redacted]	インド	兄の次男	
		[redacted]	[redacted]	日　本	ﾈﾊﾟｰﾙ人、2,3年前に帰国済	○　UBLは、正しいｲｽﾗﾑの教えを受けていない。ｼﾞﾊｰﾄﾞを自分の都合の良いように解釈している。
		[redacted]	[redacted]	インド	姉	
		[redacted]	[redacted]	インド	兄の長男	○　自爆ﾃﾛを起こしても天国へは行けない。
		事件後の効果	本件捜索の後、同ハラールフーズの経営者が、事件処理を行った中警察署警備課を訪問し、今回の事件について、不法滞在者を雇用していた事実を謝罪を行うとともに、新たな雇用した従業員について自ら申告を行うなど、既に管理者対策上の効果が現れている。			
	⑼各種管理者対策の実施	※　管理者対策の結果については、サミット終了後、各署から実施件数の報告を受け資料化する予定（７月中旬）。				

特異事案	事　案　名	発生日	端　　緒	対　　応	備　　考
	⑴【警察庁下命】 不審なｲﾝﾄﾞ人ﾑｽﾘﾑに対する職質	20.6.23月 23:21～	長崎県から入国したｲﾝﾄﾞ人ﾑｽﾘﾑが宿泊先をｷｬﾝｾﾙし、名古屋へ向かった。警察庁より通報を受け、職務質問を実施。	○　対象については、長崎県警が福岡県まで追尾し、計2回の職務質問を実施。 ○　対象は、6月23日20:00発博多発「のぞみ58号」に乗車し、名古屋駅へ同日23時21分着。これを待ち受け、対象を捕捉し、鉄道警察隊事務所まで任意同行を求め、同事務所内にて職質（6/23 23:22～6/24 0:20）を実施。 ○　対象の人定事項等を確認したが、国テロ容疑なし。 ○　対象は、名古屋駅のﾋﾞｼﾞﾈｽﾎﾃﾙ「ﾅｺﾞﾔ新名」（名古屋市中村区椿町7番4号）に宿泊。	【容疑解消】 合法ｲﾝﾄﾞ人ﾑｽﾘﾑ
	⑵中部空港における不審物発見事案	20.6.27金 09:20～	中部空港清掃員がﾄｲﾚ内を清掃中に、不審物件を発見、全日警に通報。その後、警察に通報。	○　中部空港警備隊が、ハンディー式金属探知機にて検査したところ、金属反応有り。現場50m四方を封鎖、簡易防爆スーツを着用し、持ち上げ式発火装置のないことを確認。 ○　その後、国際線従業員用Xﾚｲを利用して内容物を確認し、ﾘｰﾄﾞ線などの連結部品がないことを確認。開披検査を実施し、ﾋﾞｼﾞﾈｽﾊﾞｯｸ内からｵｲﾙ缶2缶と乾電池1個（単4）を発見、国テロ容疑なし。	【容疑解消】 拾得物として処理
	⑶爆弾ﾃﾛ企図情報	【入手】 20.6.30月 【着手】 20.7.1火	千葉県内居住のｽﾘﾗﾝｶ人から、「名古屋市内のｱﾊﾟｰﾄに爆弾テロ企図グループがいる。リーダーは[redacted]で、爆発物専門家[redacted]は電話で『爆弾』『名古屋でやる』と話しているほか、電気ｺｰﾄﾞ、配線について尋ねている。[redacted]の携帯電話番号は『090-[redacted]』で、既にシンナー、ボルト、パチンコ玉等の金属を準備している。」等の通報が港警察署に入った。	○　直ちに視察・行動確認班（5個班10名）を配置し、居住・稼動確認を実施するとともに、同居住地に対する外国人登録事実を照会し、外国人登録者の把握と違反事実の抽出に努めた。この結果、出入者4名を確認するも、事件ネタなし。 ○　事案の緊急性から、出入者2名を稼動先で職質、入管法違反（旅券不携帯）で現逮し、直ちに捜索差押許可状の請求手続。その後、関係者2名の外出を待ち（室内爆発物から物理的に隔離するため）、職務質問・任意同行し、事情聴取（爆発物が置かれている可能性のある室内の状況を詳細に聴取）している間に、捜索令状を得、爆発物処理隊を含め捜索体制を整備。住居地に対する捜索を実施。 ○　事情聴取者2名 ・ｽﾘﾗﾝｶ人[redacted] （[redacted].[redacted].[redacted]生） ・ｽﾘﾗﾝｶ人[redacted] （[redacted].[redacted].[redacted]生）	【ほぼ容疑解消】 被疑者2名を現逮 ①ｽﾘﾗﾝｶ人[redacted]（[redacted].[redacted].[redacted]生） ②ｽﾘﾗﾝｶ人[redacted]（[redacted].[redacted].[redacted]生） 入管通報（62条） ③ｽﾘﾗﾝｶ人[redacted]（[redacted].[redacted].[redacted]生）
	⑷ﾀﾘﾊﾞﾝ関係者情報	20.7.5土	「愛知県蒲郡市[redacted]に数人の外国人が居住しており、夕方、仕事に出かけては朝、帰ってくる。彼らは、日本で何かをしようと考えている。怖いことをしようとしている。彼等はTALIBAN等の組織と関係があるみたいです。」との投書が蒲郡署に届く。	○　投書にあった住所地を「[redacted]」と特定し、視察を開始。 ○　7日午後4時35分、202号から外国人男が出たところを職質し、旅券から入管法違反（不法残留）を確認、続いて202号から出た外国人男を職質し、同じく旅券から入管法違反（不法残留）と確認、蒲郡署へ任意同行後、入管照会を経て現行犯逮捕。8日、住居地に対する捜索差押を実施。	【容疑解消】 被疑者2名を現逮 ①ｲﾝﾄﾞ人ﾑｽﾘﾑ[redacted]（[redacted].[redacted].[redacted]生） ②ｲﾝﾄﾞ人ﾑｽﾘﾑ[redacted]（[redacted].[redacted].[redacted]生）
	⑸電車内に不審放置物（参考）	20.7.8火	名鉄電車内において、乗務員が網棚上に持ち主不明の不審物件を発見し、熱田警察署に届出。内容物は、プラスチック容器に入った赤色の液体５個。	○　同容器の表面には「Recycled MEN」「Recycled 10%FBS MEN」と記載。インターネットによって調査した結果、「臨床検査等に使う培養液」の可能性があったが、警察本部機動鑑識の応援を得て、現場見分を実施。遺留物については科捜研で鑑定中。	拾得物として処理

255頁から259頁のマスキング箇所には、具体的なモスク、イスラム関係団体の名称や、氏名、電話番号、車両ナンバー等の個人情報が記載されています。

解明作業進捗状況

H19．9．3
追及捜査第1班

【[redacted]モスク】

先週の結果［8月26日（日）～9月1日（土）］

1　金曜礼拝視察結果（8月31日）
(1)　視察時間　午前8時30分ころから午後5時30分ころまでの間
(2)　礼拝時間　午後1時00分ころから午後1時15分ころまでの間（約15分間）
(3)　礼拝参加者　　70名（全員男性）

内訳
- A対象［人定判明者（定期的に参加し、人定が判明している者）］　34名（約49%）
- B対象［追跡可能者（人定不明なるも、追跡可能な者）］　9名（約13%）
- C対象［追跡未実施者（新規参加者を含む）］　27名（約39%）

面割率（A＋B）　約61％

(4)　行確結果
新宿署～新宿区[redacted]室へ追い込み、事後捜査予定
(5)　特異動向
先々週の金曜礼拝に不参加であった[redacted]は、今回も不参加であった。
(6)　参考事項
[redacted]は、[redacted]（[redacted]）であった。

2　各日のモスク出入り状況（17:00ころから翌8:30ころまでの間はビデオ解析による）
8/26（日）　[redacted]以下延べ17名の出入りを確認
8/27（月）　[redacted]以下延べ19名の出入りを確認
8/28（火）　[redacted]以下延べ28名の出入りを確認
8/29（水）　[redacted]以下延べ23名の出入りを確認
8/30（木）　[redacted]以下延べ21名の出入りを確認
9/1（土）　[redacted]以下延べ18名の出入りを確認

3　その他
(1)　解明結果
国籍～バングラディシュ
氏名～[redacted]　[redacted]生（[redacted]歳）　男
住所～新宿区[redacted]
職業～捜査中
外登関係～新宿区Ⓑ[redacted]　在留資格～[redacted]
(2)　不審者リスト搭載者の動向
- [redacted]（インド・C対象）
8/24（金）早朝の礼拝からモスクへの出入りを確認しておらず、9日間モスクへの出入りを確認していない。
- [redacted]（ミャンマー・C対象）
平日、金曜礼拝とも参加を確認していない。
- [redacted]（バングラデシュ・C対象）
平日、金曜礼拝とも参加を確認していない。

今週の予定［9月2日（日）～9月8日（土）］

1　視察、基調による実態解明と不審者の抽出、解明作業の推進
2　拠点防衛の徹底
3　基礎資料の収集、整備

解明作業進捗状況

【[redacted]モスク】　　　　　　　　　　　　　　　　　　　　　　追及捜査第１班

先週の結果［８月２６日（日）～９月１日（土）］

１　金曜礼拝開催状況（８月３１日）
　①　視察時間　　　午前１１時４３分から午後３時００分まで
　②　礼拝時間　　　午後　１時００分から午後１時１５分まで
　③　礼拝参加者　　１０７名（女３名）
　　・Ａ対象［人定判明者（定期的に参加し、人定が判明している者）］78名（72.9％）
　　・Ｂ対象［追跡可能者（人定不明なるも、追跡可能者）］　14名（13.1％）
　　・Ｃ対象［追跡未実施者（新規参加者を含む）］　15名（14.0％）
　　　　　　　　　　　　　　　　　　　　　　　　　　面割率（Ａ＋Ｂ）８６．０％
　④　行確結果
　　・王子署（[redacted]巡査部長、[redacted]巡査長）　～　自宅追い込み
　　　追込先～神奈川県横浜市[redacted]
　　・小平署（[redacted]巡査部長）　～　自宅追い込み
　　　追込先～東京都足立区[redacted]
　　・当　課（[redacted]警部補）　～　稼働先追い込み
　　　追込先～東京都板橋区[redacted]
　　　　　　「[redacted]」
　　・当　課（[redacted]警部補）　～　稼働先追い込み
　　　追込先～東京都港区[redacted]
　　・当　課（[redacted]巡査長）　～　自宅追い込み
　　　追込先～東京都品川区[redacted]

　⑤　特異動向
　　・イマームの[redacted]が８月３１日（金）１０：１７　バッグ２個を所持して出たことから帰国と思料された。
　⑥　参考事項
　　・金礼のイマームは不明であった。

２　各日のモスク出入り状況
　　８月26日（日）　出入り者総数５４名　（内訳）男３２名　女13名　子９名
　　　　　　　　　　・人定判明者　２８名（６２．２％）
　　　　　　　　　　・追跡可能者　　０名（　０．０％）
　　　　　　　　　　・未把握者　　１７名（３７．８％）
　　８月27日（月）　出入り者総数８５名　（内訳）男３５名　女21名　子29名
　　　　　　　　　　・人定判明者　３３名（５９．０％）
　　　　　　　　　　・追跡可能者　　７名（１２．５％）
　　　　　　　　　　・未把握者　　１６名（２８．５％）
　　８月28日（火）　出入り者総数５６名　（内訳）男３８名　女６名　子12名
　　　　　　　　　　・人定判明者　２７名（６１．４％）
　　　　　　　　　　・追跡可能者　　０名（　０．０％）
　　　　　　　　　　・未把握者　　１７名（３８．６％）
　　８月29日（水）　出入り者総数３４名　（内訳）男２５名　女２名　子７名
　　　　　　　　　　・人定判明者　２３名（８５．２％）
　　　　　　　　　　・追跡可能者　　０名（　０．０％）
　　　　　　　　　　・未把握者　　　４名（１４．８％）
　　８月30日（木）　出入り者総数３３名　（内訳）男２１名　女２名　子10名
　　　　　　　　　　・人定判明者　２０名（８７．０％）
　　　　　　　　　　・追跡可能者　　０名（　０．０％）
　　　　　　　　　　・未把握者　　　３名（１３．０％）
　　８月31日（金）　出入り者総数133名　（内訳）男112名　女８名　子13名
　　　　　　　　　　・人定判明者　８７名（７２．５％）
　　　　　　　　　　・追跡可能者　１４名（１１．７％）
　　　　　　　　　　・未把握者　　１９名（１５．８％）
　　９月１日（土）　出入り者総数113名　（内訳）男51名　女28名　子34名
　　　　　　　　　　・人定判明者　５０名（６３．３％）
　　　　　　　　　　・追跡可能者　　３名（　３．８％）
　　　　　　　　　　・未把握者　　２６名（３２．４％）

解明作業進捗状況

【[redacted]モスク】　　追及捜査第１班

先週の結果［８月１９日（日）～８月２５日（土）］
3　その他 ①　キンダーガーデン開園状況（サマースクール） 8月27日（月）　参加者50名　（内訳）女21名　子29名 8月28日（火）　開園状況無し。 8月29日（水）　開園状況無し。 8月30日（木）　開園状況無し。 ②　不審者リスト人物の動向 ・[redacted]（B）　出入り無し。 ・[redacted]（C）　出入り無し。 ・[redacted]（C）　8月28日（火）　21:16　モスク入り 8月29日（水）　モスクへの出入りを４回確認。 （10:29　東京メトロ丸の内線新大塚駅にて[redacted]と合流し、新宿方面行きに乗車を確認。） 8月30日（木）　モスクへの出入りを４回確認。 （[redacted]の自宅へ２回追い込み。） 8月31日（金）　モスクへの出入りを１回確認。 （定例金曜礼拝への参加を確認。） ・[redacted]（C）　出入り無し。 ・[redacted]（C）　毎日定期的な礼拝参加を確認。
今週の予定［９月２日（日）～９月８日（土）］
1　[redacted]モスク関係 …継続的な大塚モスクの視察からの出入者の行確及びモスクの動向把握。 2　金曜礼拝視察 …公捜隊召集による参加者の行確。 3　不審者の基調、行確による解明

解　明　作　業　進　捗　状　況

追及捜査第１班

【[redacted]モスク】

先　週　の　結　果［３月１９日（月）～３月２５日（日)］

今　週　の　予　定［２月２６日（月）～３月４日（日)］
1　[redacted]モスク関係 …継続的な大塚モスクの視察からの出入者の行確及びモスクの動向把握。 2　金曜礼拝視察 …公捜隊召集による参加者の行確。 3　[redacted]の事件処理 …逮捕時に押収した資料の分析。 4　SR 対象者[redacted] [redacted] [redacted] [redacted]作業 …モスクへの出入り状況の視察及び接触者の把握並びに同人の行確。 5　元自衛官[redacted]作業 …モスクへの出入り状況の視察及び同人の行確。 6　SR 対象者[redacted]作業 …練馬署への継続的事件化指導。

解　明　作　業　進　捗　状　況

追及捜査第１班

【[redacted]】

先　週　の　結　果［８月２６日（日）～９月１日（土）］

１　金曜礼拝視察結果（８月３１日）
　①　視察時間　午前８時００分から午後３時００分

　②　礼拝時間　午後０時５２分から午後１時００分

　③　礼拝参加者　２５３名（女１８名）
　　・A 対象［人定判明者（定期的に参加し、人定が判明している者）］１２４名（４９．０％）
　　・B 対象［追跡可能者（人定不明なるも、追跡可能な者）］　１４名（　５．５％）
　　・C 対象［追跡未実施者（新規参加者を含む）］　１１５名（４５．５％）

面割率（A+B）５４．５％

　④　行確結果
　　・大森署（[redacted]警部補、[redacted]巡査長）
　　　追込先～品川区[redacted]～事後捜査

　　・駒込署（[redacted]巡査長、[redacted]巡査長）
　　　追込先～千代田区[redacted]
　　　　　　～横浜市青葉区[redacted]

　⑤　特異動向
　　・なし

　⑥　参考事項
　　・イマームは、[redacted]であった。

２　各日のモスク出入り状況
　８月２６日（日）礼拝者９名～面割数３名、職員７名～面割数７名
　　　　　　　　　学生（昼）０名、（夜）０名

　８月２７日（月）礼拝者２１名～面割数１４名、職員１２名～面割数１２名
　　　　　　　　　学生（昼）２名、（夜）１名

　８月２８日（火）礼拝者１１名～面割数８名、職員１３名～面割数１２名
　　　　　　　　　学生（昼）名、（夜）名

　８月２９日（水）礼拝者１８名～面割数７名、職員１５名～面割数１４名
　　　　　　　　　学生（昼）４名、（夜）０名

　８月３０日（木）礼拝者１０名～面割数４名、職員１６名～面割数１６名
　　　　　　　　　学生（昼）０名、（夜）０名

　８月３１日（金）上記正午の礼拝以外の礼拝者１４名～面割数８名
　　　　　　　　　職員１５名～面割数１５名
　　　　　　　　　学生（昼）０名、（夜）０名

　９月　１日（土）礼拝者４８名～面割数１６名、職員１０名～面割数１０名
　　　　　　　　　学生（昼）０名、（夜）０名

３　その他
・　不審者リスト人物の動向
　　①[redacted]（ウズベキスタン）Cランク
　　　金曜礼拝参加なし。本名の出入国歴及び在留資格変更申請等照会中。
　　　銀行の全店照会中。
　　②[redacted]（アメリカ）Bランク
　　　金曜礼拝参加あり。
　　　本名の出入国歴及び在留資格変更申請等照会中。銀行の全店照会中。

③[redacted]（イスラエル）Ｂランク
金曜礼拝参加あり。本名の出入国歴及び在留資格変更申請等照会中。
銀行の全店照会中。
④[redacted] [redacted]（日本）Ｃランク
金曜礼拝参加なし。本名の出入国歴及び[redacted]の出入国歴及び在留資格変更申請等照会中。銀行の全店照会中。

・ 金曜礼拝者解明結果
国籍
住所

年月日生

・ [redacted]の行事予定
９月３日（月）新入生夜の部面接・オリエンテーション　18:30~19:30
９月４日（火）新入生昼の部面接・オリエンテーション　10:30~11:30
９月２１日（金）新入生既学習者レベルチェック（AM 1 & PM 1）
９月２５日（火）平成１９年度後期授業開始（各教室でﾃｷｽﾄ配布）
１０月８日（月）～１０月１２日（金）ラマダーン明け休暇
12月17日(月)~2008年1月4日（金）ﾊｯｼﾞ休暇、年末年始休暇、及び中間学期休暇
２月４日（月）～２月５日（火）試験
２月８日（金）試験結果発表
２月２３日（土）第５回ｱﾗﾋﾞｱ語ｵﾘﾝﾋﾟｯｸ、第１１期＆１２期学生卒業式

今週の予定［9月2日（日）～9月8日（土）］
1　視察・行動確認作業（９月７日金曜礼拝）
2　礼拝参加者解明作業の推進
3　礼拝参加者からの不審者の抽出

本件については、これまでに国テロ課からいただいていた参考情報で、今後もいただきたい資料です。

○　来日タブリーグ関連情報
　～タブリーグ宣教団の来日及び国内巡回動向
　　（メンバーの人定に関することも含む）

○　モスクをはじめとする各イスラム・コミュニティーに関する情報
　～[redacted]、
　～[redacted]
　～[redacted]
　～[redacted]
　～その他警視庁管内のイスラム・コミュニティーに関する情報

○　管内対象団体情報
　～イラン大使館、イラク大使館、シリア大使館、パレスチナ代表部などの
　　　行事に関すること、館員の動向に関すること、要人来日に関すること、
　　　その他の特異動向など

○　国テロ課関心事項関連情報
　～イスラム墓地建設に関すること
　～イスラム学校設立い関すること
　～その他の関心事項

※　一日いつでも何回でも、また参考情報になるかどうか迷った時も、
　とりあえず送ってください。

【資料24】

調査表

（　　　　　　）

人口	各国人の数 A（人定のみ）、B（居住確認）、C（面割可）	A 8,224	B 2,337	C 610	計11,171
	その他の国籍で把握した数 A（人定のみ）、B（居住確認）、C（面割可）	A 179	B 72	C 61	計 312
現に把握している数	P	1,428			
	欧州、北米	24			
	アジア	117			
	その他（N）	126			
集合場所	集合場所（甲）の数	T 1	I 1	他 8	計 10
	集合場所（乙）の数	T	I	他 7	計 7
関係団体	団体の数	11			
食料品店	店の数	76			
支援団体	団体の数	11			
集団居住 （４人以上）	（同国人の場合）の数	10			
	（他国人の場合）の数	1			
業態別コミュニティ （各国人が関与するもの）	中古車業者の数	192			
	貿易業者の数	110			
	旅行代理業者の数	2			
	就労あっせん業者の数				
	宿泊施設の数 （集合場所、中古車業者等で宿泊施設があるもの）				
	携帯電話取扱業者、プリペイドカード販売業者の数				
	金融会社の数	4			
管理者対策の対象となる業者	ホテル等	733			
	外国人の宿泊を確認しているホテル等	99			
	レンタカー業者の数	494			
	航空機操縦等の習得を目的とする学校、施設の数	8			
	インターネットカフェの数	447			
	ハイテク機器販売業者の数	8			
	火薬類、毒劇物、放射性物質、大量の肥料等を取り扱う業者の数	457			
関連教育施設	施設の数	1			
G	Gの数				
応用可能な技術・知識を有する者の把握	把握人数	19			
担当	T担当　121	254			
	C担当　4	133			

調査表　別表（1）

名称	[redacted]（[redacted]）
種別	モスク
所在地	東京都[redacted]
出入の状況 （曜日、時間帯、人数）	金曜礼拝時・午後1時前後に平均266名の出入がある。 金曜日以外の月曜日から木曜日については、昼の礼拝時に3名から11名の出入がある（日によって増減） ラマダーンに入ると平日84名から137名、土・日に平均300名の礼拝参加者の出入がある。 ※ラマダーン明けの祭典では1180名（H16）　犠牲祭611名（H17）
出入車両数及び車両使用者の人定把握数	**学院敷地に出入** サウジアラビア大使館車両8台（人定把握数3名）　※学院敷地内常時駐車1車両（学院長以下職員が使用） [redacted]職員車両4台（人定把握数3名） 金曜礼拝参加者車両1台（人定把握数1名） **周辺路上に駐車** 大使館車両累計90台（人定把握数30名）※大使館車両については相乗りで礼拝参加 一般車両累計116台（人定把握数10名）※主に会社名義車両及び路上駐車につき礼拝参加未確認
管理者 （氏名、国籍、生年月日、初来日年月日、在留資格、特異事項（過激な言動等））	学院長 [redacted] 国籍サウジアラビア　[redacted]年[redacted]月[redacted]日生（[redacted]歳） 初来日20[redacted]年[redacted]月　在留資格（20[redacted].[redacted]まで） 「アメリカの[redacted]（ワシントン）に戻る予定がある」との言動あり。
常駐者 （氏名、国籍、生年月日、初来日年月日、在留資格、特異事項（過激な言動等））	
指導者 （氏名、国籍、生年月日、初来日年月日、在留資格、特異事項（過激な言動等））	
有力者 （氏名、国籍、生年月日、初来日年月日、在留資格、特異事項（過激な言動等））	
結集人員 （国籍別） ○内の数は、面割可	金曜礼拝時・午後1時前後に平均266名の出入がある ｱﾒﾘｶ②　ｱﾗﾌﾞ首長国①　ｱﾙｼﾞｪﾘｱ②　ｲﾗｸ⑦　ｲﾝﾄﾞ⑦　ｲﾝﾄﾞﾈｼｱ⑥　ｴｼﾞﾌﾟﾄ⑲　ｶﾞｰﾅ⑫　ｶﾀｰﾙ②　ｷﾞﾆｱ⑨　ｸｴｰﾄ①　ｻｳｼﾞｱﾗﾋﾞｱ⑪　ｼﾞﾌﾟﾁ②　ｼﾘｱ③　ｽｰﾀﾞﾝ⑨　ｽﾘﾗﾝｶ⑩　ｾﾈｶﾞﾙ①　ﾁｭﾆｼﾞｱ⑩　ﾅｲｼﾞｪﾘｱ①　ﾆｶﾗｸﾞｱ①　日本⑪　ﾆｭｰｼﾞｰﾗﾝﾄﾞ①　ﾊﾟｷｽﾀﾝ26　ﾊﾟﾚｽﾁﾅ②　ﾊﾞﾝｸﾞﾗﾃﾞｼｭ⑮　ﾌﾞﾙﾈｲ②　ﾏﾀﾞｶｽｶﾙ①　ﾏﾚｰｼｱ②　ﾐﾔﾝﾏｰ③　ﾓｰﾆﾀﾆｱ①　ﾓﾛｯｺ⑪　ﾖﾙﾀﾞﾝ⑤　ﾘﾋﾞｱ⑦
派	スンニ派
系統	サウジアラビア
活動概要	昭和57（1982）1月「アラビア語教育とイスラム文化の普及」を目的として、サウジアラビア王国の国立アルイマーム・ムハンマド・イブン・サアドイスラーム大学の海外付属機関「東京分校」（サウジアラビア王国高等教育相管轄）として、同王国政府の全面的な支援を受けて渋谷区に設立した。現在の建物は、建物が老朽化したため同王国政府の全面的な支援を受けて、旧サウジアラビア公邸の跡地に再建した。学院内には、1000人収容可能な礼拝施設があり、在日イスラム教徒のための集団礼拝及び集会、イベント等活動の場を提供している他、インターネットのホームページ等により「アラビア語講座」を案内、NHK教育テレビでのアラビア語講座の番組に職員が出演し、アラビア語の普及に努めている。
法人資格 （あり、申請中、なし）	なし

調査表別表(1)には5つのモスクについて、モスク名、所在地、出入の状況、管理者、結集人員、活動の概要、関係する銀行口座名義、口座残高、使用物件の登記情報等が記載されています。

口座状況 (銀行名、口座番号、名義人、収支状況)	[redacted]
設立年月日	昭和57(1982)1月
物権登記の状況	サウジアラビア王国 (旧建物は、昭和34年3月5日土地及び建物を売買により取得)
宿泊施設の有無 (管理者以外の宿泊)	なし
情報メディアの利用状況	インターネットのホームページ(www. Aiiーt. Org) NHK教育テレビ「アラビア語会話」 毎週火曜日午前0:30－1:00(月曜深夜)再放送土曜日6:00－6:30

調査表 別表(1)

名称	[redacted]
種別	
所在地	東京都[redacted]
出入の状況 (曜日、時間帯、人数)	金曜礼拝時約10名
出入車両数及び車両使用者の人定把握数	約3台 3名把握済み
管理者 (氏名、国籍、生年月日、初来日年月日、在留資格、特異事項(過激な言動等))	[redacted] パキスタン・イスラム共和国 19[redacted]年10月21日生 19[redacted]年10月25日初来日 投資経営
常駐者 (氏名、国籍、生年月日、初来日年月日、在留資格、特異事項(過激な言動等))	
指導者 (氏名、国籍、生年月日、初来日年月日、在留資格、特異事項(過激な言動等))	[redacted] パキスタン・イスラム共和国 19[redacted]年8月31日生 19[redacted]年10月25日初来日 日本の配偶者
有力者 (氏名、国籍、生年月日、初来日年月日、在留資格、特異事項(過激な言動等))	
結集人員 (国籍別) ○内の数は、面割可	パキスタン・イスラム共和国～10名(8名)
派	スンニ派
系統	ICOJ系
活動概要	H16. 12. 5 出入国管理及び難民認定法違反 [redacted]ほか3名 64条入管渡し([redacted]を除いてパキスタンへ強制送還)
法人資格 (あり、申請中、なし)	なし
口座状況 (銀行名、口座番号、名義人、収支状況)	三井住友銀行[redacted]支店 [redacted] 残金[redacted](H16.11調査)
設立年月日	1998年12月
物権登記の状況	19[redacted]年[redacted]月[redacted]日登記 [redacted]・[redacted]
宿泊施設の有無 (管理者以外の宿泊)	有り(収容人員数)
情報メディアの利用状況	

調査表　別表(2)

名称	[redacted]
所在地	港区[redacted]
代表者 (国籍、氏名、生年月日、初回入国年月日、在留資格)	氏名[redacted] 国籍 パキスタン 生年月日 [redacted].[redacted].[redacted] 初回入国年月日 在留資格 投資経営
役員 (国籍、氏名、生年月日、初回入国年月日、在留資格)	
構成人員	約500～600名
設立年月日	昭和52年
設立目的	在日パキスタン人により組織される団体
動員力	約200名
会費の額	
財政事情 (口座、名義人、収支状況)	
活動状況	宗教的結束が強く、反イスラム教的事象には過敏に反応する。 上層幹部は、原理主義を自認している。 H15. 3. 30、イラク攻撃時長野駅前において参加人員44名で抗議行動 H17.4.24。檜町公園において「預言者ムハンマド誕生会のパレード」が開催されて67名の参加を確認
会員との通信手段	

調査表　別表(2)

名称	[redacted]
所在地	東京都[redacted]
代表者 (国籍、氏名、生年月日、初回入国年月日、在留資格)	[redacted] パキスタン・イスラム共和国 [redacted]年[redacted]月[redacted]日生 [redacted]年[redacted]月[redacted]日初来日 投資経営
役員 (国籍、氏名、生年月日、初回入国年月日、在留資格)	
構成人員	約60名のメンバーとワーカーと呼ばれる寄付をするムスリムで構成
設立年月日	1998年12月
設立目的	[redacted]の海外班の一つ「日本班」として位置付けられている
動員力	
会費の額	不明(国テロ情報～本部・各サークルで毎月72万円の寄付で稼働)
財政事情 (口座、名義人、収支状況)	三井住友銀行[redacted]支店[redacted] [redacted]名義　残金[redacted]円(H16.11調査)
活動状況	H16.12.5 出入国管理及び難民認定法違反 [redacted] ほか3名逮捕 64条入管渡し([redacted]の他は強制退去)
会員との通信手段	[redacted]のHP内にメンバーのみのHPあり

調査表別表(3)には8つのNGO団体等について、団体名、所在地、代表者、財政事情、活動状況、セクト性に関する情報等が記載されています。

調査表　別表(3)1

名称	[redacted]（通称：[redacted]）
所在地	東京都[redacted]
代表者	東京都[redacted] [redacted]（昭和[redacted]年[redacted]月[redacted]日生）
役員	不明
構成員	賛同者359人
設立年月日	平成4年
設立目的	バングラデシュでの孤児院運営　日本での不要学用品の配布
動員力	不明
財政事情	2003年度　収入[redacted]円　支出[redacted]円 （会発行の事業報告による）
活動状況	バングラデシュ国内に孤児院「サクラファミリーホーム」を設立。国内では会員募集、募金、機関紙発行、イベント出店。
セクト性	なし

調査表　別表(3)2

名称	[redacted]
所在地	東京都[redacted]
代表者	[redacted]
役員	（世話人）[redacted]（明治学院大学国際学部教授）（顧問）[redacted]（カンボジア教育支援基金代表）[redacted]（明治学院大学宗教センター）[redacted]（明治学院大学国際学部教授）[redacted]（原子力資料情報室共同代表）[redacted]（写真家・映画監督）
構成員	事務局長 [redacted] [redacted] [redacted] [redacted] [redacted]等　スタッフ6名
設立年月日	2002年
設立目的	社会参加活動の機会創出
動員力	300名
財政事情	不明
活動状況	日韓交流　ホームレス対策　農作業体験　環境対策 平成[redacted]年[redacted]月[redacted]日　明治学院大学において「[redacted]（[redacted]）講演会を開催。[redacted]が司会。
セクト性	日本赤軍と交流の可能性

調査表　別表(3)3

名称	[redacted]（[redacted]） （[redacted]）
所在地	東京都[redacted]
代表者	[redacted]
役員	不明
構成員	[redacted]日本支部長　[redacted]事務局長　をはじめ　専従3名　非専従1名　正会員個人598名法人67団体
設立年月日	1985年3月
設立目的	難民救援
動員力	不明
財政事情	不明
活動状況	アンダマン諸島やスーダンで支援活動を実施。食料・医療・教育支援、災害救援など。　世界121ヶ国にアドラ支部が存在するが、平成17年6月、スイス支部が平壌に「[redacted]」と名付けられたカフェを開店したとの新聞報道がなされたが、これについては日本支部は関わっていないとの言動あり。
セクト性	なし

調査表別表(4)には８つのハラールフード店等について、名称、所在地、所有者、取扱物品、利用者の概要等が記載されています。

調査表　別表（4）

名称	[redacted]
所在地	東京都[redacted]
所有者	[redacted] ・氏名　[redacted]（別名　[redacted]） ・生年月日　[redacted]年[redacted]月[redacted]日 ・国籍　イラン ・在留資格　永住者 ・住所　東京都[redacted]
取扱物品	缶詰　加工食品(ラム肉)　魚　野菜類の煮込み　ジュース類　調味料・スパイス 菓子類　白米　瓶詰食品　レトルト食品
利用者の概要	・イラン、パキスタン、フィリピン、インドネシアなどのイスラム教徒 ・イラン大使館職員も利用している
国籍・人数	
設立年月日	
い集の有無、時間帯	・他府県ナンバー(横浜・習志野等)の車に何人かが乗り込んで一度に大量に購 入していくことが多い。

調査表　別表（4）

名称	[redacted]
所在地	東京都[redacted]
所有者	[redacted] ・氏名　[redacted] ・生年月日　[redacted]年[redacted]月[redacted]日 ・国籍　パキスタン ・在留資格　永住者 ・住所　東京都[redacted]
取扱物品	精肉(マトン)　ナン　豆　菓子　香辛料　ジュース　タイ米　レトルトカレー 衣類 CD　ビデオ　缶詰(カレー　油　マトン　牛肉　グラブジャム)
利用者の概要	パキスタン人が多い
国籍・人数	
設立年月日	H6.6.24
い集の有無、時間帯	

調査表別表(7)には11の中古車ディーラー等について、名称、所在地、代表者名、生年月日、輸出先等が記載されています。

調査表　別表(7)

名称	[redacted]
所在地	東京都[redacted]
代表者 （国籍、氏名、生年月日、在留資格等）	国籍　バングラデシュ 氏名　[redacted] 生年月日　[redacted].[redacted].[redacted]
輸出先 （ある場合）	バングラデシュ（月平均10台位）
海外からバイヤー等を招へいしているか	
財政状況 （口座、名義人、収支状況）	

調査表　別表(7)

名称	[redacted]
所在地	東京都[redacted]
代表者 （国籍、氏名、生年月日、在留資格等）	国籍　パキスタン 氏名　[redacted] 生年月日　[redacted].[redacted].[redacted] 在留資格　永住者 外国人登録証番号　[redacted] 旅券番号　[redacted]
輸出先 （ある場合）	
海外からバイヤー等を招へいしているか	
財政状況 （口座、名義人、収支状況）	

調査表　別表(7)

名称	[redacted]
所在地	東京都[redacted]
代表者 （国籍、氏名、生年月日、在留資格等）	国籍　パキスタン 氏名　[redacted] 生年月日　[redacted].[redacted].[redacted]
輸出先 （ある場合）	パキスタン・ウガンダ
海外からバイヤー等を招へいしているか	
財政状況 （口座、名義人、収支状況）	

様式第1－1

要警戒対象者名簿

都道府県名(警視庁)

国籍　パキスタン・イスラム共和国 氏名 [redacted] 生年月日　[redacted]年[redacted]月[redacted]日生 職業 [redacted]のイマーム 在留資格　宗教	視察体制 B

選定理由

・　本名は、パキスタンのスンニ派過激政治組織「シパ・エ・サハバ・パキスタン（ＳＳＰ）の事務局がある[redacted]（宗教学校）の職員で、現在、[redacted]のイマームであるが来日目的を「宣教」と藉口して、ＳＳＰの日本支部設立を画策していると言われている。

国籍　クエート国 氏名 [redacted] 生年月日　[redacted]年[redacted]月[redacted]日生 職業 [redacted] 在留資格　留学生	視察体制 B

選定理由

・　「予言者ムハマンドの言葉しか信じない。アメリカのイスラム政策は間違っている。」等のイスラム原理主義及びオサマ・ビン・ラディンに傾倒した言動がある。

様式第1－2

要警戒対象施設名簿

都道府県名(警視庁)

名　称　イラン・イスラム共和国大使館 所在地　東京都[redacted] 責任者・管理者等 特命全権大使 [redacted] [redacted]年[redacted]月[redacted]日生	視察体制 B
選定理由 ・　イランは、テロ支援国家としてアメリカが指定しており、現在、核開発で欧米と対立関係にある。 ・　本年６月に就任したアハマディネジャド新大統領は、徹底した「欧米嫌い」で新政権発足後、ブッシュ大統領の初来日であり大使館の動向が注目される。	

名　称　[redacted](通称　[redacted]) 所在地　東京都[redacted] 責任者・管理者等 ・責任者 [redacted]　[redacted]生 ・管理者 [redacted]　[redacted]生	視察体制 B
選定理由 [redacted]は、東京の西部地区にある唯一のモスクであり、在日ムスリムが集まるイスラムコミュニティーとしての側面を持つと同時に、モスクに集まる者同士が独自にコミュニティーを形成する等、テロリストのインフラとして、また、リクルートの場として、さらに、イスラム関連団体のネットワークの拠点として利用される可能性がある。	

別紙様式第２

要警戒対象視察結果報告（１１月９日分）

都道府県名（警視庁）

[redacted]（通称 [redacted]）		
【選定理由】 [redacted]は、東京の西部地区にある唯一のモスクであり、在日イスラムが集まるイスラムコミュニティーとしての側面を持つと同時に、モスクに集まる者同士が独自にコミュニティーを形成する等、テロリストのインフラとして、また、リクルートの場として、更にイスラム関連団体のネットワークの拠点として利用される可能性がある。		
時　間	視　察　結　果	特異動向
０９：３７	[redacted]　[redacted]入り。（自転車）	
１０：４３	[redacted]　[redacted]出、元本郷町交差点方向。（自転車）	
１０：４４	[redacted]　[redacted]出、元本郷町交差点方向。	
１２：０８	[redacted]　[redacted]入り。 車両（八王子[redacted]そ[redacted]）	
１２：２５	[redacted]　徒歩で[redacted]入り。	
１２：４５	[redacted]　[redacted]出。 車両（八王子[redacted]そ[redacted]）で立ち去り。	
１４：１０	[redacted]　[redacted]入り。 車両（八王子[redacted]に[redacted]）	
１４：１１	[redacted]　[redacted]入り。（自転車）	
１５：２２	外男２名　[redacted]入り。 ※外男甲～年齢４０歳位、身長１７５cm位、禿頭、細身、黒色ベスト、茶色ズボン 外男乙～年齢４０歳位、身長１８０cm位、顎髭、グレー色帽子、グレー色カミーズ	
１５：４０	宅配ピザ屋　配達。	
１５：５７	前記外男２名　[redacted]出、萩原橋方向。	
１６：００	[redacted]（[redacted]大学卒業生）　[redacted]入り。 バイク（[redacted]市つ[redacted]）	
１７：２０	[redacted]　[redacted]出。 車両（八王子[redacted]に[redacted]）で立ち去り。	
１７：３９	[redacted]　[redacted]出、元本郷町交差点方向。（自転車）	
２０：２２	[redacted]　[redacted]出、[redacted]見送り。 バイク（[redacted]市つ[redacted]）で立ち去り。	

-１-

【資料28】

別紙様式第２

要警戒対象視察結果報告（１１月１６日分）

都道府県名（警視庁）

[redacted]（通称　[redacted]）

【選定理由】

[redacted]は、東京の西部地区にある唯一のモスクであり、在日イスラムが集まるイスラムコミュニティーとしての側面を持つと同時に、モスクに集まる者同士が独自にコミュニティーを形成する等、テロリストのインフラとして、また、リクルートの場として、更にイスラム関連団体のネットワークの拠点として利用される可能性がある。

時　　間	視　　察　　結　　果	特　異　動　向
９：４３	[redacted]　[redacted]入り。（自転車）	
１０：４２	[redacted]　[redacted]出。（自転車）	
１１：００	[redacted]（公調）　[redacted]入り。	
：４１	[redacted]　[redacted]入り。 車両（八王子[redacted]そ[redacted]）	
１２：４３	[redacted]　[redacted]出。 車両（八王子[redacted]そ[redacted]）で立ち去り。	
１３：００	[redacted]、[redacted]　[redacted]出、モスク前で立ち話を始める。	
：１３	[redacted]と[redacted]が別れ、[redacted]は[redacted]入り、[redacted]は立ち去り。	
：４７	[redacted]　[redacted]出、バス乗車。 ※服装～ベージュ色ハーフコート、ジーパン、手提紙袋所持 14:04　京王八王子駅から新宿行き乗車。 :08　北野駅下車、準急新宿行き乗り換え。 :35　明大前下車、各停新宿行き乗り換え。 :50　笹塚駅下車。 15:05　[redacted]入り。	
：５４	[redacted]　[redacted]入り。（自転車）	

- 公安調査室の捜査官がモスクに潜入捜査を行っている実態が記載されています。
- 黒塗りにした箇所には捜査官１名の氏名、ムスリム２名の氏名及びモスク名が記載されています。

要警戒対象視察結果報告（６月２３日分）

都道府県名（ 警 視 庁 ）

[redacted]（ﾚﾊﾞﾉﾝ共和国）

【選定理由】

ｲｽﾗﾑ教ｼｰｱ派武装組織ﾋｽﾞﾎﾞﾗとｲｽﾗｴﾙとの報復ﾃﾛ情勢に伴いｲｽﾗｴﾙ権益をﾀｰｹﾞｯﾄとするﾃﾛ事件の敢行が懸念されることから警察庁下命による管下各署に「ﾚﾊﾞﾉﾝ国籍を有する者の抽出、所在確認」を実施したことによる。～不審情報として、練馬署、埼玉県警から入手～

時　間	視　察　結　果	特　異　動　向
6/22（日）		
１７：３０	(対)帰宅	
6/23（月）		
８：００	視察開始	
８：０５	(対)の居室カーテンが半分開いている（消灯中）。	
１３：０３	(対)の居室点灯を確認	
１３：５１	(対) 徒歩にて外出（服装：白色半袖シャツ・Ｇパン）	
１３：５７	埼玉病院北口前バス停から成増駅南口行バスに乗車	
１４：０３	国道２５４号沿いの成増駅入口バス停で下車	
１４：０４	セブンイレブンに入 （所在地：板橋区成増 1-30-10 板橋成増一丁目店）	（※） 店員にセロテープを借り、(対)が所持していた英文書類に 自身の顔写真を貼付する。 （履歴書様のもの）
１４：０６	セブンイレブンから出	
１４：０７	地下鉄成増駅入り（有楽町線）	
１４：１３	地下鉄成増駅から各駅停車 新木場行き乗車	
１４：２３	小竹向原駅下車（西武池袋線乗換）	
１４：３１	西武池袋線 練馬駅下車	
１４：３５	練馬駅から六本木方向乗車（大江戸線乗換）	
１５：０４	大江戸線 六本木駅下車	
１５：１５	セブンスビル２Ｆ入り （所在地：港区六本木 7-15-25） 同ビル２Ｆ店舗 ○レストラン「ブリティィッシュ・パブ」 ○イタリアンカフェ のいずれかの店舗に入店したと思料される。	
１５：３８	セブンスビル出・六本木駅方向へ徒歩にて進行	

15：45	大江戸線 六本木駅から光が丘行き乗車	（※） 各路線駅での改札は、全て赤ランプ点灯後強行突破（無賃乗車）
15：55	大江戸線 新宿駅下車（山手線乗換）	
16：03	山手線 池袋・上野行き乗車	
16：10	山手線 池袋駅下車（東武東上線乗換）	
16：13	東武東上線 池袋駅乗車	
16：23	東武東上線 成増駅下車	
16：26	成増駅ロータリー直近のマクドナルド入 （成人女性１名及び男児１名と合流） （甲）国籍　フィリピン 住所　東京都[redacted] 氏名　[redacted] 年齢　[redacted].[redacted]生 （乙）甲の子供 氏名　[redacted] 年齢　[redacted].[redacted].[redacted] 生	
17：22	マクドナルド出 （甲・乙）は成増駅ロータリーからタクシーに乗車し、いずれかの方向へ立ち去り	
17：45	(対)については、東武東上線 成増駅から各駅池袋行きに乗車	
18：07	池袋駅下車・メトロポリタン プラザ方向へ進行 メトロポリタン プラザ前(蝟集場所)において外国人４～５名と雑談を開始。 ＊内、 [redacted] 生年月日　[redacted]年[redacted]月[redacted]日生 国籍　チェニジア 住所　豊島区[redacted] と [redacted] 生年月日　[redacted]年[redacted]月[redacted]日生 国籍　ｼﾘｱ 住所　埼玉県朝霞市[redacted] が判明。	
20：18	(対)及び上記蝟集していた不詳外国人男性１名と上記[redacted]共に東武東上線池袋駅改札入り	
20：20	(対)及び外国人男性２名は武東上線・急行小川行きに	

	乗車	
２０：３０	(対)及び上記外国人男性２名、成増駅下車	
２０：３１	(対)及び上記外国人男性２名、成増駅前の「東武ストアー」（板橋区成増 2-13-2）入り	
２０：４０	同店を出。スーパーのビニール袋所持。	
２０：４５	(対)及び上記外国人男性２名、同駅前から東武バス（南大和行き）に乗車	
２０：５８	(対)及び上記外国人男性２名、(対)の自宅入り。	
２３：２０	上記外国人男性２名が(対)の自宅前でタクシーに乗車し、朝霞市方向に進行。 (対)は見送り。	
6/24		
０３：０５	(対)徒歩で自宅を出て、バーﾐｱﾝ方向へ。	
０３：０９	(対)はﾊﾞｰﾐｱﾝ手前路上において、(対)と反対方向から来たフィリピン女性（昼間ﾏｸﾄﾞﾅﾙﾄﾞで会った） [redacted] と接触。	
０３：１５	(対)とフィリピン女性が(対)宅入り。	
０４：３５	(対)とフィリピン女性が(対)宅を出て、成増駅方向へ。	
０５：０６	(対)とフィリピン女性、成増駅着き、(対)はフィリピン女性をタクシーに乗せ見送る。その後、(対)も同所でタクシーに乗車し、自宅方向へ。 ＊５：１５　フィリピン女性自宅（板橋区[redacted]）入り	
０５：１４	(対)自宅入り。	
０８：３０	行確班交代。(対)動きなし。	

別紙様式第２

要警戒対象視察結果報告（１１月７日分）

都道府県名（警視庁）

イラン・イスラム共和国大使館		
【選定理由】 選定理由 ・イランは、テロ支援国家としてアメリカが指定しており、現在、核開発で欧米と対立関係にある。 ・本年６月に当選したアハマディネジャド新大統領は、徹底した「欧米嫌い」で新政権発足後、ブッシュ大統領の初来日であり大使館の動向が注目される。		
時間	視察結果	特異動向
	○[redacted]（イラン大統領秘書官、9/22から来日中の者）	
１２：２９	大使館から出	
	自転車で白金商店街へ	
１２：３５	100円ショップキャンドゥ入り	
	ファーム薬局入り	
１２：４２	大使館戻り	
１８：３８	大使館から自転車で出	
	[redacted]は自転車を押しながら、髭を生やしたイマーム風の男と一緒。	
	白金商店街入口付近で立ち話。	
	イマーム風の男は徒歩で大使館方向へ	
１９：０５	都ホテル入り（宿泊先）	
１９：１８	イマーム風の男は大使館に戻り。	
	○[redacted] 労働アタッシェ （45歳）	
１２：０７	大使館から徒歩で出	
：	古川橋付近で捕捉。～追尾開始	
１２：１２	マンション入り	
１２：２０	[redacted]（自宅）へ追い込み。	
１３：００	以後、動向なし。視察打ち切り。	
	○氏名不詳者（イラン人学校職員）	
１３：４５	大使館から徒歩で出	
	四の橋交差点で捕捉	
	四の橋商店街を通り	
１３：５５	アパート入り（自宅と思慮される）	
	[redacted]	
	表札～「[redacted]」と表記あり	
	（簿冊照会～該当なし。人定調査中）	
１４：５０	以後、動向なし。視察打ち切り。	

別紙様式第２

要警戒対象視察結果報告（１１月１６日分）

都道府県名（警視庁）

イラン・イスラム共和国大使館

【選定理由】

・イランは、テロ支援国家としてアメリカが指定しており、現在、核開発で欧米と対立関係にある。

・本年６月に当選したアハマディネジャド新大統領は、徹底した「欧米嫌い」で新政権発足後、ブッシュ大統領の初来日であり大使館の動向が注目される。

時間	視察結果	特異動向
	○大使館は通常業務であった。 【執務時間】９：００頃から１７：００頃まで ○大使、ｲﾗﾝ国会副議長一行の動向 大使は、ホテルニューオータニから副議長一行らと３車両に分乗し、[redacted]所在の工場に訪問した。 「[redacted] （[redacted]工場」	※製鉄業界大手の一つ
７：１６	[redacted]（事務技術・教師）　徒歩　入	
：２９	[redacted]（ﾛｰｶﾙ・雑役）　自転車　入	
：２９	[redacted]（大使）　徒歩　公邸出、敷地内移動	
：３２	[redacted]（二等参事官）　徒歩　出	
：３３	[redacted]（一書・広報）、[redacted]　車両［外[redacted]］[redacted]運転　出	
：４０	[redacted]（ﾛｰｶﾙ・受付）　徒歩　入	
：４０	新規館員④　徒歩　入	
：４０	[redacted]（ﾛｰｶﾙ・運転）　車両［外[redacted]］　敷地内移動	
：５０	[redacted]（事務技術・教師）　徒歩、子供同伴　入	
：５１	[redacted]（事務技術・教師）　自転車、妻同伴　入	
：５３	[redacted]（事務技術・教師）　徒歩　入	
：５４	[redacted]（ｱﾀｯｼｪ・武官）　車両［外[redacted]］　入	
：５７	[redacted]（事務技術・教師）　徒歩　入	
８：０５	[redacted]（ﾛｰｶﾙ・領事）　車両［足立[redacted]］　入	
：３２	[redacted]（ﾛｰｶﾙ・経済、科学技術）車両［品川[redacted]］　入	
：３３	[redacted]（ﾛｰｶﾙ・経理）　徒歩　入	
：４４	[redacted]（ﾛｰｶﾙ）　徒歩　入	
：４８	[redacted]（ﾛｰｶﾙ・文化）　徒歩　入	
：５２	[redacted]（ﾛｰｶﾙ・運転）　徒歩　入	

：５５	[redacted]（ローカル）	徒歩	入
：５８	[redacted]（ローカル・領事）	徒歩	入
９：００	[redacted]（ローカル・雑役）	徒歩	入
１０：０１	[redacted]（ローカル・雑役）	徒歩	敷地内移動
：０２	[redacted]（三等参事官・領事）、[redacted]（二書・領事）	徒歩	敷地内移動（学校入）
：０４	[redacted]（ローカル・政治）	徒歩	入
：０５	[redacted]（ローカル・運転）	車両［外[redacted]］	敷地内移動
：０６	[redacted]（アタッシェ・労働）	徒歩	入
：１３	[redacted]（ローカル・経理）	徒歩	入
：１７	[redacted]（大使秘書）	徒歩	入
：２９	[redacted]	徒歩	敷地内移動
：３４	[redacted]（一書・経理）、[redacted]	車両［外[redacted]］[redacted]運転	出
：４８	[redacted]（二書・領事）	徒歩	敷地内移動
：３２	[redacted]	車両［外[redacted]］[redacted]運転	入
１０：３５	【大使の動向】 10:35～大使と、副議長一行が、車両３台（［[redacted]］、［[redacted]］、ハイヤー）に分乗してホテルニューオータニを出発。岩本町交差点を左折し、昭和通りを上野方向へ進行。秋葉原付近で追尾不能となり、しばらく後、秋葉原周辺を検索するも、見あたらず。 13:10～ニューオータニ駐車場に３車両とも駐車を確認。		
：４０	[redacted]（三等参事官・経済）、[redacted]	車両［外[redacted]］[redacted]運転	入
：４０	[redacted]（アタッシェ・武官）	徒歩	出
：４７	[redacted]	徒歩	入
１２：０１	[redacted]（事務技術・教師）	徒歩	敷地内移動
：０４	[redacted]	車両［外[redacted]］	出
：４１	[redacted]	自転車	出
：４３	新規館員④	徒歩、子供同伴	出
：５１	[redacted]（事務技術・教師）	徒歩、子供同伴	出
：５５	[redacted]	徒歩	出
１３：０８	[redacted]	徒歩	入
：３５	[redacted]（一書・経済）	車両［外[redacted]］	出
：３６	[redacted]、[redacted]	車両［外[redacted]］[redacted]運転	出
１４：２０	【大使の動向】		

	14:27 ～大使と、副議長一行が、車両３台（［[redacted]］、	
：	［[redacted]］、ﾊｲﾔｰ）に分乗してホテルニューオー	
	タニを出発。霞ヶ関から首都高１号線を羽	
：	田方向へ進行。	
：	14:55 ～大使料金所で降り、扇島方向へ進行。	
：	15:08 ～３車両とも工場入り。	
：	[redacted]	
：	[redacted]工場	
：	（[redacted]）	
：	視察打ち切り。	
：		
：３０	[redacted] 徒歩 出	
：３９	[redacted]、[redacted]（事務技術・教師）徒歩 出	
：２７	[redacted] 車両［外 [redacted]］ 入	
１６：１０	[redacted]（ｱﾀｯｼｪ・通信） 徒歩 出	
：１１	[redacted] 徒歩 出	
：１６	[redacted] 徒歩 入	
１７：００	視察打ち切り。	

【資料32】

別表1

ID	名称	種別	所在地	出入の状況（曜日、時間帯、人数）	出入車両数及び車両使用者の人定把握数	管理者（氏名、国籍、生年月日、初来日年月日、在留資格、特異事項（過激な言動等））	常駐者（氏名、国籍、生年月日、初来日年月日、在留資格、特異事項（過激な言動等））	指導者（氏名、国籍、生年月日、初来日年月日、在留資格、特異事項（過激な言動等））	有力者（氏名、国籍、生年月日、初来日年月日、在留資格、特異事項（過激な言動等））	結集人員（国籍別）○内の数は、面割可	派	系統	活動概要	法人資格（あり、申請中、なし）	口座状況（銀行名、口座番号、名義人、収支状況）	設立年月日	物権登記の状況	宿泊施設の有無（管理者以外の宿泊）	情報メディアの利用状況
1	[redacted]	モスク	東京都[redacted]	金曜礼拝者（午後1時ころ）平均２８２名、金礼以外約２０名、職員：８名、学生約６０名、断食明祭（H18.10.24）７２５名、犠牲祭（H18.12.31）６７８名金曜礼拝時・午後１時前後に平均２６６名の出入がある。金曜日以外の月曜日から木曜日については、昼の礼拝時に３名から１１名の出入がある（日によって増減）ラマダーンに入ると平日８４名から１３７名、土・日に平均３００名の礼拝参加者の出入がある。※ラマダーン明けの祭典では910名（H17）犠牲祭194名（H18）	[redacted]	[redacted]	[redacted]	イマーム [redacted]		ガーナ、カタール、イラク、セネガル、クウェート、リベリア、ナイジェリア、パキスタン、サウジアラビア、エジプト、リビア、ギニア、スーダン、UAE オマーン、イエメン、ブルネイ、モーリタニア、マリ、バーレーン、パレスチナ等面割数５０７名	スンニ派	サウジアラビア	昭和５７（１９８２）１月「アラビア語教育とイスラム文化の普及」を目的として、サウジアラビア王国の国立アルイマーム・ムハンマド・イブン・サウド・イスラーム大学の海外付属機関「東京分校」（サウジアラビア王国高等教育相管轄）として、同王国政府の全面的な支援を受けて渋谷区に設立した。現在の建物は、建物が老朽化したため同王国政府の全面的な支援を受けて、旧サウジアラビア公邸の跡地に再建した。学院内には、１０００人収容可能な礼拝施設があり、在日イスラム教徒のための集団礼拝及び集会、イベント等活動の場を提供している他、「アラビア語講座」を案内する等、アラビア語の普及に努めている。	なし	[redacted]	[redacted]	[redacted]（旧建物は、[redacted]土地及び建物を売買により取得）"	なし	インターネットのホームページ [redacted]

都内主要16のモスクに関する詳細な情報が記載されています。

【資料33】

別表2

ID	名称	所在地	代表者（国籍、氏名、生年月日、初回入国年月日、在留資格）	役員（国籍、氏名、生年月日、初回入国年月日、在留資格）	構成人員	設立年月日	設立目的	動員力	会費の額	財政事情（口座、名義人、収支状況）	活動状況	会員との通信手段
1	[redacted]	東京[redacted]	"東京地区代表氏名[redacted]国籍 元[redacted]生年月日[redacted]年[redacted]月[redacted]日"	[redacted]パキスタン[redacted]生 H17.10.22来日 宗教	４７名	平成１４年５月	イスラムは一つであるとの理念に基づき、宗派の壁を取り除き、イスラム教各宗派及び他宗教信者に対しても、積極的に布教活動を行うなど、アハマディアの教義によるイスラム統一を画策している		協会の運営資金について、喜捨は資産の2.5%、月会費は月収の10%又は6.25%が義務	[redacted]独自で使用可能な資金 残高は、1,500万円位②世界本部(ロンドン)から許可を得て使用可能な資金 残高は、1,300万円位③モスク設立資金残高は、3,160万円位"	"○平成１８年６月24日(土)、25日（日)、名古屋市[redacted]2-1602「[redacted]」において、役員会議を開催した。内容として、(1)今後の活動方針について(2)会計について(3)モスク設立問題等が話し合われた。○平成18年5月8日～15日、[redacted]最高指導者[redacted]以下15名が来日、名古屋・東京の日程を経て帰国した。最高指導者は、来日中、日本支部の対応を叱責し、イマーム等の組織改正を行った。"	

都内主要12のイスラム関係団体に関する詳細な情報が記載されています。

【資料34】

別表３（ＮＧＯ）

ID	名称	所在地	代表者	役員	構成員	設立年月日	設立目的	動員力	財政事情	活動状況	セクト性
1	Association for Aid and Relief,Japan(難民を助ける会(特) 社会福祉法人 さぽうと21)	[redacted]									
2	Global Village(グローバル・ヴィレッジ)	[redacted]									
3	World Conference on Religion and Peace,Japanese Committee((財)世界宗教者平和会議日本委員会)	[redacted]									

・都内のNGO等39団体の名称等が詳細に記載されています。
・団体の中には「日本医療救援機構」「JICA」「ユネスコ」、「アジア文化センター」といった団体が含まれています。

【資料35】

別表４（ハラール）

ID	名称	所在地	所有者	取扱物品	利用者の概要	国籍・人数	設立年月日	い集の有無、時間帯
1	[redacted]			肉類(牛、鶏、羊) 魚類(パキスタン、インド産) 香辛料(カレーパウダー、ターメリ／ック、クミン、胡椒、生姜、ニンニク等) 缶詰(果物、菓子類、豆) 小麦粉 コーン／パウダー	バングラデシュ人がほとんどである。		[redacted]	
2	[redacted]							
3	[redacted]			・牛、鳥、マトン、魚、缶詰、香辛料、衣類、書籍／・店頭販売のほか、全国からインターネットからの注文を受け宅配便で全国に配達している。	殆どがバングラデシュ人であり、他国の客はあまり来店していない。		[redacted]	
4	[redacted]			・生鮮食料品、加工食料品、冷凍食料品／・牛肉、鶏肉、マトン、香辛料、カップ麺等／・缶詰(ココナッツクリーム、バター、トマトジュース等)／・スパイス、ナッツ、カレーミックスパウダー、ビデオテープ、ＣＤ	・アジア及びアラブ諸国／・近所のバングラデシュ人、ネパール人、インド人、イラン人がよく店に訪れる。		[redacted]	

・都内のハラルフードカレー５等約330超の名称等が詳細に記載されています。
・取扱物品や利用者の概要にテロや犯罪と関連する情報はほとんど記されておらず、単なる飲食店リストとなっています。

【資料36】

別表５

ID	名称	所在地	代表者（国籍、氏名、生年月日、初来日年月日、在留資格）	教育者（国籍、氏名、生年月日、初来日年月日、在留資格）	活動概要（対象、時間帯、教育内容、費用）
1	東京インドネシア共和国学校	[redacted]			
2	東京イラン人学校	[redacted]			

・都内のイスラム系教育機関２カ所の名称等が記載されています。
・小中学生も捜査対象としていたことがわかります。

【資料37】

別表７（中古）

ID	名称	所在地	代表者（国籍、氏名、生年月日、在留資格等）	輸出先（ある場合）	海外からバイヤー等を招へいしているか	財政状況（口座、名義人、収支状況）
2	[redacted]	東京都[redacted]	国籍 パキスタン [redacted] 在留資格 永住者 外国人登録証番号 [redacted]			
3	[redacted]	東京都[redacted]	国籍 パキスタン [redacted]	パキスタン・ウガンダ	○2002.5月～2006.5月まで14名招聘 ・[redacted](パキスタン/[redacted] ・[redacted](パキスタン/[redacted] ・[redacted](パキスタン/[redacted] ・[redacted](パキスタン/[redacted] ・[redacted] キスタン/[redacted] ・[redacted](パキスタン/[redacted]	

・都内の中古車店の内、ムスリムが関与している262店について名称、輸出先、財政状況等が詳細に記載されています。
・また各店のバイヤー等についてその個人名、外国人登録番号等の個人情報が大量に記載されています。

平成20年3月13日
外事第三課（企画分析班）

ヒズボラ対策会議結果について

1　開催日時・場所・出席者
平成20年3月10日（月）　午後2時から同4時20分までの間
警察庁会議室（16階会議室）
警察庁～国テロ課、警備課、指導
都府県～警視庁他15関係府県

2　会議内容
以下の4点の「ヒズボラ対策」について、イスラエルの直近の記念日（2回※）を念頭において、検討願いたい（検討した結果については、「当課としての措置」のとおり）。

※ ○“プリム”　3月21日（金）
紀元前5世紀、時のペルシャ王によるユダヤ人全滅の陰謀から救われたことを祝う祭り。
○“ペサハ”（過越の祭）　4月20日（日）から同26日（土）まで
紀元前13世紀エジプトの奴隷だったイスラエルの民が、預言者に率いられてエジプトから脱出したことを記念する祭り。

第1　対イスラエル権益に対する「兆対策」「管理者対策」

当庁管内のイスラエル権益として以下の7カ所を指定し、管理者対策を通じて、警備員の配置や防犯カメラ等の資材活用による自主防犯を要請するなどの措置を講ずるべきであるとした。

○　イスラエル大使館及び公邸（麹町署管内）
○　イスラエル政府観光局（同上）
○　日本イスラエル商工会議所（同上）
○　エル・アル航空代理店日本支社（同上）
○　宗教法人日本ユダヤ教団（赤坂署管内）
○　CHABAD　LUBAVITHCH　OF　TOKYO（渋谷署管内）
○　CHABAD　HOUSE（大森署管内）

【当課としての措置】

これを受けて、当課では、管内イスラエル権益22カ所（別紙）に対して管理者対策を実施、自主防犯の趣旨を伝えた。

合わせて、特に上記7カ所の施設に対しては、警備第一課（実施）を通じて各署に対し、重点警戒に準じて宿直、PC等による警戒を直近の2回の記念日の3日前から実施するよう要請した。

第2　要視察対象場所・者に対する視察及び行確

1　要視察対象場所（6カ所）

○　イラン・イスラム共和国大使館
○　イラン・イスラム共和国大使公邸
○　イラン人協会
○　レバノン大使館
○　レバノン大使公邸
○　アフルルバイト・センター

2　要視察対象者（7名）

○ [redacted]（イラン人、[redacted]）
○ [redacted]（イラン人、[redacted]）
○ [redacted]（イラン人、[redacted]）
○ [redacted]（レバノン大使）
○ [redacted]（レバノン人、シーア派）
○ [redacted]（レバノン大使館スタッフ、ヒズボラ情報）
○ [redacted]（レバノン大使館スタッフ、ヒズボラ情報）

【当課としての措置】

1　要視察対象場所について

イラン・イスラム共和国大使館、イラン・イスラム共和国大使公邸、イラン人協会、アフルルバイト・センターについては、“プリム”は記念日を含め3日間、“ペサハ”（過越の祭）は記念日を含め8日間、視察行確を実施する。

しかし、レバノン大使館については大使館移転情報があること、加えてレバノン大使公邸については[redacted]来日対策時の視察から大使本人が神経質になっていることなどから、更に検討を深めたい（イラン班で検討結果を報告予定）。

2　要視察対象者

[redacted]、[redacted]、[redacted]の3名については、上記対象施設と同様、各記念日に合わせて視察行確を実施する。

また、[redacted]は所在確認の結果、埼玉県居住を確認したので警察庁報告済み。[redacted]、同じく[redacted]については、麹町署の公館連絡を通じて人定及び所在確認を行う予定であり、この結果を受けて、ハラケ（レバノン大使）と合わせて、視察作業を検討したい。

なお、[redacted]、[redacted]、[redacted]及び[redacted]（[redacted]）の所有車両4台をN登録し、照会から動向分析に結びつける予定である。

第3　関係国人一時来日者対策

容疑性のある一時来日者及び招聘者の調査について、国テロ課から適宜、指示があるので、関係都府県にあっては、既存の査証申請書等で確認願いたいとのこと。

【措置】

対策班でこれまでに査証申請者の招聘先等に対する資料化を行っていることから、今後、国テロ課の指示を受けながら、優先的な招聘先をピックアップし、容疑性の有無について確認して行く予定。

第4　国内シーア派コミュニティー（レバノン、イラン、シリア等）への情報源の布石及び関連情報収集（指導、[redacted]補佐）

レバノン、シリアの情報線が弱い（現在、ヒズボラ情報が取れるのは全国で数本）。よって、情報関心の中で、これらの関連情報入手に努める必要がある。

【措置】

上記情報線を、指導・作業班で強化したい。

本資料では国内唯一のシーア派の礼拝追悼施設についての内偵の状況が報告されています。
注目すべきは「捜索差押で判明した建物内の状況」として建物内部の詳細な状況が記されていることです。別件捜査・差押での情報取得を推理させる記載です。

[redacted]について～

所在地　東京都[redacted]
　　　　電話[redacted]
代　表　[redacted]
　1階～礼拝所、厨房
　2階～礼拝所
　3階～[redacted]事務所、[redacted]事務所、[redacted]事務所
　4階～居室、宿泊可能
　5階～[redacted]の居室

[redacted]

[redacted]

捜索差押で判明した建物内の状況　　平成13年5月7日実施

1階～礼拝所(約24畳~収容人員的40人可)、調理場(6畳)

礼拝所床は絨毯が敷き詰められており、装飾品5点(人物大の陶器)が置かれているほか、奥6畳間が礼拝者用調理場となっている。同所は、2階礼拝所に収容できなかった来訪者のためのﾓｽｸになっている。

2階～礼拝所(約30畳~収容人員約50人可)

同所は1間だけの大部屋で、主にこの礼拝所を使用している。なお床は絨毯が隅々まで敷き詰められ、壁にはアラビア語、ペルシャ語で記載された横断幕が部屋を取り囲むようにして張り付けられている。また、中央部には教壇用のテーブル1基,四隅の2箇所にマイクが設置されている。

3階～[redacted]、[redacted]事務所、[redacted]事務所

4階～同所は、約6畳間～1部屋(居室)、約8畳間～1部屋(洋間)、約10畳～洋間(炊事場、応接室、資財置場)　　便所～1室、物置場～2室

立合人から、同所6畳間は「現在、在日ｲﾗﾝ人の困窮者のための救済として、宿泊所となっている」との言があり、捜索中に布団が敷きっぱなしになっていた。

5階～[redacted]

【資料40】

平成20年2月19日
国際テロリズム対策課

在日イラン人の現状とイラン対策について

1. 在日イラン人の現状

(1) イラン人在留者数と在留資格

1990年頃、在日イラン人の数は4万人を超えたが、現在は約6,200人程度と推定される。平成18年末現在のイラン人外国人登録数は、5,198人で、約80%が関東に集中している。資格別では、日本人の配偶者や永住者が約62%(3,202人)、教授、研究、留学生等が約3%(132名)、観光・商用等の短期滞在が約15%(755名)となる。

(2) 査証免除協定と在留者数の変化

90年頃、多くのイラン人が来日した背景としては、1988年のイラン・イラク戦争の終結が考えられる。イラン国内は除隊した帰還兵で溢れたが、イラン経済は戦争で疲弊しており、政府はこれら帰還兵に対する具体的な雇用政策が打ち出せない状況であった。当時、査証免除協定を結んでいた国は日本とトルコのみであり、イラン政府は帰還兵に対する雇用を生み出す術として、日本で働くことを国策として奨励した。

来日したイラン人で定職を持たなかった者の中には不法な収益活動を行うものもあり、繁華街における麻薬や偽造テレカの密売は、当時、社会問題となった。

1992年には外国人登録数で約4万人いたイラン人も、同年4月に査証免除協定が廃止された影響により、1995年には約22,000人、98年には約14,000人、そして2005年末現在は約5,000人と減少傾向を示している。一方、最近は日本人配偶者を得て正規の滞在資格を取得し、中小企業等で稼働する者が増えるなど、我が国への定住化が進んでいる。

なお、不法滞在者は、1,000人程度存在すると見られ、建設作業現場などの肉体労働に従事しているものと推認される。

(3) 薬物密売への関与

イラン人の薬物密売の関与は高く、平成18年度中のイラン人の覚醒剤事犯検挙人員を見ると、60人と前年比31.8%減少したが、営利目的が48.3%を占め、依然として覚せい剤の密売に深く関与している状況が伺われる。

(4) イラン人の宗教活動

一般的に、海外に居住するイラン人は、パキスタン人やバングラデシュ人に比べ宗教的意識が低いと言われている。それを裏付けるように、平成19年末現在、全国で286か所のモスク・礼拝所が確認されているが、その内、シーア派系モスクと確認されているのは3か所のみである。ここでは、シーア派の在日イラン人や少数の在日パキスタン人、アフガニスタン人（ハザラ人）が礼拝を行っている。

スンニ派のモスクでもイラン人の礼拝参加は見られるが、極めて少数である。

2. イラン関連モスク・礼拝所

(1) [redacted]

所在地　[redacted]
設立年月日　[redacted]
責任者　[redacted]

概　要　[redacted]

(2) [redacted]

所在地　[redacted]

設立年月日　[redacted]
責任者　[redacted]

概　要　[redacted]

(3) [redacted]

所在地　[redacted]

設立年月日　[redacted]
責任者　[redacted]

概　要　[redacted]

3.　在日イラン関連組織

(1) [redacted]

2000年、在京イラン大使館の働きかけで設立された日本に居住するイラン人留学生により構成される留学生会である在日イラン人留学生団体が母体。日本全国の国公立大学留学生を中心に構成員は約160名。インターネットを通じた情報交換を行っているが、本部、事務局等の所在地は定かではない。

ただし、同団体の役員に在京イラン大の領事部のローカル職員である[redacted]が名を連ねており、大使館直轄の団体であることが伺われる。

(2) [redacted]

事務所 [redacted]

代　表 [redacted]

設立目的 [redacted]

構成員 [redacted]

活動歴 [redacted]

(3) [redacted]

事務所 [redacted]

代　表 [redacted]

設立目的　シーア派を日本に布教することを主眼として設立。現在は主に、日本人 [redacted]

概　要 [redacted]

4. イラン人研究者・留学生の動向

約130名のイラン人(外国人登録数)が日本の大学等において研究に従事している。警察に非協力的な大学が多く、研究者、留学生の実態は必ずしも明らかではないが、北海道大学から琉球大学まで拡がっている。中でも目立つのは、東北大学の33名で、イラン仙台協会も設立されている。他には、東京大学22名、九州大学14名、東工大15名、京都大学12名、筑波大学9名であるが、工学、医学系の先端技術の研究が多い。

これら大学には、帰国後、イランにおいて研究に従事することを約束した国費留学生も多く、イラン政府が日本の大学の持つ先端技術に関心を払っていることが伺われる。

昨年、雑誌で東北大学工学部量子エネルギー工学研究所の留学生が各関連物質を盗み出した旨の報道がなされたが、持ち出したのは、どこの研究施設にもある一般的なイオン交換樹脂であることが判明している。

現在では、核開発に転用可能な技術を研究する目的のイラン人については、法務省が書類審査の段階で査証を拒否しているとの情報がある。

5. イランによるテロの脅威

(1) 日本で発生したイランによるものと思料されるテロ事件

・ 88年3月21日発生の千代田区内サウジアラビア航空事務所及びイスラエル大使館前路上爆発事件～極左と異なり高性能爆薬が使用。87年7月、メッカにおいて、イスラム革命を叫ぶイランのハッジ巡礼団とサウジ治安部隊が衝突、約400人が死亡する事案が発生。東京の事件とほぼ同時期にマレーシア、インド、ドイツ、シンガポールで同様の事案が発生。

・ 91年7月21日発生の筑波大学構内における同大学五十嵐助教授殺害事件～イランのホメイニ師が「悪魔の詩」著者に死刑のファトワを発出。五十嵐助教授は同著を和訳。

(2) 日本おけるイラン機関員の存在

◎ 従来から、大使館出入り者を中心に、協力者情報や友好国との情報交換によって機関員性のある人物数名を抽出しているが、下記の機関員プロファイルに合致する者が12名あり。さらに、イラン人コミュニティーの大きい県には、機関員が潜入している可能性がある。

◎ 現時点において、イランは我が国と直接の敵対関係にないので、我が国を標的としたテロを敢行するおそれは必ずしも高くはないと思われる。しかし、前述のとおり、機関員容疑性のある者が国内におり、(1)が示すようにイランに係る事案が発生した場合、日本において報復すべきターゲットに対するテロを実際に敢行していることから、今後もイランを取り巻く情勢によっては、イラン機関員によるテロが発生する可能性がある。

6. イラン機関員のプロファイリング

◎ 海外機関との情報交換及び反政府組織員からの情報収集等により、機関員プロファイルとして以下の点が挙げられる

・ 大使館文化広報担当官等、文化センター職員として一般イラン人と接触する立場にある者
・ 宗教指導者の立場を利用して、テロインフラ整備のために国内外のコミュニティーの指導をしている者
・ イラン大使館の出入り者で、稼働実態と生活実態が釣り合わず、イラン政府のバックアップが推定される者（現地人との結婚により、現地コミュニティーに溶け込む者を含む）
・ 反政府勢力の在日イラン人の情報に明るく、これら勢力の監視・情報収集を行っていると思われる者
・ 反政府勢力イラン人から機関員との疑いを持たれ、疎まれている者
・ イラン政府給費の留学生
・ イランとの取引がある貿易会社の関連者
・ 日常生活、業務の範囲を超えて、シーア派レバノン人と接触のある者
・ 南米ブラジル、アルゼンチン、パラグアイの三国国境地域(TF : Triple Frontera)等、シーア派の活動が活発な地域への出入りがある者
・ 大規模な不法収益を挙げるイラン人グループを統括又は支援する者(具体的情報はない)

◎ 94年5月のベカー高原におけるイスラエル部隊によるヒズボラ幹部殺害事件が同年7月のAMIA爆破テロの背景と見られるが、わずか2ヶ月間で準備を行ってい

ることから、アルゼンチンではイランによるテロのインフラ整備がなされていた可能性が認められる。

7. 注目すべき在日イラン人

(1) [redacted]

生年月日 [redacted]

住　　所 [redacted]

職　　業 [redacted]

特記事項 在日イラン人関係者の言動からヒズボラとの情報あり。

(2) [redacted]

生年月日 [redacted]

住　　所 [redacted]

職　　業 [redacted]

特記事項 在京機関から南米ヒズボラコミュニティ出身者との情報あり。亜機関も同人についてはTF出入り者として認識。ただし、亜の出入国記録なし。

(3) [redacted]

生年月日 [redacted]

住　　所 [redacted]

職　　業 [redacted]

特記事項 在日MEK関係者は情報省機関員と見ている。

情報提供者が東京入管に収容されていたフェダイーンハルクのメンバー（帰国後処刑されたとの事）に面会に行ったところ、[redacted]が近付いてきて「本国で待つ。楽しみにしていろ。」と声を掛けてきた。

現在[redacted]の役員を務めており、留学生の監視役も担っていると考えられる。

(4) [redacted]

生年月日 [redacted]

住　　所 [redacted]

職　　業 [redacted]

特記事項 在日MEK関係者は情報省機関員と見ている。

東京入管に出入りし、収容されているイラン人から反体制派のメンバーの聞き出しなどの調査活動を行っている。

(5) [redacted]

生年月日 [redacted]

住　　所 [redacted]

職　　業 [redacted]

特記事項 在日MEK関係者は情報省機関員と見ている。

平成17年のイラン大統領選の在外投票立会人５名の内の１名。

(5) [redacted]

生年月日 [redacted]

住　　所 [redacted]

職　　業 [redacted]

特記事項 在日 MEK 関係者は、同人は情報省機関員で、在日イラン人調査担当であると見ている。

(6) [redacted]

生年月日 [redacted]

住　　所 [redacted]

職　　業 [redacted]

特記事項 2006 年 8 月に上記(5)[redacted]と入れ替えで着任。在京機関は、同人を情報省機関員と見ている。

(7) [redacted]

生年月日 [redacted]

住　　所 [redacted]

職　　業 [redacted]

特記事項 2006 年 9 月に上記(5)[redacted]と入れ替えで着任。在京機関は、同人を情報省機関員と見ている。

(8) [redacted]

生年月日 [redacted]

住　　所 [redacted]

職　　業 [redacted]

特記事項 在日 MEK 関係者は情報省機関員であると見ている。

(7) [redacted]

生年月日 [redacted]

住　　所 [redacted]

職　　業 [redacted]

特記事項 情報省機関員と見られる。前ウルグアイ大使。亜機関は、同人の動向に大変関心を持っており、ウルグアイ大使時代は、ブエノスアイレス所在のモスク責任者であり、[redacted]の責任者でもあった[redacted]と頻繁に連絡を取っていたことが確認されている。

(8) [redacted]

生年月日 [redacted]

住　　所 [redacted]

職　　業 [redacted]

特記事項 在日 MEK 関係者から情報省機関員と見られていた。亜機関によれば同人は 1988 年に在モスクワ・イラン大使館に三等書記官として赴任していた事が確認されている。

(9) [redacted]

生年月日 [redacted]

住　　所　[redacted]
職　　業　[redacted]
特記事項　革命防衛隊出身との風評。同人は癌病理研究施設（北大遺伝子病制御研究所）に出入り、癌細胞の遺伝子研究に従事していると思料。

(10) [redacted]
生年月日　[redacted]
住　　所　[redacted]
職　　業　[redacted]
特記事項　政府派遣の留学生であり、他の留学生の動向を監視、大使館へ定期的に報告を行っているとの情報。

(11) [redacted]
生年月日　[redacted]
住　　所　[redacted]
職　　業　[redacted]
特記事項　短期で来日するレバノン人の招聘者と見られるが詳細は調査中。反体制的なイラン人にかかる正確な犯罪情報を警察に提供、イラン人コミュニティーの情報収集をしている可能性。

(12) [redacted]
生年月日　[redacted]
住　　所　[redacted]
職　　業　[redacted]
特記事項　MEK からの情報提供。数年前にも提報者に２度接近し、在日イラン人のことについて情報提供を依頼。昨年９月のイラン帰国の際、テヘラン空港に[redacted]が待っており、日本在住の反政府的人物の情報提供を要請。帰国情報の入手先について、対象は色々とツテがあって分かると応答。

東京の一等地（[redacted]）で絨毯屋を経営していたが、2008 年２月にハラールレストランに改装。イラン大使館への出入りも頻繁。

8.　今後の対策

現在のところ、イラン機関員に対する作業指示は全国一斉には行っていない。イラン関係の提報のある県や警視庁等イラン人コミュニティーを有する県に対し、個別に、イラン機関員が存在する可能性と脅威評価、イラン人と接触する際の留意事項等について指示をしている。

国際情勢によっては、我が国に存在する他国権益に対するテロを敢行する可能性があるので、２月の全国会議時に、イランによるテロの脅威評価と情報関心事項について触れることとしたい。

○　指示事項

・　対警視庁

ア．関連施設の視察行確(含アフルルバイト・センター)
イ．関連企業の実態把握
ウ．対象使用車両の動向
エ．イラン VIP 来日時の取り巻きの把握
オ．協力者獲得の検討
カ．反体制派からの情報収集
キ．入管収容所作業(長期収容者への面会人の把握)

・ 対他県警察

ア．プロファイルに合致する不審イラン人の抽出と情報収集(通常業務を通じて)
イ．上記対象者の居所及び活動状況の把握

～在日イラン・イスラム共和国大使館における第26回革命記念日レセプションの視察結果について～

【要旨】

○第26回革命記念日レセプションは、新大使館落成式に引き続き開催され、これまでにない盛況ぶりであった。

・参加人員は、落成式典においては、約150名、第26回革命記念日レセプションにおいては、約550名であった。

・主な政官界の出席者は、日本人では、橋本元首相、志位日本共産党委員長、緒方靖夫日本共産党国際部長、中山太郎元外相（日本イラン友好議員連盟会長）等、

・在日大使館関係者では、イラク大使、エジプト大使、UAE大使、サウジアラビア大使、パキスタン大使、ヨルダン大使、シリア大使、スーダン大使等イスラム諸国は軒並み出席した。

・出席国の総数は６２カ国、２代表にのぼった。

記

1　日時・場所等

(1) 新大使館落成式

２月１０日（木）午前11時30から午後0時ころまでの間

港区南麻布３－１３－９「在日イラン・イスラム共和国大使館」地下1階ホール

(2) 第26回革命記念日レセプション

２月１０日（木）午後0時ころから午後1時30ころまでの間

[redacted]「大使公邸」

2　参加者等

（1）参加者数

○新大使館落成式：約１５０人

○レセプション：約５５０人

（2）確認したイラン大使館職員

モーセン・タライ大使、キャマル・ハラズィ外務大臣、アリ・マジェディ外務省局長、アボルガセム・アルデカニ公使参事官、モハマッド・レザ・シャアリ陸軍武官アガザデ領事等

（3）日本人政官界関係者

橋本龍太郎元首相、植竹繁雄元副大臣、河井克行外務省大臣政務官、増子輝彦（民主党）、志位和夫（日本共産党委員長）、緒方靖夫（日本共産党国際局長）、森原公敏（日本共産党国際局次長）、中山太郎（元外相）、片倉邦雄元エジプト大使、神崎武法（公明党）、田中均外務審議官、高島肇久外務報道官、鈴木陽防衛研究所副所長、橋本航空自衛隊航空幕僚監部総務部長等

（4）在日公館関係者

イラク大使、エジプト大使、UAE（アラブ首長国連邦）大使、サウジアラビア大使、パキスタン大使、ヨルダン大使、シリア大使、スーダン大使、ナイジェリア大使、リビア大使、ウズベキスタン大使、カザフスタン大使、カタール大使、ルーマニア・スタンチェ参事官、ブルネイ・アワング参事官、モロッコ・ナビガハッジ参事官

（5）その他民間関係者

○[redacted]有限会社代表取締役[redacted]

○[redacted]（[redacted]部長：元大使館員）

（6）総参加国

６２カ国、２代表

3　会場内から判明した出席者の言動等

（1）アガザデ領事の言動

・イラン大使館新築に伴い、スタッフを増員していない。

・在日イラン人の犯罪抑止のため、外務省、警察当局、入管当局とイラン側に緊密な関係が出来つつある。大変よいことである。

(2) [redacted]の言動

「[redacted]にあったイラン料理店[redacted]は、大使館員が利用するには狭いため、イタリア料理店に改装し、すぐ近くに同じイラン料理店[redacted]を開店させたという経緯がある。」

「この[redacted]で使う羊などのハラール肉はオーストラリアから輸入した肉である。」

(3) 日本共産党幹部の言動

イラン外相の歓迎振りに満足し、またイラン料理も堪能していたが、政治的、外交的な話はなかった。

以上

平成２１年　1月２１日
外　事　第　三　課

イラン人協力者からの情報提報について

みだしのことについては、愛宕警察署においてイラン人協力者[redacted]から情報提報を受け、当課の対応については次のとおりであるから報告する。

記

1　提報日時

平成２１年1月８日（木）午後３時３０分ころから
午後４時００分ころまでの間

2　提報場所

愛宕警察署１階都民応接室

3　提報受理者

愛宕警察署　刑事課長　警視　[redacted]
公安第２係長　警部補　[redacted]

4　提報者（名刺記載内容から）

[redacted]

5　提報内容

・　現在、千葉県警四街道署に傷害罪で逮捕勾留中の
[redacted]
は元アル・カーイダの兵士である。

・　その兄、
[redacted]
もまた元アル・カーイダの兵士であり婚姻を理由に来日を企てている。

5　提報の経過

・　提報者はイラン国籍であり、来日して事業をしながら約３０年になる。
[redacted]刑事課長を訪ねて来署。

・　提報者の知人で、千葉県内においてレストラン経営しながら８人家族で生活しているアフガニスタン人
[redacted]
が長女とその夫から、離婚騒動に巻き込まれ刃物で切りつけられ傷害を負った。

・　長女の夫は、１１０番通報で駆けつけた千葉県四街道警察署により傷害罪で逮捕された。

・　[redacted]は長女とその夫を離婚させるため、本国の知人らに相談していたところ、匿名で１通の手紙が郵送されてきた。

・　手紙の内容は、ダリ語で記載されており、差出人の住居氏名はないが、当事件の当事者である長女の夫、千葉県警四街道署に傷害罪で逮捕勾留中の

[redacted]

は元アル・カーイダの兵士である。

また、その兄で

[redacted]

もまた元アル・カーイダの兵士であり婚姻を理由に来日を企てている。

と提報者が翻訳しながら説明した。

・　提報者の堤報理由は知人の[redacted]からの相談を受けたからとの言動。

6　措置

本提報内容については、本件情報は、他の協力者からも同様の情報を入手しており、提報者「[redacted]」については、保秘の観点から事情聴取対象としての的確性を欠くことから、直接事案の関係者である「[redacted]」と面接し、提報内容の検証を実施したい。

提報者が提報時、持参したダリ語で書かれた「匿名知人からの手紙」を翻訳した結果、

[redacted]、[redacted]の兄弟は、タリバン関係者であり、[redacted]と[redacted]の次女との婚姻により本邦への入国を企てている。

旨の内容であった。

平成18年8月1日

蝟集場所基調結果

みだしの件については、下記のとおりであるから報告する。

記

1　対　象

名称　シーア派関係者らの蝟集場所

住所　[redacted]

2　基調結果

（1）当課資料

氏名　[redacted]

生年月日　[redacted]

国籍　日本（イラン）[redacted]

住所　[redacted]

（旧住所　[redacted]

職業　[redacted]

[redacted]

＊在日イラン大使館出入り者。担当班把握済み

（2）現場実査

対象は、鉄筋4階建てのアパートで、1階の集合ポストに「[redacted]」と記載されていた。[redacted]号室の玄関ドア左上部には、アラビア語で「慈悲あまねく慈愛深きアラーの御名において」と書かれたプレートの様なものが貼られていた。

＊別添 写真参照

（3）巡回連絡簿冊

三田署「三田四丁目交番」閉鎖のため、確認できず。

3　情報

マフディーエとしてシーア派の者が集まり、コメールの礼拝（木曜日の日没後の集団礼拝）を不定期ながら行っている。

＊マフディーエの意義

シーア派の中心的宗は派である「１２イマーム派」の中でも、特に「マフディー」を尊敬するグループを意味する言葉で、同グループが礼拝する場所も意味する。

・　参加者はシーア派「マフディー」グループに所属すると思われる在日イラン人の

①　[redacted](ペルシャ絨毯商)

②　[redacted]（[redacted]経営者)

③　[redacted]（イラン大使秘書)

④　[redacted]（元イラン・エア)

⑤　[redacted]　⑥　[redacted]　⑦　[redacted]

等である。

＊「マフディー」派の女性の礼拝場所は「ゼイナビーエ」というが、東京周辺には把握されていない。

4　礼拝等開催状況

月に何度か（各週土曜日に開催され、合計１０数名が集まる模様）同所に出向き、礼拝等が行なわれている。

なお、同所に集まるメンバーは、日本人の妻を有するイラン大使館員、同じくイラン航空社員ら比較的日本国内で社会的地位のある家族らが集まる場所とのこと。

5　日本イラン文化交流との名称経緯

蝟集場所として紹介された同マンション[redacted]号室については、約５年ほど前に[redacted]オーナーが購入した部屋であり、特段生活に困らない同オーナーが、同所に集まる友人のイラン人やそれぞれ家族の日本人妻子らが集うことから、特に政治目的を意識せず、イラン人、日本人が自由に集う場所であるとの意味合いで同オーナーが名付けた模様。

【資料44】

平成17年9月8日

取扱注意
平成17年9月9日まで保存

外事情勢について

（全日本パキスタン協会をめぐる在日パキスタン人の動向）

1　全日本パキスタン協会の現状

平成16年4月25日の役員改選選挙で会長になった[redacted]は、平成17年6月の役員会で除名処分とした。

除名の理由は、同協会の会員になりたい者は誰でも入会できるよう、もっとオープンな組織にするべきだと発言し、行動しようとしたためである。

理事会で検討した結果、誰でも入会できるオープンな組織にしてしまうと協会の秩序が乱れ弱体化するおそれがあると判断し、同会長の意見を破棄したのだが、会長は納得せず抵抗を示したので、仕方なく除名処分とした。

現在、会長不在のままだと色々と不都合が生じるので、便宜上、事務局長と会長を兼務している。

同協会は、２年に一回の役員改選選挙を実施しており、次回は、平成18年３月を予定しており、そこで新会長が決定するだろう。

2　全日本パキスタン協会と在日パキスタン大使館の関係

昨年の８月14日（土）ホテルニューオータニにおいて、パキスタン独立記念日レセプションを実施したが、その時はパキスタン大使以下大使館関係者も出席しており、同協会との関係も良好であった。

しかしその後、[redacted]在日パキスタン大使館３等書記官から

同協会はもっと宗教色（イスラム教）を出して活動してほしい

旨の相談があり、私はびっくりして

外交官たる大使館員が宗教に固執することは公僕としてふさわしくない。同協会は在日パキスタン人の相互扶助を目的としており、宗教色を排除した団体である。

と申したところ、[redacted]３等書記官と険悪な関係になってしまい、関係改善をパ

キスタン大使館に求めたが、大使も参事官も聞く耳を持たなかった。

今年は8月23日（火）日本プレスセンターにおいて、パキスタン独立記念日レセプションを実施し、在日米国大使夫妻が同レセプションに初めて出席したにもかかわらず、在日パキスタン大使以下大使館職員は誰ひとり出席しなかった。

同協会と大使館の関係修復は、非常に難しい状況にある。

3　在日パキスタン大使館員について

○　[redacted]公使参事官（H16.3.15着任）はISI（軍統合情報部）からの出向組で、大使も一目置く存在であり、在日パキスタン大使館では実質No1である。

○　[redacted]三等書記官（H15.7.24着任）はアフガニスタンとパキスタンの国境付近の村（WANA)出身で、いわゆるトライバルエリア（部族地域でテロの発生が多い）と呼ばれる地域である。

イスラム教に厳格な地域で、イスラム原理主義過激派やテロリストの存在も確認され、同3等書記官も少なからずその影響を受けており、イスラム教に傾注した発言が多い。

4　来日する宗教活動家のビザについて

9.11米国同時多発テロ以降、世界各国（特に非イスラム国）はイスラム教指導者が宗教活動のため、他の国へ入国することを厳しく制限しており、宗教ビザはほとんど発給されない状況にある。

日本も例外ではなく、商用ビザの発給を受けて来日するタブリーグ系ムスリムがほとんどである。

来日するタブリーグのほとんどを招請しているのは

神戸にある「[redacted]」という貿易会社の社長である、[redacted](在日パキスタン人)

という人物である。

5　在日パキスタン大使館の動向

最近の大使館員の動向として、宗教団体「[redacted]」と密接にコンタクトをとっているようだ。

8月14日（日）池袋にある勤労福祉会館において、同団体の集会が実施されたがメインゲストとして[redacted]3等書記官以下4名が出席したのを現認した。

特定の宗教集会に大使館員が参加することは珍しく、同団体を大使館の意のままに動く組織として取り込もうという目的があるのではないか。

[redacted]や[redacted]などの在日宗教団体は、大使館の言うことを聞かないので比較的言うことを聞く「[redacted]」に接近しているのだと思う。

※ [redacted]

6　パキスタンコミュニティの新規把握

名　称 [redacted]
設　立
目　的
代　表
事務所
構成員
支援者

幹　部

聴取計画について

みだしのことについては、ＦＢＩからの捜査要請に基づき次のとおり聴取を実施したい。

記

1　聴取対象（6名）

⑴　国 籍　チュニジア
住 居　[redacted]
氏 名　[redacted]
～捜査要請対象（[redacted]実弟）
[redacted]生（[redacted]歳）　日配

⑵　国 籍　チュニジア
住 居　[redacted]
外登～[redacted]
氏 名　[redacted]～[redacted]居室止宿者
[redacted]生（[redacted]歳）　永住

⑶　国 籍　モロッコ
住 居　[redacted]
氏 名　[redacted]～[redacted]立寄り先店舗責任者
[redacted]生（[redacted]歳）　永住

⑷　国 籍　チュニジア
住 居　[redacted]
氏 名　[redacted]～[redacted]居室契約者
[redacted]生（[redacted]歳）　永住

⑸　国 籍　チュニジア
住 居　[redacted]
氏 名　[redacted]～[redacted]居室立寄り者
[redacted]生（[redacted]歳）　日配

⑹　国 籍　チュニジア
住 居　[redacted]
氏 名　[redacted]
～ [redacted]居室立寄り者
[redacted]生[redacted]歳）　日配

2　聴取目的

ＦＢＩからの捜査要請に基づき、[redacted]をはじめとする関係者の一斉聴取を実施することにより、「[redacted]」・[redacted]兄弟と[redacted]の関わり及び対象らの関与、[redacted]を巡るテロ援助資金集めの実態の全容を解明する。

併せて、本件関係者の中には[redacted]を巡る[redacted]及び周辺者と動向が重複する対象若しくは周辺者と接触・連絡が確認されている者もいることから、[redacted]在日当時の[redacted]での動向及び関連者との関係等についても鋭意聴取を実施し、対象らのネットワークとの関わり及び[redacted]の在日動向についての全容を解明するために欠くことのできない作業である。

3　聴取期間

１２月１５日(月)から１２月２６日(金)

4　聴取方法

対象らの現在の所在についてはそれぞれ確認作業によって把握している。電話連絡によりＦＢＩからの本件捜査要請に基づく取調べとして出頭を求め、聴取を実施する。(調書作成)

聴取の順序については、[redacted]の取調べを皮切りに[redacted]を実施、その後は連絡の取れる対象から順次聴取を実施していく。

[redacted]については、帰宅動向視察からの在宅を確認後に電話連絡を実施して聴取日時を調整する。

その他の対象についても在宅確認後、随時電話連絡を実施し聴取日時を調整する。

5　聴取場所

本部調室

6　聴取実施者

[redacted]警部、[redacted]警部補

補助

7　視察要員

[redacted]、[redacted]、[redacted]

8　聴取事項

別添のとおり

別添1

[redacted]に関するFBIからの質問事項

1　あなたと[redacted]との関係は？

2　あなたと[redacted]との関係は？

3　[redacted]と[redacted]の2人の関係は？

4　[redacted]または[redacted]が関係を有している者及び／又は、友人で知っている人はいますか？もし、知っているなら、それは誰ですか？その者とはどうやって知り合いましたか？

5　[redacted]及び／又は、[redacted]と関係を有している者・友人に関する情報を教えて下さい。

6　[redacted]又は、[redacted]がアメリカに対するテロ活動／計画に関与している（してきた）かどうか知っていますか？

7　あなたは、これまでアメリカに対するテロ活動／計画に関与したことがありますか？

8　アメリカをターゲットとするテロ活動／計画について話して下さい。

別添2 [redacted]に関する聴取事項

1　経歴等
- 家族について
- 交友関係
- 渡航歴
- 仕事(稼働歴)
- 礼拝
- 国内外における他の情報機関との接触事実

2　[redacted]について
- 面識
  〜　知り合った時期、場所、紹介者の有無
- 入国について
- 在日動向・言動について
  〜　居住、稼働、[redacted]以外の立ち寄り先
- [redacted]内での同行、風評等について
- [redacted]止宿事実、支援者の有無
- [redacted]の言動について
- 入管出頭、出国について
- 出国後の連絡、近況について
- ボスニアでの身柄拘束事実について
- 身柄拘束後の所在、近況等
- 素性について

3　[redacted]の交友関係について
- [redacted]在日当時の[redacted]出入り者及び接触・交友者について
  ([redacted]、[redacted]、[redacted]、[redacted]等)
- [redacted]を取り巻く人脈について

4　その他
- 北アフリカ情勢等

~イラン大使館の職員給与等振り込み状況等の判明について~

【要旨】

○ 平成17年上半期(平成16年12月から平成17年5月までの間)のイラン大使館職員の給与等振り込み状況について調査した結果、①大使館保有口座、②職員開設口座、③各職員に対する給与振込状況、④離任・着任との相関関係、⑤情報の裏付け、⑥既存資料に登載されていない者への振り込み状況が判明した。

1 調査先

東京都港区虎ノ門1-3-1 東京三菱銀行 虎ノ門支店

(担当:お客様サービス課 [redacted]主任)

2 調査対象

在京イラン・イスラム共和国大使館

3 調査期間

平成16年12月1日から平成17年5月31日までの間

4 保有口座(外貨口座は除く)

(1) 普通預金 4口座

① 口座番号 [redacted] ② 口座番号 [redacted]

③ 口座番号 [redacted] ④ 口座番号 [redacted]

(2) 当座預金　２口座

① 口座番号　第[redacted]　②　口座番号　第[redacted]

(3) 定期預金　２口座

① 口座番号　第[redacted]　②　口座番号　第[redacted]

計８口座（前・平成１６年下半期調査時に同じ。）

5　職員給与等振り込み状況

(1)　振込元口座

イラン・イスラム共和国大使館名義　非居住者当座預金口座（口座番号 第[redacted]）

(2)　給与振り込み状況（各月の合計は「振込指定日」を基準に合算）

①個人への月別の振り込み状況、及び②各人の給与振込先口座については、

「別紙１　個人別、口座番号及び月別振込状況」

参照。

(3)　当座預金口座（口座番号 第[redacted]）を経由しての振り込み状況

普通預金（第[redacted]）から非居住者当座預金口座（口座番号第[redacted]）に一旦引き落としての振り込み状況については、

「別紙２（普）第[redacted]から非居住者当座預金口座

（第[redacted]）を通じての振込み」

参照。

6　分析結果

(1)　離任との相関関係

①　No.40「[redacted]」の本年５月分の給料が支給されていない。

本名については、４月１８日付で退職した旨の情報が有り、また視察においても４月２５日を最後に以後その姿を確認していない。当該調査結果と併せて考えると、退職したものと思料される。

(2)　着任との相関関係

①　No.30「[redacted]」初めて５月に給料が支給されている事実を把握できた。

よって、前記・[redacted]の後任者との情報(本名着任の事実)が裏付けられた。

② №20「[redacted]」(イラン人学校教師)については、給料が初めて3月に支給されている事実を把握した。概してイラン人学校の教師一般に言えることは、給料は各月ではなく、3ヶ月に1回まとめて支給されている節がある。(故に給料面からでは着任日を推定できない)

本名については、既に査証データ及び視察結果(初回確認平成16年11月29日)から稼働の事実が把握済みであるが、当該調査からも本名の稼働が裏付けられた。

③ №22「[redacted]」(イラン人学校教師)についてはは、初めて3月に給料が支給されている事実を把握した。前記②と同様に、概してイラン人学校の教師一般に言えることは、給料は各月ではなく、3ヶ月に1回まとめて支給されている節がある。(故に給料面からでは着任日を推定できない)

本名については、既に査証データ及び視察結果(初回確認平成16年12月2日)から稼働の事実が把握済みであるが、当該調査からも本名の稼働が裏付けられた。

④ №38「[redacted]」については、初めて5月に給料が支給されている事実を把握できた。新規館員であるが、継続捜査を実施し、解明予定。

⑤ №47「[redacted]」については、初めて3月に支給されている事実を把握した。

振込状況から本名は、イラン人学校の教師ではないかとの推測がなされようが、解明については事後捜査とする。

(3) その他

① 「別紙1　個人別、口座番号及び月別振込状況」における№18, 19, 29, 30, 37, 38, 47〜50は、既存資料に登載されていない。

また、「別紙2」の全20名についても同様である。

② 特筆すべきは、前調査時と同様に、陸軍武官の給料振り込みの形跡が無い。

すなわち、

前武官・[redacted]

現武官・[redacted]

の2名にあっては、当該調査では給料振り込みについて把握出来なかった。

よって武官の給料支払い方法は、一般外交官と異なる（軍から予算計上か？）と見るのが妥当であり、支払先口座（武官私的口座）から手繰り、解明する必要がある。

7　各口座残高(平成１７年６月７日現在)

① 普通預金	口座番号	第[redacted]	[redacted]円
② 普通預金	口座番号	第[redacted]	[redacted]円
③ 普通預金	口座番号	第[redacted]	[redacted]円
④ 普通預金	口座番号	第[redacted]	[redacted]円
⑤ 当座預金	口座番号	第[redacted]	[redacted]円
⑥ 当座預金	口座番号	第[redacted]	[redacted]円
⑦ 定期預金	口座番号	第[redacted]	[redacted]円
⑧ 定期預金	口座番号	第[redacted]	[redacted]円
		総　残　高	[redacted]円

【資料49】

別紙 1

個人別、口座番号及び月別振込状況

平成16年12月～平成17年5月

	氏名	通称名	階級	担当	振込先銀行	店名	種別	口座番号	12月合計	1月合計	2月合計	3月合計	4月合計	5月合計
1	[redacted]	[redacted]	全権特命大使		東京三菱	[redacted]	普	[redacted]	[redacted]	[redacted]	[redacted]	[redacted]	[redacted]	[redacted]
2	[redacted]	[redacted]	公使参事官		東京三菱	[redacted]	普	[redacted]	[redacted]	[redacted]	[redacted]	[redacted]	[redacted]	[redacted]
3	[redacted]	[redacted]	二等参事官	文化	東京三菱	[redacted]	普	[redacted]	[redacted]	[redacted]	[redacted]	[redacted]	[redacted]	[redacted]
4	[redacted]	[redacted]	二等参事官	政治	東京三菱	[redacted]	普	[redacted]	[redacted]	[redacted]	[redacted]	[redacted]	[redacted]	[redacted]
5	[redacted]	[redacted]	二等参事官	文化	東京三菱	[redacted]	普	[redacted]	[redacted]	[redacted]	[redacted]	[redacted]	[redacted]	[redacted]
6	[redacted]	[redacted]	三等参事官	政治	東京三菱	[redacted]	普	[redacted]	[redacted]	[redacted]	[redacted]	[redacted]	[redacted]	[redacted]
7	[redacted]	[redacted]	三等参事官	領事	東京三菱	[redacted]	普	[redacted]	[redacted]	[redacted]	[redacted]	[redacted]	[redacted]	[redacted]
8	[redacted]	[redacted]	三等参事官	経済	東京三菱	[redacted]	普	[redacted]	[redacted]	[redacted]	[redacted]	[redacted]	[redacted]	[redacted]
9	[redacted]	[redacted]	三等参事官	通信	東京三菱	[redacted]	普	[redacted]	[redacted]	[redacted]	[redacted]	[redacted]	[redacted]	[redacted]
10	[redacted]	[redacted]	一等書記官	領事	東京三菱	[redacted]	普	[redacted]	[redacted]	[redacted]	[redacted]	[redacted]	[redacted]	[redacted]
11	[redacted]	[redacted]	一等書記官	領事	東京三菱	[redacted]	普	[redacted]	[redacted]	[redacted]	[redacted]	[redacted]	[redacted]	[redacted]
12	[redacted]	[redacted]	一等書記官	経理	東京三菱	[redacted]	普	[redacted]	[redacted]	[redacted]	[redacted]	[redacted]	[redacted]	[redacted]
13	[redacted]	[redacted]	一等書記官	経済	東京三菱	[redacted]	普	[redacted]	[redacted]	[redacted]	[redacted]	[redacted]	[redacted]	[redacted]
14	[redacted]	[redacted]	一等書記官	経済	東京三菱	[redacted]	普	[redacted]	[redacted]	[redacted]	[redacted]	[redacted]	[redacted]	[redacted]
15	[redacted]	[redacted]	二等書記官	広報	東京三菱	[redacted]	普	[redacted]	[redacted]	[redacted]	[redacted]	[redacted]	[redacted]	[redacted]
16	[redacted]	[redacted]	アタッシェ	調査	東京三菱	[redacted]	普	[redacted]	[redacted]	[redacted]	[redacted]	[redacted]	[redacted]	[redacted]
17	[redacted]	[redacted]	アタッシェ	通信	東京三菱	[redacted]	普	[redacted]	[redacted]	[redacted]	[redacted]	[redacted]	[redacted]	[redacted]
18	[redacted]	[redacted]	事務技術職	イラン人学	みずほ	[redacted]	普	[redacted]	[redacted]	[redacted]	[redacted]	[redacted]	[redacted]	[redacted]
19	[redacted]	[redacted]	事務技術職	イラン人学	みずほ	[redacted]	普	[redacted]	[redacted]	[redacted]	[redacted]	[redacted]	[redacted]	[redacted]
20	[redacted]	[redacted]	事務技術職	イラン人学	みずほ	[redacted]	普	[redacted]	[redacted]	[redacted]	[redacted]	[redacted]	[redacted]	[redacted]
21	[redacted]	[redacted]	事務技術職	領事	東京三菱	[redacted]	普	[redacted]	[redacted]	[redacted]	[redacted]	[redacted]	[redacted]	[redacted]
22	[redacted]	[redacted]	事務技術職	イラン人学	みずほ	[redacted]	普	[redacted]	[redacted]	[redacted]	[redacted]	[redacted]	[redacted]	[redacted]
23	[redacted]	[redacted]	事務技術職	運転	東京三菱	[redacted]	普	[redacted]	[redacted]	[redacted]	[redacted]	[redacted]	[redacted]	[redacted]
24	[redacted]	[redacted]	事務技術職	通信	東京三菱	[redacted]	普	[redacted]	[redacted]	[redacted]	[redacted]	[redacted]	[redacted]	[redacted]
25	[redacted]	[redacted]	事務技術職	イラン人学	みずほ	[redacted]	普	[redacted]	[redacted]	[redacted]	[redacted]	[redacted]	[redacted]	[redacted]
26	[redacted]	[redacted]	ローカル	領事	東京三菱	[redacted]	普	[redacted]	[redacted]	[redacted]	[redacted]	[redacted]	[redacted]	[redacted]
27	[redacted]	[redacted]	ローカル	大使秘書	東京三菱	[redacted]	普	[redacted]	[redacted]	[redacted]	[redacted]	[redacted]	[redacted]	[redacted]
28	[redacted]	[redacted]	ローカル	雑役	東京三菱	[redacted]	普	[redacted]	[redacted]	[redacted]	[redacted]	[redacted]	[redacted]	[redacted]
29	[redacted]	[redacted]	ローカル		三井住友	[redacted]	普	[redacted]	[redacted]	[redacted]	[redacted]	[redacted]	[redacted]	[redacted]
30	[redacted]	[redacted]	ローカル		みずほ	[redacted]	普	[redacted]	[redacted]	[redacted]	[redacted]	[redacted]	[redacted]	[redacted]
31	[redacted]	[redacted]	ローカル	運転	東京三菱	[redacted]	普	[redacted]	[redacted]	[redacted]	[redacted]	[redacted]	[redacted]	[redacted]
32	[redacted]	[redacted]	ローカル	経済	みずほ	[redacted]	普	[redacted]	[redacted]	[redacted]	[redacted]	[redacted]	[redacted]	[redacted]
33	[redacted]	[redacted]	ローカル	雑役	東京三菱	[redacted]	普	[redacted]	[redacted]	[redacted]	[redacted]	[redacted]	[redacted]	[redacted]
34	[redacted]	[redacted]	ローカル	経理	東京三菱	[redacted]	普	[redacted]	[redacted]	[redacted]	[redacted]	[redacted]	[redacted]	[redacted]
	[redacted]	[redacted]	ローカル	経理	東京三菱	[redacted]	普	[redacted]	[redacted]	[redacted]	[redacted]	[redacted]	[redacted]	[redacted]
35	[redacted]	[redacted]	ローカル	雑役	東京三菱	[redacted]	普	[redacted]	[redacted]	[redacted]	[redacted]	[redacted]	[redacted]	[redacted]
36	[redacted]	[redacted]	ローカル	雑役	東京三菱	[redacted]	普	[redacted]	[redacted]	[redacted]	[redacted]	[redacted]	[redacted]	[redacted]
37	[redacted]	[redacted]	ローカル		みずほ	[redacted]	普	[redacted]	[redacted]	[redacted]	[redacted]	[redacted]	[redacted]	[redacted]
38	[redacted]	[redacted]	ローカル		東京三菱	[redacted]	普	[redacted]	[redacted]	[redacted]	[redacted]	[redacted]	[redacted]	[redacted]
39	[redacted]	[redacted]	ローカル	運転	みずほ	[redacted]	普	[redacted]	[redacted]	[redacted]	[redacted]	[redacted]	[redacted]	[redacted]
40	[redacted]	[redacted]	ローカル	領事	三井住友	[redacted]	普	[redacted]	[redacted]	[redacted]	[redacted]	[redacted]	[redacted]	[redacted]
41	[redacted]	[redacted]	ローカル	領事	三井住友	[redacted]	普	[redacted]	[redacted]	[redacted]	[redacted]	[redacted]	[redacted]	[redacted]
42	[redacted]	[redacted]	ローカル	大使秘書	UFJ	[redacted]	普	[redacted]	[redacted]	[redacted]	[redacted]	[redacted]	[redacted]	[redacted]
43	[redacted]	[redacted]	ローカル	受付	京葉	[redacted]	普	[redacted]	[redacted]	[redacted]	[redacted]	[redacted]	[redacted]	[redacted]
44	[redacted]	[redacted]	ローカル	運転	埼玉りそな	[redacted]	普	[redacted]	[redacted]	[redacted]	[redacted]	[redacted]	[redacted]	[redacted]
45	[redacted]	[redacted]	ローカル	領事	東京三菱	[redacted]	普	[redacted]	[redacted]	[redacted]	[redacted]	[redacted]	[redacted]	[redacted]
46	[redacted]	[redacted]	ローカル	経理	東京三菱	[redacted]	普	[redacted]	[redacted]	[redacted]	[redacted]	[redacted]	[redacted]	[redacted]
	[redacted]	[redacted]	ローカル	経理	横浜	[redacted]	普	[redacted]	[redacted]	[redacted]	[redacted]	[redacted]	[redacted]	[redacted]
47	[redacted]	[redacted]			みずほ	[redacted]	普	[redacted]	[redacted]	[redacted]	[redacted]	[redacted]	[redacted]	[redacted]
48	[redacted]	[redacted]			みずほ	[redacted]	普	[redacted]	[redacted]	[redacted]	[redacted]	[redacted]	[redacted]	[redacted]
49	[redacted]	[redacted]			東京三菱	[redacted]	普	[redacted]	[redacted]	[redacted]	[redacted]	[redacted]	[redacted]	[redacted]
50	[redacted]	[redacted]			東京三菱	[redacted]	普	[redacted]	[redacted]	[redacted]	[redacted]	[redacted]	[redacted]	[redacted]

:既存資料に氏名が無い者
:今期調査によって判明した者

【資料50】

別紙 1

	大・般	稼働	氏名	通称名	階級	コード	担当	振込先銀行名	店名	種別	口座番号	回数/月	振込依頼日	振込指定日	金額(円)	回数/月	振込依頼日	振込指定日
1	大	○	[redacted]	[redacted]	全権特命大使	1		東京三菱	[redacted]	普	[redacted]				[redacted]			
2	大	○	[redacted]	[redacted]	11/7離任	4	公使	東京三菱	[redacted]	普	[redacted]	1/6	2004/6/11	2004/6/15	[redacted]			
3	大	○	[redacted]	[redacted]	9/23離任	6	二・参	東京三菱	[redacted]	普	[redacted]	1/6	2004/6/11	2004/6/15	[redacted]			
4	大	○	[redacted]	[redacted]	二等参事官	6	政治	東京三菱	[redacted]	普	[redacted]				[redacted]			
5	大	○	[redacted]	[redacted]	二等参事官	6	文化	東京三菱	[redacted]	普	[redacted]				[redacted]			
6			[redacted]	[redacted]	三等参事官		領事	東京三菱	[redacted]	普	[redacted]				[redacted]			
7			[redacted]	[redacted]	三等参事官		領事	東京三菱	[redacted]	普	[redacted]				[redacted]			
8	大	○	[redacted]	[redacted]	三等参事官	7	政治	東京三菱	[redacted]	普	[redacted]	1/6	2004/6/11	2004/6/15	[redacted]			
9	大	○	[redacted]	[redacted]	6/16離任	7	三・参	東京三菱	[redacted]	普	[redacted]	1/6	2004/6/11	2004/6/15	[redacted]			
10	大	○	[redacted]	[redacted]	三等参事官	7	経済	東京三菱	[redacted]	普	[redacted]	1/6	2004/6/11	2004/6/15	[redacted]			
11	大	○	[redacted]	[redacted]	三等参事官	7	通信	東京三菱	[redacted]	普	[redacted]	1/6	2004/6/11	2004/6/15	[redacted]			
12	大	○	[redacted]	[redacted]	三等参事官	8	経済	東京三菱	[redacted]	普	[redacted]				[redacted]			
13			[redacted]	[redacted]	三等参事官		領事	東京三菱	[redacted]	普	[redacted]				[redacted]			
14	大	○	[redacted]	[redacted]	一等書記官	8	領事	東京三菱	[redacted]	普	[redacted]	1/6	2004/6/11	2004/6/15	[redacted]			
15	大	○	[redacted]	[redacted]	一等書記官	8	領事	東京三菱	[redacted]	普	[redacted]	1/6	2004/6/11	2004/6/15	[redacted]			
16	大	○	[redacted]	[redacted]	一等書記官	8	経理	東京三菱	[redacted]	普	[redacted]	1/6	2004/6/11	2004/6/15	[redacted]			
17	大	○	[redacted]	[redacted]	一等書記官	8	経済	東京三菱	[redacted]	普	[redacted]				[redacted]			
18	大	○	[redacted]	[redacted]	二等書記官	9	広報	東京三菱	[redacted]	普	[redacted]	1/6	2004/6/11	2004/6/15	[redacted]			
19			[redacted]	[redacted]	二等書記官		領事	東京三菱	[redacted]	普	[redacted]				[redacted]			
20	大	○	[redacted]	[redacted]	アタッシェ	11	調査	東京三菱	[redacted]	普	[redacted]	1/6	2004/6/11	2004/6/15	[redacted]			
21	大	○	[redacted]	[redacted]	アタッシェ	11	通信	東京三菱	[redacted]	普	[redacted]	1/6	2004/6/11	2004/6/15	[redacted]			
22	大		[redacted]	[redacted]	事務技術職員	12	イラン人学校	みずほ	[redacted]	普	[redacted]				[redacted]			
23	大		[redacted]	[redacted]	事務技術職員	12	イラン人学校	みずほ	[redacted]	普	[redacted]				[redacted]			
24	大	○	[redacted]	[redacted]	事務技術職員	12	イラン人学校	みずほ	[redacted]	普	[redacted]				[redacted]			
25	大	○	[redacted]	[redacted]	事務技術職員	12	領事	東京三菱	[redacted]	普	[redacted]	1/6	2004/6/11	2004/6/15	[redacted]			
26	大	○	[redacted]	[redacted]	8/8離任	12	イラン人学校	みずほ	[redacted]	普	[redacted]				[redacted]			
27	大		[redacted]	[redacted]	事務技術職員	12	運転	東京三菱	[redacted]	普	[redacted]				[redacted]	2/6	2004/6/11	2004/6/15
28	大	○	[redacted]	[redacted]	事務技術職員	12	通信	東京三菱	[redacted]	普	[redacted]	1/6	2004/6/11	2004/6/15	[redacted]			
29	大	○	[redacted]	[redacted]	8/15離任	12	イラン人学校	みずほ	[redacted]	普	[redacted]				[redacted]			
30	大	○	[redacted]	[redacted]	ローカル	13	領事	東京三菱	[redacted]	普	[redacted]				[redacted]	2/6	2004/6/11	2004/6/15
31	大	○	[redacted]	[redacted]	ローカル	13	大使秘書	東京三菱	[redacted]	普	[redacted]				[redacted]	2/6	2004/6/11	2004/6/15
32	大	○	[redacted]	[redacted]	ローカル	13	雑役	東京三菱	[redacted]	普	[redacted]				[redacted]	2/6	2004/6/11	2004/6/15
33	大	○	[redacted]	[redacted]	ローカル	13		三井住友	[redacted]	普	[redacted]				[redacted]			
34	大	○	[redacted]	[redacted]	ローカル	13		みずほ	[redacted]	普	[redacted]				[redacted]			
35	大	○	[redacted]	[redacted]	ローカル	13	運転	東京三菱	[redacted]	普	[redacted]				[redacted]	2/6	2004/6/11	2004/6/15
36	大	○	[redacted]	[redacted]	ローカル	13	経済	みずほ	[redacted]	普	[redacted]				[redacted]	2/6	2004/6/11	2004/6/15
37	大	○	[redacted]	[redacted]	ローカル	13	雑役	東京三菱	[redacted]	普	[redacted]				[redacted]	2/6	2004/6/11	2004/6/15
38	大	○	[redacted]	[redacted]	ローカル	13	経理	東京三菱	[redacted]	普	[redacted]				[redacted]	2/6	2004/6/11	2004/6/15
	大	□	[redacted]	[redacted]	ローカル	13	経理	東京三菱	[redacted]	普	[redacted]				[redacted]	2/6	2004/6/11	2004/6/15
39	大	○	[redacted]	[redacted]	ローカル	13	雑役	東京三菱	[redacted]	普	[redacted]				[redacted]	2/6	2004/6/11	2004/6/15
40	大	○	[redacted]	[redacted]	ローカル	13	雑役	東京三菱	[redacted]	普	[redacted]				[redacted]	2/6	2004/6/11	2004/6/15
41	大	○	[redacted]	[redacted]	ローカル	13		みずほ	[redacted]	普	[redacted]				[redacted]			
42	大	○	[redacted]	[redacted]	ローカル	13		東京三菱	[redacted]	普	[redacted]				[redacted]			
43	大	○	[redacted]	[redacted]	ローカル	13	運転	みずほ	[redacted]	普	[redacted]				[redacted]	2/6	2004/6/11	2004/6/15
44	大	×	[redacted]	[redacted]	ローカル	13	領事	三井住友	[redacted]	普	[redacted]				[redacted]	2/6	2004/6/11	2004/6/15
45	大	○	[redacted]	[redacted]	ローカル	13	領事	三井住友	[redacted]	普	[redacted]				[redacted]	2/6	2004/6/11	2004/6/15
46	大	○	[redacted]	[redacted]	ローカル	13	大使秘書	UFJ	[redacted]	普	[redacted]				[redacted]	2/6	2004/6/11	2004/6/15
47	大	○	[redacted]	[redacted]	ローカル	13	受付	京葉	[redacted]	普	[redacted]				[redacted]	2/6	2004/6/11	2004/6/15
48	大	○	[redacted]	[redacted]	ローカル	13	運転	埼玉りそな	[redacted]	普	[redacted]				[redacted]	2/6	2004/6/11	2004/6/15
49	大	○	[redacted]	[redacted]	ローカル	13	領事	東京三菱	[redacted]	普	[redacted]				[redacted]	2/6	2004/6/11	2004/6/15
50	大	○	[redacted]	[redacted]	ローカル	13	経理	東京三菱	[redacted]	普	[redacted]				[redacted]	2/6	2004/6/11	2004/6/15
	大	□	[redacted]	[redacted]	ローカル	13	経理	横浜	[redacted]	普	[redacted]				[redacted]	2/6	2004/6/11	2004/6/15
51			[redacted]	[redacted]		14		みずほ	[redacted]	普	[redacted]				[redacted]			
52			[redacted]	[redacted]		14		みずほ	[redacted]	普	[redacted]				[redacted]			
53			[redacted]	[redacted]		14		東京三菱	[redacted]	普	[redacted]				[redacted]			

既存資料に氏名が無い者
今期調査によって判明した者
受給なし

大規模国際テロ事件発生時の初動捜査体制

平成 20 年 4 月

1　想定される大規模国際テロ事件

大規模国際テロ事件としては様々な形態が考えられるが、最近のテロの傾向からすると、公共交通機関等のソフトターゲットを狙ったテロが最も可能性が高いと考えられ、これらを想定した初動捜査体制を確立しておく必要がある。

警視庁国民保護警備実施計画（平 18.7.31 副総監通達甲）で想定されている「緊急対処事態」の類型の「大規模集客施設等への攻撃」がこれにあたり、具体的にはターミナル駅、劇場、競技場等、不特定多数の人を収容する大規模集客施設等又は列車等の爆破テロが考えられる。

2　大規模国際テロ事件発生時の捜査指揮体制

国際テロ事件の捜査は公安部が主管であるが、事件発生当初は大規模国際テロ事件との認定が困難である可能性が高く、事件認知時の初動捜査においては刑事部との連携の下、強力な事件捜査にあたる必要がある。

警視庁では、2005 年 7 月に英国のロンドン中心部において発生した同時多発テロ事件を受けて、公安部、刑事部、警備部、総務部合同で「重大テロ事件発生時の対処要領合同図上訓練」（2005 年 10 月 24 日）を実施したが、警視庁管内で同様の事件が発生した場合、これらの部は当然のこと、全庁を挙げて以下の捜査体制を確立することとなる。（別添「大規模国際テロ事件発生時の初動捜査体制」（体制表）参照）。

○　最高警備本部（警視庁本部 17 階総合指揮所内）
　　本部長～警視総監、副本部長～副総監、幕僚長～各部長、各部参事官

○　現地対策本部（関係署の適当な署内）
　　総括指揮～副総監、現場指揮～公安部長（刑事部長）、幕僚～刑事部長（公安部長）、関係部長、公安部、刑事部、関係部参事官

※現地対策本部に特別捜査本部を設置、それぞれの参事官を責任者とする公安部対策室、刑事部対策室が設置され、相互に連絡員が置かれる。

※公安部対策室には外事第三課理事官以下（外三・公総・公三）による総括デスクを置き、捜査全般の統括を行う。

※警察庁、検察庁等関係機関に対する報告は、公安部対策室を通じて行う。

3　公安部対策室

現地対策本部に特別捜査本部を設置し、参事官を責任者とする公安部対策室及び刑事部対策室を置く。両対策室は緊密な連携を保持するため、同一大会議室内または同一フロアー内設置を基本とする。

公安部対策室には、直ちに、外事第三課理事官以下をして総括デスクを置き、刑事部対策室と協力して特別捜査本部の捜査運営に当たり、初動捜査活動、現場鑑識活動、被害者対策、情報収集活動、視察追求活動、各種対策等の結果及び進捗状況を把握し統括する。

※公安部対策室総括デスクには、ロジ総括を担当する当課企画係長以下１０名、初動捜査を総括する事件係長以下５名の配置が適当と思われる。

4　捜査活動

個々具体的な捜査活動は、公安部・刑事部合同による初動捜査、現場鑑識、被害者対策等のほか、公安部が独自のノウハウで行う情報収集・視察追及活動、ホテル・レンタカー対策、海空港対策等がある。

外事第三課の分掌事務は「国際テロリズムに係る警備情報の収集、取締り及び捜査」であり、国際テロ事件発生の際には主管課として捜査の中核となり、発生現場における初動捜査活動や犯行テロリストを特定するための情報収集・追及活動に全力を投入すると同時に、現場鑑識活動、被害者対策、ホテル・レンタカー対策、海空港対策など捜査全般にわたり当課員を従事させる必要がある。

(1)　初動捜査活動（捜査第一課長指揮）

ア　主管課

捜査第一課長指揮の下、捜査第一課、各機動捜査隊、公安部からは公安第一課と外事第三課が初動捜査に入る（公安部は公安第一課長指揮）。

※　図上訓練時の体制は、刑事部は1カ所につき捜一(20)、機捜(30)の計50名、発生場所を5カ所と想定しているので最大250名体制。公安部としては、1カ所につき40名で、最大200名体制。テロ事件の規模と発生件数によるが、1カ所につき当課員20名前後が妥当と思われる（内数）。

イ　任務

具体的な初動捜査活動は以下のとおり。

○　事件概要の把握と報告（事件認定）

・　発生日時・場所、発生時の状況把握（届出人、目撃者の確保、写真撮影等）

・　被害者、負傷者の把握及び救護（人定、負傷程度の確認、死体搬送）

・　被害拡大の有無（危険区域の設定、交通規制及び広報活動）

・　犯人に関する情報収集

○　事情聴取等

・　被害者、目撃者、現場周辺居住者及び勤務者等に対する事情聴取等（地取り、動態調査、聞き込み班等の編成）

※　聴取メモを活用し、人定等を記録（データ化）

・　現場蝟集者に対する写真・ビデオ撮影（公機捜要請）

・　現場周辺の不審者に対する職質・身柄確保

○　防犯ビデオ等の回収・分析

・　町会、会社、コンビニ及び周辺駅構内ビデオの早期回収

※　必要数のビデオデッキ、分析場所、要員の確保は、爆破の規模や回収ビデオの本数により別途計画が必要

・　Nシステムデータの入手・分析

・　航空隊撮影の現場映像の確保・分析

※　航空隊への上空からの撮影要請と広報課へのマスコミ航空規制に関する要請

○　出国阻止のための措置（海空港対策を除く）

テロリスト及びテロ支援者等の国外逃亡阻止のため、緊急配備の発令により、高速道路、都県境等で検問を実施するほか、以下の対策を講じる（図上訓練時

は、公安部の対策となっている)。

(ア) リムジンバス対策

都内5カ所発着所(東京シティーエアターミナル、吉祥寺駅、調布駅、京王多摩センター駅、立川地区)から成田に向けて出発するリムジンバスの乗客の確認

(イ) 駅対策

新幹線、成田エキスプレス、京成スカイライナー利用による出国阻止のための駅見当たり捜査(鉄警隊員による車両警乗を含む)

※ 新幹線:東京、品川

※ 成田エキスプレス:新宿、渋谷、東京

※ 京成スカイライナー:京成上野、日暮里、青砥

(ウ) タクシー手配(通信指令本部~緊急通信システム)

※ 発生現場周辺から近くの駅及び国際空港に向かう乗客を中心

(エ) 緊急配備Fネットシステムの活用(通信指令本部)

※ ガソリンスタンド、コンビニ、病院

(2) 鑑識活動(鑑識課長指揮)

ア 主管課

鑑識課長指揮の下、鑑識課、科捜研、公安部としては公機捜が中心となり現場鑑識活動に当たる。

※ 図上訓練時の体制は、1カ所につき、鑑識課(30)、科捜研(4)の計34名、発生場所を5カ所と想定しているので、最大で120名体制。当課員等5名が妥当と思われる。)

イ 任務

具体的な鑑識活動は以下のとおり。

○ 現場保存・採証活動

※ 規制線の早期設定(可能な限り広範囲)、半径500メートル程度の現場検証

○ 爆発物、被害状況の特定

※ 爆発物:種類、数量、規模、証拠保全(気化による滅失防止等)

※ 被害者・被疑者の特定:DNA登録資料の採取

※ 警察犬の積極活用

○ 国際テロ事件の認定

※ 国際テロ情勢、犯行形態、犯行場所、被害者、犯行声明等のほか、爆弾組成物、爆弾構造、起爆装置等を総合的に分析し、国際テロ事件容疑性を速やかに判断する。

(3) 被害者対策(刑事総務課長指揮)

ア 主管課

刑事総務課長指揮の下、刑事総務課、捜査共助課、捜査第一課、公安部としては公安第二課が、被害者支援本部(総務部)と連携し、被害者の救護等にあたる。

※ 図上訓練時の体制は、1カ所につき刑総(8)、捜共(4)の計12名、発生場所を5カ所と想定しているので、最大60名体制。当課員等5名が妥当と思われる)。

イ 任務

具体的な被害者対策は以下のとおり。

○　被害者の人定確認（被害の部位程度、収容先等詳細の記録化）

○　被害者等からの事情聴取

○　身体等に付着した微物採取及び証拠化

○　検視、遺体解剖（多数遺体収容位置の記録化）

※　自爆テロでは死者・負傷者の中に被疑者が含まれている

(4)　情報収集・視察追及活動（外事第三課長指揮）

ア　主管課

外事第三課長指揮の下、外事第三課、公安第四課で情報収集、視察追及作業にあたるが、当課の最大の要員を投入する必要がある。

イ　任務

具体的な情報収集、視察追及作業は以下のとおり。

○　情報収集活動

入手情報の集約・管理、データベース化、情報評価、容疑解明を迅速に行うため捜査員を十分に確保する必要あり

※　当課員等40名前後が妥当と思われる。

・　協力者、提報者、イスラム団体関係者、ハラールフード、レストラン関係者、化学剤、タクシー、中古車等の管理者及び担当者、イスラム研究者等

・　上記以外の管下、対象国人に対する地域課員による総面接の実施（不審情報の入手）

・　110番通報及び有線による情報収集

※　既に当課に設置されている10台の有線回線を開設

・　警視庁ホームページからの情報収集

※　自動的にホームページの外事第三課メールボックス開設

・　報道、インターネットサイトからの情報収集

※　広報課との連携

・　警察庁を通じた外国機関との情報収集

○　視察追及活動

事件認知と同時に以下の対象施設の24時間体制視察に入り、併せて、事件発生前後の礼拝参加者の動態調査・分析を行うこととする。

※　図上訓練時の体勢は、100名であることから、当課員等（公安第四課員を含む）40名前後が妥当（内数）と思われる。

なお、蝟集場所にあっては、容疑性の高いランクについては当課員等主導による視察追及を実施するが、原則として管轄署対応とする。

・　モスク、ムサッラー（管内15カ所）

・　イラン大使館、イラン人協会

・　蝟集場所

(5)　ホテル・レンタカー対策（公安総務課長指揮）

ア　主管課

公安総務課長指揮の下、公安総務課が管下全警察署の協力を得て、ホテル、レンタカー対策にあたる。

※　図上訓練時の体勢は60名であることから、当課員等5名前後が妥当と思われる。

イ　任務

○　ホテル

・　犯行1週間前からの宿泊者名簿の入手による不審者の抽出及び管理者等からの不審情報の入手

○　レンタカー

・　犯行1ヶ月前からの借り上げ者の確認による不審者の抽出

(6)　海空港対策（外事第一課長指揮）

ア　主管課

外事第一課長指揮の下、外事第一課が海空港対策にあたる。

イ　任務

具体的な海空港対策については以下のとおりであるが、テロリスト及びテロ支援者等の国外逃亡を阻止し、身柄確保を目的とした対策を行う。速やかに羽田空港及び東京港で、全ての外国人に対する所持品検査及び身分確認を徹底するが、併せて警察庁を通じて成田空港をはじめとする国際空港を管轄する道府県警察に対しても同様の措置を依頼する。

※　図上訓練時の体勢は、空港対策で30名、東京港対策で24名であることから、当課員等10名前後が妥当と思われる。

※　大規模テロ事件の発生に際して、入管に「出国確認の留保」を依頼することは現時点困難であることから、あらかじめサミット開催時等のテロの脅威が高い時期及び大規模テロ事件発生が懸念される時期の1週間前から終了までの間と期間を限定し、かつ、具体的な人着等一定の要件を付して「出国確認の留保」特例措置を、事前に警察庁と法務省の協議により確立しておく必要がある（国際テロ事件発生の場合、入管との協議により個別に「出国確認の留保」で対応することも可能ではないか～組対二課の見解）。

○　乗客名簿の入手、外国人の国際線搭乗券購入者の名簿入手

○　国際線

・　出国者に対する総面接及び出国者情報の完全把握

※　発生1ヶ月前の入国者との照合

・　ビデオ等から割り出した容疑者と出国者との照合

・　自爆テロリストから採取した指紋等鑑識資料の照合

※　BAF（BICS,APIS,FREESIA）システムとの各種照合は当課対応とする。

○　国内線

・　すべての外国人を中心とした所持品検査及び身分確認

○　東京港

・　出国者に対する総面接及び各埠頭における不審者職質

5　当課の捜査員配分

別紙「大規模国際テロ事件発生時の初動捜査体制（外事第三課）」参照

平成20年4月

大規模国際テロ事件発生時の初動捜査体制

最高警備本部	
本部長	警視総監
副本部長	副総監
幕僚	各部長 各部参事官

○ 現地対策本部（特別捜査本部の設置）

- ○ 総指揮　副総監
- ○ 指揮　公安部長（刑事部長）
- ○ 幕僚　刑事部長（公安部長）、関係部長
公安部、刑事部、関係部参事官

刑事部対策室	
責任者	刑事部参事官
副責任者	公安部参事官兼刑事部付
幕僚	刑事部各所属長
連絡員	公安部員

公安部対策室	
責任者	公安部参事官
幕僚	公安部各所属長
連絡員	刑事部員
○連絡調整 ○情報集約 ○資器材調達 ○警察庁、検察庁への報告・連絡	
【総括デスク：外三・公総・公三】	

活動	内容	担当
人命救助	○ 負傷者の救助 ○ 広範な立入規制線の確保 ○ 交通規制	所轄署長 警備・交通・地域各部
二次災害の防止	○ 公共交通機関等ソフトターゲットの検索及び警戒 ○ 重要防護対象の警戒強化	所轄署長 警備部
初動捜査活動	○ 事件概要の把握と報告（事件認定） ○ 被害者、目撃者、現場周辺居住者及び勤務者等に対する事情聴取（地取り、動態調査、聞き込み班等の編成） ○ 交通機関、コンビニ等監視カメラビデオの回収・分析 ○ Nシステム等の分析 ○ 緊急配備等の発令	**捜査第一課長** 各機捜隊長 捜一特殊犯罪対策官 公安第一課長（公一・外三）
	○ 現場にい集する者の撮影	公機捜隊長
現場鑑識活動	○ 現状保存・採証活動（遺留品の証拠収集等） ○ 爆発物、被害状況の特定 ○ 爆発物等から国際テロ事件の判断 ○ 爆発物の分析・搬送	**鑑識課長** 科捜研所長 公機捜隊長 外二理事官（外二・外三）
検視・身元確認	○ 死体安置場所の確保 ○ 検視・身元確認（DNA鑑定）	**鑑識課長** 所轄署長 科捜研所長
被害者対策	○ 収容先の病院等における負傷者等の人定確認 ○ 事件発生時の状況等の事情聴取 ○ 着衣・所持品等の任意提出	**刑事総務課長** 捜査共助課長 捜一理事官 公二理事官（公二・外三） 所轄署長
‖ 連携 ‖ 被害者支援本部 ○指揮　総務部長 ○幕僚　犯罪被害者支援室	○ 遺族、被害者支援 ○ 被害者支援に関する広報活動等	
情報収集活動	○ 協力者、提報者、関係諸団体関係者、各種管理者等からの情報収集 ○ １１０番通報及び有線による情報収集 ○ 報道、インターネットサイトからの情報収集	外事第三課長（外三・公四）
視察追及活動	○ 対象施設等 ○ 国テロ容疑者 ○ 情報提供からの追及捜査	

（注）捜査で得た情報の裏付けは、原則として収集した部門が担当

黒塗りになっている部分は、すべて警察官個人の氏名。「備考」欄の「特別・派遣」の項目には、「警察庁国際課」「東京入管」という記載があり、外部の官公庁から人員を派遣していることが明らかになっています。同じく「備考」欄の「特採」の項目には、「佐賀」「京都」等の地名の記載があり、各県警から特別に採用していることが窺えます。「育児休業」の記載もあります。

【資料53】

取扱注意

平成20年4月1日現在

課長 警視 [redacted]　　理事官 警視 [redacted] 警視 [redacted]

担当	課長代理	係	班	警部	警部補	巡査部長・主任	巡査長・主事	合計 班	合計 係	合計 担当(管理官含)	総計
国際テロ第一	警視 [redacted]	第一係	庶務	[redacted]	[redacted] ◎[redacted] ◎[redacted]	△[redacted]	[redacted] △[redacted] ●[redacted]	9	9	39	142
		第二係	企画・分析	[redacted]	[redacted]	[redacted]	[redacted] ◎[redacted]	9	29		
			対策	[redacted]	[redacted]	[redacted]		10			
			資料	[redacted]	[redacted]	[redacted]	小[redacted] 佐[redacted]	10			
国際テロ第二	警視 [redacted]	第三係	指導	[redacted]	[redacted]	[redacted]		15	16	17	
		第四係	作業	[redacted]				1			
国際テロ第三	警視 [redacted]	第五係	追及捜査1	[redacted]	[redacted] ☆[redacted]	[redacted]	[redacted]	26	44	45	
			追及捜査2	[redacted]	[redacted]	☆[redacted] □[redacted]	[redacted]	18			
	警視 [redacted]	第六係	追及捜査3	[redacted]	[redacted]	[redacted] □[redacted] □[redacted]	[redacted]	15	37	38	
			事件	[redacted]	[redacted] ☆[redacted]	[redacted] □[redacted] □[redacted]	[redacted]	22			

基本は昇任年月日順、以降着任順

凡例

＿＿	女性警察官
△	一般職員
-	巡査
◎	嘱託員・臨時職員
○	部外派遣
☆	特例
□	特採
◇	講習・研修中
●	定員外(育休等)
・	併任者
■	定員外派遣

凡　例　～ 女性警察官、△一般職員、○部外派遣、◎嘱託員、◇講習・研修中、☆特例、□特採、●定員外(育休等)

合　計　～ 外事第三課員数(嘱託員、休職を除く)

定員等	区分	課長等	管理官	警部	警部補	巡査部長 巡査長 巡査	一般職	合計
	定員	1	3	10	62	61	2	139
	実員	3	4	10	59	64 (48 16 0)	2	142
	増減	+2	+1	0	−3	+3	0	+3

備考		
	講習中	
	特例・派遣	特例～[redacted](補) [redacted](部) [redacted](部) 部外派遣～[redacted](警察庁国際課)、[redacted](東京入管)
	特採	特採～[redacted](佐賀)、[redacted](京都)、[redacted](長崎)、[redacted](石川)、[redacted](新潟)
	定員外等	定員外～[redacted](育児休業) [redacted]～[redacted]
	研修 外事実務	[redacted](教養) [redacted](中央) [redacted](上野) [redacted](立川)

別添1

国際テロリズム緊急展開班　班員名簿一覧（警視庁）

番号	所属			階級等	氏名	任務	班員指定			理由	備考
							継続	新規	解除・不可		
1	警視庁	外事第三課		警視	[redacted]	情報収集					
2	警視庁	外事第三課		警部	[redacted]	情報収集、人質交渉					前所属で指定済み、人質交渉官
3	警視庁	外事第三課		警部補	[redacted]	情報収集、人質交渉					人質交渉官
4	警視庁	外事第三課		警部補	[redacted]	情報収集、人質交渉					前所属で指定済み、人質交渉官
5	警視庁	外事第三課		巡査部長	[redacted]	情報収集、通訳					メキシコ留学(スペイン語)
6	警視庁	外事第一課		警部	[redacted]	情報収集					前所属で指定済み、元国テロ課員
7	警視庁	外事第三課		警部補	[redacted]	情報収集					前所属で指定済み、元国テロ課員
8	警視庁	外事第一課		警部補	[redacted]	情報収集、人質交渉					人質交渉官、前所属で指定済み
9	警視庁	鑑識課		警部	[redacted]	鑑識					管理(資料)
10	警視庁	鑑識課		警部	[redacted]	鑑識					管理(資料)
11	警視庁	鑑識課		警部補	[redacted]	鑑識					指紋照合
12	警視庁	鑑識課		警部補	[redacted]	鑑識					現場写真
13	警視庁	鑑識課		技官	[redacted]	鑑識					指紋照合
14	警視庁	鑑識課		警部補	[redacted]	鑑識					
15	警視庁	鑑識課		警部補	[redacted]	鑑識					
16	警視庁	鑑識課		警部補	[redacted]	鑑識					
17	警視庁	鑑識課		警部補	[redacted]	鑑識					
18	警視庁	鑑識課		警部補	[redacted]	鑑識					
19	警視庁	鑑識課		巡査部長	[redacted]	鑑識					
20	警視庁	鑑識課		巡査長	[redacted]	鑑識					
21	警視庁	鑑識課		警視	[redacted]	鑑識			○	異動による転出のため	
22	警視庁	鑑識課		警部補	[redacted]	鑑識			○	異動による転出のため	
23	警視庁	鑑識課		警部補	[redacted]	鑑識			○	異動による転出のため	
24	警視庁	鑑識課		警部補	[redacted]	鑑識			○	異動による転出のため	
25	警視庁	鑑識課		警部補	[redacted]	鑑識			○	異動による転出のため	
26	警察庁	鑑識課		警部補	[redacted]	鑑識			○	異動による転出のため	
27	警視庁	鑑識課		巡査部長	[redacted]	鑑識			○	異動による転出のため	
28	警視庁	鑑識課		巡査長	[redacted]	鑑識			○	異動による転出のため	
29	警視庁	公安機動捜査隊		警部補	[redacted]	鑑識					
30	警視庁	公安機動捜査隊		警部補	[redacted]	鑑識					

黒塗りになっている部分は、すべて警察官個人の氏名。

別添1

国際テロリズム緊急展開班　班員名簿一覧（警視庁）

番号	所属			階級等	氏名	任務	班員指定			理由	備考
							継続	新規	解除・不可		
31	警視庁	公安機動捜査隊		警部補	[redacted]	鑑識					
32	警視庁	公安機動捜査隊		巡査部長	[redacted]	鑑識					
33	警視庁	公安機動捜査隊		巡査部長	[redacted]	情報収集、人質交渉					人質交渉官
34	警視庁	公安機動捜査隊		巡査部長	[redacted]	鑑識					
35	警察庁	石神井警察署		警部補	[redacted]	鑑識					前所属で指定済み
36	警視庁	公安機動捜査隊		警部	[redacted]	鑑識			○	異動による転出のため	
37	警視庁	公安機動捜査隊		警部補	[redacted]	鑑識			○	異動による転出のため	
38	警察庁	公安機動捜査隊		巡査部長	[redacted]	鑑識			○	異動による転出のため	
39	警察庁	刑事総務課		警部	[redacted]	情報収集			○	異動による転出のため	

国際テロリズム緊急展開班　新規指定候補者一覧（警視庁）

番号	所属			階級等	氏名	任務	班員指定			理由	備考
							継続	新規	解除・不可		
1	警視庁	鑑識課		警視	[redacted]	鑑識		○			新規指定
2	警視庁	鑑識課		警部補	[redacted]	鑑識		○			新規指定
3	警視庁	鑑識課		警部補	[redacted]	鑑識		○			新規指定
4	警視庁	鑑識課		警部補	[redacted]	鑑識		○			新規指定
5	警視庁	鑑識課		巡査部長	[redacted]	鑑識		○			新規指定
6	警視庁	鑑識課		巡査部長	[redacted]	鑑識		○			新規指定
7	警視庁	鑑識課		巡査部長	[redacted]	鑑識		○			新規指定
8	警視庁	鑑識課		巡査部長	[redacted]	鑑識		○			新規指定
9	警視庁	公安機動捜査隊		警部	[redacted]	鑑識		○			新規指定
10	警視庁	公安機動捜査隊		警部補	[redacted]	鑑識		○			新規指定
11	警視庁	公安機動捜査隊		警部補	[redacted]	鑑識		○			新規指定
12	警視庁	公安機動捜査隊		警部補	[redacted]	鑑識		○			新規指定
13	警視庁	公安機動捜査隊		巡査部長	[redacted]	鑑識		○			新規指定

【資料55】

秘

国際テロリズム緊急展開班班員名簿

所属都道府県警察本部名【警視庁】　　　　平成２０年９月１２日現在

[redacted]	フリガナ	[redacted]		単身、既婚の別	単身 既婚
	氏名	[redacted]			
	生年月日	西暦[redacted]（[redacted]歳）			
	自宅住所	[redacted]			
	電話番号[redacted]		携帯電話番号[redacted]		
非常の場合の連絡先	氏名[redacted]　続柄[redacted] 住所[redacted]　電話番号[redacted]				
現所属	公安機動捜査隊・署　第二公安捜査班 階級　警部補　　警電[redacted]				
現所属長	階級　警視　氏名[redacted]　　警電[redacted]				

家族関係	続柄	氏名	年齢	職業	同居の別	健康状況
	[redacted]	[redacted]	[redacted]	[redacted]	同　別	良　不良
	[redacted]	[redacted]	[redacted]	[redacted]	同　別	良　不良
	[redacted]	[redacted]	[redacted]	[redacted]	同　別	良　不良
	[redacted]	[redacted]	[redacted]	[redacted]	同　別	良　不良
	[redacted]	[redacted]	[redacted]	[redacted]	同　別	良　不良
					同　別	良　不良

特技（語学、専門、資格等）	ＮＢＣ事件捜査専門、毒物劇物取扱責任者
ＴＲＴ活動歴	【1回目】 1　期間 西暦　　年　　月　　日～　　年　　月　　日 2　事案名（派遣国） 3　担当
備考	

注１：所属の異動、転居等連絡先に変更があった場合には、その都度班員が、国際テロリズム対策課にＰ－ＷＡＮ（アドレスＫ０００７６４６）により送付すること。

注２：記載事項が枠に収まらない場合には、適宜「行」を追加し記載すること。

記　事　欄	【2回目】 1　期間 西暦　　　年　　　月　　　日～　　　年　　　月　　　日 2　事案名（派遣国） 3　担当

＜327ページ解説＞
13名の警察官の個人情報が詳細に記載されています。
「現所属」欄には、「公安機動捜査隊第三公安捜査班、鑑識課鑑識管理係（資料担当）、鑑識課現場写真係、鑑識課検視補助係、鑑識現場鑑識1係（似顔絵担当）、鑑識課検視官、鑑識課現場足跡係」等の記載があります。
「特技欄」には、「NBC事件捜査専門、毒物劇物取扱責任者、工業用X線作業主任者、甲種火薬類製造保安責任者、丙種火薬類製造保安責任者、危険物取扱者甲種」等の記載があります。
「TRT活動歴」欄には、「ペルー日本大使館公邸人質占拠事件」等の記載があります。
備考欄には、「PKO勤務：カンボディア、在外公館勤務：アルジェリア大使館、警察庁外事課リエゾン勤務：シンガポール」等の記載があります。

平成２０年１０月９日
全国外事担当課長会議
（当庁発表内容）

警視庁の今後の国際テロ対策について
～国産テロリストの脅威への対処～

1　世界的に国産テロリストの脅威が増加～イギリス、インドでの自爆テロ事案など

2　我が国でも国産テロリストは脅威
・国際テロ組織「ヒズボラ」容疑人物の容疑解明
・パルトークによるジハード扇動事案
等の事案により、我が国でも、日本社会に不平・不満を持っている在日ムスリムが国産テロリストとなってテロを敢行する可能性があることが判明。
特に、パルトーク事案では、国内在住のパキスタン人ムスリムが、直接、パキスタン本国をはじめ世界中の過激な者達と会話することにより過激思想と直に触れるなど、インターネットの発達により日本にいても容易に過激化が可能。

3　国産テロリストへの対処方策
(1)　過激化する恐れ又は過激化した不審者の発見
・モスクの視察
・不審情報の収集
・インターネット等の監視
(2)　過激化した者によるテロの未然防止
既に過激化した者による爆弾テロ等を未然防止するためには、化学剤取扱業者をはじめとする各種管理者対策を推進していく必要がある。
～化学剤取扱業者対策・レンタカー対策など～

4　最近の爆弾製造事案（国内）
尾久事案、皇居消火器爆弾事案は、目的はともかく行おうと思えば容易に爆弾を製造できることを疎明。その教訓を踏まえ、化学剤取扱業者をはじめとした各種管理者対策を推進。

（要旨）

最近の国際テロ事件の傾向は、国際テロ組織「アル・カーイダ」がインターネット等を利用して「ジハード思想や過激思想」を世界に拡散しており、世界各国に散らばるイスラム過激派組織が「アル・カーイダ」を名乗り独自にテロ活動を立案、実施したり、またイスラム過激派のテロ組織に属さない一見普通のムスリムがアル・カーイダの過激思想に触発され、自ら過激化して、自らが居住する国でテロを起こす国産型テロリスト（ホームグローンテロリスト）が出現するなど、取り締まる側にとっては、対象の姿が見えにくい傾向となっている。

こうした中、「パルトーク」と呼ばれるインターネットのチャット・ルーム（画像・音声付き）で、ジハード主義者を自認・称揚したり過激な言動を繰り返しているパキスタン人に関する端緒情報を入手したことから、捜査を実施したところ、同居人のパキスタン人が不法残留であることが判明し、本年７月２に同居人を入管法違反で通常逮捕し、居住先の捜索・差押えを実施した。押収品の分析から、対象者がジハード等を呼び掛けていた事実を解明している。

本事案は、我が国において初めて「パルトーク」と呼ばれるチャットルームという捜査がし難い領域において、ジハードを扇動する実行行為者を特定し、その人的ネットワークを解明した事案であるが、イスラム教徒の過激化に利用されるインターネット上の情報収集の重要性とその捜査手法を全国に周知させる点でも意義深いものである。

対象者については、反米的、反権力的な思想的背景を有し、その上で社会に対する不満（失業）、私生活に対する不満（妻子との別居）を抱くとともに、周囲の者からも相手にされない中で、バーチャルな世界であるインターネットのチャットルームに居場所を見付けるという、昨年６月に当庁で検挙した爆発物取締罰則違反事件（ＴＡＴＰ製造・所持事案）の被疑者や本年６月の秋葉原殺傷事件における被疑者と酷似するプロファイルが浮かび上がっている。

また、対象者のチャットルームの中での発言は、宗教的にも原理主義的かつ過激であることを強く窺わせるものであって、上記のように社会に対して不平・不満を抱いているムスリムが宗教的に原理主義的性格を深めた場合、国産型テロリスト（ホームグローンテロリスト）となってテロを敢行する可能性も否定できないことから、今後ともこの種の在日ムスリムを把握していく必要があると思われる。

【資料57】

平成20年11月20日

メ　　　　　モ

日本における国産テロリスト（ホーム･グローン・テロリスト）の脅威について

最近の各国のテロの傾向を見ると、イスラム過激派等のテロ組織に属さない普通のムスリムが、インターネット等によりアル･カーイダなどの過激思想に触発され、自ら過激化して、居住している国内でテロを起こす所謂「国産テロリスト（ホーム・グローン・テロリスト）」による犯行が顕著になっており、取り締まる側にとって、計画を事前に察知することがますます難しくなってきている。

日本でも同様の傾向が存する可能性があると見られていたところ、当庁でも、北海道洞爺湖サミットの直前に、インターネット上のチャットルームを利用して、ジハード（聖戦）を煽動するパキスタン人や、ヒズボラ支援者であることを標榜し、オルグ活動をするレバノン人の存在を認知し、それぞれ事件化により容疑を確認し、サミット開催中の脅威を排除した事案があった。

これら事案は、在日ムスリムの過激化の萌芽とも言える事例であると思われるのでご紹介する。

1　当庁の事件化事例

(1)　チャットルーム「パルトーク」によるジハード扇動事案の容疑解明

○　パルトークとは

パルトークとは、テキスト、音声、ビデオの３つの形式で会話が可能なインターネット上のサービスで、利用者は、世界で約 400 万人いるとされ、「宗教」「政治」「文化」「音楽」等、カテゴリー別にサイト内に掲載されているチャットルームに参加することが出来る。

当課では、提報者からパルトーク内の音声によるチャットルームにニックネームで参加して、昨年後半から本年中ごろにかけて複数回にわたり

○　ジハードする人達は私の友達である

○　ジハードする人たちは適切なことをやっている

○　もうジハードの時期は来ている

等とジハード主義を自認・称揚する言動を行っている者がいるとの情報を入手した。当該人物を特定すべく、提報者から同人に対し巧みにアプローチをかけさせ、携帯電話番号を交換させることに成功し、人物特定に至った。関係者からの聴取の結果、対象者は、

○　アメリカが嫌いだ。イラクから早く出て行くべきだ

○　パキスタン人は日本社会で差別されている。他国の外国人は仕事に就くことができるのにパキスタン人というだけで、面接に行っても断られることがよくある

○　日本人妻と一緒に住みたいと思っているが、仕事もなくお金を稼げないこともあって自宅に帰れない。離婚して欲しいと言われている

等の言動をしており、反米・反社会的な思想的背景を有する上に日本社会や日本での私生活における不満を抱いていることが窺われた。

本年７月、対象者の同居人であるパキスタン人の出入国管理及び難民認定法（不法残留）違反事件捜査に伴い、同人の居住先の捜索を実施し、室内に置かれていたハードディスク１台及びパソコン３台を押収し解析したところ、対象者が3台のパソコンのうち１台を使ってパルトークを行っていた事実が判明。更に、音声分析により、パルトーク上の対象者と同一人物であることが確認され、対象者が「ジハード」を呼び掛けていたことが明らかとなった。

同人については、サミット前の２週間にわたり、24 時間体制での監視対象とすることで、サミットに対する脅威とならないよう措置したが、

現在も容疑解明対象として当課で解明作業を継続している。

※　出管法違反の同居人は、７月11日、入管渡しとなった。７月25日強制送還。

(2) 国際テロ組織「ヒズボラ」容疑人物の容疑解明

当課では、本年２月、ヒズボラ軍事部門最高幹部イマド・ムグニエが爆殺されたことを受けて、イスラエル権益を狙ったヒズボラによるテロ発生の懸念からヒズボラ対策を強化した。その中で、インターネットに精通している提報者から入手した「パルトークでヒズボラを賞賛している対象国人がいる」との情報並びに埼玉、神奈川及び群馬県警から提供して頂いた関連情報に基づき、捜査に着手した。

対象者の基礎調査の結果、失業保険不正受給（詐欺）の事実が浮上したため、6月30日に他の関連人物３名とともに逮捕し、一斉聴取をするなど容疑解明捜査を推進。その結果、本人から、

○　住居であるゲストハウス内に「ヒズボラ日本支部」を設け、自分が日本におけるヒズボラの代表になるつもりでいた

○　池袋界隈におけるアラブ・イスラム系の外国人の蝟集場所においてオルグ活動を行ったが、アラブ系の仲間から「公共の場所でヒズボラの話をするとテロリストとして逮捕される」などと忠告されたため、それ以降は自室において、パルトーク等を用いて多数人にヒズボラ組織化の賛同を求めた

○　そのほか、居住地近隣のアラブ系の者を自室に招致して、ヒズボラの広報ビデオや戦闘シーンを録画したビデオ等を鑑賞させてオルグ活動を行っていた

等の供述を得て、同人がヒズボラの賛同者募集・オルグ活動を積極的に行っていた実態を解明した。

対象者宅のメッカ方向の壁には、額縁に納められたヒズボラ最高指導者「ナスラッラー師」の肖像画が掲げられ、押収品であるパソコン、

DVD等の中にはヒズボラに関する多数の資料が保存されていた。また、携帯電話のディスプレーにも「ナスラッラー師」の画像を貼り付け、パソコンや携帯のメール・アドレスには「ヒズボラ」「ナスラッラー」の名称を使用していた。

対象者は、7月18日に起訴猶予処分となったが、サミット開催中は同人を拘束しておくことができた。なお、その後も関係県と共同して解明作業を継続している。

2　成果と教訓

この両事例では、インターネット上のパルトークという匿名性が高い領域において、提報者を活用して、ジハード扇動者やテロ組織関連容疑者を特定し、サミット開催中において、その脅威を排除することができた。

○　また、両事案の容疑者には、

- 反米的・反イスラエル的な感情が強い
- なかなか職に就けないこと等から日本社会に対する不平・不満を抱いている
- 妻との生活がうまくいかないなど私生活における悩みがある
- 周囲の者からあまり相手にされない
- インターネットのチャットルームに自分の居場所を見つけている

といったホーム・グローン・テロリストとなり得る要素を持つという共通点があり、こうしたムスリム等をいかに把握できるかが今後の情報収集の鍵となると考えられる。

○　特に、パルトーク等を利用することにより、日本にいながらにして、アフガニスタン、パキスタンなどの紛争地域にいるイスラム過激派等から直接過激思想が流入し、国内ムスリムが感化される状況が生じることもあり得る。

○　一つ目の事案ではウルドゥー語が、二つ目の事案ではアラビア語が用いられていた。インターネット空間における過激化は、言語も日本語ではない上、当局に認知されにくい状態で進行することから、ウルドゥー語、アラビア語などの特殊言語を話す者を提報者として設定し、インターネット上のメディアにおける情報線を構築していくことが必要。

3　今後の対応

両事例のように、社会や環境に対して不平･不満を抱いているムスリムがパルトーク等のチャットルーム内で互いに呼応し合い、過激思想に傾倒した場合、急激に過激化が進行し、特に、第2世代のムスリムの若者は、過激思想に感化されやすい状況にいるとも考えられ、ホーム・グローン・テロリストとなってテロを敢行する可能性も否定できない。

従って今後、

① インターネットのチャットルームに関する情報線を構築してこの種在日ムスリムを把握していくこととしたい。

② また、都内14,254人の対象国人（H20.1.1現在の外国人登録者数)のうち当課の把握では、1,600人程度いると見られる２世、３世、この内、小中高校生が788人49%を占めておりますが、彼らについても、次のサミットのある8年後には、海外の過激化事例に多く見られる世代、すなわち10代後半から20代前半に達することから、刑事、組対、生安、交通、地域、会計、受付業務等各部門においてイスラム諸国人等の子息を扱った場合は、人定事項等の情報が確実に公安部門に集約される体制を構築するなど、連携を強化し実態把握を強化することとしたい。

③ 最後に、インターネットの関係で申し上げれば、爆発物の原材料をインターネットで入手することは、店舗に置いて入手するのに比べて容易であると言うことができ、今後、インターネット等の通販業者を含む化学剤取扱い業者等に対する管理者対策をより一層綿密に実施する必要がある。

なお、当課では従来より化学剤取扱業者等に対する管理者対策を推進しているところ、本年 10 月の強化期間においても、新規にインターネット通販業者を把握したり、都内の肥料販売者名簿を入手するなどして、保有データを最新のものにするとともに、それをもとに化学剤 7 品目取扱業者、薬局、コンビニなどに対して管理者対策を集中的に実施。その結果、化学剤 7 品目にかかる購入者情報 642 件を入手し、現在、不審情報について、鋭意解明作業を推進している。

以上で当庁の発表を終わらせていただきます

平成20年10月21日
外事第三課

化学剤対策経過報告について

1　今後の新たな対策

警察庁通達(平成20年10月20日付丁国テ発第51号)を受け、現在推進中の化学剤対策に加え、当課として新たに実施する対策は以下のとおりである。

(1)　東京都知事部局からの調査

硝酸アンモニウム、尿素については肥料取締法により都道府県知事への届出が義務付けられ、硝酸、塩酸、硫酸、過酸化水素水については毒物及び劇物取締法により都道府県知事への登録が義務付けられている。したがって関係知事部局に保管されている名簿の調査により取扱業者の確実な確認を行う。

(2)　無届事業者への対応

爆発物の原材料となる物質の販売等を行うに際して、必要な届出、登録を怠っている業者が判明した場合、知事部局及び当庁生安部生活環境課と連携し、指導、行政処分、事件化の検討。

※　本件については生安部生活環境課と連携して対応したい

2　爆弾製造の原材料となる化学剤(硝酸アンモニウム、尿素、アセトン)のネット販売業者及び購入者を下記のとおり把握し、それぞれ警察庁報告(予定含む)したものである。

(1)　他府県個人等への硝酸アンモニウム通販リスト入手～警察庁報告済み(10/9)

◎　販売リスト入手の経緯

本年9月18日発生の麹町管内皇居爆弾事件の捜査過程において、担当課に依頼し、当該事件に係るインターネット販売業者及び製造業者から販売者リストを入手。本件被疑者以外にも他府県居住者で大量個人購入している者が確認された。

(2)　西武新宿線爆破未遂事件の資料分析から把握～警察庁報告済み(10/17)

本件被疑者が以下の化学剤販売業者から、それぞれの化学剤をインターネット通販で購入していたことから判明。いずれも他府県管内の業者であることから、各県の管理者対策の参考として警察庁に報告済みである。また、記載の化学剤については実際に通販で購入しているが、他剤についての取り扱いの有無は不明である。

(3)　警察署からの報告により新規把握した通販業者～警察庁報告予定

いずれもアセトンをネット通販する業者である。

ア　東京都文京区[redacted]

株式会社 [redacted]　電話 [redacted]

イ　東京都江東区[redacted]

[redacted]

(4)　楽天株式会(インターネットショップ管理業者)からの情報提供予定

当課の管理者対策により楽天から、楽天ショップモールと契約し、肥料全般(硝酸アンモニウム、尿素の取り扱いの有無は不明)の通信販売を行っている業者名簿の提供を確約した。名簿入手後、対策班において、硝酸アンモニウム、尿素を取扱う業者を絞り込み、他府県所在の業者については各都道府県警察の参考とするため警察庁報告としたい。

なお、ヤフー株式会社についても、同様の協力要請を行ったものの、契約業者を商品別に名簿化しておらず、警察がインターネットショップ上で検索するのと同じ手作業で検索することになるとの理由から、名簿提出には至らなかったものである。

(5)　硝酸アンモニウムの流通ルートへの働きかけ

ア　国内で硝酸アンモニウムを生産している企業は、「住友化学(株)」(本社：中央区新川〔中央署〕)と「三菱化学(株)」(本社；港区芝〔三田署〕)の２社のみであり、全て国内消費されている。(農水省)

イ　この２社が製造した硝酸アンモニウムの販売は、工業用・肥料用とも「日本化成(株)」(本社；中央区新川〔中央署〕) が一手に担っている。

ウ　「日本化成(株)」から、約半数が「全国肥料商連合会」(本部；文京区本郷〔本富士署〕)を経由して全国の問屋へ、残り半数が「全国農業協同組合連合会」(本部；千代田区大手町〔丸の内署〕)を経由して各農協へと流通する。

したがって以下の業者に対する働きかけにより、硝酸アンモニウム流通経路を把握し、最終的にはインターネット通販を含めた末端の販売業者を確認したい。

生産業者：住友化学(株)～中央署管内、三菱化学(株)～三田署管内
販売業者：日本化成(株)～中央署管内
卸先：全国肥料商連合会～本富士署管内　→　全国の問屋
　　　全国農業協同組合連合会～丸の内署管内　→　全国の農協
※　いずれも本社又は本部所在地である

平成20年11月21日

11/21全国外事担当課長会議・国際テロリズム対策課長指示骨子

1　管理者対策の推進

皇居における消火器爆弾事件に関与した自衛官は、全国警察がサミット直前対策として管理者対策を徹底して行っている最中の本年5月、6月に硝安を大量購入しており、北海道・洞爺湖サミットにおいてテロの発生を封圧したことは評価するが、ラッキーであった事実も否めないことから、反省もしなければならない。

全国警察からは、8万4000件の爆発物原材料取扱店を把握したとの報告があがっているところ、これら店舗は、県庁に対する届出制をとっていることから、本年10月20日付の通達で、全国の知事部局が把握している取扱店について情報収集し、リストの提供を受けるよう依頼をしたところである。その結果、某県からは、約1,500件の店舗について把握及び管理者対策を行ったとの報告を受けていたが、実際同県の県庁が持っていたリストには約5,000件が記載されていることが判明しており、今後、漏れていた業者に対する管理者対策をお願いしたい。

管理者対策を進めるに当たっては、大量購入者等、不審な購入者の通報などの情報提供を依頼するほか、当該業者がネット販売をしているかについても聞いていただき、していれば、ネット取引きで大量購入をしている者等の通報を依頼していただきたい。また、テロリストが爆発物の原材料を入手する際には、身分偽変による購入の他、盗難も考えられるので、在庫量の管理等、盗まれてもすぐ分かるような管理体制の強化および盗難時の即報等についても依頼をお願いしたい。

なお、個人情報保護法等を理由に拒む業者もいると思われるが、そこは、まさに皆さんの腕の見せ所といったところで、作業等で培ってきた技能を利用して協力を得られたい。また、店舗側から見れば大量購入する客は（儲けの出る）良い客であるが、「あなたの店で購入された原材料がテロに使われたら、大変ですよ。」といったように、説得してお願いすることも必要。

ネット販売のみを行っている業者については、県知事から提供を受けたリストに入っているかを確認する必要があるが、ネット販売のみを行っている業者に対する管理者対策も漏れなくお願いしたい。

2　国内情勢

日本を取り巻くテロ情勢については、サミットの前後で変化するわけもなく、各県の総警務部門が、サミットが終わったからとの理由で、国テロ関連の予算や人員を減らすような計画をしている場合には、我々の業務の必要性・重要性について充分説明、説得をしていただきたい。

今後、2年後には、APECの開催が予定されているほか、2016年のオリンピック開催地が 2009 年 10 月 2 日にコペンハーゲンで決定されるところ、それまでの期間に国内でテロが発生して、その為に東京に招致できなかったと言われないよう、今後も国際テロ対策を推進していただきたい。

3 世界情勢

最近は、海外から侵入してくるテロリストの他、国内で過激化してテロを起こすというホームグローンのテロリストも増加してきている。これに対応するため、現在、当課としても、各県で把握した不審者を、県と当課での協議により容疑解明対象者として本庁登録をし、容疑解明を進めていくという制度を検討中である。また、容疑解明対象者については、一部を事件化するのではなく、ネットワーク全体をもれなく解明し、これを壊滅させることが重要であることから、恒常拠点の設置等も考慮していく必要がある。

第二世代は、今は幼いが今後就職適齢期を迎えたときに、日本人は就職できるのに、ムスリムである自分は職に就けないといった不満感を持つ虞も大いに考えられる。第二世代には、日本で生まれて国内に居住する者、海外で生まれて両親と共に日本に移住してきた者、日本人の親を持つが現在国外の学校に行っている者の３種類の２世代が存在しているところ、これら第二世代の把握をお願いしたい。

昨年、私が国テロ課長に就任してからだけでも、５件の日本人殺害、誘拐事件が発生している。平成 15 年に国外犯の規程が定められ、今は国外で日本人が犠牲になった事件については我々に捜査権があるところ、今後、このような事案はますます増加すると思われる。

事案発生直後は、犯行組織がテロ組織か、単なる犯罪集団か判明していないが、国テロ課では、どのような事件においても、有事即応の態勢を取って情報収集を行っている。その際には、各県にさまざまなお願いをすることとなるので、各県レベルでも、事案が判然としない段階では、国テロ事案ではないから関係ないと安易に判断することなく、捜査一課との橋渡し、家族対策等、対応をお願いしたい。

4 その他

各県から本庁に出向する人物や警備対策官には、本人が行きたいと言っている人物よりも、組織として送り出したい人物、将来、幹部としてふさわしい人物を是非推薦していただきたい。

面接作業については、現在、見直しを行っているところであるが、秘匿の面接作業と警察の看板を堂々と掲げて行っているコミュニティー対策との線引きをしっかりと行った上で推進すること。

～開発大臣会議開催に伴う国際テロ対策の具体的実施要領について～

4月5日から6日までの2日間、三田共用会議所においてG8開発大臣会合が開催されるが、同会合における当課の対策は下記のとおりである

記

1　直前対策　4月1日（火）から4日（金）までの4日間

1　任務

突発対策（当日午前9時00分から翌日午前9時00分までの24時間体制）

2　体制

警部以下7名

3　具体的実施要領

（1）　集合・解散

午前9時に[redacted]理事官から指示を受け、翌日、同時刻に同理事官に取扱いの有無を報告した後、解散となる（翌日は日免扱いなので超勤をつけないこと）。

（2）　実施要領

常時、基幹系無線(31チャンネル）を開設し、会場である三田共用会議所（港区三田2-1-8)、飯倉公館（港区麻布台1-5-3）及び両会場周辺、さらに参加国等（※）の大使館及び周辺で国際テロ容疑事件の発生等を傍受した際は、警部以下で現場に急行し、報告連絡、初動捜査等にあたる。従って、任務に就いた後、必ず、会場及び周辺等の実査を行うこと。

実査後は、それぞれの担当業務にあたる（ただし、即、出動可能な場所に限る）が、突発事案対応要領等については、事前に警部以下で検討しておくこと。

なお、宿直時間帯は本部15階または総合庁舎8階（別途指示）で待機とするが、この時も必ず1名は無線傍受にあたり、突発事案発生に備えること。

※　G8、EU、国際機関（経済協力開発機構、世界銀行、国連開発計画、国連教育科学文化機関、国連児童基金、世界保険機構）、アウトリーチ国等（ブラジル、中国、インド、南アフリカ、メキシコ、韓国、インドネシア、マレーシア、アフリカ連合、東南アジア諸国連合事務局）の16ヵ国、9機関

2　会議開催時対策　4月5日（土）、6日（日）の2日間

原則的には課長以下全員体制とする（課長以下最大145名)。5日の夜間体制は管理官以下25名体制（突発対策12名、兆し対策12名）とし、詳細は以下のとおり。

1　突発対策

両日とも[redacted]警部以下事件指導班が任務にあたる。具体的実施要領については、上記のとおりであるが、集合・解散の指示は[redacted]理事官から受けること。

なお、5日（土）の夜間体制は堂谷、[redacted]警部以下12名体制。

2　兆し対策

（1）　対象施設に対する兆し対策

○　任務

米国大使館・公邸及び米国大使館職員宿舎等に接近する不審者（車）に対するよう撃捜査にあたる。

○　体制

警部以下22名

外事情報について（報告）

みだしの件については、在ジャカルタ豪州大使館前爆弾テロ事件に伴い、課員を国際テロリズム緊急展開班（以下「TRT-２」と呼称）隊員として現地に派遣したところ、その経験を踏まえ、TRT-２の今後の課題等について分析したから、別添のとおり報告する。

なお、本分析に当たり、連邦捜査局（FBI）の緊急展開部隊（Rapid Deployment Team：RDT）及び中央情報局（CIA）の危機事案対応部隊（Incident Response Team：IRT）の構成等を参考とした。

1　派遣目的・任務（既に派遣要綱で規定されているので参考記載）

(1)　FBI

◆　危機的事案の合法的・倫理的枠内での解決

◆　危機的事案が引き起こした被害の拡大阻止又は最小化

◆　米国人及び同権益に対する犯罪の捜査と被疑者の逮捕

(2)　CIA

IRT が派遣される事件（incident）とは、米国民が巻き込まれた

◆　テロリズム

◆　人質立てこもり・誘拐事件

◆　大災害

◆　原子力発電所の事故

等、多岐に亘っており、これらの状況に応じた様々な任務・目的がある。

(3)　TRT

TRT-２は、

◆　国外において日本国民の生命、身体及び財産並びに日本国の重大な利益を害し、又は害するおそれのあるテロリズムに係る事案

◆　国際的な捜査協力を必要とするテロリズムに係る事案等

が発生した場合に、当該事案に関係する国又は地域に派遣され、当該事案に関する情報収集、関係国等に対する捜査支援を行うことを任務とする。

2　派遣期間等（撤退基準）

(1)　FBI

○　人員については、派遣期間が長期に及んだ場合、一般班員と同様、指揮官も一定期間で交代する。

(2)　CIA

○　原則として事案発生初期段階における短期間の派遣を想定しており、長期に及ぶ場合には、現地支局員等に引き継ぐ。

(3)　TRT-2 の対策

ア　撤退基準の設定

○　人質立てこもり・誘拐事件では、「人質の救出」という明確な作戦の終了基準がある。一方、邦人が被害者となったテロ事件の捜査支援においては、何をもって所期の派遣目的が達成されたと判断するのか、ある程度の撤退基準を設定する必要がある。

○　バリ島事件のように複数国が捜査員を派遣している場合、外国捜査機関の動向も考慮する必要あり。

イ　刑事事件と判明した場合の措置

○　当初テロ組織による邦人誘拐事件として緊急展開するも、その後、一般犯罪組織による犯行と判明した場合の対応を決定しておく必要がある。

　人質となった邦人にとっては、誘拐されているという状況に変化はないのに、刑事事件と判明した時点で TRT が撤退すれば、被害者に不利益が生じる上、国民からの支持も得られない可能性あり。

ウ　長期戦の備え

○　ハイジャック等の短期決戦と異なり、誘拐事件では、コロンビアでの村松・矢崎シーメル副社長誘拐殺害事件のように、発生から決着まで2年以上を要する長期戦となる場合がある（2001年2月～2003年11月）。過酷な任務のストレスを考えれば、同一班員の派遣期間は、先進国であれば2ヶ月、発展途上国であれば1ヶ月が限度と思われる。

○　上記事件のように、数ヶ月に1度犯人側から連絡が入るのみで事態が膠着した場合、派遣当初と同人数を現地に展開しておくのは捜査経済上無駄である。

○　以上の観点から、解決に長期間を要する事件における部隊の交代・拡大・縮小等に関する原則を確立する必要がある。

3　派遣要員と部隊構成

(1)　FBI

ア　派遣人数

○　先に現地入りした先遣隊からの報告及び経験則に照らし、FBI本部のテロ対策部が派遣人数を決定（米大連続爆破事件や駆逐艦コール爆破事件での派遣規模は約200人）。

○　派遣要員は4支局合計で160人であり、地域別分担は、

- ◆　NY支局：アフリカ
- ◆　ワシントンDC支局：中東及び欧州
- ◆　LA支局：東南アジア
- ◆　マイアミ支局：中南米

となっている。

○　彼らはRDTの専従捜査員ではなく、通常は事件捜査、鑑識、SWAT等の本来業務に従事している。

○　別事件で要員が既に派遣されている場合、また、派遣規模が大きく4支局だけ人手が足らない場合には、本部及び残りの52支局から要員を召集。

○　SWAT及び本部の研究所員については、氏名、生年月日、血液型、旅券番号等がデータベース化され、派遣に最適な人材を素早く抽出できる。

イ　部隊編成

○　部隊編成は、事件の規模・性質にもよるが

- ◆　指揮本部（Command Post）
- ◆　指揮管理班（Command and Control）
- ◆　捜査班（Investigators）
- ◆　特殊部隊（SWAT）
- ◆　危険物取扱班（Hazardous Material）
- ◆　スキューバ班（Scuba）
- ◆　医療班（Medical）
- ◆　緊急始動班（Rapid Start）
- ◆　爆発物処理班（Bomb Technician）
- ◆　特殊技術捜査班（Technically Trained Special Agent）
- ◆　鑑識班（Evidence Response Team）

◆　通訳班（Language Specialist）
◆　コンピュータ班（Computer Specialist）
◆　電子工学技術班（Electronical technician）

等から構成。

○　治安状況によっては、派遣部隊の警護のため、FBI 本部の人質救出部隊（Hostage Rescue Team：日本の SAT に相当）を帯同。

ウ　先遣隊

○　RDT 本体の派遣前に、10〜13 人で構成される軽装備の先遣隊（Crisis Advance Team: CAT）が一足早く現地入りし、現地の FBI 法務官（Legal Attache）と共に、現場での情報収集及び初動捜査を行う。

更に、捜査に必要な人数・能力、装備品、派遣期間、部隊に対する危険度等の評価を直ちに本部に報告し、本部は同報告を基に、後続部隊の編成を決定する。

○　先遣隊には、爆発物専門家やロジ班も含まれる。ロジ班は、現地で必要物資が入手可能か否か、衛生状態等を判断し、後続のロジ担当者に報告。

(2)　CIA

ア　派遣人数

人数は、８〜35 人。

イ　部隊構成

○　部隊構成は、事案内容や任務に応じて、その都度必要な人員を選出。

○　例えば、人質事件であれば FBI の交渉官や心理学者、炉心の溶解等の原子力発電所における事故であれば、エネルギー省の Foreign Emergency Support Team（FEST）を帯同。

○　危険な現場で、かつ発生国の警護支援が受けられない場合には、部隊の防衛のため、特殊部隊を帯同することもある。

○　小規模事件であれば、CIA だけで行くこともあるが、大規模テロ発生時は、CIA、FBI、国務省の合同チームとなる。

○　例えば、ユダヤ教正統派の信者やイスラム教原理主義者は、女性が、家族や夫以外の男性と接触することを禁じている。したがって、男性ばかりの部隊では彼女達から直接事情聴取ができない。この観点から、部隊には必ず女性を編入。

(3)　TRT-2 の対策

ア　先遣隊

○　FBI と同様、先遣隊を派遣し、現場からの生の報告を元に本隊を編成すれば、効率的な展開が可能と思料（警察出身の警備対策官がいない国では不可欠）。

○　TRT は、相手国の要請に基づき派遣されるのであるから、先方が日本警察に求める支援内容を、現地駐在官（警備対策官）を通じて早急に把握する。次に、先遣隊が現場の状況と捜査の進展を見極め、TRT としてどのような支援が可能か検証し、本部に報告する（邦人被害者・参考人からの事情聴取、写真面割、通訳、邦人死亡者の身元特定のための指紋捜査、DNA 鑑定等）。

○　バリ島事件のように、関係する複数国の捜査機関が現地入りしている場合には、各国で支援内容が重複しないよう、現地捜査機関と調整する必要あり。

○　先遣隊の編成案は別添1のとおり。

イ　国内班

緊急展開班と国内班は、車両の両輪であり、緊密な連携が不可欠。国内班には、

◆　幹部報告
◆　現場からの意見・要望を集約し、幹部に提言
◆　緊急展開班への指示連絡
◆　本隊と交代要員の派遣準備
◆　事件化（外国人の国外犯）を念頭に置いた事件指揮
　○　擬律判断
　○　送致に必要な書類・形式・疎明内容の指示
　○　外国捜査機関が作成した捜査書類の入手方法（外交・ICPOルート）
◆　資器材、補給物資の調達と追送
◆　隊員の派遣元所属（警察庁他局及び都道府県警察）に対する情報提供と連絡調整
◆　報道取りまとめと参考記事の現地への提供
◆　既に帰国した参考人等からの事情聴取、現場写真の任意提出等を、住所地を管轄する都道府県警察に指示

等、緊急展開班の後方支援という重要な任務があることから、体制を充実させる必要がある。

ウ　女性班員

CIAと同じ理由から、女性班員を指定・運用する必要がある。

4　派遣プロセス

(1)　FBI

○　米国権益に関わる危機的事案が発生した場合、国家安全保障会議（下記参照）が召集され、そこでRDTの派遣を検討。

【国家安全保障会議（National Security Council）】

米国の安全保障に関わる内政、外交、軍事政策を立案・調整するために1947年に設立された大統領府の一機関。大統領を長とし、副大統領、国務長官、国防長官、CIA長官等から構成される。

○　派遣が決まれば、事案発生国の米国大使が同国政府に対し、RDT派遣の目的、現地での活動内容等を説明し、派遣の承諾を得る。その承諾後、FBI長官がRDTに対し、正式に出動を下命。

○　FBIは、出動下命からRDTが現着し、捜査活動を開始するまでの期限を72時間に設定しているが、軍との調整を考えれば、この時間は最も現実的である。

○　事件認知から、FBI長官がRDTに出動下命するまでの期限は、特に定められていない。在ケニア・タンザニア米国大使館連続爆破事件のような大規

模テロが発生した場合、現実には長官の下命を待たず、RDT の派遣準備に着手。

○　派遣準備が整ったからと言って、相手国の承諾なしに現場に乗り込むことはできない。この場合は、前進基地（Forward Staging Area : FSA）で前進待機し、相手国の承諾を待つ。現地入りまでの過程で、通常最も時間がかかるのは、RDT 派遣を巡る米国大使と相手国政府との協議である。

○　前進基地は、ドイツ・バーレーン・グアムの３ヶ所の米軍基地に設置されている。例えば、捜査員と資機材が前進基地に揃うのを待って、両者が同時に現地入りするなどの調整も前進基地で行うことができる。

【FBI の緊急展開に至る時系列】

段階	時間	活動
1	発生認知	○　国家安全保障会議の召集。 ○　事案発生国の米国大使が同国政府に対し、RDTの受入れを要請。 ○　大規模テロ事件を認知した場合、RDTは正式な出動下命を待たず、出動準備に着手。
2	出動下命	○　発生国の承諾を得た後、FBI長官がRDTに出動下命。
3	４時間以内	○　前進基地（FSA）支援チームが、発生国に最寄りのFSAに出発。 ○　RDTの派遣要員は、指定場所に集合。
4	８時間以内	○　先遣隊（CAT）がFSA又は事件発生国に向けて出発。
5	16～28時間以内	○　CATが現着し、事件評価及び初動捜査に着手。
6	24時間以内	○　RDTの第一陣がFSAに向けて出発し､FSAで相手国政府の許可が出るまで前進待機。
7	56～68時間以内	○　RDTの第１陣が現着し、捜査活動を開始。
8	72～80時間以内	○（第２陣が派遣された場合）RDTの第２陣が現着。

(2)　CIA

○　Fly-away Team（IRT の俗称）の班員は、いつ何処で出動命令を受けようと、その時点から４時間以内に目的地に向けて出発しなければならない。

○　IRT がいかに迅速に米国を出発しようと、事案発生国による受入許可がなければ現地入りできない。これは高度に政治的な話であり、通常は発生国に赴任している米国大使が、日本で言えば官房長官クラスに IRT 派遣の主旨を説明し、許可を求める。

それでも許可が得られない場合は、国務長官か大統領が発生国のカウンターパートに電話をし、再度了解を求める。米国大統領の要請を拒否できる国はなく、事実上いかなる国にも派遣可能。

○　事案発生国からの許可が出るまで発生国付近の米軍基地で待機し、時間調整することもある。

(3)　TRT-2 の対策

○　捜査支援が目的であれば、現場資料の収集・保全が急務であり、一刻も早く臨場しなければならない（供述証拠を含む）。

そのため、警察庁長官による出動下命後、何時間以内に日本を出発するとのターゲットタイム（FBI : 24 時間以内、CIA : ４時間以内）を設定し、班員に周知徹底する。

5　資器材等

(1)　FBI

○　派遣先近くに大使館（総領事館）が存在しない場合に備え、辺鄙な場所でも自己完結的な活動ができるだけの資器材を保有。

○　テント、発電機、浄水機、衛生設備、車両等、大型で全員に必要な装備は、FBI 本部（ヴァージニア州）の緊急展開後方支援部隊（Rapid Deployment Logistics Unit）が保管し、現地への搬送に責任を持つ。

○　一方、全員に必要でなく、個人で携行できるような小型資機材は、各班が保管し、現地まで携行。

(2)　CIA

【部隊携行物品の一例】

◆　通信資器材

◆　武器・防弾衣

◆　対 NBC 資器材（化学防護衣等）

◆　爆発物処理資器材

◆　テント・寝袋（宿舎が常に確保できるとは限らない）

◆　簡易トイレ

◆　携帯式発電機

◆　食料（派遣が何日に及ぶか分からないので、最低 2 週間分）

◆　医薬品（現地の医療事情が悪いと診察が受けられない）

◆　特殊ゴーグル（砂漠では予想以上の砂塵が舞い上がり、目の保護に必要）

○　任務内容と航空機への積載量をよく勘案して、どの資器材を優先的に持っていくべきか即時に選別できるように訓練を実施。

○　IRT 班員は派遣用の私物を一つの鞄（Fly-away Bag）にまとめて常に携行し、出動下命があればその鞄だけ引っ提げて指定場所に参集する。航空機への積込量に限度があり、私物にも何 kg 以内と言う制限があることから、その範囲内で最低限必要なものを予め準備。

○　事件認知から 4 時間以内に出発という時間制限は極めて厳しく、とても家に帰って荷物を詰める暇はない。家族に電話で派遣を告げる暇すらないこともある。

(3)　TRT-2 の対策

<u>ア　必要資器材の整備</u>

○　過去の派遣経験と、他国の緊急展開部隊を参考に、必要資器材をリストアップし、

◆　警察庁が既に保有している資器材

◆　警察庁が新たに購入し、保管する資器材

◆　都道府県警察が既に保有しており、警察庁に管理換えする資器材

の調査と分類を行い、データベース化する。

○　足りない資器材は優先度を決めて来年度の予算付けを行い、計画的に配備する。

イ　個人携行物品リストの作成と準備指示

○　個人的な携行物品は、当面の活動に必要なものを過不足なく、短期間に準備しなければならない。海外渡航経験の少ない班員もいることから、TRT 担当班は、個人携行物品リストを予め作成・示達し、平素から準備させておく。

○　TRT 担当班は、派遣決定後、早急に現地の情報を収集し、個人携行物品につき、追加指示を行う。また、重量制限がある場合は、合わせて通知する。

ウ　生活必需品の確保と維持

○　例えばアフガニスタンでは、トイレットペーパーが手に入らず、米国の部隊は大量のトイレットペーパーを現地に持ち込んでいる。発展途上国への派遣では、このような生活雑貨も搬送が必要。

○　東南アジアやアフリカ等、マラリアのような蚊を媒介とする風土病が存在する地域では、虫除け、蚊取線香、蚊帳が必須。

ところが、冬に同地域への緊急展開が決まった場合、季節外れの物品を短期間で大量購入するのは不可能なことから、TRT 担当班は、部隊に最低２週間は必要な量を予め確保しておく。

合わせて、これらの有効期限を常に確認し、随時、廃棄と購入を行う。

エ　宿営するための資器材

○　現時点では、派遣先にあるホテル等に宿泊することを前提としているため、宿営するための資器材（テント、寝袋、食料、水、発電機等）の購入は、今後の検討課題。

6　派遣員及び資器材の搬送

(1)　FBI

○　捜査員等の派遣には、軍との協定により、原則として軍用機を利用（多くの人員、装備資器材を一度に空輸できる）。

○　軍の都合で軍用機を利用できない場合や派遣規模が小さい場合には、民間機をチャーター。

○　軍には、派遣員・資機材を無料で運んでもらっている訳ではなく、相応の対価を支払っている（民間機利用よりは割安）。

○　派遣が決定されれば、FBI 本部の緊急展開後方支援部隊（RLDU）が直ちに必要な装備資機材等を空軍基地に搬送し、軍用機に積載（FBI ニューヨーク支局の RDT が派遣される場合、隣接するニュージャージー州の空軍基地から部隊を派遣）。

(2)　CIA

○　派遣には基本的に軍用機（C135）を用い、ワシントン近郊のアンドリュー空軍から出動する。

○　派遣隊員が少人数の場合には、民間機を利用。

(3)　TRT-2 の対策

○　ゴールデンウィーク、夏休み、年末年始等のハイシーズンに民間機で緊急展開する場合、直行便ではテロ事件を受けて大量キャンセルが期待できる反面、乗継便では、隊員全員の航空券が確保できない可能性がある。

○　武器の搬送や、資器材がロストする可能性を考慮すれば、往路に限っては、政府専用機又は自衛隊機の活用が望ましい。

7　ロジ

(1)　FBI

○　水、食料、電気等が現地調達できない辺鄙な場所で活動を強いられる可能性もあることから、捜査班と同様に、ロジ班の任務も重視。

○　ロジ班は、派遣部隊のため、水、食料、医薬品、宿舎、現地拠点、車両、発電機等あらゆる必要物資、装備資機材を入手し、保守管理する。

○　補給のない場合は 10 日間、補給がある場合には 45 日間、部隊が活動を維持できる量の生活物資を現地に搬送する。

(2)　CIA

○　作戦要員に加え、通信官、会計担当者、武器管理者等のロジ面を担当する班員を帯同。

○　現地拠点には、ホテル又は米軍の施設を利用する。

(3)　TRT-2 の対策

ア　現地拠点

○　在外公館が現場近くに存在すれば、公館を最大限利用。

○　在外公館がない場合、宿舎に拠点を設営するのが理想。

○　宿舎すら存在しない辺鄙な場所で事件が発生した場合、TRT-2 の派遣自体が要検討。

イ　宿舎

○　アフリカ等の安宿にはエアコンがなく、窓を開けなければ暑くて眠れない。しかし、そうすれば蚊が部屋に入ってきて、マラリア等に感染するおそれがある。また、水道水でうがいをしただけで下痢をする場合もある。

　苛酷な勤務環境に睡眠不足や体調不良が加われば、部隊の作業効率が格段に落ちることから、多少費用がかかっても、エアコンを備え、かつ水道水で歯磨きのできるような中級以上の宿舎を確保すべき。

○　会議室、電話回線確保の観点からも中級以上のホテルが望ましいが、宿泊費が日当を大幅に上回る場合の長期滞在では、何らかの補償措置が必要（派遣期間が長くなればなるほど、自己負担額が増え、また派遣中は超過勤務手当もなく、「出張貧乏」になるため）。

ウ　車両

○　治安の比較的良い国では、在外公館付きの車両又は運転手付レンタカーが望ましい。

【理由】

◆　現地に土地鑑がない。

◆　資器材を搬送しなければならない。

◆　緊急時、タクシーがすぐに拾えると限らない。

◆　現地の交通事情や左ハンドルの運転に慣れておらず、交通事故を起こすおそれがある。

◆ カンボジア等、多数の地雷が未だ放置されている国では、地元運転手を雇わなければ、班員が死傷するおそれがある。

○ 自分で運転しなければ身の安全が保証されない地域では、防弾仕様の車両のみ確保し、自分で運転する（詳細は別添2参照）。

エ ロジ担当者の必要性と人選

○ ロジをいわゆる隙間業務として軽視し、末席の若い隊員に本来業務の合間にやらせていては、過労と心労で若い隊員が体調を崩し、結果的に部隊が機能しなくなる。

したがって、数名ならともかく、大規模派遣の場合には、資器材、会計及び衣食住に関するロジを取り仕切る専従員を配置する。

○ 長期海外派遣のストレスから、衣食住に関する不平不満が噴出することは明らかであり（特に発展途上国）、班員はロジ担当者に様々な無理難題を言ってくる。正当な要求の実現を本部に働き掛け、かつ理不尽な要求を撥ね付けられる、押しの強い警部を専従員に配置する必要がある。

○ ペルー事件のように、ロジ担当者が派遣部隊と同じ都道府県警察の出身であれば、先輩後輩のしがらみから余計な苦労を背負い込んだり（「お前、ウチと警察庁とどっちの味方だ」等）、帰県後、本人に不利益が生じるおそれがある（「県に戻ったら覚えていろよ」等）。

したがって、ロジ担当者には警察庁の警部で、かつ警察庁プロパーまたは派遣部隊を構成する都道府県警察以外の出身者を配置する。

8 通信

(1) FBI

○ 通信班は、本部と秘話回線による連絡のため、衛星電話やインターネット回線等の通信体制を確立することを任務する。

○ 現場付近に米国の在外公館が存在すればそこの回線を利用するが、それらがない場合、宿舎に臨時の対策本部を立ち上げ、そこに通信部署を設立。

○ 通信回線の確立が不可能な場合は、時間はかかるが保秘のため外交行嚢で本部に書類等を送付することもある。

(2) CIA

○ 暗号Eメール及び国際衛星通信（インマルサット）を利用。しかし、国によっては、強風等の気象条件により、常にそのアンテナの向きを調整しなければならないなど、手間が掛かる。

○ 発生国における通信に関する法制度も考慮。例えば、10年前の日本では、外国の大使館員でもインマルサットを使用することが禁じられていた。また、4～5年前の話で現在はどうか分からないが、仏、シンガポール、韓国では暗号を利用したEメールの使用が禁止されていた。当時シンガポールから機密情報を送る時は、隣国のマレイシアまで越境して、送信していた。

○ CIA、FBI、国務省等の合同チームでは、役人の常としてそれぞれの隊員は、まず自分の出身官庁に報告をしようとする。情報の独占や勝手な報告による情報の一人歩きを防ぐため、通信窓口を一元化している。

(3) TRT-2の課題

○　本国と TRT デスク及びデスクと隊員の縦の連絡、並びに隊員同士の横の連絡は部隊活動の命であることから、通信体制の確立は必須かつ急務。

○　国内班は、

◆　先遣隊の通信担当官を通じて現地の通信事情の調査と対応（特に現場付近に日本の在外公館がない場合及び発展途上国で通信環境が劣悪な場合の対策）

◆　World Wide E-mail（WWE）端末の確保（故障を考えれば最低２台）

◆　派遣人数に応じた国際携帯電話及び無線機の確保

に当たる。

○　都道府県警察に派遣を依頼している以上、警察庁は、隊員の派遣元所属に対し、情報提供を行うべきである。各県警も、現地の状況と派遣隊員の活動実態を把握しなければないことから、警察庁には日報を提供していただきたい（機関情報等で機微にわたる部分は削除して当然）。

保秘を理由に余りに情報を絞ると、隊員は自所属と独自に連絡を取り合うようになり、結果的に保秘に支障を来たすおそれがある。

したがって、情報共有の範囲とその方法については、派遣前に TRT 担当班と派遣元所属が十分に検討し、隊員に対しては、事件に関する報告は警察庁に一元化し、自所属に対しては「元気でやっています」程度の連絡に留めるよう指導する。

9　武器

(1)　FBI

○　派遣先の治安水準が悪い場合、武器を携行（駆逐艦コール爆破事件では、全員が武器を携行。バリ島事件では携行せず）。コール事件では、全員が武装するだけでなく、派遣部隊を警護する人質救出部隊（HRT）も帯同。

○　武器の搬送につき、軍用機を利用する場合には問題は生じない。

復路で民間機を利用する場合には、現地の米軍に一旦武器を預け、軍用機で持って帰ってもらったり、外交行嚢を用いるなどの措置を採る（往路については不明）。

(2)　CIA

○　武器、防弾衣、化学防護衣等を携行。

(3)　TRT-2 の課題

○　イラクやアフガニスタン等、治安が極端に悪い国では、丸腰の TRT は格好のソフトターゲットであり、テロリストに返り討ちにされる可能性がある。

危険地帯に派遣するのであれば、相手国政府に働き掛け、部隊の警護と安全を確約させ、状況によっては武器の携行を認める。

○　「危険地帯では、自分の身は自分で守れ。だが、危機回避訓練は実施しない。武器の携行も認めない」では、隊員が納得しない。

隊員の安全確保は最優先課題であり、派遣先で警護を受けてもなお、部隊の安全に不安がある認める場合には、TRT-2 を派遣しない。

○　派遣先で、第二波・第三波のテロ攻撃を受ける可能性も否定できないことから、武器携行の認否にかかわらず、武器の使用方法を含めた危機回避訓練は、計画的に実施するべき（CIA の危機回避訓練は別添２のとおり）。

○　武器携行の問題点は、

◆　法的根拠

◆　相手国政府の了解が必要

◆　使用基準（警察法第７条の準用で良いのか）

◆　射撃訓練不足（実射訓練は数年に１度、自動式拳銃を扱えない班員がいる）

◆　修羅場の経験不足から、急襲されてパニックに陥った場合の相撃ちや、恐怖心から過剰反応した場合の第三者の誤射等のおそれがある（当該国で訴追される可能性）

◆　現地への搬送方法（民間機利用の場合）

◆　現地での保管方法とメンテナンス（例えば砂漠の場合、毎日手入れしなければ砂でジャミングを起こす）

等が考えられる。

10　訓練

(1)　FBI

○　毎年各支局が参集及び資器材搭載訓練を行うことになっているが、年に２～３回実際の出動があるので、それが実質的な訓練になっている。

(2)　CIA

○　派遣に必要な人材が揃わない場合もあるので、派遣要員は Cross-Training を行う。これは一人で二役以上の任務をこなせるようにする訓練であり、班員は、例えば捜査・鑑識活動もできれば、PC に精通し、かつ外国語も自在に操れるという能力を身に付けている。

○　「必要資器材を携行することも重要だが、それが使いこなせなければ持っていく意味がない」との観点から、資器材の使用法に習熟する訓練も実施。

化学防護衣を例に挙げれば、班員は、ガスマスクを８秒以内に装着できるまで何度でも訓練を行う。

(3)　TRT-2 の課題

○　一人一役では、派遣人員が膨れ上がる。最小費用の最大効果を図るために、TRT 担当班は、単に旧国テロ室 OB・警備対策官経験者という理由だけで班員に指定するのではなく、都道府県警察に対し、候補者の捜査能力と経験、特殊技能・知識、語学力等を正確に調査させ、一人二役以上の任務をこなせる人材を厳選して推薦させる。

○　危機回避訓練については、前述のとおり。

11　健康管理

(1)　FBI

○　衛生状態や医療技術が劣悪な派遣地域で部班員が負傷・罹患した場合に備え、FBI の医務官、医師資格を持った特別捜査官、又は契約した民間米国人医師を帯同。

○　派遣を下命された RDT 班員は、直ちに健康診断を受け、その場で予防接種の記録を提出し、現在の健康状態と服用中の薬について説明。FBI 本部の健康管理部が派遣に適さないと判断した班員は、誰であれ派遣は許可しない。

○　派遣指定要員については、何時如何なる時に派遣を命じられても困らないように、必要な予防接種を実施。

予防接種状況は、コンピュータで各人のデータ管理を行っているので、例えば黄熱病のように 10 年で効果が切れるものについては、その時期に差しかかった者に通知し、接種するよう指示が可能。

(2)　CIA

資料なし。

(3)　TRT-2 の課題

ア　班員の健康管理

○　日本では、医師免許を持った警察官は皆無。また、TRT-2 が RDT のように 200 人を派遣するケースは現実問題として想定できず、最大 20 人規模の部隊に民間人医師を帯同するのは、費用対効果を考えれば無駄であり、そもそも予算がない。

○　したがって、以下の対策が現実的であると思料。

◆　TRT 担当班は、健康と体力に問題のある者を派遣者リストから外す。

◆　都道府県警察は、派遣決定後直ちに健康診断を実施し、健康に少しでも不安がある者の派遣を許可しない。

◆　現地で病気になり、症状から感染症に罹患した可能性がある場合、直ちに帰国又は最寄りの先進国で治療を受けさせる。

◆　予防接種、虫歯の治療等、平時にやれることは平時にやらせる。

イ　データベース化

○　TRT 担当班は、隊員が病気や怪我で意識不明になった場合の緊急輸血、投薬等に備え、

◆　血液型

◆　既往症

◆　アレルギーの有無と抗原

◆　服用中の薬（降圧剤等）

◆　予防接種歴

◆　家族の緊急連絡先

をデータベース化し、ロジ担当者に伝達しておく。

ウ　予防接種

○　カンボジア PKO では、班員が 10 数種類の予防接種を短期間に受けたため、派遣前から体調を崩す者がいた。したがって、TRT 担当班は派遣要員に対し、持続効果の長い予防接種を予め受けさせ、データベース化しておく（費用は国費）。

○　例えばケニアは欧米に加え、イスラエルと結び付きの深い国であり、アル・カーイダによる大規模テロが過去に発生している（1998 年 8 月の米国大使館爆破事件、2003 年 11 月のイスラエル資本のホテル爆破及びイスラエル航空機爆破未遂事件）。したがって、邦人観光客や在留邦人が巻き添えとなり、同地に TRT-2 が緊急展開する可能性は否定できない。

以下は、ケニア共和国に渡航する際に推奨される予防接種だが、最大半年をかけて計画的に行わなければ抗体は獲得できず、派遣前日にまとめて摂取することは物理的に不可能である。

○　感染危険地帯に予防接種なしで隊員を派遣することは、紛争地域に丸腰で隊員を放り込むに等しい。したがって、感染症に罹患する可能性を理由に派遣元所属や隊員本人が派遣を拒否するケースも想定される。隊員の健康と生命保護の観点から、警察庁は全隊員に対し、速やかに必要な予防接種を実施すべき。

【ケニア共和国に渡航する際に推奨される予防接種】

疾患名	接種回数	基礎免疫の接種間隔		有効期間
		２回目	３回目	
黄熱病	１回	なし	なし	10年
破傷風	２回	３～８週間後	なし	５年以上
A型肝炎	２回	２～４週間後	なし	５年
B型肝炎	３回	４週間後	20～24週間後	数年

エ　保険

○　通常の海外出張では、「現地で危険な業務に従事しないこと」を契約の際の条件に、各員が自費で民間保険に加入している。しかし、国際テロ事件発生に伴う緊急展開は「危険な業務」であり、任務中負傷した場合、保険金は支払われない可能性がある（病気の場合、任務を伏せれば保険の適用は可能）。

このような場合に班員が治療費等を個人負担することがないよう、組織としての補償が必要と思料。

12　旅券等

(1)　FBI

派遣部隊が使用する旅券は、通常公用旅券であるが、一般旅券を用いることもある。あらゆる事態に対処できるように、2 通（公用・一般）の旅券を携行する者が多い。外交旅券を使用する場合もなくはないが、例外的である。

(2)　CIA

資料なし。

(3)　TRT-2 の課題

○　外交（公用）旅券を申請する場合、本人の写真と署名は必須であるが、北海道警や沖縄県警の指定要員に対し、「今すぐ署名をしに警察庁に来い」と言っても無理である。また、警視庁警察官であっても、何らかの理由で都内にすぐに戻れない場合もあり得る。

したがって、スムーズな旅券申請と旅費請求（振込み）のため、TRT 担当班は、指定要員全員の

◆　記入・署名済みの旅券申請用書類

◆　写真

◆　旅費振込用銀行口座（通帳又はキャッシュカードの写し）

◆　旅費請求用の印鑑

を予め保管しておく必要がある。

○　通常は査免国だが、外交（公用）では査証が必要で、それを取得する暇がない場合、一般旅券を利用する可能性もある。よって、指定班員全員に一般旅券を取得させ、その旅券番号と有効期限をデータベース化する必要がある。

（了）

別添1

【先遣隊の編成案】

1　先遣隊長（警視）

○　大使館と協力して、派遣に必要な相手国政府の合意の取り付け
○　総合指揮とデスク業務
○　警察庁との連絡調整
○　隊員間の連絡調整
○　報道対応

2　分析・渉外官（警視又は警部）

○　情勢分析
○　隊員からの報告を受理し、総合報告書（日報）を作成
○　現地治安当局からの情報収集（先方がTRTに期待する支援内容を含む）
○　各国治安機関との情報交換
※　現地治安当局の事件評価・情勢分析等とのクロスチェック
※　各国の派遣規模・支援内容の調査（TRTとの重複を避けるため）

3～4　捜査員A・B（警部以下）

○　現場実査と写真撮影（聴取担当と図面・写真担当の最低2名は必要）
○　現地捜査機関の捜査の進展と捜査能力を評価分析
（TRTとして支援・補完すべき分野の検討）
○　必要資器材のリストアップ
○　現地治安状況の評価分析（派遣部隊への危険度の評価）
○　邦人被害者の有無または生死確認（病院調査等）
○　被害邦人からの事情聴取（記憶の鮮明なうちに「聴取報告書」を作成し、事後の調書化への準備）又は現地捜査機関の取調べの通訳
○　外務省との連絡調整（特に邦人被害者の家族対応）

5　通信官（技官）

○　通信手段の確立（拠点の電話回線、FAX、隊員の携帯電話）
○　現地通信事情の調査
○　ロジ担当者の補助

6　ロジ担当者（警部）

○　資器材の保守管理
○　現地の気候、交通事情、物価、衛生状態、医療水準等の調査
○　生活物資の調達可能性の調査（水、食料、医薬品、生活雑貨等）
○　本隊派遣に向けた拠点及び宿舎の手配
○　レンタカーの手配
○　地図の入手
○　通訳の手配
○　会計業務

7　警備対策官

○　隊長、渉外官、捜査員A・B、ロジ担当者と臨機応変に協力

別添2

CIA 緊急展開要員の危機回避訓練

1　概要

○　年に2～4回、様々な訓練を行う。

自分の身を守る事が最優先という観点から、訓練の最重点取組課題は、

(1)　武器の取扱い

(2)　防衛的運転法（defensive driving）

の2点であり、危険に遭った際に、如何に対応するかの訓練を繰り返す。

○　武器の取扱いに習熟する目的は、「如何に自分の身を守るか（How to defend ourselves）」であり、危機回避的な車両の運転を学ぶ目的は、「如何に危険地帯から脱出するか（How to get off the choking point）」である。

○　危険地帯に投入される CIA の緊急展開要員は、決して兵士（soldier）ではなく、派遣目的は戦闘ではない。

この当然の原則を忘れ、敵に戦闘を挑んでは本末転倒であり、命を落とすことになる。

2　武器の取扱い

○　班員は、多種多様な武器の取扱い訓練を受ける。自衛用に使用するのは、グロックや M16 だが、AK47（又は 74）やトカレフといった旧ソ連製武器の取扱いもできなければならない。訓練では RPG の使用法すら覚える。

理由は、例えば、敵が何らかの理由で武器を現場に遺留した場合、それらを安全に回収しなければならないからである。イラクやアフガニスタン等の危険地帯では、敵に襲撃された場合、その武器を奪って、反撃しなければならない場面すらあり得る。

○　特に、安全装置の作動・解除方法を知らなければならない。かつて、ある緊急展開要員がイスラエル製ウィジィ・サブマシンガンを扱った際に暴発し、大怪我をしたことがある。

ウィジィは、セレクター・スイッチを最後部まで引き下げると安全装置が作動し、射撃できなくなるが、グリップ後部を握ると解除されるグリップ・セーフティも組み込まれている。彼はその構造を知らず、無意識に安全装置を解除した結果、暴発を招いてしまった。

○　AK の威力は、凄い。訓練では、実際に装甲車を AK で撃ってみて、その威力を自らの目で確認するので、軽装甲車の耐弾性など全く当てにならないことがよく分かる。

この訓練の狙いは、「防弾仕様の車両に乗っているから安心だ」という甘い認識を、訓練生が捨て去ることである。

3　防衛的運転法

○　派遣国での大原則は自分で運転することである。

以下に述べるような訓練を受けていない者は、危機的状況に直面すれば、文

字通り凍り付いてしまい（freeze）、何ら対処が出来なくなる。現地人に運転を任せていては、テロリストの餌食になる。

○　CIAの訓練では、誘拐目的の偽装検問や、進行方向に障害物を置かれた場合等の対処法を学ぶ。いずれの場合も、いかにChoking points（窮地）から脱出するかが主眼である。

○　例えば、自分で運転していて、前方で検問をやっているのを発見したとする。緊急展開要員は、それが

◆　単に日常行われている検問なのか。

◆　テロリストの攻撃又は誘拐のための偽装なのか。

減速しながら見極めなければならない。

偽装と判断すれば

◆　前方の障害物を避けながら、スピードを上げて突破するのか。

◆　すぐさまスピン・ターンして今来た道を逃げるのか。

瞬時に決断しなければならない。

また、検問所で停車中に敵と気付いた場合、

◆　相手よりも早く拳銃を発射するのか。

◆　車両を敵の車両にぶつけて逃げるのか。

即断しなければならない。

防衛的運転法の訓練では、模擬弾を用いて、状況に素早く反応し、いかに早く拳銃を構え、応射するか叩き込まれる。併せて、実際に自分の車を敵の車にぶつけて逃げる訓練も行う。

○　弾を避けながら逃げるため、頭をダッシュボードより低くしたまま運転する方法も訓練する。

○　とにかく待ち伏せされた場合には、敵を先に発見し、回避する。万一襲撃された場合には、一刻も早く脱出する。これが大原則である。

（了）

出張結果報告

1　研修名称

第19期FBI太平洋警察トレーニングコース

2　期間

平成18年8月7日（月）～18日（金）

3　場所

タイ王国バンコク市およびパタヤ市　モンティエンホテル内

4　主催

アメリカ合衆国連邦捜査局（FBI）

5　日本からの参加者

警視庁	外事第三課	警部補	[redacted]
埼玉県警察	国際捜査課	警部補	[redacted]
静岡県警察	外国人犯罪対策課	警部補	[redacted]

6　参加国、地域

環太平洋地域の日本（3）、タイ（26）、豪州（1）、カンボジア（2）、香港（1）、韓国（3）、インドネシア（1）、マレーシア（2）、モンゴル（2）、ニュージーランド（1）、パキスタン（2）、フィリピン（2）、シンガポール（1）、台湾（2）、サイパン（1）の15の国と地域から50人が参加

7　日程等（講義以外）

8月7日（月）　開会式
　　　　　　　歓迎夕食会
9日（水）　タイ国家警察主催ディナークルーズ
11日（金）　パタヤ市へ移動
12日（土）　タイ国家警察案内によるパタヤ観光（植物園等）
13日（日）　タイ国家警察案内によるパタヤ観光（水族館、ワニ園）
15日（火）　地元協力者主催夕食会
17日（木）　送別会（非公式）
18日（金）　終了式　（兼、送別夕食会）

8　講義内容

（8月7日）

＜本コースについて＞

・　本コースが、バンコクで開催されるのは今回が2回目。9年前から一昨年までは、

フィリピンで行われていた。それ以前は、グアムやハワイにおいて実施。
・　本コースは、各授業の項目について理解を深めてもらうことに加え、参加国相互間における友好関係の構築を主たる目的としている。

＜サイバー犯罪＞
・　サイバー犯罪局における柱については、9.11 事件以降、「国際テロ対策」、「防諜」、「サイバー犯罪」となっている。
・　サイバー犯罪のカテゴリーとしては、「コンピューター自体をターゲットとする犯罪」、「コンピューターを利用して犯罪を実行するもの」の二つに分けることができる。
・　現在の捜査対象の優先順位としては、
　①　サイバーテロ、防諜
　②　児童ポルノ等、児童を対象とした犯罪
　③　著作権法違反（海賊版 DVD 等）
　④　ネット利用詐欺
　となっている。
☆　コンピューターを利用して犯罪を実行するもの
○　サイバー犯罪におけるテロリズム
・　サイバー犯罪におけるテロリズムというときには、
　①　インフラの破壊を対象としたものや、情報漏えいを狙った直接的な攻撃
　②　テロ組織のプロパガンダや情報交換の方法としてとしてインターネット等を利用するもの
　の二つに分けることができる。
　①の分類には、国家によるテロ行為としてのハッキングいうものが入るが、現在のところ発生していない。しかし、今後の発生が予想されることから、注意を要する。
　②と関連して、テロリストによるインターネット利用の例を挙げると、プロパガンダ、情報交換、テロの標的（インフラ等）に関する情報収集がある。情報交換に関して言えば、e-mail を送信することなく、e-mail を下書きをしたものを同じ個人 ID を利用して開いてやりとりするという記録を残さない方法を用いており、捜査が非常に困難になっている。
○　児童ポルノ等、児童を対象とした犯罪
・　この場合のカテゴリーとしては、
　①　児童を直接誘惑するなど、搾取の対象とするもの
　②　児童ポルノ
　の二つに分けることができる。
　児童ポルノに関しては、インターネットのチャット等を通じてやりとりされていることが多い。
○　ネット利用詐欺
・　ネット利用詐欺については、少額の被害について全て捜査することができないこ

とから、インターネット詐欺苦情センター（IFCC）を創設して対応している。IFCCでは、インターネットによる被害の報告をインターネットで受け付けており、これら多数の苦情を分析し、同じ人物によると思われる手口を発見し、事件化するという方法をとっている。これにより被害者も、当局へ報告したのに無視されたとの不満を抱くことがなくなっている。

・ 9.11 事件発生後に、この IFCC のホームーページを通して犯人に関する情報提供依頼を行ったところ、250,000 件の報告があり、有効に活用することができた。

☆ コンピューター自体をターゲットとする犯罪

・ 1997 年から 1998 年にかけて、ペンタゴンがハッキングされた事件を機に、サイバーテロ対策が本格的に考慮されることとなり、サイバー局が誕生することとなった。

・ ハッカーの他、次のものが問題となる。

① 電話を利用するなど、直接的に応対しながら、相手の心理状態を利用して、パスワード等を盗むもの

② 同一システムに対する大量アクセスによりシステムの動作を不能にするもの（通常の方法でアクセスすると追跡が可能となることから、アクセス記録の残らない IRC ？といったシステムを利用）

③ e-mail 爆弾（多数の e-mail を送りつけることによりシステムを動作不能にするもの）

④ スキャナー（米国では現在のところ犯罪とならないが、他人のポートを覗き見る行為）

⑤ パスワード・クラッキング

⑥ 電話回線への侵入により情報を入手するもの

⑦ 偽ウェブサイト（通常はすぐに本来のウェブサイト運用者により訂正されることから、一時的なもの）

⑧ スニッファー（ネットワークを通して行われた全てのやりとりを表示するプログラム）

○ 悪質なコード

・ 悪質なコードの種類

① トロイの木馬

伝染はしないが、コンピューターにダメージを与えたり、必要の無い動作をさせる。

Net Bus と呼ばれるトロイの木馬は、簡単なゲームの形をしているが、一度使用すると、すべてのコンピューター操作側の動作（キータッチを含む）の情報をハッカーに与えてしまう強力なツールである。

② ウィルス

感染するには、クリックするなど何らかのコンピューター操作側の動作が必要。

③ ワーム

自己増殖し、感染すると何もしなくてもコンピューターに何らかの影響が

出てくるもの。簡単に広まる。

・　これら悪質なコードの伝達方法は、e-mail によるものが大半である。

☆　インターネットに関する知識

・　インターネットについて知識を持つことは、裁判、特に陪審員にわかりやすく説明できるようにするために必要であり、捜査員一人一人がよく理解しておく必要がある。FBI では、1986 年から将来を見越して、新たにコンピューター関連の捜査員を募集し始めた。実際、2000 年には経済関連事犯の 90 %がコンピューターにより行われている。

・　通常の電話は、回路スイッチ型でデータの転送には、1 つの道をたどる。しかし、いわゆる IP 電話は、パケットスイッチ型で、データが転送される際、データがいくつかのパケットに分割され、それぞれが別の複数の道を通り、最終的に統合されて一つのデータとなる。

（8 月 8 日）

☆　コンピューターの接続に関する知識

・　コンピューターがラインで接続されている限りは、どこからでも操作が可能であるということを忘れてはならない。したがって、ファイアーウォール等のソフトを導入しておかなければならない。

・　インターネットで利用されている言語は英語であることから、すべての捜査員は英語を読める必要がある。また、被害者も犯罪者もマイクロソフト社のソフトウェアを利用していることが大半であるから、特に、マイクロソフト社のソフトウェアに関する知識が必要となる。

・　捜査において、IP を追跡する必要が出てきた場合、これを追跡することはできるが、現在、ワイヤレスのカードが利用されている現状を考えると、発信元がどこであるかを特定するのは難しい状況にある。たとえば、電波が壁を越えて、隣家から発信されてしまう可能性があるので、令状などを取る際に注意が必要。

☆　メールに関する知識

・　米国において、スパム・メールとは、要求していないメールで、同時に不特定多数に対して送られるメールのことをいう。

・　スパムメールはまた、受信者と無関係の内容である。

・　メールを追跡する際には、IP アドレスおよびその送信時間が必要となる。

・　メールの送信は、メール送信を専門としたサーバーを経由して送られることから、SMTP と呼ばれる e-mail を送信する際のプロトコールが必要となる。メールを送信した時には、必ずこの手続がとられることとなる。

・　偽メールは、犯人自身が自分で送信元等の情報を勝手に書き込み、相手を騙すものである。

・　犯罪を行う際の通信手段として、e-mail の他、IRC（Internet Relay Chat）等オープン・リレーを利用してメールをやりとりしている。このオープン・リレーは、誰でも利用が可能で、SMTP と同様のことができるばかりでなく、送信したログが残らないことから、追跡が不可能である。

☆　フィッシングについて

・　フィッシングは、提供すべきでない情報を提供させるための手段として、非常に洗練化されている。
・　いわゆる Social Engineering の洗練された形である。
・　ハイパーリンクページのトリックが使われる。
・　フィッシングの騙す手法としてその鍵となるのは、IP アドレスにある。メールを送信する場合、メールは、分割され、それぞれが様々な中継点を経由して最終目的地へ届くが、経由したコンピューターごとにこれを受け取った旨のメッセージが加えられることになっている。つまり、オリジナルのメッセージの一番近くにあるアドレスが犯人に近いこととなる。
・　フィッシングでは、メールフィルターによるメールの排除を避けるために、特定の言葉についてはコード化して送信される。コード化には、＜・・・＞を挿入することにより行われるが、＜＞の間の文字は、プログラムとしては、無視されるが HTML では認識されるという特性を利用している。
・　フィッシングで利用されている手段としてよく見られる例は、
　　－　表示されているアドレスは、単なるテキストで、実際の接続先が違うもの
　　－　似通ったアドレスを利用するもの
　　－　本物のアドレスバーの上に、別のアドレスバーの画像を表示するもの（Internet Explorer のみに有効）
　　－　犯人自身が立ち上げたセキュアサイトに接続させるもの

　などがあるが、この他にも、様々な方法を利用している。
・　米国では、オンラインの決算方式を利用する者が増えていることから、今後は、消費者を教育することが必要である。

☆　その他コンピューターに関する知識

・　インターネットの履歴を見る方法（一般公開されているソフトウェア、別 CD 内の"Forensic Kit"を利用）
　～これを利用すると、削除したはずの写真データも撮影年月日とともに復元可能
・　現在米国では、安くて速度の速いワイヤレス・ホーム・ネットワークを利用する者が増えている（約 40 %が利用）。しかし、このネットワークは家の外からも受信が可能であり、公道からでも利用できる場所をオープン・アクセス・ポイントと呼びハッカーや犯罪者が利用している。この場合、他人のアドレスを利用することとなるから、本犯を特定するのは難しい。
　消費者側の防止策としては、
　　－　ユーザーネーム、パスワードの変更
　　－　暗号化（通称ＷＥＰ）
　　－　SSID を送信（ブロードキャスト）しない
　　－　メディア・アクセス・コントロール（通称ＭＡＣ）を利用してアクセスできるコンピューターを限定する。（ハッカー等であれば、メディア・アクセス・コントロールの内容を変更することも可能であるが、時間がかかるので別のオープン・アクセス・ポイントを探したほうが早い）

等がある。

なお、犯罪者は、何度も同じオープン・アクセス・ポイントを利用する可能性がある。

- サイバー犯罪における証拠の検索と捜索差押について、何が物的な証拠となるのか、等基本的な知識として知っておきたい。

（８月９日）

<テロ資金捜査>

- 人間が生活していく上では、必ず「金」が必要である。そこで、「金」の循環に目をつけることから全てが始まる。また、慈善事業等の名目で「金」が集められる実態を考慮すると銀行口座を調べる必要が出てくる。

☆　捜査の手順

- 捜査の端緒となる情報は、
  - −　コミュニティーとの信頼関係の構築に基づく情報入手
  - −　金融機関からの情報入手（一定額以上の取引の報告、クレジットカードの利用状況等）
  - −　税務
  - −　法律に関する知識を利用した各種法令の適用
  - −　ゴミ作業

  などから、入手される。
- これらの情報をもとに、各機関との連携の下、捜査が実施されることとなるが、最も重要となってくるのが、本部であり、本部が全責任を負うとともに捜査をコーディネートしていかなければならない。
- 捜査経済上の無駄をなくすためにも、捜査の打ち切り時期の判断も重要である。
- 通常の犯罪とテロ資金捜査の違いとして、通常の犯罪では、個人や一定のグループによる犯行で、利益を追求し、大金が送金されるというのが一般的である。一方で、テロ資金捜査の場合は、必ずしも利益を追求しておらず、少額の資金の動きしかなく（オクラホマシティー爆弾事件では、500 ドルしか、かかっていない等少額で爆弾を製造することは可能）、さらに捜査対象にあっては、慈善団体やテロ支援国家であったりと実質的に捜査依頼が不可能である場合などがあり、困難を伴う。
- テロリストの基本的な概念に、MICE（Money, Ideology, Coercion, Ego）があり、テロの理解の根拠となる。
- テロ捜査の３つのステップとして、Investigation（捜査）、Regulation（規制）、Procecutor（検察－基礎）がある。
- いわゆるホワイトカラークライムとテロ対策をあわせたものが、テロ資金捜査となる。

☆　世界における国際テロの傾向

- 9.11 事件以降、テロが発生してからの捜査から、発生する前の捜査へと移行。その中で、テロ資金対策として、情報収集、事件化、金融機関等に対する教養（プレゼン等）を実施している。

・ 米国内におけるアル･カーイダによる資金調達は、（合法・不法活動を通じた）自己調達、モスクやNGOを通じた調達などが行われている。

これまでに判明したテロ資金の調達方法には、以下のものがある。

○ ヒズボラのケース

・ 州ごとに税額が異なることに目をつけ、煙草の販売を通じて資金を調達。

○ ハマス等のケース

・ モスクやイスラム系NGO等による募金活動等を通じて資金を調達。

○ PIJ（パレスチナ・イスラム聖戦）のケース

・ テロ支援国家からの資金提供およびモスクやNGOにる募金活動を通じて調達。資金の移動には、外交チャンネル、クーリエ、両替、通常の銀行送金などが利用された。

・ NGOによるテロ資金の調達に関する捜査は大変困難である。米国内には、膨大な数のNGOが存在しており、この中から如何にして対象を見つけるかが課題である。

例えば、モスク等の掲示板には、NGOによるチャリティーの募集やハワラ、中古自動車の取引に関する情報が掲示されていることが多いが、アラビア語等の言葉で書かれていることから、これらの情報を実際に入手するのは困難である。さらに、これらの募集元のNGO等を分析し、テロ組織との関連があるかを見極めていかなければならない。

また、米国を拠点としないNGO（例えば、[redacted]、[redacted]）も存在することから、その捜査は多岐に亘る。

しかし、9.11以降も資金調達の方法には変化は見られておらず、今後もテロ組織のフロントNGO、あるいは、“腐敗した”NGOを見つけていく必要がある。

☆ 事例

・ [redacted]（[redacted]）は、テロリストの移動費用を提供。また、[redacted]（聖地基金）は、ハマスに資金を提供していた。

これらの事犯等から判明したテロ資金調達に利用されるビジネスは以下の通り。

- 大規模な複合商売
- 医薬品販売店
- 貿易・投資会社
- 武器取引
- 免税店
- 旅行会社
- 輸出入業者
- 製造業
- 麻薬取引

・ 9.11事件以前、テロ資金は、通常の銀行送金を利用して直接的にテロリストに提供されていた。しかし、9.11以降は、資金の移動が困難となり、様々な方法を利用している。

・ 9.11事件の犯人の特徴として、

- どの人物も有効な社会保障番号を持っていなかった。

－　社会保障番号の偽造は簡単である。

－　銀行口座を開設するのに、サウジアラビア等の旅券を利用していた。

－　3,000 ～ 5,000 ドルで口座を開設。

－　グループで口座を開設。

などがあった。

・　各国のアル・カーイダ・セル（セル＝アジト）における資金調達方法、特徴等

○　マドリッド・セル

－　セルのメンバーにより経営されていた会社（家屋の修繕、配管工、電気工、に勤務

－　自動車販売業

－　クレジットカード詐欺、文書偽造、自動車盗、空き巣等の犯罪行為

○　ハンブルグ・セル

－　銀行取引を隠匿しようとはしなかった。

－　生活保護を受けているなど、日々、その日暮らしであった。

○　フランクフルト・セル

－　偽造カード、ハシシ（麻薬）取引、ひったくり、強盗等の犯罪行為

○　ミラノ・セル

－　武器の密輸、偽造旅券の販売、窃盗、密入国等の犯罪行為

○　マレーシア、シンガーポール・セル（JI）

－　合法ビジネス（化学剤・医薬品販売、コンピューターソフトウェアの販売）

－　ビジネスを通じて、爆弾製造に必要な材料を調達。

○　その他（米国）

－　[redacted]は、パキスタンから米国へ入国する当初から、32,000 ドルを申告。さらに、アル・カーイダ幹部[redacted]から同人の口座へ 14,000 ドルの入金があった。

・　以上のようにテロリストによる資金調達はあらゆる可能性がある。

（8 月 10 日）

☆　FBI におけるテロ資金対策に関する体制、方策等

・　FBI では、テロ資金に関する教養プログラムを作成し、各金融機関に教養を行うと共に、世界中の金融機関との関係構築を行っている。

・　テロ資金対策としては、「戦略」と「評価」つまり、テロリストグループの解体、と目的の達成を具体化すべく活動している。

・　体制としては、ハマス、ヒズボラ、イスラム聖戦を担当する班、アル・カーイダ、ジェマア・イスラミア（JI）等の過激原理主義組織を担当する班、各世界の地域ごとの過激原理主義組織を担当する班に分かれて、テロ資金の捜査を行っている。

・　米国では、Bank Secrecy Act （銀行秘密法）により、10,000 ドル以上の現金取引については、報告義務がある。これらの報告については、データベースとして蓄積されており、これに FBI の情報を加えて、検索ができるようになっている。また、地図上に取引等があった場所を落とすプログラムがあり、分析に利用している。

これらの情報から、FBI が抽出して調べたものの内、約半分が外貨取引に関する報告で、疑わしい取引に関するものがこれに続く。

外貨取引に関する報告は、9.11 以降増加しており、ハワラ等のいわゆる地下銀行が利用されなくなっている現われではないかと考えている。

外貨取引に関する報告自体は、裁判で証拠としては使えないが、個々の書類は裁判における使用が可能である。

疑わしい取引については、銀行等へ直接出向いて教育することにより報告が増加している。着眼点については、それぞれのケースにより違うので、定型的なものがあるわけではない。

・ 国際協力の重要性

公式ルートと非公式ルートにより、多元的に捜査協力を進める必要がある。

（8月 11 日）

＜汚職＞

・ 公務員の一人でも汚職に関与すれば、政府への信頼が低下し、業務推進上、多大な影響があることから、FBI の捜査においては一番の優先事項となっている。汚職捜査の担当者は、5年で倍になっており（現在、600 名）、汚職で起訴された者も倍増している。FBI が何故担当するのかというと、米国の全国的な傾向を把握することができることが大きい。

FBI は全国に管轄権を持つこと、検察等との連携が強いことがその理由である。

・ 汚職事件は、地球的規模の公務の信用性を守るため、また、汚職があらゆる種類の犯罪へ浸透する恐れがあることから、その捜査は重要である。

・ 汚職事件は、仲間内で行われており、表面化しにくく、捜査が困難であり、捜査のセンシティヴさ、対象者のカリスマ性、公共性などがさらに捜査を困難にさせるが、証拠として一番求められるのが、実際の会話である。

・ 証拠収集に音声録音あるいはビデオ録画は有効である。

・ 汚職の形態としては、贈収賄、脅迫、横領、偽造等があり、密売、薬物、マネーロンダリング、ギャンブル、売春等を誘発する。

・ 汚職の種類としては、法執行機関の汚職（刑の軽減など）、立法機関の汚職（贈収賄）、行政機関の汚職（ライセンス、証明業務、検査業務など）、司法機関の汚職（弁護士へのリベート、保護観察に伴う詐欺など）がある。最近の事例として、交通局の汚職や、選挙時の投票に関する詐欺あるいはハリケーン被害に伴う詐欺等があげられる。

・ 世界的に見ると、汚職の原因は、低賃金に由来するものが多い。

・ また、モチベーションの欠如、脆弱な監視機能、政府の透明性、信頼性の欠如、、大きすぎる政府、脆弱な捜査のシステム等も原因である。

・ ビジネスにおける危機管理に影響し、結果、政府の信用をも破壊する。

・ 汚職に関連した企業については、罰金に加え、政府との取引もできなくなる。

（8月 14 日）

＜犯行現場＞

・　犯行現場に同じ現場はないが、捜査に関して、やらなければならないことはいつも同じである。証拠収集は、裁判を左右するものであることから、慎重に行わなければならない。FBI では、どこの警察でも全く同じ方式で証拠収集をする様に教育している。
・　犯罪現場をどのように保存し、管理するかが重要である。
・　何が証拠となるのか、証拠として採取したものは、裁判で使えるものなのか等機能的にまたプロフェッショナルとして判断すべきである。
・　鑑識のチームは、8人編成で、チームリーダー、写真、図面、記録、採証、専門家で構成される。現在、FBI には 142 チームある。
・　鑑識の手順については、現場に臨場する全ての捜査員が知っている必要があり、例え上級幹部であっても、基本的な事項を守らなくてはならない。特に、現場への出入りについては、1 箇所だけにして出入りのコントロールだけは確実にする必要がある。
・　アメリカでは、鑑識活動、証拠収集に立会人を必要としないが、捜査員2名によって行い任意性を担保している。国によって（例えばメキシコなど）は、立会人を要する。

☆　現場保存要領

・　現場における採証の 12 段階
　　準備～現場到着～現場保存～初期調査～証拠として利用できるかの評価～ビデオ撮影をしながらの口頭説明～写真～図面～詳細のスケッチ～採証～最終調査～現場離脱（解除）
　※　全ての場面において、個人の安全の確保を考慮する必要がある（汚染物質、ブービートラップ（偽装爆弾）等）。また、別の現場へ行く際には、服を変える。
・　事前準備
　－　全ての資器材を搭載した車両
　－　専門家との連絡
　－　任務分担
　－　捜索令状
　－　鑑識員に必要なもの（水、食事、シフトの調整等）
・　現場到着
　－　個人の安全の確保
　－　立ち入り禁止区域の設定
・　現状保存
　－　屋外の現場では、天候による影響を考慮
　－　立ち入りできる者とできない者の区別
・　写真
　－　出入り口から撮影
　－　全体（航空写真等を利用すると陪審員に分かりやすい）、中距離、接写
　－　写真が終わるまで物は絶対に動かさない
　－　なお、デジタルカメラの写真（データ）については、画像の改変が可能であ

ることから、「書き込み不可」のディスクに記録することで、改変を防ぎ、また、裁判において証言することで証拠として採用が可能となる。

・　採証・記録
　－　細部まで実施、急がない
　－　２人以上で実施

＜簡易爆発物 IED ＞

・　IED は、爆薬、爆破装置、容器から構成される非軍事用・非商用もしくは改造爆発物である。低爆発物には、黒色火薬等の火薬類が当たる。高爆発物には、C4 等の軍用爆弾等がある。低爆発物が十分な破壊力を持つためには、容器が必要となる。
・　IED には、電気的な装置をヒューズとして利用し、爆発させるもの、化学変化を利用して爆発させるもの、両方を利用して爆発させるものがある。テロリストが多用する TATP を爆発させる際には、電気的な装置を利用する。電気的な装置を利用する場合には、現場から電池が見つかる。
・　容器については、爆薬の量に応じて大きさが異なってくる。車両を利用するものからパイプを利用するものまで色々ある。また、容器が破裂した際の破片により、人を殺傷することを考慮して選択される場合もある。
・　爆発の方法としては、時限式、被害者自身による作動、命令等がある。
・　IED の知識の入手方法
　－　インターネット
　－　軍のマニュアルの複写
　－　市販の雑誌、ビデオ
　－　軍での訓練
　－　民間人の訓練
　－　高校、大学での授業
・　FBI では、IED の内容物、構成等から使用組織を特定できるデータベースがあることから、必要があればいつでも照会に応じる。

＜血液・体液の採取＞

・　いずれも採取前には、写真撮影、スケッチ、書類化が必要である。
・　DNA 資料の採取
　血液が一番。尿からも DNA が採取できるが現在の技術では、十分な人物特定は不可能。
・　DNA 資料をラボへ送る時には、絶対に混ぜないように注意。また、ビニール袋に入れずに、紙袋にいれる。（湿気が DNA を破壊してしまうため）
・　血液の検出には、FBI では２種類使用している。
　－　フェノールフタレイン法
　　　メリット：安い、瞬時に反応、血液のみに反応
　－　ヘマスティックス法
　　　メリット：使いやすい　デメリット：DNA を破壊

・　血液反応のテストが陽性であった場合には、小さな物であればそのまま採取。大きなものであれば、切り取るか、ふき取って採取。
・　見えない血液の検出には２種類ある。
　　－　ルミノール
　　　　完全な暗所で実施、反応が出た場合に写真撮影
　　　　メリット：1930 年代から利用、DNA を破壊しない
　　　　デメリット：すぐに消える、完全な暗所でないと駄目
　　－　フルオレセイン（蛍光色素）
　　　　メリット：使いやすい、長持ちする
　　　　デメリット：1990 年代から利用
　　　　　　　　　特別の光源（ALS）が必要であるが高価
・　アメリカでは DNA サンプルのデータベース化は進んでいない。国家的な FBI の DNA データベースは、在監者等が人権を主張し DNA サンプルの採取に反対するなどし、不完全なものとなっている。
・　なお、ニュージーランドでは、いち早く DNA サンプルのデータベース化を進めているイギリスに習い、起訴された被疑者の DNA サンプルの採取と一方で個人からの任意の提出によるデータベース化を進めている。

（８月 15 日）
＜車両の捜索＞
・　捜索の前に、法的根拠、強制か任意か、令状の確認、目的物の確認、採証の 12 段階の手順を踏むことを忘れない。掃除機を使用する場合は、場所ごとに容器を変える。
・　基本であるが、破壊されやすいものから採取する。
・　その他、警察犬の使用、特別な接着剤による作業、走行距離計の確認、タイヤの溝のパターンなども捜索時の確認ポイントとなる。

＜爆弾事件発生後の捜査＞
・　捜査担当のリーダーが重要。捜査の目的、方法等を決定するとともに、指揮所とのやりとりを行う。
・　爆弾事件捜査の問題点としては、事件後の混乱、ブービートラップ（偽装爆弾）などによる被害に対する安全性、犯行現場の保護等がある。
・　捜査については、現場内の捜査を担当する班と現場外での捜査を担当する班に必ず分けて実施。
・　現場外の捜査では、街頭防犯カメラの映像入手や目撃者への聞き込み当を実施。爆発後の煙の色により、軍用（黒い煙）、商用（白い煙）が判別できる。また、被害者対策なども重要。
・　現場に人間の頭だけが残っていた場合には、自爆の可能性が高い。
・　現状保存は、爆発の中心部から、一番遠いところにある爆発物の破片までの距離の 1.5 倍を半径とする地域とする。
・　車両については、車両固有の番号から被疑者等の特定、身分事項の確認等の捜査が

可能である。

・　証拠の採集に当たっては、直線状、螺旋、グリッド等の方法がある。
・　報道に対しては、絶対に何も話さない。犯人が技術を改善するのに利用されるのを防いだり、公判対策のため。

<潜在指紋>

・　14点から18点による照合。
・　関節や先端部、手掌など各部位を採取する場合は、インクを使用するが、FBIでは基本的にデジタルイメージをスキャナーで読み込んでいる。地域レベルの警察ではまだデジタルイメージを採取できない署等もある。

<血痕の分析>

・　血痕の点の大きさにより、打撃の強さ・速さがわかる。打撃が強ければ、点は小さくなり、弱ければ大きくなる。

（8月16日）

<組織犯罪>

☆　FBIにおける組織犯罪の定義

・　恐怖や腐敗により助長される欲により動機付けられた組織的構造を持つ継続的な犯罪謀議等をいう。
・　FBIでは、高度に洗練された犯罪組織を特定し、破壊し、壊滅することを使命としている。また、組織犯罪に関しては、1年間に200件ほどの連邦法違反の事案を扱う。

☆　アジアにおける組織犯罪

・　秘密捜査官の選任については、様々な観点から適任者を選択。6ヶ月以上の長期にわたる捜査については、本部で実施。
・　アジア地域における優先順位としては、

①　北朝鮮
②　日本の暴力団
③　東南アジアにおける麻薬取引
④　人身売買

となっている。

☆　FBIにおける組織犯罪捜査

・　FBIでは“捜査の企業説（ETI : Enterprise Theory of Investigation）”を取り入れ、犯罪組織の特定および資産凍結の二つのアプローチを同時に行っている。また、日本の暴力団と違い、階層がはっきりしていない組織犯罪に対しては、RICO法（Racketeering Influence and Corrupt Organizations）を活用して取締りを行っている。

☆　米国における組織犯罪

・　1990年代ころから、福建省出身者による組織犯罪が増加。（1980～1990年代は香港出身者によるものが多かった。）
・　福建省出身者による犯罪としては、人身売買、恐喝、麻薬（エクスタシー、覚せい剤）が見られる。また、韓国出身者によるものは売春等、従来型の犯罪が多い。ベトナム出身者によるものは、窃盗やストリートギャング、あるいは中国人の下で働くといったものが多い。

☆　共謀罪

～　ケーススタディ

・　アメリカでは、２人もしくはそれ以上の者による犯罪の敢行あるいは不法行為を通じた目的の達成に関する合意を共謀と定義し、共謀罪は 10000 ドル以下の罰金あるいは、５年以下の懲役もしくは双方と法律に定められている。

☆　これまで行ったオペレーションの紹介（それぞれコードネームが付いている）

○　トロピカル･ストーム

・　1990 年年代に日本の暴力団が覚せい剤をハワイで売買していた事犯。

・　ETI 説を活用し、組織の解明等に成功した事例。

○　ロイヤル･チャーム

・　昨年まで約５年をかけて行った中国マフィアによる偽造タバコの密輸に関するオペレーション。最終的には、北朝鮮につながるなど、北朝鮮が犯罪の面からも最重要対象であることが明らかになった。

☆　情報源（捜査協力者）

・　情報提供者による捜査への協力は不可欠である。情報提供者の開拓とその取扱には慎重さを必要とする。

＜犯罪情報分析＞

・　犯罪情報としては、戦術的なものと戦略的なものに分けることができる。戦術的なものとは、オペレーション等短期間に必要となる情報をいう。また、戦略的な情報は、捜査方針の決定等に利用される。

・　情報分析は以下のステップが繰り返されて行われる。

①　インテリジェンス･ギャップ（足りない情報は何か？）・必要性の策定

②　方針の決定

③　収集と情報の評価

④　処理および利用（関係者のチャート作成等）

⑤　分析と提示・提供

⑥　情報の配信～配信の基準

注意すべき点：情報提供者の保護、秘情報の扱い、情報源の表示

・　情報分析でいつも問題となるのが、情報の逆流である。また、配信の遅延、個人の先入観・偏見等も問題となる。

（８月 17 日）

＜ ETI 適用例＞

・　香港三合会に対して適用した例。複数の組織が１つの組織として活動したことを証明。通信傍受が多くの情報を提供。潜入工作等も実施。

・　[redacted]のグループに対して適用した例。ベトナム人グループと中国人グループが関与。ヘロイン密輸、人の密輸、殺人を敢行。自動車盗で連邦令状の発付を受け、検挙。10件の殺人事件に関与していた。また、福建からニューヨークへ密入国した15名が検挙された。密入国等の事案では通常保釈等は認められない。

・　カナダとの捜査協力が功を奏した。

・　アメリカと中国の間には逃亡犯罪人引渡し条約がなく、中国に逃亡した被疑者の引渡しは、基本的には無理である。

→ETIを実施する際には、時間、人員、道具、全力を注ぐことが必要。ETIは重要な捜査ツールである。対象者に協力を促す洗練されたテクニックであり効果的である。

・　アメリカでは、外国における通信傍受も適法に行われている以上、裁判の証拠として使用できる。

＜取調べの技術＞

・　「Interview」（事情聴取）と「Interrogation」（取調べ）の違いについて。事情聴取は任意であり、相互の会話、メモを取る、ストレスのないといった特徴があり、取調べは詰問的、支配的、項目だった質問、メモを取らない等の特徴がある。

・　少しでも陪審員に攻撃的ととられると、証拠として採用できなくなってしまうため、米国では取調べのビデオテープによる記録はしていない。

・　オーストラリアでは、取調べは全てビデオ録画あるいは音声録音がなされている。

・　取調べの場所としては、相手が上の立場に立たないようにできる限り、警察施設内の取調室で行うようにする。ただし、環境は快適にしてできる限り安心して話せるようにする必要がある。

・　取調べにおいて重要な点は、信頼関係の構築と相手の年齢、性別等に応じた取調官の選択である。

☆　虚偽の供述

・　虚偽の供述を避けるためには、事前に相手が何を知っているかを把握、答える前にこちらから口を挟まない、最初の容疑を認める供述を信じないことなどが必要。

☆　ポリグラフ

・　供述の真偽を判断する際、目の動きをで判断する方法や声の震えをコンピューターで分析する方法などがあるが、これらは正確度が 50 %でしかない。しかし、ポリグラフは、その正確度が 85 ～ 90 %あることから、FBI でこれを採用している。ただし、裁判の証拠として利用するのではなく、供述者が本当のことを言っているかを判断するために利用している。その供述者は、捜査対象者、目撃者、情報提供者、協力者、被害者、FBI への採用志望者であることもある。

＜不法入国＞（Alien Smuggling）

・　一般的に不法入国は、組織的に行われていないことから ETI を適用することが困難。米国では、ヒスパニックや中国人が多い。

・　不法入国の方法としては、査証の偽造、フロント企業（旅行会社、バス会社、タクシー会社、レンタカー会社)、宗教施設、職業斡旋会社等を利用している。

- 問題点として、退去強制の費用負担、コミュニケーションの困難性、雇用・学生・婚姻等に基づくビザ関連の詐欺事案の増加等がある。

＜人身売買＞（Human Trafficking）

- 不法入国と人身売買の相違は、人身売買には、暴力、詐欺、強制等が伴うことである。不法入国はお互いの合意により成り立っている。人身売買の被害者は、世界中で年に 600,000 ～ 800,000 人いるとされ、その内 80 %が女性や少女であり、その 70 %が性産業に従事させられている。　アメリカでは年間 145000 人～ 17500 人の被害者がいるとされる。また、被害者の人種構成としては、ヒスパニック 34 %、アジア 21 %、アフリカ 16 %、アメリカ 13 %、東欧８%、不明８%となっている。
- 人身売買は、「現代の奴隷制度」との考え方のもと、なによりも国民の教育が大切である。

（８月 18 日）

＜参加各国からのプレゼン＞

○ タイ

- 洪水による被害者特定の際の鑑識作業について
- DSI について

　～ 2004 年に設立、より高度かつ専門的な捜査を担当

○ 豪州

- ナイジェリア人によるインターネット詐欺事犯

　～被害者は皆高等教育を受けている者であった。

　　そのほとんどがウエスタン・ユニオンを通して送金されていた。

○ カンボジア

- カンボジア国家警察の紹介。
- 今後の課題としては、マネロン、反テロ、汚職に関する法律を作ること。

○ 韓国

- 情報の共有化に向けた取り組みについて
- 今後、検察への送致など、調書等のやりとりは全て電子データによるものとなる予定。

○ インドネシア

- バリ島テロ事件の捜査について

○ マレーシア

- マレーシアにおけるサイバー犯罪について

○ ニュージーランド

- DNA のデータバンクの有効性について

　～重大犯罪者については、DNA を採取

　　犯罪現場に残された DNA サンプルの資料化

○ パキスタン

・　何故米国は、アル・カーイダの幹部を捕まえることばかりに躍起で物事の根本から解決しようとしないのかといった疑問の提起。

○　シンガポール

・　シンガポールの紹介、治安状況

○　台湾

・　台湾における犯罪傾向について

○　日本

・　偽造クレジットカード詐欺等事件について

9　配布資料

○ Pacific Training Initiative Global Challenge for Law Enforcement 2006

○ Cybercrime Investigtion

○ Terrorism Training for Law Enforcement

○ Public Corruption

○ Crime Scene Investigation w/Post Blast Volume 1

○ Crime Scene Investigation w/Post Blast Volume 2

○ Organized Crime

１０　所見

○　アジア太平洋地域の警察官が、それぞれ国や文化、言葉も違う中で、警察官（法執行機関）としての日常の活動や抱えている問題に共通点を見い出したり、また相違点を知ることで今後、自らの国の制度、方法等についての理解を深める、あるいは改善すべき点を考えるなど、参加者がそれぞれ個人として、また組織への還元ができる研修であったと思う。内容的には、基本的な捜査事項も多かったものの、FBI が昨今、最も重要視しているテロ対策や、サイバー犯罪等の講義は興味深かった。一方で、講義が主だったことから、参加者による意見交換の時間がそれほど取れなかったのが残念でもあった。主催者である FBI としても今回の研修の目的は今後の業務上の国際協力の円滑化を図ることにあるとしており、今後のコンタクトポイント作りをすることができた。現在の業務では、国際捜査共助等を担当していることから、FBI をはじめ、アジア各国の捜査機関との連携が図れたことは有益であった（埼玉：椎名）

○　本コースは、元来、米国の麻薬取引や人身売買等の組織犯罪が東南アジア等の組織により実施されていることが多いことから、FBI が各国警察とのパイプを作り、情報入手や捜査を容易にするためにはじめたものと考えられる。しかし、9.11 事件以降、FBI においても国際テロの捜査が優先事項となったものと見られ、本コースの内容のどれも国際テロを念頭に置いた講義が中心となっていた。

講義内容は、多くの範囲を網羅しようとしているため、どうしても表面的となりがちで、警察官であれば誰もが知っているようなものがほとんどで、これといって今後の執務の参考になるようなものはなかった。各国の参加者の大半は、捜査部門に従事しているものであったが、その他にも様々な職種の者がいることから、全ての者が満足できる内容とするのは難しいと思われるが、どの参加者も口をそろえて、講義は退届である旨を述べていたことを考慮すると、講義自体は、あまり、意味のないものであるとの印象であった。

一方で、FBI のコーディネーターが本コースを通して強調していたのが、各国警察がパイプを持ち、何かがあれば直接コンタクトをとって情報交換ができるようなネットワーク作りをして欲しいということであった。この点では、ほぼ毎日のように顔をあわせ、授業以外でも食事をともにするなど、特別に努力をしなくても知らず知らずのうちに繋がりができていたと思え、その意味では本コースの目標を達成していたものと思われる。

私自身も、いわゆるインテリジェンスを担当するものが少ない中で、共通の話題を探すのが難しいところもあったが、当課の対象国人も多数いたことから、彼らから直接話を聞くことができたのは大きな収穫であった。今後、現在の業務にこの繋がりを生かしていきたいと考えている。また、外事第三課の業務上、国際的な協調関係が必ず必要となってくる可能性があるので、今後もこの種の研修があれば積極的したいと考える。(警視庁：[redacted])

○ 講義の内容は、突っ込んだものではなく、概括的なものが多く、それを専門としている捜査員には物足りなかったのではないか。私自身では、テロ対策、爆発物捜査、サイバー犯罪捜査は日常で扱っていない分野なので、興味を持って受講できた。しかし、講義で話される英語は、専門用語も多く、私の語彙力では、その場では理解できず、後から単語を調べる作業も必要だった。

講義で紹介した事例（ケーススタディー）については、具体的な捜査手法（潜入の方法等）や、各法執行機関との連携、また、外国との法執行機関との連携について、さらに詳しく説明して欲しかった。

また、本コースもう一つの目的である各国捜査機関との良好な関係の構築については、２週間の間に互いにかなりの交流が持たれ、相当な人間関係が醸成されたものと考える。しかしながら、警察庁を通さない情報交換の禁止という国際捜査共助の絶対原則の前に、いかに、情報交換（照会・入手）し、後に、正規なルートに乗せていくかが課題である。

今回、日本からは、３人とも警察からの参加であったが、韓国は検察、警察、対北朝鮮の情報機関それぞれ各１人の参加、台湾についても警察及び警察以外の情報機関職員の参加、香港は税関職員の参加であり、これらの国（地域）の参加者からは、「何で、全員警察なのか」という驚きの声もあり、ＦＢＩの参加要請の条件にもよるが、今後は、日本も、警察以外の法執行機関からも参加させることができれば、日々なかなか円滑な関係が図れない国内の関係機関との関係構築の一助にもなると感じた。(静岡：[redacted])

出張結果について

みだしのことについては、みだしの件については、平成19年4月19日(木)から同20(金)までの間、在日米空軍主催爆発物研修に参加した結果は、下記のとおりであるから、告する。

記

1　実施年月日
　平成19年4月19日（木）、20日（金）の二日間

2　実施場所
　青森県三沢市平畑1丁目　在日米軍三沢基地内
　　爆発物処理班（EOD）事務棟内及び基地内屋外爆破演習場

3　主催者
　在日米空軍第35施設中隊爆発物処理班
　※　ロジ支援：米空軍特別捜査局（OSI）東京事務所及び三沢事務所

4　参加者

警察庁	警備課	[redacted]警部	
	外事課	[redacted]警部（ロジ担当）	
	国際テロリズム対策課	[redacted]警部	
	同　上	[redacted]警部	
警視庁	外事第三課	[redacted]警部補	
	同　上	[redacted]警部補	
	公安機動捜査隊	[redacted]警部補	（第三公捜班）
	同　上	[redacted]巡査部長	（第三公捜班）

5　研修実施者
　米空軍三沢基地爆発物処理班（Explosive Ordinance Disposal；略称EOD）
　　[redacted]曹長
　　[redacted]軍曹
　　[redacted]上級空兵
　　[redacted]一等空兵

6　研修内容
（1）　19日（一日目）
　　爆発物処理班（EOD）事務所において

・米空軍特別捜査局（ＯＳＩ）の任務と研修概要説明
・米空軍爆発物処理班の組織及び任務等
・爆発物の基礎知識、威力、発見時の措置等
・秘匿爆弾の基礎知識（威力、発見時の措置）
※　秘匿爆弾とは、アタッシュケース、デイバッグ等に時限式や、トリックの起爆装置を取り付けた爆弾のことを示す。
・視聴覚による教養
・質疑応答（具体的な処理要領）
・爆発物処理用車両の見学と、説明
などを実施した。
※　講義内容については、別添１(講義内容要旨)のとおり

(2)　２０日（二日目）
爆発物処理班（EOD）事務所において
・視聴覚によるイラクの活動状況の説明
屋外グラウンドにおいて実技講習
・導火線による雷管点火
・フレックス※による金属切断（無線コントロールによる点火）
※　正式には、「Flexible Linear Shaped Explosive（又は Charge）」。断面が矢羽根型をした長さ約１ｍの鉛の筒に RDX が充填された可塑型爆弾
・Ｃ４（１．２５ポンド）の爆破実験
・ダイナマイト（１．５ポンド）の爆破実験
爆発物処理班（EOD）事務所において
・質疑応答と次回の講習における要望等
などを実施した。
※　実技演習内容については、別添２（写真一覧）のとおり

7　入手資料
講義中に使用したパワーポイント資料(別添３)

8　その他(意見･雑感など)
(1)　本研修における制約
○　爆薬は、全て米軍で使用する軍用品に限られるため、テロリストにより独自に作成される可能性のある爆薬（TATP や ANFO など）については、研修用として使用することができない。
○　海外法執行機関等に対する訓練は、ＦＢＩを通じたルートで行うことが基本となっており、今回のような研修において、より実践的な訓練を期待することは困難である。
(2)　要望意見等(今後に資するために)
・イラク･アフガンにおける実際の処理状況などがわかるビデオ等による視聴覚教養をも

う少し増やしてほしい。
・爆発物処理車を利用した模擬訓練を実施してほしい。
・爆発物を取扱う仕事上の苦労や工夫している点（事故防止の観点で）を教えてほしい。
・爆弾処理等による仕事上のストレスの解消方法などについて教えて欲しい。
・爆発物処理要領チャート、爆薬の性能比較チャートもしくはグラフなどがあれば理解が進むと思うのでそのような資料を用意してほしい。

例.

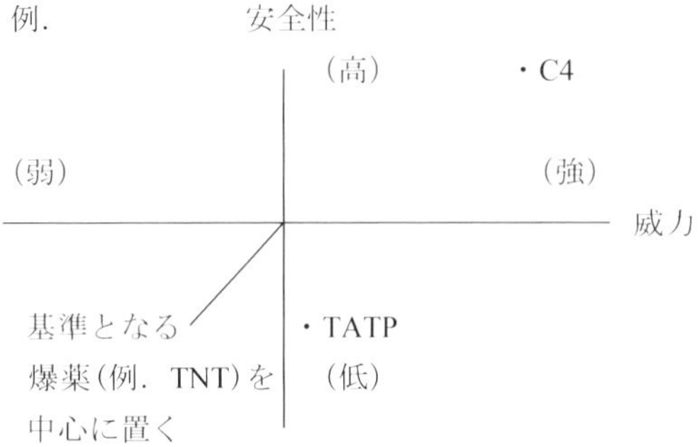

別添1

講義内容要旨

1　米空軍特別捜査局（ＯＳＩ）について

発足は 1958 年。ＦＢＩ長官が米空軍にもＦＢＩと同様の組織が必要との提案を受け、主に米空軍の管轄内における重犯罪の捜査、防諜、テロ対策等を目的として創設された。

ＦＢＩや 500 ＭＩ(陸軍系) とは、国防省を通じて情報交換を行うことを原則とするが、実際の運用としては、ＯＳＩと他の部局との情報交換も可能とのこと。(例えば、座間基地を狙って飛翔弾が打ち込まれた等の事案が発生した場合、通常 500 ＭＩ(又は CID；陸軍犯罪捜査部)が状況をワシントンへ報告し、国防省が情報の選別を行い、必要に応じ、在京のＯＳＩ事務所その他へ指示･伝達が下りる。なお、先日発生した同種事案では、特段、情報･指示等は下りていないとのこと。)

全世界を８のエリア（８管区）に分け、日本の支部は第６管区太平洋司令部の傘下にあり、同管区の所管区域は、韓国、グアム、ハワイ、アラスカからアフリカ地区に及び、15 の事務所を設置している。日本国内の OSI 事務所は、三沢基地、横田基地(日本支部)、東京、嘉手納基地の４カ所である。人員は、エージェント以外の支援要員を含めると国内約 1900 人に及ぶ。

2　爆発物処理班（EOD）について

ＥＯＤの任務は、爆弾処理だけではなく、(炭素菌やサリンなどの) 生化学兵器の処理、爆発物の輸送、大統領等要人来日の際の各種対策にも従事する。基地自体のサポートも行っており、探知犬による捜索、入場車両の探知やセキュリティチェックにも従事、また、場合によっては戦死した兵士の遺骨収集に当たることもある。

また、ＥＯＤは、日本国内に三沢、横須賀、富士、岩国の４カ所設置されており、空軍のみならず海軍等にも存在するが、同一の研修所で訓練を行う。担当を地域で分けており、初動措置は、この区割りで出動することとなり、事後の捜査を各主管基地の所属する班に引き継ぐことになる。三沢の担当エリアは、北海道、本州であるが、各班とも緊密かつ柔軟な連携を行っている。(例えば、北海道沿岸沖での海上爆発事案が発生した場合、初動は三沢のＥＯＤで行うが、海上事案であれば、横須賀のＥＯＤへ引き継ぐことになる。)

三沢ＥＯＤの人員は、現在、14 名。内６名がイラクへ派遣中で、２名がイラク派遣に向けた事前訓練中、４名がアフガンから帰還したばかりである。イラクへもアフガンへも派遣経験がない者は、２名のみ。講師を務めたシューマン曹長は、14 年のキャリアで、内４年間を中東で勤務した経験を持つ。

隊員のスキルにより 10 段階のレベル分けがなされている。(シューマン曹長はレベル７で、基地に在隊している中では最上位) 実働レベルでは、レベル３からレベル９までで、レベル３は研修終了程度、５レベルからは、実戦で爆発物処理を任せられるレベルになるという。レベル９ともなると、司令官の補佐を行うほどの実力を持つが、判断に誤りは許されない厳しい任務となる。

3　爆発物発見時の措置について

(1) 措置要領は4段階あり、人命に危害を与える危険度により、爆破処理するか、安全化処理するかの判断基準に用いられる。

カテゴリー	危　険　度（緊急度）	措　　　置
カテゴリー1	人命に関わる重大なもの	即時対応し、爆発物を安全化する
カテゴリー2	場所等立地条件で少し余裕を持てるもの	避難措置を取らせた上で、安全化する
カテゴリー3	時間をかけてかまわないもの	時間をかけて、処理方法を判断する
カテゴリー4	人命に関わる状況が薄いもの	放置するか、爆破処理できる

(2) 処理の手段

基本的に液体窒素を用いてバッテリーを冷凍するという方法での安全化の措置はとらない（先方曰くそれは60年代のやり方であるとのこと）。起爆部分を銃型破壊装置（デスラプター）で破壊するか、本体から切り離すことで安全化するか、あるいは爆弾を安全な場所まで輸送して、一ヶ所に集めて遠隔爆破させるという方法を取っている。（爆弾処理が第一であるという印象を受けた。）

(3) 爆発物処理班の装備資機材

機材、人員搬送のピックアップトラックとリモコン式処理車搬送用のパネルトラックがある。ピックアップトラックもパネルトラックも耐爆仕様となっていない。

爆弾処理時に着用する耐爆耐火スーツ（カナダ　ＭＥＤＥＮＧ社製）も現在警察で使用しているものより改善され空調も装備されている。また、重装備のスーツを装着して長く歩行をさせないため２輪直立の車両（セグウェイ最高速32km）も用意されている。

リモコン式処理車はバッテリーで駆動し、タイヤによる走行のほかラック式車輪で段差があるところも走行可能であり、爆発物をつかむマジックハンドはアームが最短時で 42 ｋｇ最長時で 22 ｋｇの物体を移動できる。また同車にはカメラ３台、スピーカマイク１個、照明２個が装備され、操作用のパネルトラックにおいて映像を見ながら遠隔操作（有線式最長１ km）できる。（有線式、無線式両用）

4　軍用爆薬の特徴

誤爆を防ぐため安定性を重視していることから、民生品とは組成物の割合が異なる。例えば、ＲＤＸを主成分とするＣ４爆弾も鈍感に作られている。

雷管の火薬に RDX を使用していることと、日本の工業用雷管は銅製筒を使用しているが米空軍の雷管はアルミニウム筒を使用している。

5　リモートコントロールによる発破作業

無線式の発破機を使用しており、携帯電話による誤爆を防止するため実験中は携帯電話の電源を切るように指示された。無線機の周波数は、アンテナ長が約 60 ｃｍで有ったことからＶＨＦ帯（300Mhz より低め）の電波を利用していると思われる。

6　麻薬合成工場における副産物の爆薬

メキシコなどの麻薬合成工場に、ホームメイド爆薬が見つかることが多い。これは、メタンフェタミンやアンフェタミン生成過程で、起爆性の高い物質が副産物として生成されることがあるためである。そのため、捜索等、強制捜査の際には、耐爆の装備を用意するのが通例である。

7　マニアによるバックヤード製造

自宅裏庭のようなところで、爆薬を製造する者もいる(例えば、米中南部の人種差別主義組織「レッドネック」のメンバーなどが自宅で爆弾製造を行っていた事例がある)が、往々にして安全に配慮されていない状況がある。

8　ホームメイド爆弾の特徴

ホームメイド爆弾の仕上げでスポーツバッグに入れたり、アタッシェケースに入れたりその他作る者のイメージで如何様にもなることから種類は限りなくあることになる。また、その偽装方法もだんだん巧妙になる傾向がある。手口としては置き去りが多く、最近では、そこにあっても違和感のない様な置き方をして、一般に見分けが非常に困難になっている。

また、爆弾の材料は科学の知識と知恵が回れば身近な物でも代用して制作が可能であり、過去にはインターネットや図書館所蔵書籍でも爆薬爆弾の製造方法が入手できた。

爆弾製造において必須な構成要素は、酸化性物質(酸素を供給するため）と燃料である。さらに、爆発効果を高めるために、アルミニウム粉末や砂糖が使用されることがあるが、炭素を含む砂糖が有効であるというのは、俗説であり、実際の効果はほとんどない。

9　爆薬探知犬の能力

爆薬探知犬は、硝酸エステル濃度が 40 %以上になると嗅ぎ分けられる。硝酸エステルは爆薬の酸化剤として使用されている。

平成19年10月22日

インドネシア・マレーシア出張計画

外事第三課
警部補 [redacted]

1 出張期間

平成19年11月1日（木）から7日（水）

※ インドネシア 1日から4日、 マレーシア 4日から6日（7日帰国）

2 出張者

警察庁国際テロリズム対策課 [redacted]警視
警察庁国際テロリズム対策課 [redacted]警部
警視庁公安部外事第三課 [redacted]警部補

3 インドネシア出張計画

(1) インドネシア出張（接触）の目的

在インドネシアの協力者との信頼関係を強化することにより不審情報の人手体制をさらに強化すること。また、同国内のイスラム過激派関連動向に精通している協力者と、通信手段を介さずに対面で直接情報交換をすることを通じて、当方の関心事項について、有益な教示を得ること。

(2) インドネシア出張における接触対象者（当課の海外協力者）人定

氏名 [redacted]
国籍 インドネシア共和国（アチェ出身、現在はジャカルタの大学で研究）
職業 大学院生（マリクサレ大学）
生年月日 [redacted]年[redacted]月[redacted]日生（[redacted]歳）

（コメント）

当人は、DI（ダルルイスラム運動）※のスポークスマンを自称しており、新聞・ラジオ等のインタビューでAQ（アル・カーイダ）のネットワークやJI（ジェマア・イスラミア）との接点について言及するなどしている。アチェ解放運動の活動家としても知られる。イスラム過激派擁護、人権問題に関する執筆が多い。一部に、インドネシア国軍のスパイになっているとの情報もある。

※ イスラム国家樹立を目的とした運動で、1948年に西ジャワ州で始まった。

(3) 日本人の知人である[redacted]の対象評

（[redacted]について）

住所 東京都[redacted]
職業 財団職員（[redacted]）
生年月日 [redacted]年[redacted]月[redacted]日生（[redacted]）

○ [redacted]と知り合った経緯

日本の大学を卒業後、タイに留学し、卒業後、現地の国際交流基金のタイ事務所で勤務していた。タイに滞在していた間に、シンポジウムのパネリストとして訪問した[redacted]と知り合い、親しい関係になった。

（[redacted]の[redacted]評）

[redacted]はアチェ出身なので、素直で裏表がない。風土的には、アチェは九州のような感じである。彼は、インドネシアにおける一連のテロ事件後、現地ムスリムの微妙な感情を説明しようとして、過激派の先導者であるとか擁護者であるというレッテルを貼られたこともあるようである。彼は、過激派と政権側の双方に通じているため、相当危ない橋も渡ってきている。実際、彼の仲間は、大部分が消されている。しかし、彼は、バランスを保って切り抜けてきた。幸運によるところも大きいと思う。

彼は、スハルト政権時代には、私の知るだけでも、10回以上、政治犯として身柄を拘束されている。彼は、ちょうどテロが発生したタイムリーな時期に、マスコミ等でコメントをして注目を浴び、有名になった。

彼は、電話やメールでは、他人に傍受される恐れがあると思っている。従って、実際の個人名や具体的な場所などは、そうした手段ではしゃべらないと思う。

※　これまで[redacted]とは、[redacted]が来日する場合、その拠り所となると思料されたため、その際、当方が[redacted]とコンタクトする場をもてるよう、[redacted]の来日の事前に連絡するなど、橋渡しとしての役割を果たしてもらうことを求めて、日本国内において協力関係を構築し、接触を保っていた。

しかし、本年９月から１年間の予定で、英国のサセックス大学に留学しているため、メール交信を除いて、こちらの作業は一時休止となっている。

※　なお、[redacted]自身も、大学院博士課程在籍中であり、この先２、３年は日本に赴くことはない旨言明していたため、前回、不審情報確認の必要から、接触が計画された。

(4) 接触上の留意点

対象は、これまでも情報屋的立場で危険な橋も渡ってきているとみられており、また、いわゆるイスラム過激派に通じる人物とも交流がある旨述べているため、こちらの動向等が過激な人物に伝わる可能性もあることを念頭に置いて、隙を与えたり、無用な紛議を起こさないよう留意しながら、確実に信頼関係を構築していく必要がある。

(5) 接触日

11月２日（金）19時ころの予定

※　インドネシア滞在は11月１日から４日（正味２日半）。

(6) 接触方法

飲食（会合形式）による聴取。

※　当方、防衛を１人配置。

(7) 接触場所（予定）

ジャカルタ市内[redacted]

日本料理「[redacted]」Tel: [redacted]

※　前回と同一場所。

(8) 謝礼

未定（交通費プラス物品で、総額日本円２万円程度か？支出は警察庁対応。）

※　前回は日本円５万円を交付。これは、対象の滞在地からの交通費及び５つ星ホテルの１泊宿泊代の概算に謝礼２万円を上乗せして算出したもの。）

(9) 前回接触の目的

架電により情報提供を受けた不審情報について、詳細を追及聴取し、日本に情報を持ち帰った後、その内容をつぶさに検証。信憑性がある場合は、事後、定期的にコンタクトをして情報を入手する必要があるので、その判断（評価）を行うため出張を計画。

(10) 前回出張の理由となった不審情報

平成 19 年４月 15 日、以下のような情報の提供を受け、確認の必要を認め、警察庁と協議し、接触を計画するに至った。

【内容】

○　１ヶ月ほど前に日本から帰ってきた友人の話によると、日本のいくつかの都市で、イスラムグループがネットワークを広げているとのことであり、彼は懸念を表明していた。

○　日本には現在、攻撃的なテロリストのグループと保守的な反テロリストのグループの二つがあるが、二つはいずれも、元をたどれば、同じダルル・イスラム運動の流れをくんでいる。彼らが別れたのは、ジハードを巡る解釈の違いによる。両グループは、合わせても日本国内に約 40 人くらい（テロリストグループが 30 人くらい、反テロリストグループが 10 人くらい。）である。今、私は、彼らが何をしようとしているのか、その計画について、はっきりとした情報は持っていない。現時点、具体的な攻撃の兆しはないと思う。日本国内の反テロリストグループは、そうしたラディカルなグループの攻撃を阻止しようとしており、、イスラム的に適切な手段を執るべきと考えている。両グループのメンバーは、東京、京都、名古屋、新潟、神戸、それに藤沢にいる。

(11) 前回出張後の調査結果及び警察庁の見解

前回の出張で提供を受けた、[redacted]の日本におけるインフォーマント３人の人定について調査を行った結果、３人はいずれも情報通り存在することが判明し、[redacted]の供述は、一応信用できることが裏付けられた。

ただし、彼らについては基調までは行ったものの、今後、彼らと接触するか、運営して情報を得るまでに作業を進めるかについては、双方への影響を見極める等、慎重を期する必要があるため、現時点未定であり、進める場合でも、情報提供者である[redacted]に逐次確認を行いながら進めることになるため、直ちに、事案が進展することはない。

対面での接触は、今回が２回目であり、現段階では、信頼関係の強化が最優先事項である。

※　前回の出張時の結果については別添のとおり。

(12) 今次接触の目的及び質問予定内容等

(ｱ) 接触の目的（信頼関係の強化）

前回接触時に、日本国内に所在するインフォーマントについても情報提供を受けたが、当方は、貴方の了解なしに、勝手に動いてコンタクトするなどの行動はしないということを先方に伝え、先方や先方の知人に害を与えたり、迷惑をかけるようなことはしないと約束し、まず先方に安心感を与える。

その上で、誠意を持って接触を続け、イスラムにとってマイナスイメージにつながるテロ等の不法事案を防ぐという共通の目的を保持し、当方がそのための協力を惜しまないことを理解させ、漸次信頼関係を強化していくとともに、互いに、不法事案を防ぐための有益な方策は何かについて建設的な議論を重ね、この先、先方からその目的に資する情報等が入ってくる関係を確立する。

(ｲ) 質問予定内容

（不審情報関係）

○ その後、日本にいるという知人と話はしているか。

○ 日本にいる過激分子は増加しているか。

○ 穏健勢力は、過激分子をコントロールすることができるか。

○ （不審情報の更なる詳細について尋ねるとともに、情報の信憑性について感知できるような、確認的質問を試みる。）

（インドネシアのイスラム関係）

○ ダッワ・カンプス（大学における宣教）の実態。

○ ダッワ・カンプスの変遷。

○ JI などの過激派は、学生にどのようにアプローチしてくるのか。

○ 学生らは、どのような経緯をたどって、過激思想を持つセルに仕立て上げられていくのか。（外見から見て取れる変化はあるか。）

○ JI が日本でテロを起こす可能性について、現状でどう見ているか。

○ 学外に研究サークルなどの蝟集場所はあるか。

○ インドネシアで今後伸張してくるとみられる政党はどこか。（そうした政党の日本に対するスタンスはどのようなものか。）

○ 貴方が考える、イスラムにおける正義とは。

○ 貴方が考える、イスラムの敵とは。

4 マレーシア出張計画

(1) 接触日

11 月 5 日（月）あるいは 6 日（火）　（先方の回答待ち。）

※ マレーシア滞在は、11 月 4 日から 6 日（正味 2 日）

(2) マレーシア出張の目的

マレーシア国家警察とのテロ情勢等に関して意見交換を行うこと。並びに、クアラルンプール市内の様々なモスクを視察し、その外観（建築様式）等から、そのモスクが、トルコ系なのか、ペルシャ系なのか、あるいはアラブ系なのか等について検討を加えるとともに、そのモスク周辺のコミュニティーについても必要な分析を行うため。また、市内の店舗の看板に書かれている言語等から、客層などを推測、地区による色分け等を視認し、コミュニティーの混在状況等を認識するため。

なお、モスクや街並みの分析については、インドネシアにおける特徴との比較も行う。

さらに、得られた画像等のデータの中で教養資料化できるものは選別し、積極的に課員等に示すなどの措置を検討していく。

【マレーシア国家警察への質問予定内容】

○　マレーシア国内における、全マレーシアイスラム党の活動について。

○　全マレーシアイスラム党の分子は日本にもいるか。

○　過激化する分子がいる場合、その要因は何であると考えるか。

○　JI 幹部は、なぜマレーシアに所在していた者が多いのか。

○　マレーシア当局は、テロ対策、過激派の発見方策として、どのような対策を講じているか。

○　マレーシア当局は、コミュニティーから過激な分子を出さないための対策を何か行っているか。

○　過激なグループの隠れ蓑になっているような組織として、マレーシア国内で注目している組織などはあるか。

まとめにかえて

吉岡　忍（ノンフィクション作家）

2011年３月11日、東日本大震災。

それから３週間後の４月１日、東京で、本書にその記録が収録されている公安テロ情報流出事件をめぐるシンポジウムが開催された。

一見、何の関係もなさそうに見える。

だが、とんでもない。おおいに関係あり、なのだ。

大震災から３週間後といえば、大津波の被災地はどこへ行っても、まだ生々しい傷口をさらしていた。相次いで水素爆発を起こした東電福島第一原発では何が起きたのかわからないままに、日本じゅうが右往左往しているさなかだった。

その数日前、私は放射線量計を持って現地に向かい、第一原発から20数キロ離れた浪江町赤宇木地区の集会所にいた。持参した線量計が振り切れてしまうほどの汚染地域だったが、東電も政府もまだ計測を始めていなかった。その後に明らかになった数値は80マイクロシーベルト／時。そこは通常の1200倍という最悪のホットスポットだった。原発は、安全でも、クリーンでもなかった。

しかし、露呈したのはそのことだけではない。

震災直後から政府も東電もひっきりなしに記者会見を開き、事故の推移とその影響について説明していた。テレビ・新聞・雑誌は専門家を招き、その意味するところをさかんに解説してもらっていた。そのどちらもが言っていたのは、事故は起きたが、国際基準でいえば、米スリーマイル島原発事故（1979年）と同じ「レベル５」程度であって、制御機能は失われていないし、健康被害も心配するには及ばない、ということだった。

ところが、これがじつは旧ソ連のチェルノブイリ原発事故（1986年）と同等の「レベル７」だった、と政府が認めたのは大震災から１カ月が過ぎた４月12日である。事故としては最悪のこのレベルは、人間の健康や環境に影響を及ぼす大量の放射性物質が、大気や地下水や海に広範囲にわたって放出されていることを意味する。案の定、その後続々と野菜の汚染、家畜の餌、ひいては肉や牛乳の汚染が報告され、さらにのちには近隣の４割を超す子どもたちの甲状腺に異変があることなども明らかになった。

とたんに、それまで饒舌にしゃべっていた専門家が姿を消し、政府や東電の会見の口調も歯切れが悪くなった。つまり、本書がテーマにしているシンポジウムは、政府も東電も専門家も、事故の程度は「レベル５」だと言い、さんざん楽観的な見通しを語っていた最後の時期に開かれたのである。

３・11大震災は戦後日本最大の災害だった。大津波も大災害なら、原発事故も大惨事である。こういう危機のとき、社会は一瞬、その断面を見せる。世の中の奥深くに隠されていたものが表に現われ、その正体が白日の下にさらされる。

国策として推進された原発には、自民党を中心とした歴代の政治権力、中央と地方の行政官庁、産業界（電力会社、重電メーカー、建設会社から広告会社、マスコミ、作業員手配のヤクザ組織まで）、アカデミズム、司法機関等々が幾重にも群がり、ぶら下がってきた。いわゆる原子力ムラの面々である。

しかし、石油の獲得が植民地主義と一体だったように、原爆という軍事技術と裏表の関係にある原発は、国家権力の中枢に組み込まれている。大物小物の利害が絡み合って作り出された原子力ムラは、別言すれば、国家権力の実体ということでもあった。

われわれが大震災から１カ月のあいだ、膨大に報じられた番組や記事を通じて見ていたのは、これら原子力ムラ＝国家権力に群がる魑魅魍魎たちの姿だった。彼らが得意げに語り、やがて旗色が悪いと気づいて知らぬ顔を決め込み、また姿を隠そうとする醜態を、われわれは見ていた。

いったい彼らは何なのだ、と私は思った。言葉は悪いが、なんと頼り甲斐のない、ミエとハッタリばかりの、ショボい連中なのか、とも思った。だが、このショボさこそ、じつは国家や権力というものの正体なのかもしれない。

そう気づいたとき、公安テロ情報流出事件もちがった観点から見ることができる。

警視庁公安部は日本で暮らすイスラム教徒全体をテロリスト予備軍と決めつけ、彼らの集まるモスクや大使館を手当たり次第に監視し、一人ひとりをつけまわして個人情報を集め、そのなかの誰かの自宅を訪ねて話したことを、まるで極秘報告のように仕立て上げ、あたかもこれが国際テロを抑えつける対策だと気張ってみせる。あげくに、故意なのか過失なのか、はたまた内輪の揉めごと腹いせなのか。かつて警察が逮捕した開発者の作ったファイル共有ソフトを通じて、多くのその資料がネットに流出してしまう……。

これって、ひと言でいえば、ドジッ、ということではないか。日本にいるイスラム教徒全員をテロ予備軍とみなすことからして誇大妄想だが、やることなすこと、どれも子どもじみている（子どもたちよ、ゴメン）。あまつさえ、世間には、使ってはならん、と言っていたはずのウィニーが職場で、自宅で、ネットカフェでと職員のあいだでおおっぴらに使われていたらしいところなど、どうせアダルトビデオを交換し合っていたんだろう、と勘ぐりたくなる。

この一連の行為が、人間の内面の自由の蹂躙であり、基本的人権の侵害であり、個人情報保護法の違反であり、等々という法律的な追及は法律家に任せるとして、私はここに現われた権力というものの卑小さを忘れないでおきたいと思う。それはたんにショボくてドジであり、ミエとハッタリで中身のお粗末さを隠しているだけの存在なのだ。

４月１日、大震災から３週間後のあの日、世の中の断面と、そこに隠されていたものの化けの皮が剥がれるのを感じながら、われわれは原発事故と公安テロ情報の双方に重なり合って見える権力の正体、その卑小さと醜態を見据えようとしていた。もちろんその日がエイプリルフールであることも、その場の誰もがわかっていたのではあるが。

執筆者紹介

梓澤和幸（あずさわ・かずゆき）

1943年群馬県桐生市生れ。一橋大学法学部卒。1971年弁護士登録（司法研修所23期）外国人の人権、報道による人権侵害の救済など、人権活動に取り組む。IBA（国際法曹協会）人権協会評議委員、日弁連国際人権委員会副委員長などを経て、現在、フジテレビ番組審議会委員、山梨学院大学法科大学院教員（メディア法、外国人と法、刑事訴訟法担当)、NPJ（News for the People in Japan）代表、SAFLAN（福島の子どもたちを守る法律家ネットワーク）共同代表。著書『在日外国人』（筑摩書房、2000年)、『報道被害』（岩波新書、2007年）他。

河﨑　健一郎（かわさき・けんいちろう）

1976年生まれ。早稲田大学法学部卒業後、外資系コンサルティング会社勤務を経て、2007年早稲田大学大学院法務研究科修了。2008年弁護士登録。公安テロ情報流出被害弁護団の事務局長を務める。東京弁護士会所属。

青木　理（あおき・おさむ）

ジャーナリスト、ノンフィクションライター。1990年から2006年まで共同通信社の記者として警視庁・警備公安担当やソウル特派員などを歴任。06年に独立し、現在はフリーランス。著書に『日本の公安警察』（講談社現代新書、2000年)、『北朝鮮に潜入せよ』（同、2006年)、『国策捜査～特捜検察の暴走と餌食にされた人たち』（金曜日、2008年)、『絞首刑』（講談社、2009年)、『ルポ拉致と人々～救う会、公安警察、朝鮮総聯』（岩波書店、2010年）など多数がある。

古屋　哲（ふるや・さとる）

1961年生。移民および移民政策研究。大谷大学文学部非常勤講師。主要論文は「外国人と『社会の安全』」（武者小路公秀編著『人間の安全保障――国家中心主義をこえて』ミネルヴァ書房、2009年)、「見られる者と見る者―監視社会と外国人」（小倉利丸編著『グローバル化と監視警察国家への抵抗』樹花舎、2005年）など。

岩井　信（いわい・まこと）

1964年生まれ。国際基督教大学卒業後、国際人権NGOのアムネスティ・インターナショナル日本支部事務局に勤務。現在、弁護士。著書（分担執筆）に、『弁護士業務と刑事責任』（日本評論社、2010年)、『国際NGO実践ハンドブック』（岩波ブックレット、1993年）など。

上柳敏郎（うえやなぎ・としろう）

1957年生。81年東京大学法学部卒。83年弁護士登録。90年ワシントン大学ロースクール卒（LLM）、ニューヨーク州司法試験合格（92年登録）。2001-11年金融審議会第一部会臨時委員（同特別部会にも所属し金融分野個人情報保護ガイドライン等を審議）。現在、金融審議会専門委員、日弁連憲法委員会副委員長、同国際人権問題委員会副委員長、同消費者問題対策委員会幹事、社団法人自由人権協会理事、東京大学法科大学院客員教授等。著書に『実例で理解するアクチュアル会社法』（日本評論社、2011年）、『新・金融商品取引法ハンドブック第3版』（共著、日本評論社、2011年）など。

田原　牧（たはら・まき）

1962年生まれ。新聞記者。87年に中日新聞社入社。社会部を経て、95年にカイロ・アメリカン大学に語学留学。その後、カイロ支局に勤務。現在、東京新聞（中日新聞東京本社）特別報道部デスク。同志社大学・一神教学際研究センター共同研究員。日本アラブ協会発行「季刊アラブ」編集委員。主な著書に『イスラーム最前線』（河出書房新社、2002年）、『ネオコンとは何か』（世界書院、2003年）、『ほっとけよ。』（ユビキタ・スタジオ、2006年）、『中東民衆革命の真実』（集英社新書、2011年）、共著に『アメリカのグローバル戦略とイスラーム世界』（明石書店、2009年）などがある。

西中誠一郎（にしなか・せいいちろう）

ジャーナリスト。1964年東京生まれ。90年代に大阪市生野区に７、８年在住。大阪や神戸で、在日朝鮮人やインドシナ難民、移住労働者の地域活動に関わり始める。テレビ番組制作会社やCS放送、ドキュメンタリー映画制作事務所などを経て、現在フリーランスで雑誌やインターネット放送などの取材活動を続ける。主な取材対象は、入管・難民問題、少数民族と先住民、雇用・労働問題、社会保障制度、高齢化社会、原発問題、戦争責任、日韓現代アートなど。この10数年の「治安テロ対策と監視社会化」「国家による個人情報の一元管理」「移民・難民政策」などをテーマにしたドキュメタリービデオの制作を企画立案中。

前野直樹（まえの・なおき）

1975年愛知県生まれ。18歳で仏教よりイスラームに改宗。99年３月大阪外国語大学地域文化学科中東地域文化アラビア語専攻卒業。2000年６月から2006年８月までシリアのダマスカスへイスラーム留学。09年９月ダマスカスのファトフ・イスラーム大学シャリーア（イスラーム法）学部卒業。06年９月からは、現在に至るまで東京の日本企業に勤務しつつ、休日に講義などをしてサラリーマンシャイフ（導師）を目指している。イスラミック・サークル・オブ・ジャパン日本人部代表。得意分野は、クルアーン学、ハディース学、預言者伝記学、イスラーム神学、心の浄化学、シャーフィイー派法学。

保坂展人（ほさか・のぶと）

1955年宮城県仙台市生まれ。ジャーナリスト。2011年４月から世田谷区長。社民党前衆議院議員（３期）では社会民主党副幹事長、総務省顧問、チャイルドライン設立推進議員連盟事務局長、死刑廃止を推進する議員連盟事務局長、公共事業チェック議員の会事務局長等歴任。国会では11年間で546回の質問に立ち「国会の質問王」と評される。著書に『いじめの光景』（集英社文庫、1994年）、『年金を問う』（共著、岩波ブックレット、2004年）、『共謀罪とは何か』（岩波ブックレット、2006年）など多数。

吉岡　忍（よしおか・しのぶ）

1948年生まれ。ノンフィクション作家。早稲田大学在学中「べ平連ニュース」編集長を務める。87年『墜落の夏——日航123便事故全記録』（新潮社、1986年）で講談社ノンフィクション賞受賞。日本ペンクラブ専務理事、BPO放送倫理検証委員会委員長代行などを務め、言論の自由・報道の自由に関し積極的発言を続ける。著書に『奇跡を起こした村のはなし』（筑摩プリマー新書、2005年）、『M／世界の、憂鬱な先端』（文藝春秋、2000年）など多数。

マディーナの預言者マスジド

マッカのカアバ聖殿

国家と情報——警視庁公安部「イスラム捜査」流出資料を読む

2011年10月15日　第1版第1刷発行

編著者	青木　理・梓澤和幸・河﨑健一郎
発行者	菊地泰博
組版	デザイン・編集室エディット
印刷	平河工業社（本文）
	東光印刷所（カバー）
製本	越後堂製本
装幀	伊藤滋章

発行所 株式会社 現代書館　〒102-0072 東京都千代田区飯田橋3-2-5
電話 03（3221）1321　FAX 03（3262）5906
振替 00120-3-83725　http://www.gendaishokan.co.jp/

校正協力・迎田睦子

Printed in Japan ISBN 978-4-7684-5663-7